权威·前沿·原创

皮书系列为
"十二五""十三五"国家重点图书出版规划项目

深圳蓝皮书

BLUE BOOK OF
SHENZHEN

深圳经济发展报告
（2018）

ANNUAL REPORT ON THE DEVELOPMENT OF
SHENZHEN ECONOMY (2018)

主　编／陈少兵
副主编／董晓远

社会科学文献出版社
SOCIAL SCIENCES ACADEMIC PRESS (CHINA)

图书在版编目（CIP）数据

深圳经济发展报告.2018/陈少兵主编.——北京：
社会科学文献出版社，2018.6
（深圳蓝皮书）
ISBN 978-7-5201-2809-4

Ⅰ.①深…　Ⅱ.①陈…　Ⅲ.①区域经济发展-研究报
告-深圳-2018②区域经济-经济预测-研究报告-深圳
-2018　Ⅳ.①F127.653

中国版本图书馆 CIP 数据核字（2018）第 120874 号

深圳蓝皮书
深圳经济发展报告（2018）

主　　编／陈少兵
副 主 编／董晓远

出 版 人／谢寿光
项目统筹／张丽丽
责任编辑／张丽丽

出　　版／社会科学文献出版社·区域发展出版中心（010）59367143
　　　　　　地址：北京市北三环中路甲29号院华龙大厦　邮编：100029
　　　　　　网址：www.ssap.com.cn
发　　行／市场营销中心（010）59367081　59367018
印　　装／三河市龙林印务有限公司

规　　格／开　本：787mm×1092mm　1/16
　　　　　　印　张：21　字　数：317千字
版　　次／2018年6月第1版　2018年6月第1次印刷
书　　号／ISBN 978-7-5201-2809-4
定　　价／89.00元

皮书序列号／PSN B-2008-112-3/7

主要编撰者简介

陈少兵　深圳市社会科学院（深圳市社会科学联合会）党组成员、巡视员。华中理工大学工商管理学院工学博士。多年从事科技管理方面的研究，并有教研部门分管教学、科研的工作经历，具有较强的研究和管理能力，公开发表学术论文100多篇（含英文论文6篇）。

董晓远　经济学博士，研究员；深圳市社会科学院经济所所长，深圳市政府决策咨询委员会专家。多年来致力于经济增长理论、计量经济学、可计算一般均衡模型等研究，主持或参与了多项市委市政府重大调研课题。出版专著《反倾销与产业损害预警模型》。代表性论文有《经济增长大道模型在宏观经济分析中的作用》、《欧美建立自贸区对深圳经济的影响》。近年来致力于政策效果的定量评估研究。

摘　要

　　《深圳经济发展报告（2018）》是由深圳市社会科学院组织编撰的年度性报告，是深圳蓝皮书系列的重要组成部分。本年度报告由总报告、宏观经济篇、行业分析篇、创新发展篇、粤港澳大湾区篇、专题篇和城区篇七部分组成，系统回顾了 2017 年深圳经济"有质量的持续较快增长"势头，对 2018 年深圳经济、产业、区域发展前景进行了展望，提出了建议。

　　2017 年，深圳坚持稳中求进工作总基调，以供给侧结构性改革为主线，加快建设社会主义现代化先行区，全市经济实现了有质量的稳定发展。经济保持稳定增长，增速升中趋稳；工业生产增长加快；三大需求不断扩大并持续发力；新经济快速发展成为经济增长新动力；经济运行质量效益提升。

　　2018 年，在中国改革开放四十周年之际，深圳将高举习近平新时代中国特色社会主义思想伟大旗帜，全面贯彻落实党中央、国务院和省委、省政府决策部署，继续加大供给侧结构性改革力度，努力实现经济更高质量的增长，在率先建设社会主义现代化先行区的新征程中走在前列、勇当尖兵。

Abstract

Annual Report on the Development of Shenzhen Economy (*2018*) is an annual report organized and compiled by Shenzhen Academy of Social Sciences (SZASS), which is an important component of Shenzhen's Blue Book series. This report consists of a General Report, Macro-Economy Report, Industries Reports, Innovation Development Report, Big Bay Areas Reports, Special Topics Reports and City Zone Development Report. These seven sectors systemically summarized the trend of "continually rapid economic growth with high quality" in Shenzhen in 2017. Besides, this report also provides development forecasting and suggestions on Shenzhen's economy, industrial and regional developments in 2018.

In 2017, with a commitment to the general principle of pursuing progress while ensuring stability, with a commitment to treating supply-side structural reform as our main task, the construction of the first area of the socialist modernization has been accelerated and the economy has grown stably with high quality. The economy has maintained stable growth with an increasing and stable speed. The industrial producing has been accelerated. The three major demands have expanded. The new economy has rapidly become a new driver for the economic growth. The performance and quality of economy have also been improved.

2018 is the fortieth anniversary of reform and opening-up. This year we will hold high the great banner of socialist thought with Chinese characteristics for New Era which was initiated by President Xi, and work with dedication to implement the decisions and plans made by CPC Central Committee, the State Council, Provincial Party Committee and Provincial Government. The government of Shenzhen will step up to strengthen the supply-side structural reform and achieve an economic growth with higher quality. We will be in the leading position of the newjourney of the construction of socialist modernization.

目　录

Ⅲ 行业分析篇

Ⅳ 创新发展篇

Ⅴ 粤港澳大湾区篇

Ⅵ 专题篇

Ⅶ　城区篇

皮书数据库阅读**使用指南**

CONTENTS

I General Report

II Macro-Economy Reports

V Big Bay Areas Reports

VI Special Topic Reports

VII City Zone Development Reports

总 报 告

General Report

B.1
深圳经济实现并有望持续较快增长

课题组*

摘　要：　2017 年深圳经济实现了有质量的持续较快增长，经济规模继续居内地大中城市第三位；但与全球一流城市相比，在规模与效率等方面还存在较大差距。2018 年，在全球经济复苏和国内经济稳定向好的大背景下，深圳经济有望继续保持平稳较快增长的势头。

关键词：　深圳经济　全球一流城市　经济质量

---

* 课题组成员与执笔人：廖明中，深圳市社会科学院经济所研究员；胡雪涛，深圳市统计局综合处；余红兵，国家统计局深圳调查队高级统计师；董晓远，深圳市社会科学院经济所研究员。

2017 年，深圳高举习近平新时代中国特色社会主义思想伟大旗帜，全面贯彻落实党中央、国务院和省委、省政府决策部署，坚持稳中求进工作总基调，以供给侧结构性改革为主线，加快建设社会主义现代化先行区，全市经济实现了有质量的稳定发展。

一　2017年深圳经济运行情况

（一）经济保持稳定增长

初步核算并经广东省统计局核定，2017 年全市实现地区生产总值 22438.00 亿元（含 R&D 支出纳入 GDP 部分，含深汕特别合作区），按可比价格计算，比上年（下同）增长 8.8%。经济增速升中趋稳，一季度、上半年、前三季度、全年的增速分别为 8.6%、8.8%、8.8% 和 8.8%（见图1）。

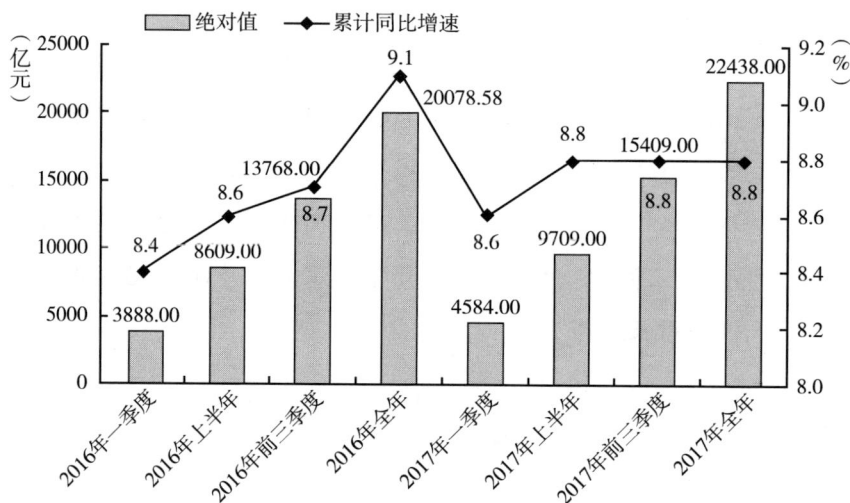

图1　2016~2017 年深圳 GDP 各季度累计绝对值及同比增速

分三大产业看，第一产业实现增加值 18.54 亿元，增长 52.8%；第二产业实现增加值 9266.83 亿元，增长 8.8%；第三产业实现增加值 13153.02

亿元，增长 8.8%。因 R&D 支出纳入 GDP 和深汕特别合作区计入深圳，三次产业结构为 0.1∶41.3∶58.6。人均 GDP 达 18.31 万元，按 2017 年平均汇率折算为 2.71 万美元。

分行业看，工业增加值达 8688.26 亿元，增长 9.1%，占 GDP 比重为 38.7%；建筑业增加值达 596.50 亿元，增长 5.1%，占比为 2.7%；批发和零售业增加值达 2324.35 亿元，增长 5.2%，占比为 10.4%；住宿和餐饮业增加值达 380.06 亿元，增长 0.9%，占比为 1.7%；交通运输、仓储和邮政业增加值达 722.32 亿元，增长 10.5%，占比为 3.2%；金融业增加值达 3059.98 亿元，增长 5.7%，占比为 13.6%；房地产业增加值达 1882.10 亿元，增长 1.7%，占比为 8.4%；其他服务业①增加值达 4765.45 亿元，增长 16.2%，占比为 21.2%（见图 2）。

（二）工业生产增长加快

全年全市规模以上工业实现增加值 8087.62 亿元，增长 9.3%，比上年提高 2.3 个百分点，创 2014 年以来新高，一季度、上半年、前三季度、全年增速分别为 7.6%、7.8%、9.7% 和 9.3%。

从主要经济类型来看，股份制企业增长 10.8%，外商及港澳台商投资企业增长 6.3%。

前十大工业行业实现增加值 6978.94 亿元，占规模以上工业增加值比重为 86.3%。其中，除石油和天然气开采业、金属制品业增加值有所下降外，其他八大行业增加值均有不同程度的增长。前三大行业计算机通信和其他电子设备制造业、电气机械和器材制造业、专用设备制造业增加值分别增长 11.2%、7.5%、6.0%。

---

① 这里的"其他服务业"，是第三产业中除了交通运输、仓储和邮政业，批发和零售业，住宿和餐饮业，金融业，房地产业之外的服务业，可以再分为营利性服务业和非营利性服务业。营利性服务业包括信息传输、软件和信息技术服务业，租赁和商务服务业，居民服务、修理和其他服务业，文化体育和娱乐业；非营利性服务业包括科学研究和技术服务业，水利环境和公共设施管理业，教育，卫生和社会工作，公共管理、社会保障和社会组织，国际组织。

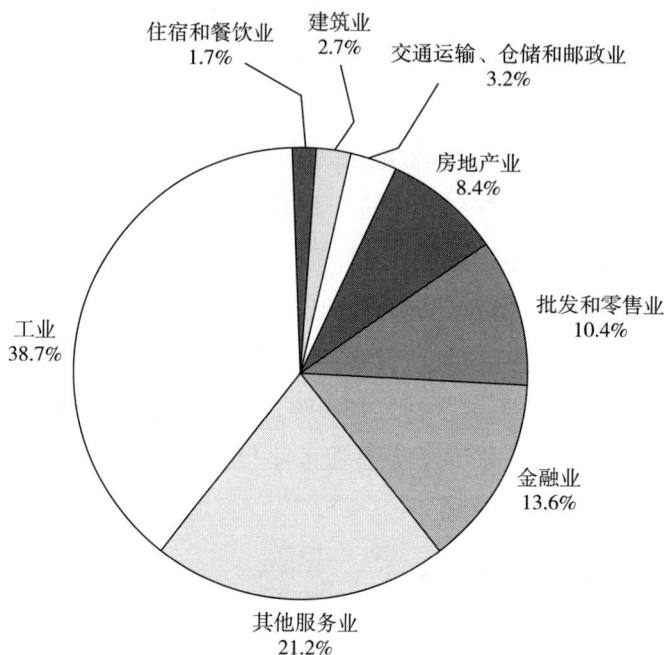

图2 2017年深圳各行业增加值及其比重

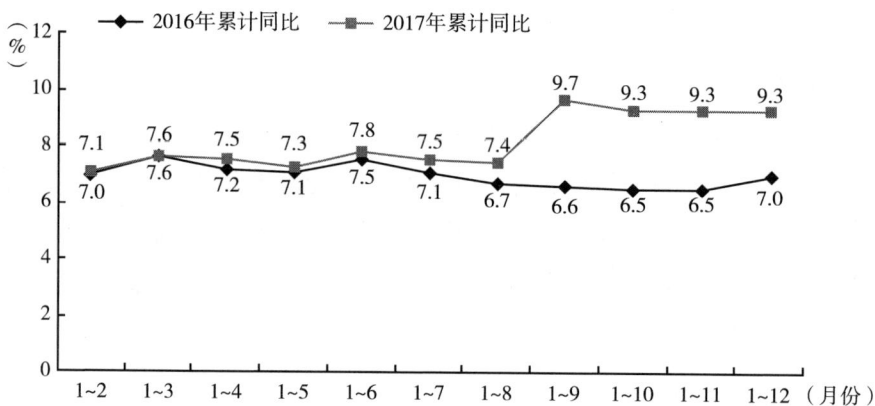

图3 2016～2017年深圳规模以上工业增加值各月累计同比增速

先进制造业和高技术制造业增加值分别为5743.87亿元、5302.47亿元，分别增长13.1%、12.7%，分别比上年提升4.6个、2.9个百分点，分别快于规模以上工业增加值增速 3.8 个、3.4 个百分点，占规模以上工业增加值比重分别达到 71.0%、65.6%。

工业百强企业实现增加值 4677.55 亿元，增长 10.5%，高于规模以上工业增加值增速 1.2 个百分点，工业百强企业对全市规模以上工业增长的贡献率达 91.7%，拉动全市规模以上工业增速 8.5 个百分点，占规模以上工业比重达 57.8%。

（三）三大需求不断扩大并持续发力

1. 固定资产投资高位增长，投资总额突破5000亿元

全年全市固定资产投资达 5147.32 亿元，增长 23.8%，比上年提高 0.2 个百分点，创 1994 年以来新高（见图 4）。

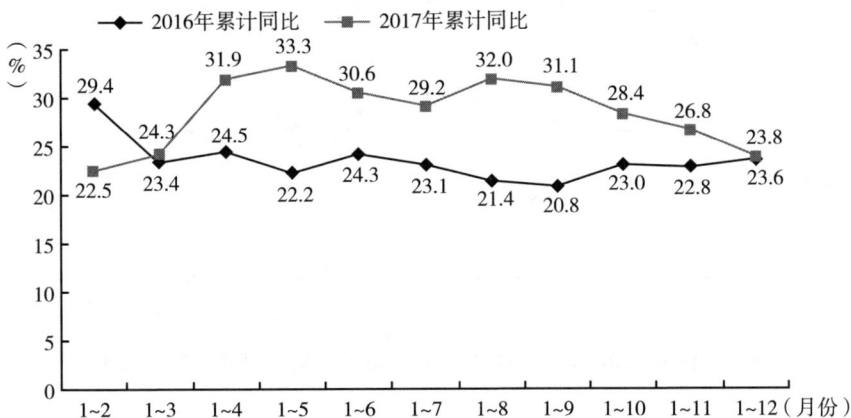

图 4　2016～2017 年深圳固定资产投资各月累计同比增速

全年全市房地产开发投资达 2135.86 亿元，增长 21.6%，比上年回落 10.4 个百分点；非房地产开发投资达 3011.46 亿元，增长 25.4%，比上年提高 7.4 个百分点。基础设施投资达 1163.45 亿元，增长 29.2%，比上年提高 8.0 个百分点，占固定资产投资比重为 22.6%，比上年提升 0.9 个百分点。

工业投资达 915.89 亿元，增长 27.5%，比上年提高 10.4 个百分点，其

中工业技术改造投资 352.97 亿元，增长 71.9%，比上年提高 56.6 个百分点；第三产业投资达 4235.88 亿元，增长 23.4%。

民间投资额达 2627.29 亿元，增长 22.5%，占全市固定资产投资比重为 51.0%。

全年全市商品房屋销售面积达 671.03 万平方米，下降 8.9%。

2. 消费保持平稳较快增长

全年全市社会消费品零售总额达 6016.19 亿元，增长 9.1%，比上年提高 1.0 个百分点，创 2015 年以来新高（见图 5）。其中，批发和零售业零售额 5335.28 亿元，增长 9.3%；住宿和餐饮业零售额 680.91 亿元，增长 7.3%。

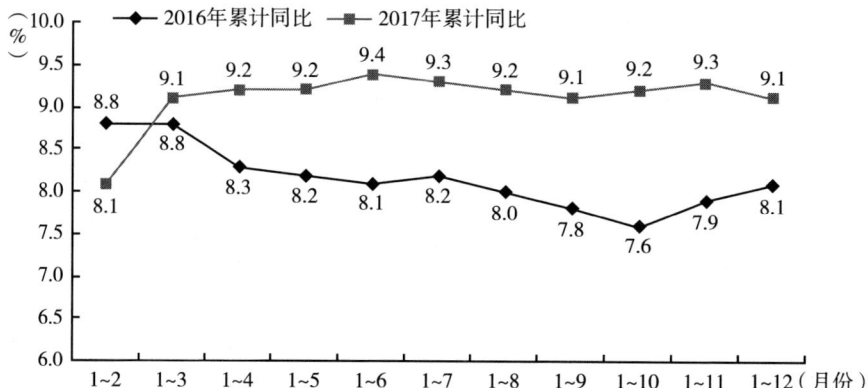

图 5　2016～2017 年深圳社会消费品零售总额各月累计同比增速

全年全市商品销售总额达 31486.79 亿元，增长 10.1%，比上年提高 4.3 个百分点。其中，家用电器和音响器材类增长 56.4%，体育娱乐用品类增长 15.9%，文化办公用品类增长 15.5%，日用品类增长 13.6%，通信器材类增长 7.2%，服装鞋帽针织类增长 5.7%，金银珠宝类增长 5.5%，食品饮料烟酒类增长 4.4%，书报杂志类增长 2.3%，汽车类下降 1.3%。

3. 出口增速扭负为正，增长 5.5%

据海关统计，全市进出口总额达 28011.46 亿元，增长 6.4%，比上年提高 10.8 个百分点，创 2014 年以来新高（见图 6）。其中，出口总额

16533.57亿元，增长5.5%，比上年提高10.0个百分点；进口总额11477.89亿元，增长7.9%，比上年提高12.1个百分点。

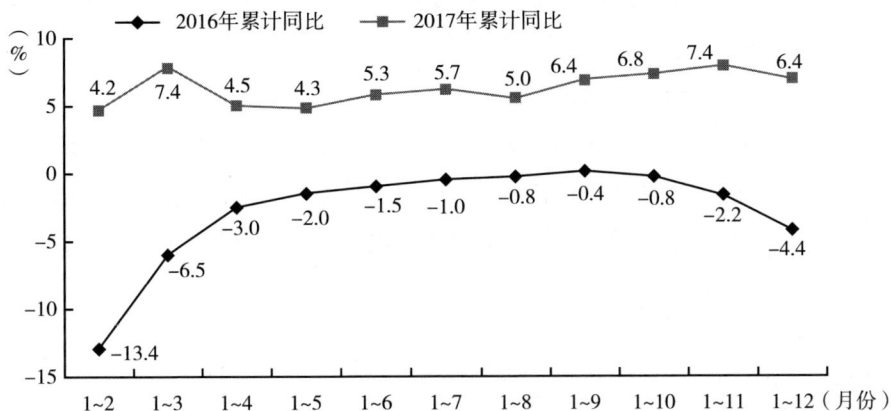

图6 2016～2017年深圳进出口总额各月累计同比增速

（四）新经济快速发展成为经济增长新动力

1. 新增"四上"①企业增势良好

全年全市新增规模以上工业企业960家，占规模以上工业企业总量的14.4%，实现增加值451.97亿元，增长126.8%；新增限额以上批发业企业1122家，实现商品销售额5070.06亿元，增长28.6%，高于全市限额以上批发业企业17.8个百分点；新增限额以上零售业企业143家，实现商品销售额302.16亿元，增长53.3%，高于全市限额以上零售业企业39.7个百分点；新增限额以上住宿业企业17家，实现营业额4.88亿元，增长46.7%，

---

① "四上"企业，是指规模以上工业企业、资质等级建筑业和房地产业企业、限额以上批零住餐企业、规模以上服务业企业四类企业的统称。规模以上工业企业是年主营业务收入在2000万元及以上的企业；资质等级建筑业和房地产业企业，标准为有资质证书；限额以上批零住餐企业，是指年主营业务收入在2000万元及以上的批发业企业、年主营业务收入在500万元及以上的零售业企业、年主营业务收入在200万元及以上的住宿和餐饮业企业；规模以上服务业企业指年营业收入在1000万元及以上，或年末从业人员在50人及以上服务业的法人单位。

高于全市限额以上住宿业企业 36.7 个百分点；新增限额以上餐饮业企业 74 家，实现营业额 13.11 亿元，增长 7.4%，低于全市限额以上餐饮业企业 0.3 个百分点；新增规模以上服务业企业 933 家，实现营业收入 990.5 亿元，增长 29.9%，高于全市规模以上服务业企业 8.8 个百分点。

2. 新兴产业支撑作用持续增强

全年全市新兴产业（七大战略性新兴产业和四大未来产业）实现增加值 9183.55 亿元（已剔除行业间交叉重复），增长 13.6%，比上年提高 3.0 个百分点（见图 7），占 GDP 比重达到 40.9%，比上年提高 0.6 个百分点。

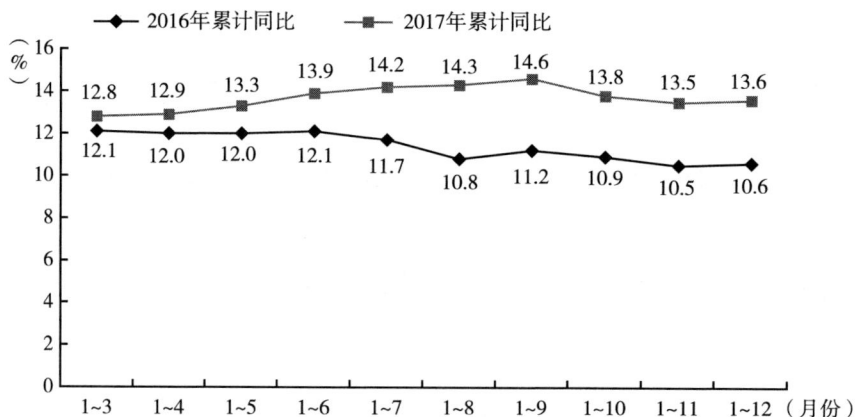

图 7　2016～2017 年深圳新兴产业各月累计同比增速

分产业来看（交叉重合部分未予剔除），新一代信息技术产业实现增加值 4592.85 亿元，增长 12.5%；互联网产业实现增加值 1022.75 亿元，增长 23.4%；新材料产业实现增加值 454.15 亿元，增长 15.1%；生物产业实现增加值 295.94 亿元，增长 24.6%；新能源产业实现增加值 676.40 亿元，增长 15.4%；节能环保产业实现增加值 671.10 亿元，增长 12.7%；文化创意产业实现增加值 2243.95 亿元，增长 14.5%；海洋产业实现增加值 401.45 亿元，增长 13.1%；航空航天产业实现增加值 146.64 亿元，增长 30.5%；机器人、可穿戴设备和智能装备产业实现增加值 639.64 亿元，增长 15.1%；生命健康产业实现增加值 98.12 亿元，增长 19.5%。

新业态中 195 家供应链企业共创造增加值 152.46 亿元，增长 10.8%，占 GDP 的 0.7%；新增 1356 家商业企业共创造增加值 255.68 亿元，增长 29.7%，占 GDP 比重为 1.1%。

新模式（主要是商业综合体及大个体）创造增加值 493.05 亿元，增长 11.5%，占 GDP 比重为 2.2%。其中，城市商业综合体增加值 94.82 亿元，增长 17.4%；大个体增加值 398.23 亿元，增长 10.2%。

（五）经济运行质量效益提升

全年全市一般公共预算收入达 3332.13 亿元，同口径增长 10.1%，其中税收收入 2654.89 亿元，增长 11.7%。一般公共预算支出 4594.70 亿元，增长 9.1%。

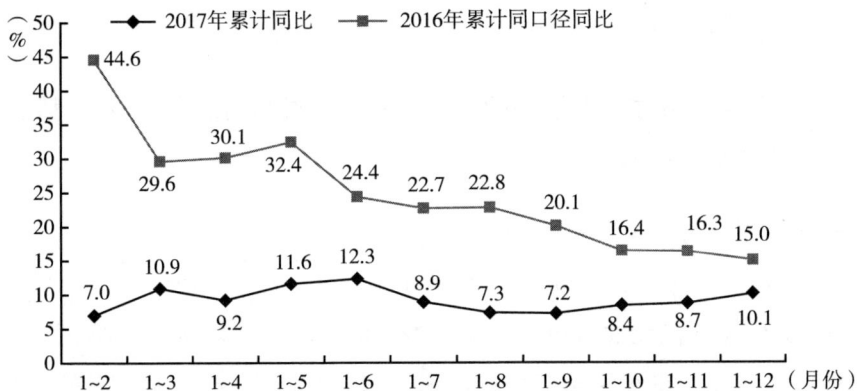

图 8　2016～2017 年深圳一般公共预算收入各月累计同比增速

全年全市规模以上工业企业实现主营业务收入 29114.74 亿元，增长 9.4%；利润总额达 2024.21 亿元，增长 13.6%；工业经济效益综合指数达 265.73%，比上年提升 25.0 个百分点。

全年全市规模以上服务业实现营业收入 8330.3 亿元，增长 21.1%，营业利润达 2078.1 亿元，增长 37.2%。其中，租赁和商务服务业实现营业收入 1362.4 亿元，增长 13.2%，营业利润达 778.5 亿元，增长 66.9%；互联网和其他服务业实现营业收入 1447.5 亿元，增长 50%，营业利润达 491.3 亿元，增长 49.5%；软件和信息技术服务业实现营业收入 1292.5 亿元，增长 18.9%，营业利润达 288.4 亿元，增长 20.0%。

截至 12 月末，全市金融机构（含外资）本外币存款余额达 69668.31 亿元，增长 8.2%；全市金融机构（含外资）本外币贷款余额达 46329.33 亿元，增长 14.3%。

二 深圳与国内外标杆城市对比分析

2017 年，与国内重要的一线城市或直辖市相比较而言，深圳产业转型升级带动的稳定增长和可持续发展动力相对较强，经济上升势头不减，但短板也很突出；与国际知名的城市相比较而言，深圳的经济综合实力、影响力等，都存在不少差距。

（一）与国内京沪穗津渝等重要城市比较而言，经济上升势头不减，也存在明显短板

1. 经济总量继续居第三位

从 GDP 排名来看，2017 年，上海（30133.9 亿元）成为中国内地第一个 GDP 突破 3 万亿元的城市，北京（28000.4 亿元）依然位居第二，深圳（22438.39 亿元）继续居第三位，广州（21503.15 亿元）成功跨越 2 万亿元关口。因此，GDP 超 2 万亿元的城市从上年的 3 个增加到 4 个。重庆（19500.27 亿元）则超过天津（18595.38 亿元）位列第五。从增速来看，重庆依然最快，为 9.3%，深圳居第二，为 8.8%，其次分别是广州（7.0%）、上海（6.9%）和北京（6.7%），天津（3.6%）增速较上年大幅减少 5.4 个百分点，重庆增速也从上年的两位数（10.7%）下降为一位数。

2017 年深圳 GDP 与上海、北京的差距依然较大，但较上年分别缩小了 404.6 亿元和 28.54 亿元，并且领先重庆和天津的优势进一步扩大，比上年

分别扩大 600.13 亿元和 1649.82 亿元，显示了深圳相对较强的稳定增长和可持续发展能力。

从实体经济的主体——工业来看，与京沪穗津渝相比较而言，深圳工业增加值（8688.26 亿元）居首位，占经济总量的比重为 38.7%，比京沪穗津渝分别高出 23.5 个、11.2 个、13.3 个、1.8 个和 4.9 个百分点，反映出在中央大力推进实体经济发展的指向下，深圳以工业强基，大力发展实体经济取得卓越成效。

表1 2017 年京沪穗津渝与深圳主要经济指标情况

单位：亿元，%

指　标		上海	北京	深圳	广州	重庆	天津
地区生产总值	绝对值	30133.86	28000.40	22438.39	21503.15	19500.27	18595.38
	增　速	6.9	6.7	8.8	7.0	9.3	3.6
工业增加值	绝对值	8303.54	4274.00	8688.26	5459.69	6587.08	6863.98
	增　速	6.4	5.4	9.1	5.2	9.4	2.3
固定资产投资	绝对值	7246.60	8948.10	5147.32	5919.83	17440.57	11274.69
	增　速	7.3	5.7	23.8	5.7	9.5	0.5
社会消费品零售总额	绝对值	11830.27	11575.40	6016.19	9402.59	8067.67	5729.67
	增　速	8.1	5.2	9.1	8.0	11.0	1.7
进出口总额	绝对值	32237.82	21923.9	28011.46	9714.36	4508.25	7646.85
	增　速	9.7	17.5	6.4	13.7	8.9	12.8

注：以上数据均为初步核算数。

2. 三大需求释放后劲较足

从固定资产投资排名来看，各城市沿袭了上年的位次，重庆（17440.57 亿元）依然保持绝对领先，随后依次是天津（11274.69 亿元）、北京（8948.10 亿元）、上海（7246.60 亿元）和广州（5919.83 亿元），深圳（5147.32 亿元）虽依然居于最后，但保持了最高的增速（23.8%），较上年提高 0.2 个百分点，并实现了从 4000 亿元向 5000 亿元的跨越；与此同时，北京（5.7%）、广州（5.7%）、重庆（9.5%）和天津（0.5%）的增速都出现了下降。深圳固定资产投资连续四年保持两位数增长，而且逐年递增，显示了持续较强的投资后劲。

从社会消费品零售总额来看，与上年相比较而言，深圳（6016.19 亿元）超越天津（5729.67 亿元），在体量上仍然和上海（11830.27 亿元）、北京（11575.40 亿元）、广州（9402.59 亿元）以及重庆（8067.67 亿元）存在较大差距。但从速度增幅来看，深圳（9.1%）较上年提高 1 个百分点，高于上海（8.1%，较上年提高 0.1 个百分点），而北京（5.2%）、广州（8.0%）、重庆（11.0%）和天津（1.7%）则分别较上年下降 1.3 个、1 个、2.2 个和 5.5 个百分点。这说明深圳在消费市场普遍趋淡的形势下，依然保持了难得的上涨。

从进出口总额排名来看，各城市和上年的位次相同，上海（32237.82 亿元）居首位，随后依次是深圳（28011.46 亿元）、北京（21923.9 亿元）、广州（9714.36 亿元）、天津（7646.85 亿元）和重庆（4508.25 亿元）。其中，深圳出口额达 16533.57 亿元，连续 25 年居内地城市首位。

3. 地方财政保障能力较强

从一般公共预算收入来看，各城市依然保持了上年的排位次序。上海（6642.26 亿元）和北京（5430.8 亿元）分别独占 6000 亿和 5000 亿元层级，保持大幅领先；深圳（3332.13 亿元）位列第三；其次是天津（2310.11 亿元）和重庆（2252.4 亿元）保持在 2000 亿元层级，广州（1533.06 亿元）居后。从增速来看，深圳（10.1%）仅次于广州（10.9%），高于上海（9.1%）、北京（6.8%）、重庆（3.0%）和天津（-10.4%）（见图 9）。相比较而言，深圳一般公共预算收入和经济发展的协调性较强。同时，深圳一般公共预算收入从 2010 年突破 1000 亿元，到 2014 年突破 2000 亿元用了四年时间，而从 2014 年突破 2000 亿元到 2016 年突破 3000 亿元仅用了两年时间，收入规模稳步扩大，政府基本公共服务的保障能力不断增强。

4. 基础创新能力相对薄弱

创新是现代经济体系的核心，也是深圳当前发展最显著的特质和最鲜明的标签。但是，相对京沪穗等重要城市而言，深圳基础创新资源仍然较少，基础和核心技术创新能力短板较为明显。以 2016 年数据为例，深圳科技活

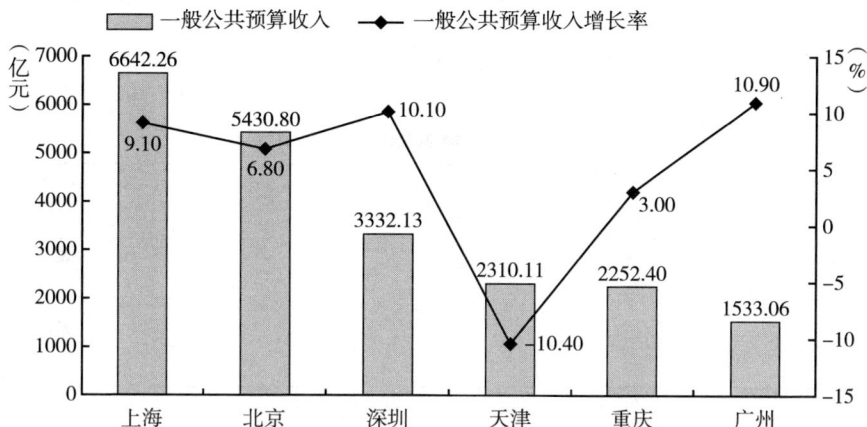

图 9　2017 年京沪穗津渝与深圳一般公共预算收入情况

动人员总数仅为北京的一半，两院院士人数仅为北京的 3.3%、上海的 14.1% 和广州的 32.5%，中央"千人计划"人才总数仅为北京的 15.3%、上海的 25.5%。国家重点实验室北京有 81 家、上海有 32 家，而深圳仅有 14 家；国家级工程研究中心北京、上海分别有 43 家和 9 家，而深圳只有 7 家；并且，深圳基础研发经费、研发人员数量均不到北京、上海的 1%，创新基础能力上的短板无疑阻碍了深圳相对优势的更好释放。

（二）与世界一流城市的差距较大

1. 经济综合实力不足

从经济综合实力来看，以 2016 年的数据为例，深圳 GDP（3019.47 亿美元）约为纽约（9007 亿美元）和东京（9473 亿美元）的 1/3，约为伦敦（5188 亿美元）① 的 3/5，深圳的经济规模明显较小。

同时，与纽约、伦敦、东京等国际金融中心相比，深圳尚不具备外汇市场、商品期货市场和金融衍生品市场等世界金融平台功能，金融市场体系还

---

① 数据来源于 http：//www. worldbank. org/。

不健全，产业规模和金融产品丰富程度显著不足，作为全球金融中心的知名度仍然偏低（详见表2）。

表2 2017年全球金融中心指数排名

城 市	GFCI 22 排名	GFCI 22 得分	GFCI 21 排名	GFCI 21 得分
伦 敦	1	780	1	782
纽 约	2	756	2	780
东 京	5	725	5	740
深 圳	20	689	22	701

注：全球金融中心指数（GFCI）是伦敦金融城委托英国咨询公司Z/Yen集团统计制作的，用来对全球主要金融中心的金融竞争力进行评价。该指数由金融中心的商业环境、人才资本、基础设施、金融部门发展、声誉等5个方面的100多个指标构成，其数据与资料来源于29000多份网上问卷以及对世界银行、经济合作与发展组织（经合组织）和经济学人智库等著名机构的访谈等。第一期全球金融中心指数于2007年3月公布，每年发布两期。GFCI 22为2017年9月发布的第22期"全球金融中心指数"。

2. 经济效率差距较大

按照2016年末人口深圳1191万人、纽约851万人、东京1351万人和伦敦828万人粗略估算，深圳人均GDP仅约为纽约的23%、东京的36%和伦敦的39%[①]；地均GDP仅约纽约的13%、东京的30%和伦敦的45%。深圳虽然在经济总量上已经接近香港和新加坡等国际先进城市，但是经济效率与它们相比还有一定的差距：2017年深圳人均GDP为2.71万美元，香港人均GDP为4.6万美元[②]，新加坡人均GDP达5.77万美元，深圳仅大约是香港的58.9%、新加坡的46.97%；深圳地均GDP约为香港的49%、新加坡的36%。

与国际一流城市相比，深圳经济效率较低的原因在于产业发展存在"四个偏低"的软肋。一是产业附加值偏低，低端产业比重仍然较高，在全球价值链分工体系中的地位有较大的提升空间。2016年，深圳工业增加值

---

① 计算当年人均GDP的规范方法是：当年GDP/［（上年常住人口 + 当年常住人口）/2］。

② 数据来源：中新网转载的香港大公网消息，参见 http://www.mnw.cn/news/china/1948351.html。

率仅为 26.7%，远低于发达国家35%~40%的平均水平。二是现代服务业能级偏低，在跨国公司总部资源、金融等国际高端资源、服务全球的能力等方面与全球顶级城市差距显著。三是产业核心技术掌控率偏低，核心技术、关键材料、关键零配件都严重依赖进口。四是源头创新能力不足，实现高水平创新驱动发展的基础有待进一步夯实。在发表学术论文数量方面，深圳远低于波士顿、首尔、伦敦、纽约和东京等国际一流城市；在新兴产业领域的专利布局上，深圳与国内一流城市也有差距。

3. 居民收入水平偏低

与纽约、伦敦和东京等世界城市相比，深圳居民收入水平仍然不高。2017 年深圳人均可支配收入为 5.3 万元，远低于纽约① （33.7 万元）、东京（25.8 万元）和伦敦（23.9 万元），甚至与北京（57230 元）、上海（62596元）和广州（55400 元）等国内城市相比也有一定差距。

总的来看，深圳的快速发展引起了广泛关注，尤其是在 2017 年国内经济下行压力较大的情况下，有脱颖而出之势。但是，深圳在经济实力、经济效率等方面要与全球一流城市比肩，还需假以时日。

三　深圳经济运行中存在的主要问题

总的来看，2017 年深圳经济实现了有速度有质量的稳定增长，延续了稳进向好的发展态势。同时也要看到，经济运行中仍存在不少困难和挑战，实现更高质量的发展任务艰巨。

（一）经济发展面临成本攀升、空间资源约束等问题

深圳经济发展正面临高位过坎问题。一是用于发展产业的土地极为有限，且可供挖潜的所剩用地较为零星、分散、权属复杂，拆迁难已经成为制

---

① 数据来源于 https：//www. statista. com/statistics/，纽约和伦敦为 2016 年数据，东京为 2015年数据，汇率采用当年深圳统计公报数值。

约产业项目建设最突出的问题，未来经济增长面临土地空间紧约束。目前全市建设用地面积已达983平方公里，接近陆域面积50%的警戒线，远高于北京（18%）、香港（21%）、上海（29%）。二是要素成本快速攀升，尤其是用房用地成本已经处于较高水平。

（二）部分产能外迁影响经济增长

深圳许多优秀制造企业要扩大生产规模，但却找不到合适的产业空间。据调查，约一成的企业产生了外迁的意向，约1%的企业已经或正在整体搬迁。还有一些企业则因为生产成本上升等因素的影响，不得不外迁。这些都会对深圳的经济增长带来负面影响。

四 2018年深圳经济发展预测与展望

根据我们最近完成的对国内区域间投入产出的一项研究，深圳总产出的71%为最终产品（29%为中间投入）。在这些最终产品中，本地使用的约占31%，销往国内其他地区的约占34%，出口约占35%。可见，国际、国内其他地区以及深圳本地市场，三者几乎同等重要。

从国际经济来看，2017年全球经济正在复苏，世界主要经济体都实现了增长，作为深圳出口重要地区的欧盟和美国，GDP增速普遍提升，新兴市场与发展中国家GDP增速也止跌回升；2018年有望继续延续这一良好态势，国际货币基金组织和世界银行都预测2018年世界GDP增长率会略高于2017年。全球经济的复苏，有利于深圳出口的持续增长。值得注意的是，政策的不确定性也在增大，贸易保护主义倾向有所抬头，这将对全球经济增长造成威胁。

从国内经济来看，近年来中国经济持续稳定增长，GDP增速连续10个季度在6.7%~6.9%的区间运行。2017年经济增长超预期，增速达6.9%，出现了7年来首次回升。中国社会科学院、中国科学院预测科学中心都一致认为，2018年中国GDP增速将在6.7%左右，经济将保持平稳较快增长。中国科学院预测科学中心预计，2018年，固定资产投资增长呈现缓中趋稳态势、增速将比2017年下降近1个百分点；消费保持稳中向好态势、增速将比2017年提高0.14个百分点；进出口总额将继续保持增长，但增速可能略低于2017年。

国际国内经济增速回升的势头，为2018年深圳经济的增长提供了良好的外部环境。

在国际国内经济整体回升的大背景下，2018年，深圳将继续坚持供给侧结构性改革这条主线，在推动经济实现高质量发展方面不断取得新进展，经济将继续保持平稳较快增长的态势。课题组根据时间序列模型初步预计，2018年深圳GDP有望达到25730亿元，实际增长8.6%；社会消费品零售总额有望达到6585亿元，增长9.4%；固定资产投资有望达到6337亿元，增长23%；出口总额有望达到2762亿美元，增长10.2%；工业增加值有望达到9534亿元，实际增长9%；第三产业增加值有望达到14573亿元，实际增长8.5%。

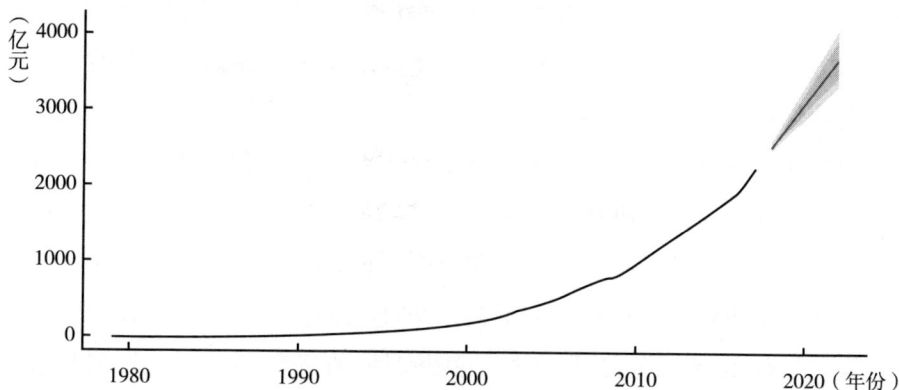

图10 深圳历年名义 GDP 及预测

五 政策建议

（一）发挥好"三驾马车"的拉动作用，保持经济持续稳定增长

一是深入推进投资体制机制改革，充分调动社会投资积极性。要进一步

增强让市场在资源配置中起决定性作用的理念，拓宽社会投资的领域和渠道，加强资本投向引导，出台一系列放宽市场准入、创新重点领域投资机制、鼓励和引导社会资本投资的政策措施，激发和调动社会资本投资积极性。要鼓励政府和社会资本合作，尽快建立完善分工明确、协同高效的 PPP 工作推进机制，加快 PPP 政策体系建设。要加快完善健全相关投融资政策和法律法规体系，鼓励企业通过债权、股权、资产支持等多种方式，参与重大基础设施、重大民生工程等领域的项目建设。进一步完善政府投资项目代理建设制度，充分利用市场化组织的专业技术和管理力量，切实提高政府投资项目的建设管理水平和投资效益。

二是加快建设国际消费中心城市，发挥好消费的基础动力作用。深圳建设国际消费中心城市应突破购物中心范畴，立足深圳的优势禀赋条件，在消费新业态、体验式消费等方面持续创新，积极推动六大消费行动计划。①科技创新＋消费行动计划：利用深圳科技创新产业优势，支持智能家居、无人机、VR/AR、人工智能产业发展，扩大中高端科技产品供给。②时尚＋消费行动计划：支持内衣、钟表、服装、珠宝、眼镜等传统优势产业转型升级，引进和培育全球领先的时尚设计资源，扩大时尚创意产品供给。③文化＋消费行动计划：加快发展文化贸易，培养居民文化艺术消费习惯，促进在线教育发展，满足居民文化生活的需求。④大健康＋消费行动计划：提升全市医疗、健康体检、健康信息管理、康复照护服务水平，建设医疗综合体，满足居民健康服务品质需求。⑤旅游＋消费行动计划：打造和推广"深圳滨海休闲娱乐和度假旅游胜地"品牌形象，强化电子竞技、无人机竞速等新型赛事和国际会展的旅游带动能力。⑥服务＋消费行动计划：提升美丽时尚、幸福婚庆、绿色餐饮、贴心家政等生活性服务业发展水平，满足居民对生活性服务业"更个性、更优质、更便利"的新需求。

三是加快推进服务贸易和进口贸易发展，千方百计保持外贸进出口稳定。出台促进服务贸易发展的指导性文件，对推进服务贸易工作进行总体部署。重点支持发展提升制造业价值链的服务贸易，积极发展与货物贸易有关的服务贸易。加快发展与战略性新兴产业相配套的服务贸易。加快服务贸易公共服务平台建设，促进文化、教育、体育、医疗保健等新兴服务贸易发展，带动服务产业向国际一流水平提升。加快完善进口促进体系，营造促进进口贸易发展的良好环境，建立进口信息服务平台，提高进口贸易便利化程度，清理不适应形势的进口管理措施，支持扩大进口。鼓励建设各类进口贸易平台，增强对国际资源的整合利用能力。加强对进口贸易的预警监测。利用前海蛇口自贸区等平台，加强与"一带一路"沿线国家的贸易对接。大幅提高政府服务"走出去"的能力。加快完善全方位的"走出去"服务支持体系，促进对外投资合作便利化、建立健全金融财政扶持政策、大力培养"走出去"中介服务机构、提供企业培训及政策辅导服务。实施安全保障战略，构建跨国经营风险防范与应急保障体系，构建海外风险防范体系、完善"走出去"安全应急保障机制、建立涉外知识产权预警和应对机制。此外，针对特朗普贸易保护主义可能引发的"中美贸易纷争"，还要做好相关预案。

（二）坚持以提高发展质量为目标，努力在构建现代化经济体系方面走在前列

一是强化深圳"硬件硅谷"、"世界硅洲"的国际地位。具体包括：加快落实网络强国战略、大数据战略、"互联网＋"战略，依托珠三角结构优化、体系完备的电子信息产业链优势，培育和孵化一批具有国际竞争力的战略产品，努力掌握信息产业创新发展的全球话语权。以推进智慧化、智能化为方向，推进深圳电子信息制造业的再工业化，加快完善以电子工业专用设备为主体的先进制造产业链。培育一批掌握关键核心技术，具有国际竞争力和创新活力的企业群体，将深圳打造成为国内新一代信息技术创新引领区和产业集聚区。

二是推动产业向全球价值链高端跃升。围绕主导产业"补链"和"强链"，甄别深圳产业链中的关键或缺失环节，捕捉项目信息，锁定关键企业、重大项目，做强价值链。要充分发挥对外投资，特别是科技投资在重塑全球价值链中的主引擎作用，积极参股国际领先的初创型科技企业，将对外投资战略置于推动全球价值链优化重组的重要位置，通过"补链"和"强

链"在价值链高端获得核心竞争力。注重在推进"一带一路"建设、开展国际产能合作过程中，支持企业通过对外投资实现跨境产业布局调整，并依托区域生产网络提升全球价值链地位。要充分释放前海蛇口自贸试验区和前海深港现代服务业合作区的叠加效应，带动跨境电子商务、融资租赁、高端维修、大宗商品交易、离岸贸易等新型业态的发展壮大。

三是打造更多细分行业"隐形冠军"。针对小微企业成长过程中面临的要素成本上升和融资难等普遍问题，尝试借鉴小企业创新研发项目（SBIR）和小企业技术转化项目（STTR）的相关做法，按照中小企业技术创新生命周期采取分阶段、有竞争、差异化的政策设计，提升深圳小微企业创新创业扶持政策的效率，打造更多引领前沿技术和细分市场的"隐形冠军"企业。第一阶段为技术可行性研究资助阶段，该阶段政府为企业提供相对小规模的资助，突出"普惠性"资助特征；第二阶段政府对第一阶段取得初步成功的项目进行筛选，并提供"大额集中"的资助；第三阶段是技术成果商业化的阶段，政府的主要作用是为产业化提供政府采购、市场拓展等服务。在实际操作中，深圳应积极发挥科技园区运营商的政策传导作用，总结梳理天安数码城、硅谷动力等知名园区运营商的经验做法，加大力度支持物业管理型科技园区向创新平台型、创新生态系统型科技园区转型，有效提升政府创新创业扶持政策的精准度。

（三）坚持以供给侧结构性改革为主线，努力在构建推动经济高质量发展体制机制方面走在前列

一是着力构建契合新经济发展的体制机制。重点围绕新经济的制度和政策环境需求，探索打破制约新产业、新业态发展的行政障碍，推进新经济领域的市场便利化改革，推动社会资本加速进入相关领域，增加有效供给。要吃透学透美国《拜杜法案》，率先畅通《中华人民共和国促进科技成果转化法》（2015 修订）的政策落地渠道，打通政策落地的"最后一公里"，激发创新主体的积极性。要积极深化科技投入体制和科技经费管理制度改革。进一步强化以企业为主体的技术创新体系，支持科学家领衔组建新型科研机

构。借鉴日本颠覆性技术创新计划（ImPACT 计划）的经验，在科技计划项目管理上探索推行项目经理人制度，让具有专业背景的人员担任项目经理人，实现科技计划管理的专业化分工。尽快推动中央最新科研经费管理政策完全落地，确保以常规和顺畅的渠道给科研人员带来更大的激励。

二是加快完善以公平、平等为核心原则的产业政策体系。为加快构建公平开放透明的市场环境，主动对标国际经贸新规则，加快对现行产业政策当中不合规定部分进行清理，坚决避免制定内外有别的产业政策，力求做到产业政策透明化。特别是要为民营企业创造更加公平的市场环境，消除各种制约民营经济发展的隐性壁垒。应谨慎出台扶持大型国企、央企在深圳发展的特殊政策，避免形成新的不公平。

三是率先探索构建利用国际化人才的体制机制。积极争取国家人才政策支持，为新旧经济动能的转换和新经济的培育发展提供国际高端人才支撑。要着力吸引海外华侨子弟来深留学。支持中山大学（深圳）、深圳大学、南方科技大学和香港中文大学（深圳）等高校开展多层次、宽领域的国际教育交流与合作，支持深圳职业技术学院不断扩大职业教育国际化程度，争取更多华裔子弟来深圳就读。要积极实施深港人才双城互动计划。加强深圳与香港各专业领域人才流动，开辟方便两地人员流动的工作通道，开放两地专业人员执业就业，对符合要求的境外高端、紧缺人才给予个人所得税减免优惠，吸引香港人才到深圳创业发展。

（四）着力打造创新引领型全球城市，努力在形成全面开放新格局方面走在前列

一是强化与全球领先科技的无缝对接。依托深圳及时高效的制造业领先优势，抓住中美优势互补的机遇，迅速在专利、资本、制造和营销等层面构筑与美国科技成果对接的平台。要加快建设多种类型的高端科技智库，系统、深入、实时地加强对全球领先科技动态的研究，并加强科技智库与制造业的联系，即时捕捉能将最新发明专利迅速转化的交易机会。同时，要发挥好深圳海外创新中心的桥梁作用，加强中美、中欧科技交流，定期举办欧美

创新投资家与深圳制造业企业家的沟通对接活动，加强中美、中欧企业在技术创新、市场拓展、资本运作、人才交流等领域的合作，打通一条深圳与欧美领先科技资源对接的"绿色通道"。

二是提高对高端资源要素的全球配置能力。要重点依托深交所建设"一带一路"跨境资本服务平台。支持深交所与境内外机构共享资源渠道，构建"一带一路"金融合作网络，打造"一带一路"跨境投融资综合服务生态圈，不断提升承接"引进来"境外资源的能力，扩大跨境资本服务平台的渗透力和影响力。打造一流的国际标准行业平台。加强与国际标准组织、欧美知名行业组织等机构的战略合作。

三是加快打造国际化人才队伍。支持中山大学（深圳）、深圳大学、南方科技大学和香港中文大学（深圳）等高校开展多层次、宽领域的国际教育交流与合作，扶持深圳职业技术学院不断扩大职业教育国际化程度，争取海外华侨子弟来深圳就读就业。完善国际人才的流动管理政策，探索构建国际技术移民进入本地科技产业的长效机制，把深圳建成国际高端人才集聚地。

（五）让经济增长惠及人民，努力在营造共建共治共享社会治理格局方面走在前列

要把人民对美好生活的向往作为推动经济增长的核心目标。习近平新时代中国特色社会主义思想和党的十九大报告明确提出，推进社会主义现代化建设，关键在于牢牢把握社会主义初级阶段这个基本国情，牢牢把握我国社会主要矛盾是人民日益增长的美好生活需要和不平衡不充分的发展之间的矛盾。当前和未来较长一段时间，深圳的现代化建设都必须坚持以人民为中心的发展思想，在发展中补齐教育、医疗、住房保障、环境卫生等民生短板，尽快实现特区一体化进程和公共服务均等化进程，在幼有所育、学有所教、劳有所得、病有所医、老有所养、住有所居、弱有所扶上不断取得新进展，保证市民在共建共享发展上有更多获得感，不断促进人的全面发展、市民共同富裕。

宏观经济篇

Macro – Economy Reports

B.2
深圳市2017年固定资产投资形势分析及2018年调控思路

李　斌*

摘　要： 2017年以来，深圳深入践行新发展理念，着力深化供给侧结构性改革，以质量提升为重点不断加大工作力度，投资超额完成年初预期目标并创近24年增速新高。2018年投资工作要坚持稳中求进工作总基调，准确把握固定资产投资的阶段特征，继续加大精准有效和高质量投资力度。

关键词： 固定资产投资　深圳

* 李斌，博士，深圳市发改委投资处。

2017 年以来，全市上下紧紧围绕市委市政府和市两会确定的任务目标，深入践行新发展理念，着力深化供给侧结构性改革，以质量提升为重点不断加大投资工作力度，全市固定资产投资规模稳步扩大、结构持续优化、效益继续提升，有力地促进了深圳经济社会平稳较快发展。

一 2017年投资运行总体情况

（一）投资规模增速再创新高

2017 年，深圳固定资产投资完成 5147.3 亿元①，近 3 年分别迈上 3000亿元、4000 亿元和 5000 亿元台阶。投资增速从 2011 年以来逐步加快，近 3年连续保持在 20% 以上，2017 年达 23.8%，创 1994 年来新高，高于同期北京（5.7%）、上海（7.3%）、重庆（9.5%）、广州（5.7%）、南京（12.3%）等大中城市，分别高出全国（7.2%）和全省（13.5%）平均水平 16.6 个和 10.3 个百分点。

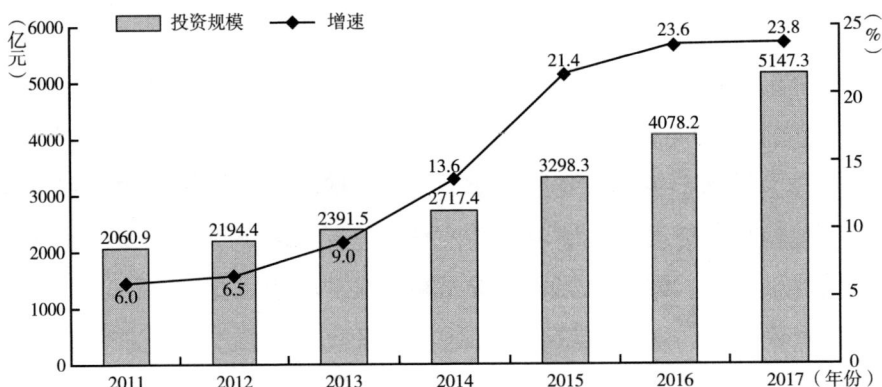

图 1　深圳市固定资产投资规模及增速

---

① 2017 年固定资产投资数据含深汕特别合作区部分，下同。

（二）固定资产投资效益稳定

2017年，深圳固定资产投资强度达到2.1亿元/平方公里，高于北京、上海、广州等城市。2017年深圳固定资产投资率、投资贡献率和投资效果系数分别为22.9%、41.9%和0.46，投资率对比2016年小幅上升2.0个百分点，投资贡献率和投资效果系数相对稳定，投资、消费协同拉动经济增长。2017年民间投资完成2679.3亿元，同比增长22.5%，高出同期全国（6.0%）平均水平16.5个百分点，投资内生动力依然强劲。

（三）房地产投资持续增长

2017年深圳房地产开发投资完成2135.9亿元，同比增长21.6%，分别高出全国（7.0%）和全省（17.2%）平均水平14.6个和4.4个百分点。其中，房地产施工面积5709.3万平方米，同比增长10.3%；新开工面积1001.5万平方米，同比增长2.4%；竣工面积285.1万平方米，同比回落41.8%；销售面积671.0万平方米，同比回落8.9%；销售额3216.7亿元，同比回落3.2%；平均销售价格47936元/平方米，同比增长6.2%。

（四）基础设施投资强度加大

2017年，深圳基础设施投资完成1163.5亿元，同比增长29.2%。开工建设轨道交通四期12号、13号、14号线等5条线路，同步推进三期和三期调整12个在建项目，深中通道、外环高速等重点基础设施项目进展顺利，基础设施领域中的电力、热力、燃气及水生产和供应业以及水利、环境和公共设施管理业投资增速加快，投资分别完成120.0亿元和513.1亿元，同比分别增长45.3%和42.1%。

（五）工业及技术改造投资高速增长

2017年，深圳工业投资完成915.9亿元，同比增长27.5%，比2016年（17.1%）提高10.4个百分点，分别高出全国（3.6%）和全省（9.6%）

平均水平 23.9 个和 17.9 个百分点。其中，制造业投资完成 795.9 亿元，同比增长 25.2%。技术改造投资完成 353.0 亿元，同比增长 71.9%。2017 年，第二、三产业投资之比为 17.7∶82.3。

（六）政府投资完成情况良好

加大政府投资推进力度，更好发挥政府投资的引导带动作用。2017 年深圳市区两级共完成政府投资 1050 亿元左右，完成全年计划（1113.2 亿元）的 94.3%。其中，市本级政府投资完成 461.4 亿元，完成全年计划（456.0 亿元）的 101.2%；各区（新区）政府及前海蛇口自贸区政府投资完成 588.6 亿元，完成全年计划（657.2 亿元）的 89.6%。

（七）重点行业领域投资加快

2017 年，49 个省重点建设项目完成投资 663.0 亿元，完成年度投资计划的 143.8%，高出 2016 年 21.4 个百分点，高出全省平均水平 19.8 个百分点。349 个市重大建设项目完成投资 1788.7 亿元，同比增长 36.2%，完成年度投资计划（1556 亿元）的 115.0%，高出 2016 年（102.3%）12.7 个百分点，投资完成总量及计划完成率创历年新高，超额完成全年投资任务目标。17 个重点区域投资完成 1463 亿元（不包括盐田河临港产业带），同比增长 48.5%，完成年度计划（1402 亿元）的 104.3%。

（八）区域投资结构持续优化

2017 年，福田、罗湖、盐田、南山等 4 个原特区内区域完成投资 1848.9 亿元，同比增长 23.7%，占全市固定资产投资比重的 35.9%；宝安、龙岗、坪山、龙华、光明、大鹏等 6 个原特区外区域完成投资 3208.9 亿元，同比增长 23.8%，占全市固定资产投资比重的 62.3%；深汕特别合作区完成投资 89.5 亿元，同比增长 11.5%，占全市固定资产投资比重的 1.7%。原特区外投资规模逐步加大，占比继续保持在六成以上。

总体来看，深圳固定资产投资运行情况良好，但是也要认识到随着中

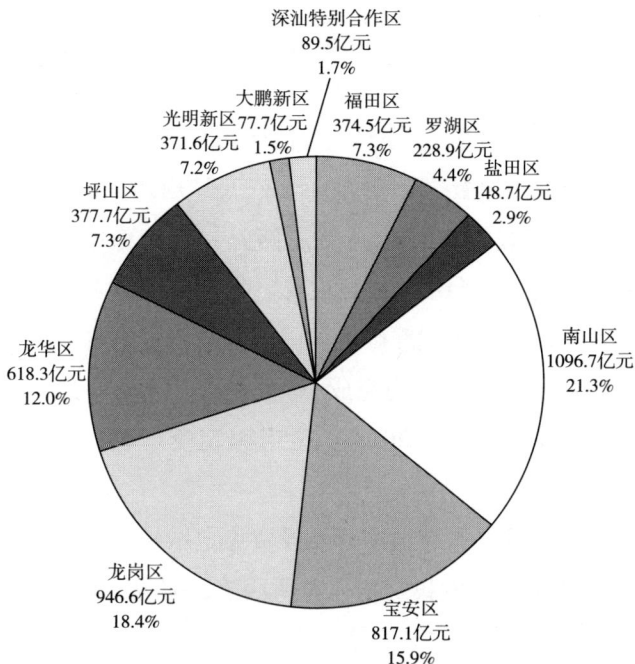

图2 深圳市固定资产投资区域结构

国经济增长阶段的转换和社会主要矛盾的转化，固定资产投资继续保持较快增速的压力加大。一是经济增速回落造成投资需求减缓。随着中国经济由高速增长阶段转向高质量发展阶段，GDP增速放缓将影响投资持续快速扩张。二是固定资产投资加速增长后面临回调压力。1994年以来，深圳固定资产投资增速超过20%的年份有1997年、1998年、2003年、2015年、2016年、2017年，共6年。2011年以来，深圳连续7年固定资产投资增速逐年提升，并于近两年增至近23年最高水平，投资增速再创新高难度加大。三是空间资源制约影响投资增长后劲。目前，深圳固定资产投资强度居全国大中城市首位。城市土地面积狭小，空间承载能力有限，征地拆迁难度大对深圳固定资产投资继续保持快速增长形成较大制约。四是投资结构还需优化，投资区域布局仍不均衡，房地产政策调控对投资增长带来不确定性。

二 2018年工作总体思路及增长目标

2018年是全面贯彻落实党的十九大精神的开局之年，是改革开放40周年，是决胜全面建成小康社会、实施"十三五"规划承上启下的关键一年。2018年深圳固定资产投资工作的总体思路是：坚持稳中求进工作总基调，践行新发展理念，紧扣社会主要矛盾变化，贯彻高质量发展要求，坚持以推进供给侧结构性改革为主线，准确把握固定资产投资的阶段特征，继续加大精准有效和高质量投资力度，为完成2018年全市经济社会发展目标夯实基础。根据深圳经济增长目标，2018年全市固定资产投资预计完成6200亿元，增长20%左右。

——从管理渠道看：非房地产开发投资稳定增长，完成3740亿元左右，增长25%左右；房地产开发投资增速有所回落，完成2460亿元，增长15%左右。

——从产业结构看：工业、服务业投资协同增长，全市工业、服务业分别完成投资1000亿元和5200亿元左右，增长10%和22%左右。工业技术改造投资完成445亿元左右。

——从资金来源看：市区两级政府投资完成1377亿元左右，占比为22.2%，其中市本级政府投资完成530亿元，同比增长16.2%，10个区（新区）本级政府投资完成810.8亿元，深汕、前海两个合作区本级政府投资完成36.4亿元。社会投资完成4823亿元左右，占比为77.8%。

——从区域结构看：深汕特别合作区建设加快，前海蛇口自贸区继续呈现快速增长态势，特区一体化建设快速推进。预计2018年原特区外投资规模占比为65%，比2017年提高1个百分点左右。

——从重点领域看：重大项目完成投资1683亿元，增长18%左右；17个重点区域完成投资1900亿元，增长30%左右；基础设施投资完成1300亿元以上，增长25%左右。

三 2018年主要工作举措

（一）深入推进投资体制机制改革

一是规范有序推进 PPP 工作。加快 PPP 政策体系建设，研究确定 PPP 项目具体实施流程，出台实施细则、联席会议制度和项目库管理办法等相关制度规范。建立全市统一的 PPP 项目综合信息管理系统，实现 PPP 项目全生命周期的监管服务、风险预警防控、信息公开共享。在污水处理、停车场、综合管廊、综合开发、垃圾处理等领域选取推进一批示范 PPP 项目加快建设。二是试点开展政府投资项目社会代建。进一步完善政府投资项目代理建设制度，充分利用市场化组织的专业技术和管理力量，切实提高政府投资项目的建设管理水平和投资效益，在部分领域选取试点项目引入社会代建企业参与政府投资项目建设，对现行的政府投资项目集中管理模式形成有益补充。三是探索开展企业投资项目承诺制改革试点。改善营商环境，探索企业在获得用地后，对建设工程做出符合消防、安全、环保等国家强制性要求及产业准入条件的承诺，依法依规自主开展勘察、设计，在通过联合审查后开展施工，施工过程接受动态监督，竣工后接受全面验收。

（二）保持房地产投资健康发展

一是引导房地产市场健康发展。严格执行国家有关宏观调控政策措施，高度关注房地产开发市场出现的新情况、新变化，积极引导和调控房地产市场走势。加快建立多主体供应、多渠道保障、租购并举的住房制度，完善促进房地产市场平稳健康发展的长效机制，加快培育发展住房租赁市场。二是加大人才住房和保障性住房的建设力度。新开工建设及筹集人才住房和保障性住房 8 万套，供应 4.6 万套。推进光明长圳、坪山竹坑等一批人才住房和保障性住房项目建设。探索 TOD 模式，在轨道交通沿线筹建大型安居社区。三是大力推动城市更新。坚持政府主导、市场运作、规划先行、传承文化、综合配套、产城融合、宜居优先、分类处理、成片改造、有序更新的原则，完善城市更新政策，加快城市更新改造。坚持整体推进和微改提升协同并进，优化城市环境，改善居住条件。

（三）加大工业投资力度

一是打造中国制造 2025 国家级示范区。坚定不移地做强更具比较优势的"深圳制造"，大力发展高端制造、智能制造、绿色制造，培育电子信息产业、新能源、生物产业等先进制造业集群，新增 3 家制造业创新中心。二是实施技改倍增计划。出台工业互联网行动计划和若干措施，推动 2 个工业互联网平台建设。开展智能制造应用示范，争创 3 个国家级和 5 个省级智能制造试点示范项目，推进一批智能制造示范工厂建设。推动黄金珠宝、眼镜、钟表、服装等优势传统产业向都市时尚产业转型，创建知名品牌示范区。三是着力保障产业空间。出台工业区块线管理办法，稳定全市工业用地总规模，严控"工改居"、"工改商"，加大"工改工"支持力度，推广"工业上楼"，鼓励采取先租后让、产权入股、异地置换、厂房联建等方式，推进旧工业区连片改造升级，盘活低效用地资源。

（四）推进基础设施建设提速

一是推进基础设施供给侧结构性改革。加快组建城市基础设施投资基金，设立重点领域子基金，逐步形成基础设施基金群。二是加快传统基础设施建设。加快规划建设机场第三跑道、新航站楼，推进赣深高铁、深茂铁路深圳至江门段、深中通道等建设，强化海铁联运，促进海陆空综合交通基础设施互联互通，推进与泛珠区域共建内陆港，推动"一带一路"倡议实施和湾区经济深度融合发展。加快轨道交通三期、四期 17 个约 300 公里在建项目的建设，力争到 2020 年运营里程超过 400 公里。建成南坪三期、东部过境等快速干线，推进沙河西路等快速化改造和梅观高速等市政化改造，加快坂银通道、盐龙大道、坪盐通道、海滨大道、盐港东立交等道路建设。加快推进垃圾焚烧电厂、污泥处理厂等建设，升级改造垃圾转运站 300 座以上，建成清林径引水调蓄工程。新建燃气管道100公里，加快老旧供水管网改造。三是加大新型基础设施投资力度。加快智慧城市建设，实施高速宽带网络、全面感知体系建设等十大工程，促进技术、业务、数据融合，加快实现万物感知、万物互联、万物智能。全面完善物联网、云计算等信息网络基础设施，启动5G试点，建成城市大数据中心和运营管理中心，建设可视化的城市空间数字平台。

（五）加强重点区域领域投资支撑

一是加大政府投资力度。市本级政府投资完成530亿元，同比增长16.2%，重点投向城市基础设施、民生服务、生态文明建设、产业创新配套四大领域，加大原特区外及特区一体化项目投资力度。二是加大重大项目和重点区域投资力度。实施大项目带动、产业链拓展行动，加快推进华星光电新型显示、亚太高通量宽带通信系统等重大项目建设，建成投产中芯国际12英寸生产线、开沃新能源汽车等项目。统筹提高各区规划建设和公共服务设施的标准，着力解决区域发展不平衡不协调问题。加快国际生物谷、北站商务区、光明凤凰城等17个重点区域的开发，加快深汕合作区开发建设。三是加快重大民生工程项目建设。进一步完善多层次教育发展体系，推进城市医疗资源均衡布局，重点推进中山大学·深圳、南方科技大学校园建设工程（二期）及市人民医院龙华分院、市中医院光明院区（一期）等项目建设。四是加大重大科技装置群建设投资力度。加快布局一批世界级重大科技基础设施，推进国家超算深圳中心二期、国家基因库二期等重大科技基础设施建设，积极争取国家实验室和国家重点实验室、工程（技术）研究中心等创新载体和平台落户深圳。

（六）强化项目培育和投资跟踪监测

一是深化行业专题分析以及热点问题分析。立足深圳经济社会发展特点和实际情况，结合国际国内形势变化趋势，重点围绕转变经济发展方式、产业结构调整、创造深圳质量等领域以及重大热点问题开展专题研究，把握投资工作的前瞻性。二是加大项目谋划储备和前期工作力度。以"十三五"中期评估和"十四五"规划预研为契机,深入开展项目谋划专题调查研究,聚焦市委市政府重大战略决策部署,高水平谋划一批对城市长远发展具有支撑性、引领性的重大基础设施项目,重点围绕粤港澳大湾区、特区一体化和东进战略以及打造国际科技创新中心等加强项目谋划,夯实城市发展后劲。三是强化项目协调和投资目标管理。进一步完善重大项目分级协调机制,定期召开项目协调会,推动项目加快建设。研究修订完善固定资产投资绩效考核规程,将投资增长目标细化量化至具体责任单位和阶段目标,确保投资目标可跟踪可考核。四是加强固定资产投资跟踪监测。打造全流程投资管理系统"智慧投资"平台,探索开展大数据挖掘和分析利用。加强进度通报,定期推送固定资产投资、政府投资、重大项目投资、重点区域投资等完成情况并进行排名分析。

2017年深圳市消费品市场运行特点与2018年走势研判

杨新洪*

摘　要： 2017 年，在国内外经济复杂多变的环境中，深圳市社会商品零售总额在 2015 年增速触底 2% 后，经历 2016 年 8.1% 的快速攀爬式增长并继续保持这一增长势头，增速达到 9.1%，较 2016 年又提高 1 个百分点。其总额虽最小，但增速高于北京、上海和广州 1~4 个百分点，已然成为推动深圳市经济增长的重要力量。

关键词： 消费品市场　深圳

一　2017年深圳市社会消费品零售额

（一）总体状况

批发和零售业、住宿和餐饮业直接售给城乡居民和社会集团的消费品总金额为社会消费品零售总额（简称社消零）。2017 年，深圳全年全市社消零达 6016.19 亿元，同比增长 9.1%。其中，限额以上企业（单位）4106.60 亿元，占比为 68.3%，增长 10.6%。

2017 年，深圳社消零的构成情况如下。

＊ 杨新洪，深圳市统计局局长，高级统计师。

表1 2017年深圳市社消零构成情况

类 别	绝对数(亿元)	比重(%)	增速(%)	贡献率(%)	拉动点数(个)
全社会合计	6016.19	100	9.1	100	9.1
1. 批发业	1191.18	19.8	8.5	18.7	1.7
2. 零售业	4144.10	68.9	9.5	72	6.5
3. 住宿业	46.06	0.8	7.1	0.6	0.1
4. 餐饮业	634.85	10.6	7.3	8.6	0.8

由表1可见，零售业极具行业特征（零售业处在商品流通环节末端，销售对象主要是个人和社会集团，商品主要是用于个人生活消费和集团公共消费），故占比最大，为68.9%，增速比社消零高出0.4个百分点，对社消零增长的贡献率最大，为72.0%；批发业介于商品生产与消费的中间环节，商品销售对象主要是企事业单位、机关团体，商品主要是用于生产、服务经营的商品（这部分不属于社消零），其销给社会集团或少量直接销给居民的消费品属于社消零，其占社消零的比重为19.8%；住宿业和餐饮业中为消费者提供的餐饮食品和零售商品属于社消零，分别占0.8%和10.6%。由于社消零是按生产方（销售方）数据统计，因此深圳批发、零售企业相对集中在福田、罗湖区。从各区社消零数据来看，基本呈三个梯队：第一梯队是超过千亿元的福田和罗湖区，所占比重分别为30.2%和20.9%，增速分别为9.2%和9.1%，对社消零增长的贡献率排名分别为第一和第二名；第二梯队为700亿~800亿元的南山、宝安和龙岗区，所占比重分别为13.4%、12.9%和12.2%，增速分别为9.1%、9.0%和9.2%，对社消零增长的贡献率排名分别为第三、第四和第五名；余下的第三梯队为新成立的龙华、坪山区及光明、大鹏两个新区和深汕合作区，盐田区也位列其中（见表2）。

2008~2017年，深圳市社消零从2276.59亿元增加到6016.19亿元，10年间增长1.64倍，年平均增长10.2%。10年来增速并不平稳：2008年增速达最高点（17.9%），2009年增幅回落5.1个百分点；2010年回升至16.9%，2011年为次高位（17.3%）；之后增速连续下滑，2015年为最低点（2.0%，主要受汽车上牌限制影响）；近两年有所好转，分别回升至8.1%和9.1%（见图1）。

表2　2017年深圳市各区社消零情况

区　域	绝对数(亿元)	比重(%)	增速(%)	贡献率(%)	拉动点数(个)
全市合计	6016.19	100	9.1	100	9.1
1. 罗湖区	1256.78	20.9	9.1	20.8	1.9
2. 福田区	1817.51	30.2	9.2	30.4	2.8
3. 南山区	803.87	13.4	9.1	13.3	1.2
4. 宝安区	779.06	12.9	9.0	12.8	1.2
5. 龙岗区	732.12	12.2	9.2	12.3	1.1
6. 盐田区	77.39	1.3	8.9	1.3	0.1
7. 坪山区	77.64	1.3	9.5	1.3	0.1
8. 龙华区	287.80	4.8	9.2	4.8	0.4
9. 光明新区	120.31	2.0	9.0	2.0	0.2
10. 大鹏新区	60.89	1.0	8.7	1.0	0.1
11. 深汕合作区	2.81	0.0	4.7	0.0	0.0

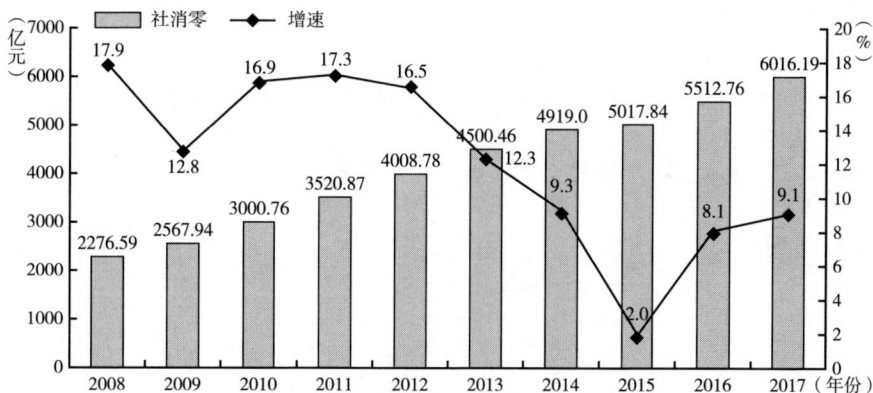

图1　近10年深圳社消零绝对值及增速

（二）与北上广有关数据比较分析

2017年，深圳市社消零在北、上、广、深四大城市中绝对值最小，但增速最高：绝对值分别为北、上、广的52.0%、50.9%和64.0%；增速分别比北、上、广高3.9个百分点、1个百分点和1.1个百分点。从年平均发展速度来看，北、上、广、深分别为109.6%、110.0%、111.4%和110.2%。

表3　近10年北上广深社消零及发展指数

年份	深圳市		北京市		上海市		广州市	
	社消零 （亿元）	指数	社消零 （亿元）	指数	社消零 （亿元）	指数	社消零 （亿元）	指数
2008	2276.59	117.9	4645.5	121.1	4577.23	118.2	3187.39	121.5
2009	2567.94	112.8	5387.5	116.0	5213.11	113.9	3615.77	113.4
2010	3000.76	116.9	6340.3	117.7	6186.58	118.7	4476.38	123.8
2011	3520.87	117.3	7222.2	113.9	7185.83	116.2	5243.02	117.1
2012	4008.78	116.5	8123.5	112.5	7840.40	109.1	5977.27	114.0
2013	4500.46	112.3	8872.1	109.2	8556.96	109.1	6882.85	115.2
2014	4919.00	109.3	9638.0	108.6	9303.49	108.7	7144.45	103.8
2015	5017.84	102.0	10338.0	107.3	10131.50	108.9	7987.96	111.8
2016	5512.76	108.1	11005.1	106.5	10946.57	108.0	8706.49	109.0
2017	6016.19	109.1	11575.4	105.2	11830.27	108.1	9402.59	108.0

注：指数单位：以上年为100。

10年来，北、上、广、深社消零增长速度的趋势几乎相似。

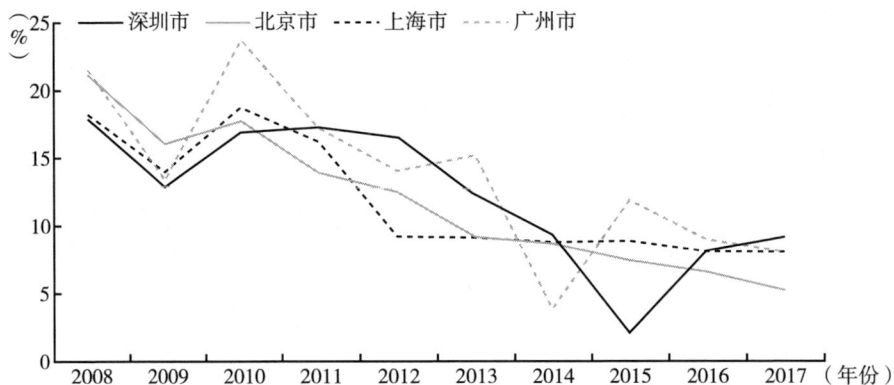

图2　近10年北、上、广、深社消零增长速度

从图2中可见，四个城市2008年增速均较高，2009年几乎一致回落，2010年又一致回升；之后以不同形态回落，在2014年相会；近三年来，深圳市是唯一回升的城市，上海市较平稳，广州和北京市继续下滑。

（三）社消零与 GDP 中消费的关系及深圳人均消费水平变化情况

支出法计算的 GDP 中的最终消费是拉动经济增长的"三驾马车"之一，等于居民消费支出与政府消费支出之和。在我国，最终消费数据难以直接统计，因此利用容易获取的社消零（生产方统计）来代替其中的居民消费（政府消费另有指标代替）。但社消零与居民消费存在五个方面的区别：一是社消零既包括销售给城乡居民住户的零售额，也包括销售给企业、事业、行政单位的零售额，后者不属于居民消费；二是社消零包括销售给城乡居民建房用的建筑材料，但居民建房支出属于投资，而不属于居民消费；三是社消零不包括居民自产自用产品，例如农民自产自用的农产品，而居民消费则包括对这些产品的消费；四是社消零不包括教育、医疗、文化、艺术、娱乐等市场性服务和非市场性收费服务，居民消费则包括对这些服务的消费；五是社消零不包括居民自有住房服务、间接计算的金融中介服务和保险服务、公费医疗服务，而居民消费则包括对这些服务的消费。以下利用调查队系统的居民人均消费支出（含物质消费与服务消费）、物质消费支出比重等数据与社消零数据做比较，来分析深圳人均消费水平变化情况。

表4　近 10 年深圳市人均社消零、人均物质消费情况

年份	社消零（亿元）	人均社消零（元/月）	按常住人口推算的物质消费额（亿元）	人均物质消费（元/月）	居民平均每人每月消费性支出（元）	物质消费支出比重（%）	年平均常住人口（万人）
2008	2276.59	2032.68	1211.00	1081.25	1648.26	65.6	933.33
2009	2567.94	2195.61	1372.19	1173.23	1793.84	65.4	974.65
2010	3000.76	2460.99	1527.16	1252.46	1900.55	65.9	1016.11
2011	3520.87	2815.88	1638.42	1310.35	2006.67	65.3	1041.97
2012	4008.78	3179.33	1809.42	1435.04	2227.31	64.4	1050.74
2013	4500.46	3542.04	1884.40	1483.10	2401.04	61.8	1058.82
2014	4919.00	3829.60	1908.04	1485.47	2404.40	61.8	1070.39
2015	5017.84	3774.36	2154.59	1620.66	2696.60	60.1	1107.88
2016	5512.76	3945.49	2633.55	1884.83	3040.05	62.0	1164.36
2017	6016.19	4103.30	3005.68	2050.00	3250.00	63.1	1221.82

表 4 数据显示，从 2008～2017 年这 10 年的平均情况来看，深圳的居民物质消费额仅占社消零的 46.3%。主要原因应为深圳企事业集团消费量大、居民建房用的建筑材料多。另外还有两个原因不容忽视：一是来深圳旅游或者过境深圳去国外或者港澳的游客增长比较多，这部分短时来深人口产生的消费统计在社消零内，但不能统计在深圳居民消费支出内；二是随着网购的高速发展，深圳企业通过网络卖到市外的商品能统计在深圳社消零内，但是不能统计在深圳居民消费支出内。从人均消费变化来看，人均社消零与人均物质消费均不断提高。10 年来，人均社消零年平均增长 7.3%，比人均物质消费（年平均增长 6.6%）高 0.7 个百分点。

10 年来，深圳市人均社消零增速与人均物质消费走势较为相似，近三年来与常住人口增速走势趋于一致。

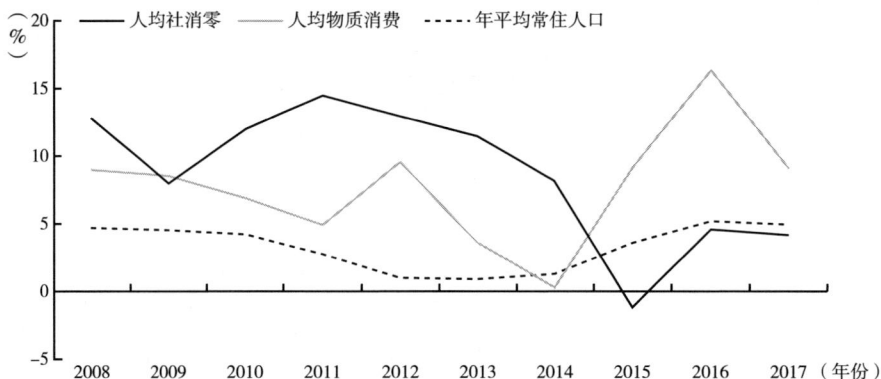

图 3　近 10 年深圳市人均社消零、人均物质消费及年平均常住人口增速

从图 3 中可见，10 年来深圳市常住人口增速相对平稳，基本在 1%～5% 波动；2008～2014 年，人均社消零增速远远高于年平均常住人口增速，除 2009 年外，也高于人均物质消费增速，估计为深圳集团消费量增速高于居民消费增速所致；2015～2017 年，人均社消零增速低于常住人口增速，远远低于人均物质消费增速，估计为深圳居民存在着从市外网购平台大量网购产生的物质消费所致（从市外平台网购产生的消费目前无法统计到深圳社消零中）。

二　社会商品销售结构分析

（一）供应链拉动批发业增长

2017 年，深圳批发业实现商品销售额 26406.1 亿元，同比增长 9.1%，比 2013 年增长 74.2%，是 2009 年的 7.6 倍，规模显著扩大。批发业商品销售额反映的是商品在流通市场上流转的总量，批发业商品销售额的较快增长，从一个侧面印证了深圳作为中心城市，其商贸流通市场整体活跃，辐射作用不断增强。

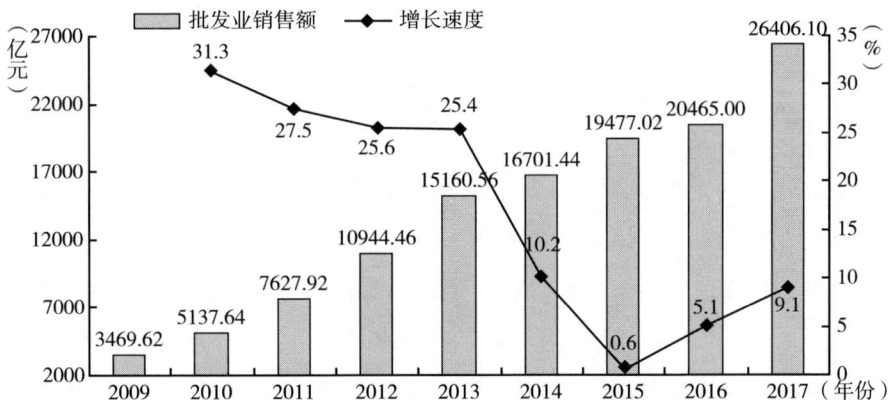

图4　2009～2017 年深圳批发业销售额走势

近年来，供应链企业如雨后春笋般不断涌现，纳入贸易专业统计的供应链企业数量从 2012 年的 6 家增加到 2017 年的 150 家，销售额从 2012 年的 226.5 亿元增加到 2017 年的 4044.0 亿元，增长了 16.9 倍。供应链企业的产生和成长，给深圳批发业带来一股强劲的发展动力，有力地拉动了批发业的发展。2017 年，供应链企业实现销售额 4044.0 亿元，同比增长 10.8%，比批发业整体增速高 1.7 个百分点，拉动批发业增长 1.6 个百分点。供应链企业中，销售额超 100 亿元的有 10 家，销售额合计为 2458.4 亿元，占

60.8%。其中销售额超500亿元的有两家，分别是深圳市比亚迪供应链管理有限公司和深圳市飞马国际供应链股份有限公司，两家企业的销售额合计占供应链企业销售额的1/4以上，它们的中流砥柱的作用可见一斑。

表5　深圳市供应链企业近年情况一览

年份	企业数量（个）	销售额（亿元）	增长（%）	占批发业的比重(%)	拉动批发业增长(%)
2012	6	226.5	23.5	2.1	0.5
2013	8	266.2	16.4	1.8	0.3
2014	32	358.0	11.0	2.1	0.2
2015	39	501.6	22.0	2.6	0.5
2016	72	2485.3	13.7	12.1	1.5
2017	150	4044.0	10.8	15.3	1.6

（二）网购拉动零售业增长

近几年，网上消费等一些新商业模式发展迅猛，"互联网＋"成为消费市场新的驱动力。自纳入统计报表以来，一直保持较高速度增长，除2016年外，其他年份增速均高于当年社消零增速。2014年通过互联网实现的商品零售额同比增长112.9%，高于当年社消零增速103.6个百分点；2015年通过互联网实现的商品零售额同比增长11.7%，高于当年社消零9.7个百分点。2016年通过互联网实现的商品零售额同比增长5.0%；2017年通过互联网实现的商品零售额达319.2亿元，同比增长57.1%，占社消零比重为5.3%，拉动社消零增长2.1个百分点。网上零售虽然占比不高，但对社消零的拉动作用十分明显，对社消零的贡献稳步提高，成为消费市场近几年的亮点之一。

（三）住宿餐饮业平稳增长

近年来，随着人们日益增长的对美好生活的向往需求，休闲旅游、文化娱乐、特色餐饮等备受青睐。针对这些领域蕴含的巨大发展空间，深圳市委、市政府出台一系列促进消费升级、旅游服务升级政策，带动"吃住行、游购娱"多个产业发展,为深圳住宿餐饮业的发展注入新的活力。

2017年,深圳住宿餐饮业实现营业额832.12亿元,同比增长6.2%。2017年以来,受旅游业和会展经济蓬勃发展的带动,深圳住宿业发展持续向好,全年住宿业营业额达149.91亿元,增速逐季提升,从一、二、三季度同比分别增长4.9%、7.5%、8.8%,到全年同比增长9.5%,增幅比上年提高4.3个百分点。受餐饮企业门店数增加的带动,全年餐饮业营业额达682.21亿元,同比增长5.6%。

近十年来,深圳住宿、餐饮行业保持平稳增长。深圳住宿餐饮业营业额从2007年的136.79亿元增长到2017年的832.12亿元,年均增加近70亿元,2007~2017年年均增速达19.8%。

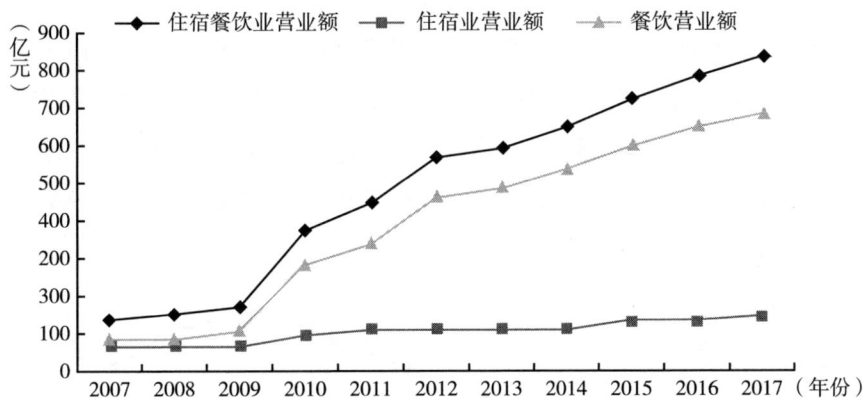

图5 近十年深圳市住宿餐饮业营业额总量

近年来,受国家政策影响,厉行节约观念逐步深入人心,加上房租、人工成本逐年增长,食品安全问题、同质产品之间的价格竞争问题出现,住宿餐饮行业面临困境,2012年深圳住宿业营业额甚至出现负增长,增速为-3.7%。但住宿餐饮企业迅速抓住"互联网+"这一契机,依托移动互联网平台,推出网上订餐、订房业务,利用微博、微信等新媒体创新营销方式,促进住宿餐饮业转型升级。2017年深圳限额以上住宿餐饮业通过公共网络实现的客房收入同比增长8.3%,比客房收入总体增速高2.7个百分点；通过公共网络实现的餐费收入高速增长，同比增长79.5%，比餐费收入总体增速高73.0个百分点。

三　主要消费品销售情况

近年来伴随着人民生活水平的提高和观念的更新，消费已彻底摆脱了此前的模仿型排浪式消费，转变为个性化、多样化消费，消费结构也在不断升级。从衣、食、住、行、用等角度对深圳消费市场进行分析可知，居民的消费支出已逐渐从食转向穿、用。

衣着零售额占限额以上商品零售额比重在提高。近年来人们的衣着不再以保暖为目的，讲究新奇、品牌、靓丽，居民衣着的消费支出在不断上涨。2017年服装、鞋帽、针纺织品类实现零售额512.0亿元，占限额以上商品比重为13.9%，同比增长7.4%。近十年服装、鞋帽、针纺织品类零售额占限额以上商品零售额的比重总体上呈上升的趋势，由2008年的12.5%上升到2017年的13.9%，比重提高1.4个百分点，2015年达到最高，为16.9%。

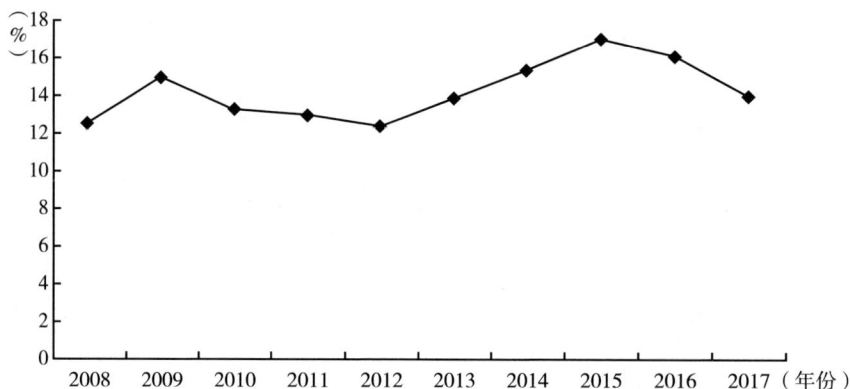

图6　服装、鞋帽、针纺织品零售额占限额以上商品零售额比重

食品零售额增速较高，但占限额以上商品零售额比重在下降。粮油、食品、饮料、烟酒类2017年实现零售额395.8亿元，占限额以上商品比重为

10.8%，同比增长 13.1%。从增速角度看，2014 年同比增长 9.8%，2009 年同比增长 1.1%，其他年份增速均为两位数，其中 2015 年的 16.8% 为近 10 年最高的增速；从占比角度看，从 2008 年的 16.4% 下降到 2017 年的 10.8%，下降 5.6 个百分点。近十年粮油、食品、饮料、烟酒类零售额占限额以上商品的零售额比重总体上呈下降的趋势，这充分说明了随着人民生活水平的不断提高，民生的基本需求进一步扩大，对美好生活的追求开始转向对更有品质生活的追求。

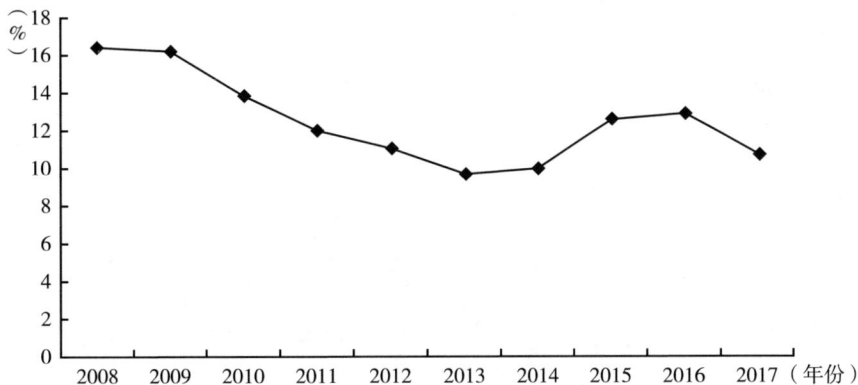

图 7　粮油、食品、饮料、烟酒类零售额占限额以上商品零售额比重

　　居住类占限额以上商品零售额比重低。在限额以上商品类值中，住包括了家具类和建筑及装潢材料类，2017 年家具类实现零售额 83.9 亿元，占限额以上商品的 2.3%，同比增长 7.2%，建筑及装潢材料类 14.1 亿元，占限额以上商品的 0.4%，同比增长 22.2%，居住类商品占限额以上商品比重比低，对全市消费市场的拉动力有限。

　　出行商品受政策性因素影响非常大。出行商品包括了汽车类以及汽车所需的石油及制品类。2017 年全市汽车类实现零售额 869.8 亿元，占限额以上商品比重为 23.6%，同比增长 13.6%，对限额以上商品零售额增长的贡献率为 26.0%。从近十年深圳汽车类零售额的增长来看，受政策性因素的影响非常大。为了促进汽车的销售，国家出台了减少汽车购置税甚至免税的政策,在政策的刺激下,深圳汽车的零售额保持较高的增速,2010年增速达到40.5%,此后2013年、2014年分别为17.3%和21.5%,对限额以上商品零售额增长的贡献率超过40%;2014年12月底深圳实施了小汽车限购政策,在政策的影响下2015年深圳汽车类零售额同比下降33.2%,拉低限额以上商品零售额增速9.1个百分点;近两年随着深圳全力推进充电基础设施建设,各居民小区、办公楼宇、商场、医院等场所逐步配备了新能源汽车基础充电设施,新能源汽车逐步被消费者接受,汽车零售额在新能源汽车消费的推动下保持两位数的增长。由此可见,汽车零售在政策的影响下容易出现"大起大落"。

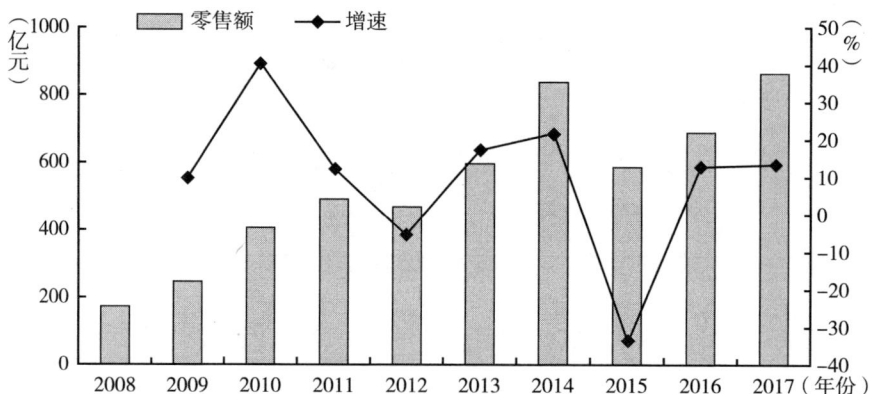

图8 近十年汽车零售额增长情况

2017年石油及制品类实现零售额296.7亿元,占限额以上商品比重为8.1%,同比增长6.1%。石油及制品类的销售受两方面因素的影响:一是近年来国家提出了电能替代战略,倡导"以电代煤、以电代油、电从远方来"的能源消费新模式,通过政策推进新能源汽车的销售;二是近年来国家油价持续走低,已经从最高的147美元/桶,下跌到目前的60美元/桶左右。受这两个因素的影响,深圳石油及制品类的零售额占限额以上商品零售额比重逐年下降,从2008年的20.9%逐年下降到2017年的8.1%。

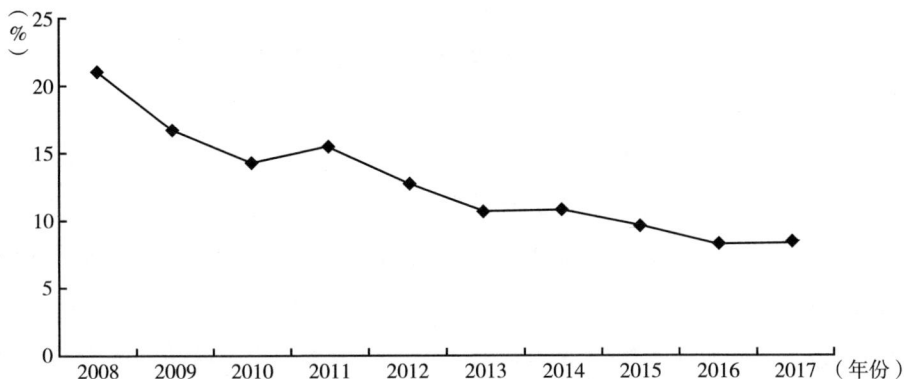

图9　石油及制品类零售额占限额以上商品零售额比重

用类销售比重在不断上升且保持较高增速。2017年日用品类实现商品零售额297.8亿元，占限额以上商品零售额比重为8.1%，同比增长12.6%；通信器材类实现商品零售额213.7亿元，占限额以上商品零售额比重为5.8%，同比增长29.4%。近十年随着人民收入的不断提高，日用品类和通信器材类的消费支出在不断增加。如图10所示日用品类零售额占限额以上商品零售额比重从2008年的4.4%提高到2017年的8.1%，提高3.7个百分点；通信器材类零售额占限额以上商品零售额的比重从2008年的2.3%提高到2017年的5.8%，提高了3.5个百分点。

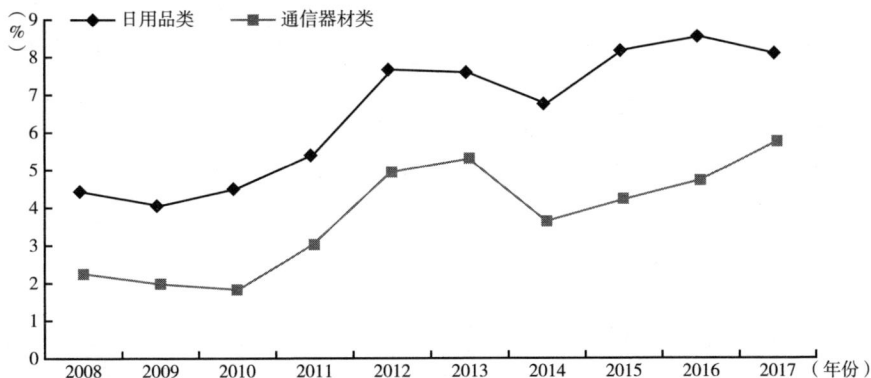

图10　日用品、通信器材类零售额占限额以上商品零售额比重情况

四 2018年商贸走势研判

根据近三年深圳批发零售业的走势，可预判2018年全市批发零售业将继续呈现平稳增长的态势。主要基于以下利弊因素考虑。

有利因素：一是新入库企业是支撑批发零售业增长的主要活力。2017年批发零售业年度入库企业近2000家，比2016年接近翻番，新入库企业增长潜力大，是拉动批发零售业增长的一个主要因素；二是成品油和金属材料类等大宗商品价格走高，有利于批发零售业销售增长；三是汽车类有望恢复正增长。2017年汽车类销售额下降1.3%，2018年由于新能源汽车的销售增长，汽车销售有望实现正增长。

不利因素：一是占批发业销售额20%的供应链企业受国家税务新规定和海关加强退税核查工作影响，预计2018年对全市批发业增长的贡献率将下降；二是随着常住人口增长，人们对服务性消费的需求不断释放，加上旅游业和会展经济蓬勃发展及餐饮企业门店数增加的带动作用，深圳住宿餐饮业将会延续2017年平稳增长的趋势，预计2018年住宿业营业额、餐饮业营业额增速均在8%左右，低于2017年9.1%的全市社会商品零售总额增长速度。

B.4

深圳市2017年产业税收结构
分析及政策建议

傅卓荣*

摘　要：　本文通过分析深圳市税收收入增长与产业税收结构变化的关联，从税收视角反映深圳市产业转型升级进程以及质量型发展的突出优势，总结归纳深圳市产业税收发展呈现的新特征、新趋势，通过税收数据印证深圳近年来坚持新发展理念、坚持创新驱动发展战略的正确性，从而坚定深圳市继续推进有质量稳定增长和可持续全面发展的决心和信心。在此基础上，从多个维度出发，对2018年深圳市经济税收形势进行了预测，针对产业发展中尚存在的问题及短板，提出了相关政策建议。

关键词：　税收收入　产业结构　深圳

2017年，深圳市税务部门组织税收收入7493.3亿元，同比增长8.7%，增收598.7亿元。如果剔除证券交易印花税和海关代征税收（2017年证券交易印花税为593.2亿元，下降24.9%；海关代征税收为1434.5亿元，增长14.5%，以下简称"剔除两税"[①]），税收收入为5465.5亿元，同比增长

---

*　傅卓荣，深圳市地方税务局计划统计处副处长。

①　在进行不同地区之间税收结构的横向比较时，为保持地区间的可比性，一般需要剔除证券交易印花税和海关代征的增值税、消费税，目前证券交易印花税由上海、深圳两地征收，海关代征税收在设立海关的地区征收。

12.6%，增收613.1亿元。分级次看，中央级税收4830.9亿元，同比增长10.5%；地方级税收2662.3亿元，同比增长5.6%，剔除增值税分成比例调整减收影响后[①]，同比增长12.7%，地方级税收占深圳市一般公共预算收入的比重为79.9%。分税种看，反映当期经济活跃程度的流转税收入增幅为11.3%，与深圳市当前稳中有进的经济运行态势基本适应；反映微观企业效益状况的企业所得税收入增幅为18.3%，反映个人收入增长状况的个人所得税收入增幅为9.7%，反映社会财富积累及其他涉税行为的财产行为税收入增幅为12.6%。

一 产业、行业税收情况及特点

2017年深圳市整体经济呈现稳中向好的发展态势，新经济业态不断涌现，新动能持续增强，带动整体税收迈入高质量发展阶段。

（一）整体税收量质齐升

从税收规模看，2017年深圳市税收规模在全国大中城市中继续排名第三，在36个省（自治区、直辖市及计划单列市）中排名第六，占全国税收收入的比重为4.8%。2017年税收规模比2012年翻一番，近五年（2013~2017年）累计组织税收收入29496亿元，是前五年（2008~2012年）税收收入总量的1.97倍。从税收增速看，2017年深圳市税收增速为12.6%（该税收增速为剔除"两税"的口径），分别比江苏、北京、上海、浙江、山东等发达地区高8.6个、13.2个、4个、1.4个和1.6个百分点。2013~2017年平均税收增幅为15%。从经济税收协调性看，税收增速与GDP增速的弹性为1.1，相比前三年实现了理性回归（2014~2016年税收增速分别为15.6%、

---

① 2016年5月1日全面推开"营改增"后，财政部对增值税的中央、地方分成比例做了相应调整。"营改增"前，增值税的中央、地方分成比例为75:25，营业税全额归地方；"营改增"后，取消了营业税，增值税的中央、地方分成比例为50:50。由于深圳第三产业比重较高（"营改增"前主要缴纳营业税），上述调整导致深圳地方财力不可比的减少。

23.5%和17.2%），反映出深圳市税收与经济增长的协调性明显增强。从单位产出看，每平方公里土地产出的税收收入达3.75亿元，居大中城市首位。

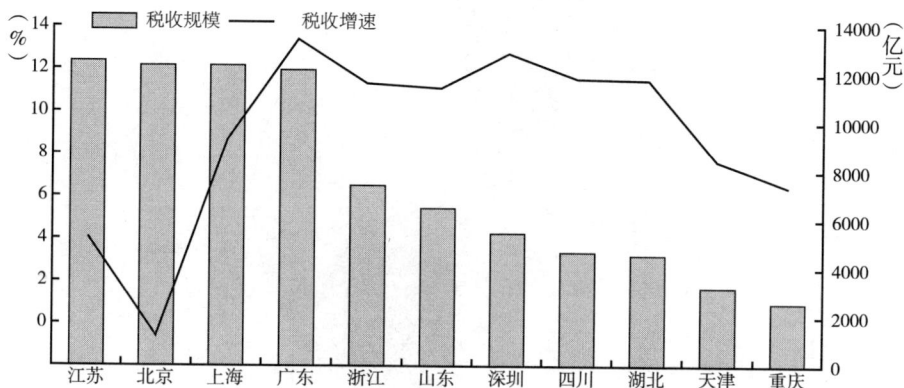

图1　2017年全国部分省市税收收入情况

（二）产业税收结构持续优化

2017年深圳市三次产业税收（剔除"两税"，以下产业及行业税收均为此口径）分别为2.6亿元、1524.7亿元和3938.2亿元，第三产业税收占比为72.1%，同比提高1.1个百分点，比全国平均水平高16.3个百分点。其中，先进制造业贡献税收899.1亿元，同比增长11.9%，占第二产业税收的比重达58.97%，同比提高1.4个百分点，比全国平均水平高27.1个百分点；现代服务业贡献税收3163.4亿元，同比增长21.2%，占第三产业税收的比重为80.3%，同比提高4.6个百分点，比全国平均水平高21.1个百分点。

（三）知识密集、技术密集型行业的引领作用突出

从税收占比情况看，2017年各主体行业税收占比相对稳定，除信息技术服务业占比同比提高0.8个百分点、建筑业占比同比下降0.6个百分点之外，其余主体行业税收占比基本与2016年保持一致。从税收增长趋势看，科技含量高、附加值大的行业发展势头强劲，而以资本和劳动力为主要驱动力的行业增长放缓。

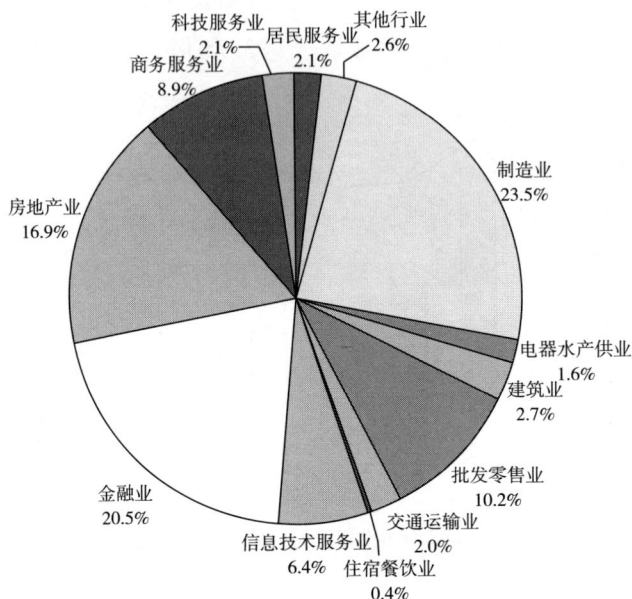

图2 2017年深圳市税收收入分行业占比情况

1. 信息服务、科技服务、高端装备制造等知识密集、技术密集型行业税收实现快速增长

2017年信息技术服务业实现税收收入351.4亿元，同比增长29.8%，增收80.6亿元，行业税收占比为6.4%，比上年提高0.8个百分点。科技服务业实现税收收入115.7亿元，同比增长18.5%，增收18.1亿元，行业税收占比为2.1%。仪表仪器、电气机械等高端装备制造业分别实现税收收入41.2亿元和70.4亿元，增速分别为31.5%和21.1%，带动整体制造业实现税收收入1284.3亿元，同比增长12.3%，是2011年以来的最高水平，行业税收占比为23.5%。

2. 房地产、商务服务等资本密集型行业税收增速有所回落，证券业税收持续下降

2017年房地产业实现税收收入924.5亿元，同比增长14.6%，增幅比2016年回落25.4个百分点，行业税收占比为16.9%。其中，与当期商品房

销售高度相关的销售不动产增值税、土增税预缴收入分别下降 36.3% 和 19.1%。商务服务业实现税收收入 485.8 亿元，同比增长 13.4%，增幅比 2016 年回落 25.1 个百分点，行业税收占比为 8.9%。金融业实现税收收入 1119 亿元，同比增长 14.3%，行业税收占比为 20.5%。但金融行业内部的税收增长分化明显，银行、保险以及其他金融业税收保持较快增长，分别实现税收 642 亿元、212.1 亿元和 44.3 亿元，同比分别增长 24.1%、47.3% 和 64%；证券业税收持续低迷，实现税收收入 220.7 亿元，同比下降 24.2%，拉低金融业税收增长 7.2 个百分点。

3. 建筑、交通运输、住宿餐饮等劳动密集型行业税收增长乏力

2017 年建筑业实现税收收入 148.3 亿元，同比下降 6.7%，行业税收占比为 2.7%，比 2016 年下降 0.6 个百分点。交通运输业实现税收收入 110.7 亿元，同比下降 1.9%，行业税收占比为 2%。住宿餐饮业实现税收收入 20.5 亿元，同比下降 20.2%，行业税收占比为 0.4%。批发零售业实现税收收入 558.2 亿元，同比增长 11.2%，行业税收占比为 10.2%。

（四）新兴产业税收实现全面增长

2017 年，11230 家国家级高新技术企业贡献税收 1065.2 亿元，同比增长 15.7%，增收 144.8 亿元，占整体税收的比重为 19.5%。深圳市十一大新兴产业贡献税收 1204.1 亿元，占整体税收的比重为 22%。其中，新一代信息技术产业贡献税收 564.4 亿元，同比增长 11%；文化创意产业贡献税收 290.7 亿元，同比增长 20.2%，增收 48.9 亿元；互联网产业贡献税收 195.1 亿元，同比增长 11.6%，增收 20.3 亿元；新能源产业贡献税收 122.6 亿元，同比增长 3.9%，增收 4.6 亿元；节能环保产业贡献税收 115.4 亿元，同比增长 27.9%，增收 25.2 亿元；新材料产业贡献税收 87.4 亿元，同比增长 3.2%，增收 2.7 亿元；生物医药产业贡献税收 72.6 亿元，同比增长 9.2%，增收 6.1 亿元；生命健康、航空航天、智能装备、海洋等未来产业合计贡献税收 156.9 亿元，同比增长 16.3%，增收 22 亿元。

（五）重点税源企业对整体税收的支撑作用明显

2017 年全市纳税千万元以上的重点税源企业贡献税收 4013.9 亿元，同比增长 17.2%，占整体税收的比重为 73.4%。具体来看，金融、制造、房地产、商务服务、信息服务业五大行业的重点税源企业税收贡献占比最高，五大行业的税源景气度呈现"两低三高"态势。金融和房地产重点税源企业的税收增收面分别为 63.2% 和 65.3%，2017 年分别贡献税收 1074.6 亿元和 692.4 亿元，同比增长 13.7% 和 14.8%；制造业重点税源企业的税收增收面为 72.4%，2017 年贡献税收 943.7 亿元，同比增长 18%；信息服务和商务服务业重点税源企业的税收增收面分别为 73.3% 和 73.7%，分别贡献税收 315 亿元和 333.2 亿元，增速高达 27.8% 和 32.2%。

二　2018年经济税收形势分析

展望 2018 年，依然是有利和不利因素相互交织，税收增长的不确定性较大。

（一）有利因素

从全球经济复苏情况看，2017 年世界经济呈现超预期复苏态势。全球 3/4 的国家实现了经济增长（2010 年以来的最高比例），其中，美国、欧元区等发达经济体增长率预计在 2.3% 左右，巴西、俄罗斯等新兴经济体的整体增速预计在 5% 左右。国际贸易形势明显改善，WTO 预计 2017 年全球货物贸易量增速达 3.6%，比上年回升 2 个百分点；波罗的海指数也由年初的 953 点上升至 1366 点。跨国投资温和回升，联合国贸发会议预计 2017 年全球直接投资达 1.8 万亿美元，增长 5% 左右。预计上述复苏趋势将会延续下去，持续增长的全球经济将对深圳这种外向型城市带来新的增长机遇。

从我国经济增长趋势看，十八大以来，我国基于经济发展进入新常态的重大判断，提出了新发展理念，明确了供给侧结构性改革的工作主线，有力地推动了宏观经济保持中高速增长。特别是 2017 年我国经济进一步回稳向好，制造业 PMI 始终维持在 51% 以上，反映了我国制造业扩张形势没有改变；PPI 和进出口总值均止跌回升，分别上涨 6.3% 和增长 14.2%；总体物价稳定，CPI 增幅回落至 1.6%；社会消费品零售总额保持 10% 以上的较快增长，固定资产投资回落至 7% 左右，消费成为经济增长新动力。上述数据反映出我国经济已由高速增长阶段转向高质量发展阶段，将为深圳经济发展和税收增长提供坚强后盾。

从深圳市经济发展基本面看，2017 年深圳市整体经济稳健向好、稳中有升，GDP 突破 2.2 万亿元，重大项目建设进展良好，固定资产投资保持在 30% 左右的高位运行，战略性新兴产业增速在 15% 左右，特别是航空航天、互联网、生物产业增加值同比增长 20% 以上，"双创" 等新兴税源发展态势良好。预计上述宏观经济指标将继续保持向好态势，会为 2018 年税收增长提供基础动力。

同时，十九大报告明确提出中国特色社会主义已经进入新时代，并确立了全面建成小康社会和社会主义现代化强国的伟大目标，以及建设现代化经济体系的六大任务。深圳作为改革开放的前沿城市，未来如能抓住这一大有可为的历史机遇，将促进税收实现有质量的持续稳定增长。

（二）不利因素

从国际环境和政策变化看，一方面，美国税改落地可能会在一定程度上刺激在深投资资本转向美国。2017 年底美国通过了对税收进行全面改革的法案，将企业所得税税率由 35% 永久降至 20%，并大幅提高了各类税收抵扣项目标准，以此吸引和提振商业投资，此举可能导致在华资本转移。深圳作为外向型经济城市，外资企业户数占比为 3.2%（9.3 万户），高于全国平均水平，预计受到投资转移的影响将会相对更大。另一方面，贸易保护主义趋势明显，预计 2018 年外贸形势会更加复杂化。特朗普上台后不断强化"美国优先"原则，2017 年美国陆续退出跨太平洋伙伴关系协定、巴黎气候协定等数个多边机制；国际贸易摩擦形势趋紧，近年来全球 1/3 的反倾销、反补贴调查均针对我国。预计 2018 年西方发达经济体面对中国等新兴经济体的竞争压力，可能会频频出手甚至联手，我国外贸形势会面临更多不确定性。

从深圳市税收实际情况看，一是税收收入连续多年超常规增长，在高基数上继续保持快速增长的难度很大。2014～2017 年深圳市税收平均增幅达17.2%，明显高于全市 GDP 现价增速（11.9%）。在此高基数下，2018 年深圳市总体税收增幅每提高 1 个百分点，税收收入需增收 75 亿元。二是"营改增"减负效应明显，将直接拉低整体税收增速。2017 年全市"营改增"减负规模达到 396 亿元，随着后期抵扣链条的逐步完备，"营改增"减负效应将更加明显，并且中央还将继续推进个人所得税等重大税制改革，预计整体减税规模会进一步扩大。三是土地使用税、房产税、车船税等地方税种的"减负"政策影响较大。省市两级政府积极出台新政策全面推进"放管服"，包括降低城镇土地使用税和车船税适用税额标准、扩大房产税困难减免税政策享受范围、下发印花税核定征收办法等，将在短期内对深圳市税收收入造成较大影响。

三　存在的问题及未来的政策建议

（一）存在的问题

综上所述，深圳市经济发展质量提升为税收增长带来了持续发展动力，但当前产业税收结构变化也反映出主体行业税源发展不均衡、不充分的潜在问题仍然突出，具体表现为：一是制造业税收持续增长面临较大压力。近三年深圳市规模以上工业增加值增速基本维持在 7%～7.5%，长期低于 GDP 增速。统计数据显示，2017 年占深圳市工业比重较大的计算机设备、程控交换机、移动基站设备等工业品的产量均下降 20% 以上。从税收上看，制造业税收占比持续下降，2012～2017 年制造业税收占比分别为 31.5%、30.5%、28.9%、25%、23.7% 和 23.5%，2017 年比 2012 年累计降低 8 个百分点。2017年制造业29个行业细项中，有11个行业出现减收，这将对行业税收的持续增长形成较大压力。二是房地产政策严控将继续影响行业税收增长。2017年全市新房、二手房月均成交量分别为2152套和6153套，同比下降56.6%和31.4%，反映在税收上，与成交量相关的销售不动产增值税、土增税预缴收入分别下降36.3%和19.1%。近期中央经济工作会议提出要保持房地产市场调控政策的连续性和稳定性，预计2018年调控政策仍将延续，房地产业税收可能出现减收。三是资本市场低迷以及金融监管政策趋严对金融业税收的影响较大。中央经济工作会议明确提出，要打好防范化解重大风险攻坚战，重点是防范金融风险，持续去杠杆。在此背景下，银行、小额贷款公司的贷款业务受到严格控制，截至11月底，全市人民币贷款余额增幅比上年同期低7.7个百分点；证券交易监管日趋严格，市场成交量持续低迷，2017年沪深两市日均成交额仅4580亿元，导致证券业税收下降24.2%；保险业逐步回归"保"的本质，部分保险公司的投资型"万能险"业务萎缩，整体经营收入下滑明显。预计2018年金融业税收将面临较大不确定性。四是新兴产业尚未形成梯次递进的良性发展格局，目前深圳市新兴产业的龙头骨干企业发展势头良好，但中型企业数量偏少，小微企业消亡更替频繁，由政府或企业主导搭建的产业创新平台的孵化作用尚未真正体现，整体产业尚未形成良性的"雁阵"格局。

（二）政策建议

1. 坚定不移地服务于企业发展

建议市、区两级各职能部门以重点企业、新兴企业为抓手，继续强化企业跟踪调研，协调解决企业发展中遇到的实际困难，提升企业在国内外市场的竞争力。税务部门要主动服务转型升级，进一步简政放权，优化服务，有效降低税收征纳成本，全面落实税收优惠政策，不断加强对重点税源、新兴税源企业的跟踪服务，为企业发展释放改革红利，提高纳税人的满意度、遵从度和获得感。

2. 深入推进产业转型升级

继续坚持产业高端化发展方向，在巩固现代服务业良好发展态势的同时，加快第二产业和第三产业链条的融合发展。重点以龙头骨干企业为核心，吸引上下游产业加速集聚，逐步形成包括研发、采购、设计等产业链前端，生产制造等产业链中端，品牌营销、渠道管理、售后服务、金融配套产业链后端的完整产业链。

3. 着力提升工业在国民经济中的比重

优先发展先进制造业，发挥战略性新兴产业基地的集聚效应，着力引进一批创新能力突出、产业发展前景广阔、有较大示范带动作用的重大产业项目。大力扶持传统优势产业向价值链高端攀升，设立财政专项扶持资金，鼓励服装、家具、眼镜、钟表等产业发展自主品牌。积极推进国有企业改革，尽快让深纺织、深能源、深康佳、飞亚达等老牌国有企业焕发生机。

4. 继续完善金融市场体系建设

依托自贸区发展战略，加强金融改革创新的顶层设计和统筹谋划，对于跨境金融、民营金融、创新金融等重点领域，研究制定详细的战略发展规划。加强对新兴金融业态的跟踪监管，特别是针对互联网金融公司建立完善的多方协作监管机制，适当提高公司准入门槛，对注册资本和其他准入条件做出明确规范，防范金融风险，避免行业大幅波动，促进整体金融行业可持续发展。

5. 加大对教育、医疗等改善民生项目的投资力度

在整体经济下行压力较大的情况下，加大固定资产投资有利于扩大再生产、增加总供给，保证国民经济一定的发展速度。按照深圳目前的财力水平，投资规模还有较大的提升空间，可以支持在轨道交通、水务工程、保障住房、高等教育等关乎国计民生的项目上继续加大投资，通过投资来快速提升深圳市教育、医疗等发展水平，并着力加强重大产业项目投资，增强深圳经济发展后劲和抗风险能力。

B.5

深圳市2017年财政资金运行
状况与效用分析

杨 林*

摘 要： 本文对深圳市 2017 年财政收入和支出进行了全面的梳理阐述，对全年市财政资金的运作管理以及相应的绩效情况进行了翔实分析，展望了 2018 年深圳市的财政收入情况，有针对性地提出了一些促进未来财政收支持续稳健运行的合理建议。

关键词： 财政资金 运作管理 深圳市

一 深圳市2017年财政收入主要状况和特征分析

2017 年，在全国继续实施大规模减税降费，落实供给侧结构性改革的情况下，深圳坚持质量引领，大力支持创新驱动、创新发展，着力夯实实体经济，新兴产业发展迅速，实体经济发展动力明显增强，优质高端产业迅速壮大，质量型增长成为经济税收发展新特征。深圳市全年公共财政预算收入达 3331.8 亿元，比上年同期增长 10.1%。其中全年税收收入为 2654.6 亿元，在公共财政预算收入中占比 79.7%，较上年上升 0.33 个百分点，在不折不扣落实各项减税政策基础上，深圳税收仍处于增长态势，充分体现了经济发展的质量和效益。

从全年财政收入增长的形势来看，深圳市财政收入主要有如下特点。

---

* 杨林，深圳市审计局。

（一）"高新软优"产业增势良好，优质税源加速集聚

深圳全年经济整体稳中向好，战略性新兴产业占据创新高地，"高新软优"产业贡献了优质增量。国家级高新技术企业贡献税收 455 亿元，同比增长 10%。2017 年新增高新企业户数比上年同期新增户数增加 2 倍多，其税收贡献为 23.9 亿元。软件及信息产业税收增势迅猛，贡献税收 183.9 亿元，同比增长 31.3%。传统优势产业，服装、家具、钟表、珠宝和眼镜五大产业合计贡献税收 8.4 亿元，同比增长 12%。

重点企业贡献突出，高净值人群持续集聚，资本活跃度持续提升。2017 年百万元以上纳税大户共 11460 家，贡献税收 1895.7 亿元，占地税局组织税收的比重达 82.3%。纳税超 50 万元的自然人达 10607 人，贡献税收 173 亿元。136 家总部企业贡献税收 513.9 亿元。500 强企业数量持续增加，本土企业入围中国 500 强共 29 家，与上年同期相比新增 11 家，贡献税收 443.3 亿元。A 股上市公司共 269 家，逼近上海，贡献税收 158.4 亿元。

（二）行业税收结构持续优化，形成开放互联经济体系

2017 年，深圳经济总体稳中有进，GDP 增速逐季攀升。虽然受到各项减税降费政策以及"营改增"带来的影响，但市辖区税收收入仍然累计增长 9.2%，其中制造业呈现稳中有升态势，显示市场需求支撑的发展动力较大，继续处于扩张区间，全市制造业税收完成 1282.5 亿元，增长 12.1%，而第三产业税收累计增长 14.3%，占辖区税收比重为 80.5%。受市场行情影响，近三年深圳金融业税收波动较大，2015 年税收增长 63.2%，2016 年下降 0.1%，但 2017 年恢复增长 14.3%，完成 1118.7 亿元，增收 139.6 亿元，显示了金融业发展的韧性和活力。房地产业税收增长明显回落，受到楼市调控政策的影响，税收增速呈现高开低走态势，全年增长 14.6%。产业结构的优化和行业税收的增长速度显示了深圳的质量型增长优势。

（三）积极落实强区放权，促进市区两级政府提效提速

在启动第五轮市区财政体制改革后，为进一步调动区级积极性，积极探索优化市区权责划分，落实"强区放权"政策，更加清晰地界定市区两级事权与财权支出责任，按照重心下移、权责统一、财随事转原则进一步下放财力，深入促进基本公共服务均等化和特区一体化发展，促进市区两级政府效能提效增速。2017年，市本级完成公共财政收入2086.44亿元，同比增长4.54%；区级财政完成公共财政收入1245.37亿元，占全市财政收入比重为37.38%，其中原特区外收入累计完成712.55亿元，占全市财政收入比重为21.39%（见表1）。

表1 深圳市本级及各区财力情况对比

单位及项目	2016年	2017年	
	总量（亿元）	总量（亿元）	同比增长（%）
公共财政预算收入	3136.42	3331.81	6.23
市本级	1995.89	2086.44	4.54
区级汇总	1140.53	1245.37	9.19
罗湖区	93.82	97.63	4.06
福田区	147.13	163.71	11.27
南山区	186.37	237.82	27.60
宝安区	217.66	235.64	8.26
龙岗区	240.14	236.78	-1.40
盐田区	32.4	33.67	3.92
光明新区	49.72	49.75	0.06
坪山新区	36.31	45.47	25.23
大鹏新区	22.95	24.12	5.10
龙华新区	114.03	120.80	5.94

二 深圳市2017年财政支出主要情况及效用分析

近年来，国内经济结构持续加快调整，经济运行呈现缓中趋稳、稳中向好的态势，随着供给侧结构性改革的深入推进，创新发展动能不断增强。深圳的经济运行态势总体良好，大力支持创新驱动、创新发展，着力夯实实体

经济，产业结构优化升级成果显著，加快补齐民生短板，推动公共服务由保基本向高质量转变，积极盘活存量资金夯实经济发展后劲，进一步促进经济进步和民生领域发展，保障社会和谐稳定。全市全年公共财政预算支出达4594.7亿元，较上年同期增长9.97%，其中民生类支出（主要指教育、医疗卫生、城乡社区事务等民生保障支出等）3092.43亿元，较上年同期增长37.72%。

从总体上分析发现，深圳市财政资金支出的状况如下。

（一）深化供给侧结构性改革，持续促进经济发展

全年深圳出台了营商环境改革"20条"，实施了降低实体经济成本"28条"，开展企业困难帮扶行动，继续落实中央和省各项减税降费政策。同时，安排财政专项资金245亿元，包括公用事业补贴、新能源汽车发展专项资金、科技研发资金等45项专项资金，主要用于降低企业用工成本、支持企业提升竞争力等。市本级扶持经济和产业发展资金支出超过320亿元，进一步加快推动了产业结构转型升级，此外，还出资50亿元组建天使投资母基金，加快补齐企业早期融资难的短板。与GDP相关的八项支出全年完成3092.23亿元，较上年提高39.77%，占全市一般公共预算支出的比重为67.3%，比2016年提高14.3个百分点。

（二）落实积极财政政策，进一步提升经济竞争力

设立重大产业、军民融合、并购、中小微企业发展等系列基金，总规模超过2000亿元，引导更多资金实现了有效供给配置。集中出台了科技创新、企业竞争力、人才优先发展、人才住房、高等教育等领域的235条"一揽子"政策和措施。实施降成本优环境行动，出台降低制度性交易成本包括企业人工成本、企业税负成本、社会保险费成本、企业财务成本、电力等生产要素成本和企业物流成本等在内的政策，取消行政事业性收费项目15项、政府性基金项目1项，实现了省定涉企行政事业性收费"零收费"。政府回购龙大、南光、盐排、盐坝4条高速公路并实现免费通行，全年为企业减负超过1200亿元，比上年多减负500亿元。

（三）加快补齐民生短板，推动公共服务向高质量转变

继续加大对教育、医疗和交通等民生领域的保障力度，九大类民生支出达到 3198 亿元。引入中山大学、香港中文大学、莫斯科大学等国内外名校，筹建成立深圳技术大学和中德先进制造技师学院，全市累计建成 13 家高等级院校。大力实施"三名工程"，新改扩建医疗机构 60 多家，全市建成约 630 家社康中心并完成基本设备标准化配置，推动发展家庭医生签约服务。加快开工和筹建人才保障性住房，将新引入人才一次性租房和生活补贴标准提高至本科 1.5 万元、硕士 2.5 万元、博士 3 万元。扎实开展治水提质行动，健全"河长制"，加强对茅洲河、坪山河、龙岗河、观澜河和深圳湾等的治理；逐步推进污水管网覆盖，推动国家海绵城市试点，建设东部湾区国家生态文明先行示范区。

（四）增大预算执行力度，有力保障重点支出

紧盯重点部门、重点项目、重点资金，按月开展支出进度考核通报、约谈和督查机制，全面加强预算执行管理，全年一般公共预算支出完成 4594.7 亿元，完成调整预算的 99%，创下历史新高。全面落实精准扶贫精准脱贫三年攻坚实施方案，2017 年支援新疆、西藏、广西百色河池等 6 省份 34 县（市、区）项目 233 个，累计投入财政帮扶资金 73 亿元，增长 17%。积极盘活财政存量资金，先后投向政府投资引导基金、人才安居集团注资、轨道交通建设、鲲鹏基金、天使投资基金等重大项目，切实将资金优势和财力优势转化为可持续发展优势。

三　深圳市2018年财政收入展望

（一）新兴税源发展良好，将继续发挥税收增长保障作用

深圳整体经济稳健向好，固定资产投资增速保持在 30% 左右的高位运

行，重大项目建设稳步推进，航空航天、互联网、生物产业等新兴产业的增加值同比增长20%以上，"双创"等新兴税源发展态势良好。新兴税源的向好态势，为2018年税收增长提供了基础动力，还将持续发挥对税收增长的保障作用。

（二）税种结构变化巨大，财政收入增速将趋于平稳

一方面，"营改增"后地税部门的税种结构发生了重大变化，营业税这一重要的增长拉动力消失，两个所得税对地方级收入的贡献仅占45%，其余的地方级收入来源于城建税、土地增值税、印花税、契税等财产行为税。另一方面，战略性新兴产业、高新技术产业等优质税源对地税收入增长的拉动力偏弱，其中战略性新兴产业主要缴纳增值税，且近八成企业的企业所得税由国税控管，对地税收入增长的拉动力较弱，同时房地产政策调控趋严将继续影响行业税收增长。

（三）继续推行一系列减税政策，地方税收将受到影响

国务院陆续出台一系列减税政策，与此同时省市两级政府也积极推进"放管服"改革，推出一系列举措为纳税人"减税降负"，将对税收收入造成较大的减收影响。此外，还降低了车船税适用税额标准，调低排气量在3.0升（含）以下的乘用车等车辆的适用税额，扩大房产税困难减免税政策享受范围，受市场因素影响而发生亏损的纳税人可享受此类困难减免。在新的一年里，深圳市的税收增长将面临较大压力。

四　对深圳市2018年财政工作的几点思考建议

（一）加强财政资金的安全管理，防范金融领域风险

积极支持打好三大攻坚战，切实防范金融领域风险，更加注重财政资金存放的安全性，积极稳妥地提高财政资金保值增值收益；着力化解债务风

险，完成存量地方债置换工作；积极推动发行项目收益债，在满足融资需求的同时，有效管控债务风险。支持打好精准脱贫攻坚战。充分保障援疆援藏工作，对广西百色、河池的扶贫工作，对汕尾、河源的帮扶工作，推动加快深汕特别合作区发展。支持打好污染防治攻坚战，积极践行绿水青山就是金山银山的发展理念，持续加大生态环境保护和治理投入。

（二）进一步加强经济体系建设，促进增强经济创新力

支持深化供给侧结构性改革，继续落实深圳降成本举措，打造一流营商环境，同时大力支持企业缓解融资难、融资成本高的困难局面，进一步完善融资风险补偿机制；支持实施创新驱动战略，推动提升科技创新能力，为在深圳建设的国家级的重大科技基础设施和科技重大工程项目提供强有力保障；积极推进国际科技产业创新中心建设，为新动能成长加油助力；支持粤港澳大湾区建设，加大自贸区建设和前海开发支持力度；进一步加强政府投资基金的引导作用，有效地将社会资本的重心放到民生事业、城市基础设施建设和完善科技创新等重点发展领域。

（三）全力保障和改善民生，提高城市幸福指数

着重抓好教育、医疗卫生、交通和城市管理等民生领域工作，支持优先发展教育事业，支持健康深圳战略，支持推进更多交通便民措施，支持全面加强城市管理治理；补短板与提质量并举，推动更高标准谋划建设与深圳经济地位相匹配的公共服务供给体系，提高人民群众的获得感、幸福感和安全感；强化交通治理，加快对梅林关、布吉关等重点区域的拥堵治理，改善人民群众出行环境，进一步推进轨道交通的建设；支持低碳环保产业发展，推进节能降耗和清洁生产，大力推进环境综合治理，持续改善大气质量，进一步加大新能源汽车推广应用力度。

（四）深化财政体制改革，改进资金管理机制

一方面，继续深化第五轮市区财政体制改革，推进事权和支出责任相匹

配；深化预算管理制度改革，加快建立全面规范透明、标准科学、约束有力的现代预算制度；完善政府性债务管理体系，把政府性债务作为统筹财力平衡、调控经济运行的重要抓手；健全预算绩效管理制度体系，将全过程预算绩效管理落到实处；建设"智慧财政"，推动财政管理规范化、精细化和智能化。另一方面，进一步强化预算绩效管理，对绩效目标实行监控，完善绩效评价体系，充分利用绩效评价结果，并将绩效评价结果作为年度预算编排的重要依据，提高预算编制的可持续性和前瞻性。

B.6

深圳2017年工业商贸经济
运行情况及2018年展望

彭礼寿*

摘　要： 工业商贸经济是实体经济的重要组成部分，也是深圳近年来
经济增长的主要动力。本文分析了2017年深圳市工业商贸经
济发展的主要特点，对2018年深圳工业商贸经济发展情况进
行了展望，并研究提出了对策建议。

关键词： 工业　商贸　实体经济

　　2017年，深圳坚持扭住实体经济不放松，在扩大工业投资、优化营商

---

* 彭礼寿，深圳市经济贸易和信息化委员会。

环境、发力先进制造业等方面下足功夫，推动工业商贸经济呈现出稳中有进、稳中向好、稳中提质的良好发展态势，规模以上工业增加值、工业投资、社会消费品零售总额、货物进出口等指标创近年来新高。

一 2017年工业商贸经济发展的主要特点

（一）工业强劲增长，成为拉动经济增长的主要力量

2017年，深圳规模以上工业总产值首次突破3万亿元，达到30702.6亿元，增长9.9%，增速较上年提高4.2个百分点；规模以上工业增加值首次突破8000亿元，达到8087.6亿元，增长9.3%，增速较上年提高2.3个百分点。

1. 工业对经济增长贡献突出

2017年，深圳第二产业实现增加值9266.83亿元，增长8.8%，与第三产业增速持平，占全市GDP比重达到41.3%，占比较上年提高1.8个百分点，其中工业增加值达8688.3亿元，增长9.1%，占全市GDP比重达到38.7%，占比较上年提高1.9个百分点，对GDP增长的贡献率达到40.9%，拉动GDP增长3.6个百分点。

2. 工业不断迈向中高端

2017年，深圳先进制造业实现增加值5743.9亿元，增长13.1%，增速较上年提高4.6个百分点，高于全市规模以上工业增速3.8个百分点，占全市规模以上工业增加值的比重达到71%。高技术制造业实现增加值5302.5亿元，增长12.7%，增速较上年提高2.9个百分点，高于全市规模以上工业增速3.4个百分点，占全市规模以上工业增加值比重达到65.6%。

3. 电子信息制造业和机械装备制造业"双轮驱动"格局逐步形成

2017年，深圳电子信息制造业增加值达4736.3亿元，增长11.2%，增速较上年提高2个百分点，占全市规模以上工业增加值的比重达到58.6%。机械装备制造业实现增加值1557.1亿元，增长10.2%，增速较上年提高

0.7 个百分点，占全市规模以上工业增加值的比重达到 19.3%，占比较上年提高 1.5 个百分点。

4. 工业百强企业快速增长

2017 年，深圳工业百强企业实现增加值 4677.55 亿元，增长 10.5%，高于规模以上工业增速 1.2 个百分点，工业百强企业对全市规模以上工业增长的贡献率达 91.7%，占全市规模以上工业增加值的比重达到 57.8%。工业百强企业中总产值实现正增长的企业有 67 家，较上年增加 14 家，其中总产值增速超过 30% 的企业有 22 家，较上年增加 13 家。

5. 工业投资有效扩大

2017 年，深圳完成工业投资 915.9 亿元，增长 27.5%，较上年提高 10.4 个百分点，增速分别高于全国和全省 23.9 个和 17.9 个百分点，占全市固定资产投资比重达到 17.8%，其中，完成工业技术改造投资 353 亿元，增长 71.9%，较上年提高 56.6 个百分点，拉动工业投资增长 20.6%。

6. 工业企业效益明显改善

2017 年，深圳规模以上工业实现销售产值 29777.1 亿元，增长 11.8%，增速较上年提高 7.8 个百分点。工业生产者出厂价格较上年同比上涨 1.8%。工业生产者购进价格较上年同比上涨 3.4%。主营业务收入达 29114.7 亿元，增长 9.4%，增速较上年提高 4.8 个百分点。利润总额达 2024.2 亿元，增长 13.6%，增速较上年提高 6.6 个百分点。工业经济效益综合指数为 265.73%，较上年提高 25 个百分点。

（二）消费实现平稳较快增长

2017 年，深圳商品销售总额达 31486.8 亿元，增长 10.1%，增速较上年提高 4.3 个百分点。社会消费品零售总额达 6016.2 亿元，增长 9.1%，增速较上年提高 1 个百分点，创 2015 年以来新高。

1. 批发和零售业零售额快速增长

2017 年，深圳批发和零售业实现零售额 5335.3 亿元，增长 9.3%，增速较上年提高 1.1 个百分点，拉动全市社会消费品零售总额增长 8.2%，其中，限额以上批发和零售企业实现零售额 3680 亿元，增长 11%，增速较上年提高 5 个百分点。

2. 重点商品零售额增长加快

2017 年，深圳汽车类商品零售额达 869.8 亿元，增长 13.6%；石油及制品类零售额达 296.7 亿元，增长 6.1%；通信器材类商品零售额达 213.7 亿元，增长 29.4%；文化办公用品类商品零售额达 184.8 亿元，增长 14.8%；家用电器和音像器材类商品零售额达 173.8 亿元，增长 13.9%；金银珠宝类商品零售额达 103.2 亿元，增长 10.2%。

3. 消费新动能强势发力

2017 年，深圳纳入社会消费品零售总额统计的网络零售额为 319.2 亿元，增长 57.1%，增速高于全国 29.1 个百分点，较上年提高 52.1 个百分点，拉动全市社会消费品零售总额增长 2.1 个百分点；网络零售额占全市社会消费品零售总额的比重为 5.3%，占比较上年提高 3.1 个百分点。此外，零售新业态层出不穷，天虹无人便利店已有 6 家落户深圳；"保税 + 跨境电商"体验店实现零突破；永辉系的"超级物种"生鲜体验店和阿系的"盒马鲜生"生鲜体验店均已入驻深圳。

（三）货物进出口实现正增长

深圳把握住国际市场需求回暖的有利契机，扎实推进外贸稳增长、调结构、提质量工作，推动外贸进出口实现较快增长，扭转了外贸进出口连续 3 年下降的不利局面。2017 年，深圳货物进出口达 28011.5 亿元，增长 6.5%，增速较上年提高 10.9 个百分点，创 2014 年以来新高，其中，出口 16533.6 亿元，增长 5.5%，增速较上年提高 10 个百分点，出口规模连续 25 年居全国大中城市首位；进口 11477.9 亿元，增长 7.9%，增速较上年提高 12.1 个百分点。

1. 一般贸易和加工贸易均实现较快增长

2017 年，深圳一般贸易进出口达 13084.9 亿元，增长 11.2%，增速较上年提高 8.2 个百分点，占全市进出口比重为 46.7%，占比较上年提高 1.9

个百分点，其中，一般贸易出口7134.2亿元，增长10.3%；一般贸易进口5950.7亿元，增长12.2%。加工贸易进出口9217.9亿元，增长5.7%，增速较上年提高21.5个百分点，占全市进出口比重为32.9%，其中，加工贸易出口5758.5亿元，增长3.8%；加工贸易进口3459.5亿元，增长8.9%。

2. 对主要市场出口保持稳定增长

深圳前十大出口市场中，除对香港出口下降外，对其他9个市场出口均实现较快增长。2017年，深圳对美国、东盟、韩国、加拿大出口分别增长20.2%、15.9%、29.8%和26%；对"一带一路"沿线国家（地区）出口3386.9亿元，增长17.4%，高于全国对"一带一路"沿线国家（地区）出口增速5.3个百分点，增速较上年提高12个百分点，占全市出口总额比重为20.5%，占比较上年提高2.1个百分点。

3. 主要产品出口较为平稳

2017年，深圳机电产品出口达12537.6亿元，增长1.7%，增速较上年提高7.4个百分点，实现由负转正，占全市出口总额的75.8%。部分高附加值产品出口增势强劲，其中，生命科学技术产品出口108.9亿元，增长24.6%；航空航天技术产品出口40.2亿元，增长56.2%；传统劳动密集型产品出口2112.3亿元，增长15.2%，增速较上年提高近15个百分点。

4. 外贸新业态保持良好发展态势

跨境电子商务进口业务增长迅速，2017年深圳纳入海关监管代码项下的跨境电商进出口达29.1亿元，增长3%。外贸综合服务企业进口增长迅猛，2017年深圳外贸综合服务企业进口3275.2亿元，增长20.8%，增速较上年提高近15个百分点，拉动全市进口增长5.3个百分点。

（四）实际使用外资实现总量和增量全省"双第一"

深圳加大"引进来"力度，及时出台降低外资准入门槛、提升外资发展质量等27条措施，积极扩大CEPA合作框架下对港开放力度。2017年，深圳新批外商直接投资项目6757个，增长63.5%，增速较上年提高40.5个百分点。实际使用外资74亿美元，增长9.9%，增速分别高于全国和全省

5.9 个和 11.8 个百分点，较上年提高 6.3 个百分点，占全国和全省实际使用外资比重分别为 5.4% 和 32.3%，实际使用外资总量和增速均居全省第一。

1. 前海吸引外资继续保持快速增长

2017 年，前海蛇口自贸片区作为改革开放试验田的优势进一步显现，设立外商投资企业 2868 个，增长 3.5%，占全市设立外商投资企业数的 42.4%；实际使用外资 44.5 亿美元，增长 16.9%，增速高于全市平均水平 7 个百分点，占全市实际使用外资的 60.1%，占比较上年提高 3.6 个百分点。

2. 制造业吸引外资状况明显改善

2017 年，深圳制造业实际使用外资 9.6 亿美元，增长 97.3%，增速快于全市平均水平 87.4 个百分点，较上年提高 137.9 个百分点，占全市实际使用外资的 13.0%，占比较上年提高 5.8 个百分点。服务业实际使用外资 64.3 亿美元，增长 3.3%，其中，高技术产业（服务业）实际使用外资 6.9 亿美元，增长 41%。

3. 港商和"一带一路"沿线国家（地区）在深投资快速增长

2017 年，共有 90 个国家（地区）的外商来深投资新设企业。其中，港商在深新设项目 5693 个，增长 70.6%，增速较上年提高 44.9 个百分点，占全市新设项目的 84.3%；实际使用港资 65.7 亿美元，增长 9.7%，增速较上年提高 2.7 个百分点，占全市实际使用外资的 88.8%。"一带一路"沿线国家（地区）来深圳新设企业 302 个，增长 39.8%；实际使用外资 4729 万美元，增长 11.7%，增速较上年提高 65.1 个百分点。

二　2018年深圳工业商贸经济发展展望及对策建议

2018 年，尽管全球性"缩表"以及美国税改、加息、贸易保护主义等给全球经济带来不确定性影响，但外部环境整体上还是朝着有利于经济增长，有利于贸易扩大的方向发展，国际货币基金组织、世界银行以及多家投资银行均对 2018 年的全球经济前景做出了较为乐观的预测。在全球经济整体回升的大背景下，2018 年深圳工业商贸经济有望继续保持平稳较快增长的态势。初步预计，2018 年深圳规模以上工业增加值增长 7.5% 左右，社会消费品零售总额增长 9% 左右，货物进出口增长 5% 左右。

深圳市委六届九次全会提出了"毫不动摇筑牢实体经济根基"、"坚定不移做强更具比较优势的深圳制造"的要求，对当前和今后一个时期做大做强实体经济指明了方向。建议 2018 年从以下几个方面进一步优化实体经济发展环境，增强实体经济发展后劲。

（一）打好保产业空间攻坚战

要把保产业空间作为发展实体经济的重中之重，在优存量和拓增量上下功夫。从"优存量"来讲，首先要保护好现有的工业用地，抓紧启动工业区块控制线管理立法工作，严控城市更新中"工改 M0"、"工改商"、"工改居"，严守 270 平方公里工业用地红线，坚决防止产业空间房地产化。此外，要加快老旧工业园区改造升级，将零星分布、产能落后、效益不高的产业园区改造成规模化、高端化、集聚化园区。从"拓增量"来讲，要加大工业用地供应力度，建议每个区都应至少规划整备出一块较大规模的产业用地用于承接先进制造业项目，同时瞄准中小企业租赁产业用房的需求，通过征收、购买、长租、自建等方式新增一批政府自有产业用房，更好地为优质企业和项目提供保障。以深汕特别合作区的管理建设权限划归深圳为契机，搭建好两地产业对接平台，推行"总部＋基地"产业共建模式，拓展产业发展空间。

（二）率先营造国际一流营商环境

营商环境好不好，将直接影响一个城市经济发展的活力，影响城市创新创业的活力。深圳要增强实体经济的吸引力和竞争力，必须在优化营商环境上下足功夫。2018 年初，市委市政府出台了《深圳市关于加大营商环境改革力度的若干措施》，对标新加坡和中国香港等发达国家和地区，以世界银行营商环境评价体系为参照，从贸易投资环境、产业发展环境、人才发展环境、政务环境、绿色发展环境和法治环境等6个方面，提出20大改革措施，126个政策点，着力在服务效率、管理规范、市场活力、综合成本方面，率先营造国际一流营商环境。这些政策措施含金量都非常高，将引领深圳未来几年的创新发展。优化营商环境最重要的是服务好企业。目前深圳企业数量接近180万家，其中本土世界500强企业有7家，中国500强企业有27家，国家高新技术企业达到13000家。这些企业是深圳经济社会发展的重要力量，各部门和各区理应为广大企业提供更高质量的服务。2018年要继续做好市领导挂点服务企业活动，同时建立精准全面的企业服务机制，完善市、区两级企业服务组织架构体系，全面提升服务企业的能力和水平。

（三）加大工业投资力度

实体经济发展离不开投资的拉动，离不开大项目的支撑。一是抓好重大项目建设。强化战略性项目布局和重大先进制造项目引进，主动出击招大商、招好商、招优商，立足重点领域关键薄弱环节，加快引进一批具有标杆效应、能够牵引带动产业链整体提升的重大高端制造项目。加快推进华星光电新型显示、亚太高通量宽带卫星通信系统等重大项目建设，建成投产中芯国际12英寸生产线、开沃新能源汽车等项目。二是加快技改政策落实。进一步完善技术改造倍增计划的政策体系，加快制定配套操作规程，强化政策全领域覆盖和全范围宣贯，引导优势企业通过股权合作、战略联盟、产业集群等模式实施产业链垂直整合，围绕产业链薄弱环节、关键共性技术布局一批重大技术改造项目。三是完善工作推进机制。建立重大工业项目梯次跟踪管理体系，全面提升重大项目发现、筛选、储备、培育、建设、跟踪和服务能力。更好发挥市工业投资领导小组作用，建立市区联动的重大工业项目落地常态化协调机制，定期召开工作例会研究解决问题。

（四）集聚经济发展新动能

深圳近40年来产业发展历程，就是一部顺应经济发展规律，融入全球产业分工体系，不断进行产业转型升级的历史。这段历史带给深圳最大的启示就是：经济发展保持旺盛活力的关键，在于矢志不渝地推进产业转型升级，加快新旧动能转换接续，形成经济增长新的引擎。未来几年，是深圳实施新一轮产业转型升级的关键阶段，也是培育经济新动能、推动新旧动能转换的战略机遇期。深圳要抢抓机遇、主动谋划，紧盯科技新趋势、产业新变革，加速集聚经济发展新动能。一是把握新技术催生的新产业。当前技术创新呈现多领域、跨学科、群体性突破的新态势，正催生出一批代表先进生产力的新兴产业。深圳要瞄准世界科技前沿发展新技术新产业，加大对人工智能、石墨烯、第三代半导体、健康科技、新材料等创新型产业的培育力度，抓紧研究出台相关产业发展行动计划或工作方案，加快形成新的增长点。二是把握新模式引发的新业态。近年来，分享经济、无人零售、跨境电子商务、外贸综合服务、平行进口汽车等模式创新引发的新业态迅猛发展，不但"刷新"了广大人民群众的生产生活方式，更汇聚起推动经济结构战略性调整的新兴力量。深圳要准确把握新模式、新业态发展方向和要求，建立与之相适应的监管机制和服务模式，不断催生应用亮点和新型供给，确保更多新增长点破茧而出。三是把握传统产业改造迸发的新生机。新动能既可能来自"幼树开新芽"，也可能来自"老树发新枝"。珠宝、服装、钟表、家具等优势传统产业，基础很牢、根子很稳，改造提升的空间和潜力都很大。要促进优势传统产业加快向都市时尚产业转型，聚焦优势传统产业，加快布局建设一批企业工业设计中心和时尚创意基地，推动成立创意设计学院，着力完善品牌培育和促进体系，巩固和提升传统产业优势。

（五）增创全面开放新优势

深圳作为对外开放的重要窗口，货物进出口占全国的1/10，实际使用外资占全国的5.6%，实际对外直接投资占全国地方合计的5.8%，在全国对外开放格局中具有举足轻重的地位。深圳要在巩固传统优势的基础上，加快培育国际经济合作和竞争新优势，主动服务粤港澳大湾区建设，在更高水平对外开放上实现新突破。一是促进外贸提质增速。认真落实贸易强国、外贸强省建设，统筹推进外贸稳定增长和转型升级，进一步巩固和提升深圳外贸大市、外贸强市地位。要抓住全球经济温和复苏、国际需求回暖向好、外贸进出口企稳回升的良好势头，加快出台新一轮外贸扶持计划，培育壮大外贸经营主体，不断优化外贸结构，加快培育外贸发展新动能。二是强化双向投资合作。坚持"引进来"与"走出去"并重，实行高水平贸易和投资便利化政策，构筑对外投资促进服务体系，提高双向投资水平。要加大吸引外资力度，落实好国家和省市2016年以来出台的一系列关于积极利用外资的政策措施，进一步降低投资准入门槛，密切关注和着力解决外资企业生产经营中遇到的困难，让深圳继续成为外商投资的热土。要为"走出去"企业提供优质服务，依托驻外经贸代表处、行业协会和有实力的龙头企业，打造面向全球的"走出去"服务网络，引导企业有序、理性对外投资。三是搭建对外开放平台。要在"一国两制"方针和粤港合作框架下，积极抢抓粤港澳大湾区建设重大机遇，充分利用前海深港现代服务业合作区、河套深港科技创新特别合作区这两个重大平台，努力推动深港合作向更深层次、更高质量发展。对标国际最高水平，以"一线放开、二线安全高效管住"为核心，加快创建深圳自由贸易港区，推动投资贸易便利化，促进贸易与产业深度融合。

B.7

2017年深圳房地产市场形势分析
与未来政策导向

王 锋*

摘　要： 本文介绍了2017年深圳市房地产市场运行情况及主要特点，分析了2017年深圳房地产市场调控政策。在此基础上，本文结合中央对全国房地产市场发展的指导方针和政策导向，提出了深圳要加快构建房地产市场发展长效机制等建议。

关键词： 房地产市场　调控政策　长效机制

2017年，在中央加快供给侧结构性改革、防范化解重大经济风险、提高和改善民生水平等政策背景下，深圳市坚决贯彻落实党的十九大"坚持房子是用来住的，不是用来炒的"发展定位，按照"建立多主体供给、多渠道保障、租购并举住房制度"的发展要求，持续加大房地产市场调控力度，积极培育和发展住房租赁市场，房地产市场总体进入调整发展期。具体来看，自2016年10月4日实施"深八条"调控政策以来，深圳市坚持深化落实2016年制定的各项调控措施，努力确保实现全年房价"环比不增长、逐步有回落"；全年房地产开发投资继续保持较快增长，新建商品住宅和二手住宅销售量出现较大回落，新建商品住宅均价自2016年9月以来保持"15连降"，规模化、专业化住房租赁市场发展初见成效，房地产市场宏观调控效果显著。未来，在党的十九大精神指引下，在房地产长效机制加快建

---

* 王锋，深圳市房地产研究中心主任。

设背景下，深圳短期和长期相结合的调控政策将持续发挥抑制投机、抑制泡沫的积极作用；2018年，深圳房地产市场将继续保持平稳、理性、健康的发展局面。

一 2017年深圳房地产市场形势

（一）房地产市场情况

1. 开发投资继续快速增长

2017年，全市房地产开发投资总额为2135.86亿元，同比增长19.9%。其中，在住宅市场调控力度加大背景下，受市场供需下滑影响，商品住宅开发投资完成1014.05亿元，同比下降2.92%；非住宅商品房开发投资则保持较快增长，办公楼开发投资同比增长72.6%，商业用房开发投资同比增长25.35%。

2. 房价持续平稳回落

2017年，深圳继续加强房价管控，新建商品住宅均价自2016年9月以来，连续15个月环比下降；12月，新建商品住宅均价为54256元/平方米，比2016年9月下降11.9%（见图1）。国家统计局数据显示，2017年12月，深圳新建商品住宅价格同比指数为97.0，全年房价指数下降3个百分点；二手住宅价格同比指数为101.5，全年二手住宅房价指数上升1.5个百分点。

3. 成交量低位运行

2017年，深圳新建商品住宅成交量为259万平方米，同比下降38.6%，各月成交量均低于上年月均35万平方米的成交水平；二手住宅成交量为532万平方米，同比下降33.7%，各月成交量均低于上年月均67万平方米的成交水平（见图2）。

4. 新房待售量保持稳定

2017年，商品住宅批准预售面积为307.94万平方米，同比下降30%。截至12月底，商品住宅库存面积338.58万平方米，按过去12个月平均销

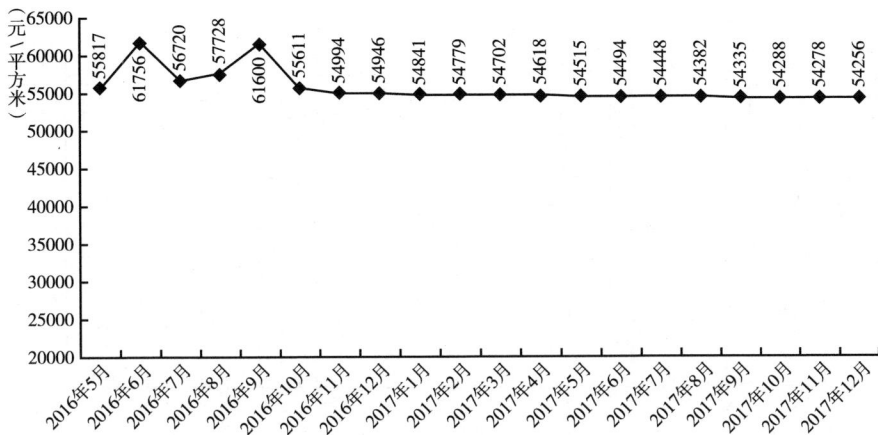

图1 2016年5月至2017年12月各月新建商品住宅简单均价

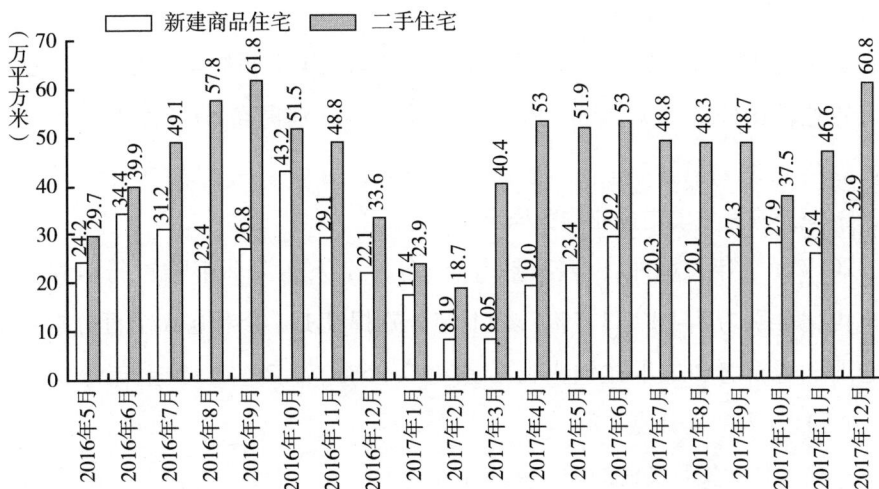

图2 2016年5月至2017年12月各月新建商品住宅和二手住宅成交面积

售规模计算,库存消化周期为15.7个月;按过去5年平均销售规模计算,库存消化周期约为8.6个月(见图3)。

5.本地购房需求占主导

2017年全年,新建商品住宅和二手住宅购置人群中,拥有本市户籍的

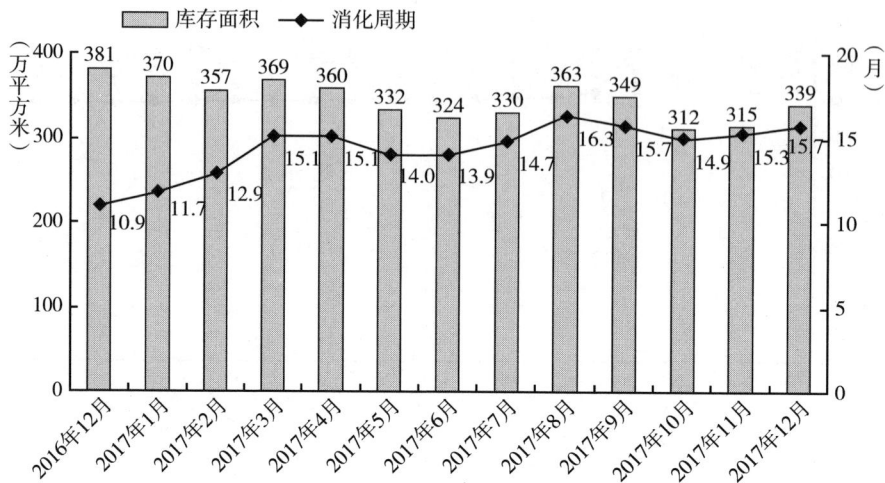

图3　2016年12月至2017年12月各月新建商品住宅库存及消化周期

占比分别为75.2%、73.5%，较上年分别提高4.4个和7.4个百分点；个人首套置业占比分别为91.9%、96.8%，较上年分别提高10.5个和7.6个百分点。

6. 境外购房与境内企业购房稳定

2017年全年，境外（包括港、澳、台）个人在深圳市购置新房和二手住宅占比分别为3.4%、3.5%，较上年分别提高1.1个和0.6个百分点；境内企业购置新房和二手住宅占比分别为0.96%、2.26%，较上年分别下降1.4个和0.07个百分点。

7. 个人住房贷款增速放缓

截至2017年12月底，全市个人住房贷款余额为1.07万亿元，同比增长7.65%；2017年以来，个人住房贷款余额增幅连续放缓，并创近两年来新低。2017年全年，新增个人住房贷款投放额748.56亿元，环比下降70.13%；累计新增发放公积金贷款181.73亿元，同比下降16.79%。

8. 新建商业办公市场活跃，商务公寓投资投机购房增加

2017年全年，新建商业用房成交85.88万平方米，同比增长28.1%；

12月，新建商业用房成交均价为55827元/平方米，同比上年12月增长5.5%；截至12月底，商业用房库存消化周期为28.1个月。

2017年全年，新建办公用房成交52.87万平方米，同比增长73.3%；12月，新建办公用房成交均价为36404元/平方米，同比上年12月下降18.8%；截至12月底，办公用房库存消化周期为26个月。

2017年全年，新建商务公寓成交70.52万平方米，同比增长48.5%；12月，新建商务公寓成交均价为57954元/平方米，同比上年12月下降1.9%；截至12月底，商务公寓库存消化周期为10.8个月。

此外，2017年，新建商务公寓交易面积与住宅成交面积的比率为27∶100，远高于2015~2016年的11∶100，商务公寓市场投资投机购房明显增加。

（二）住房租赁市场情况

根据2015年深圳建筑物调查和住房调查数据，全市住房总量为5.71亿平方米，1065万套（间），其中，质量好、配套完善的商品住房、政策性保障性住房、单位自建房、公寓房套数合计仅占全市住房总套数的35%；质量差、功能不完善的村民自建房、工业区配套宿舍则占全市住房总套数的65%。全市住房总量较大，但结构不合理的问题突出。

按全市1191万常住人口计算，住房自有率为40%，60%的常住人口需通过租赁等方式解决居住问题；按全市2300万实际人口计算，住房自有率仅约为21%，近80%的实际人口需要通过租房、借住解决住房问题。由此可见，住房租赁市场在解决全市居民的住房问题中起着至关重要的作用。

1.住房租赁市场主要特征

一是租赁住房供应量大。全市出租住房约783万套（间），面积约3.48亿平方米，占存量住房总套数的73.5%，有效解决了各类无房群体的租赁需求。

二是租赁住房房源多样。全市六大类住房中，城中村租赁住房占全市租赁住房的61.3%，工业区配套宿舍占21.0%，商品住房占4.0%，保障性住房占1.7%，单位自建房占4.0%，其他类型住房（含商务公寓、宾馆、旅馆等）占 8.0%。城中村散租市场占较大市场份额，工业区配套宿舍是租赁市场的重要补充，而商品住房和保障性住房则占比较低。

三是租赁住房供应主体多元。供给主体有私人业主、原村民、二房东、房地产开发商、房地产中介、互联网平台和产业群体、国企平台、银行及其他金融机构、政府机构。

四是租赁住房市场化程度高。多主体供给的市场租赁住房面积为 3 亿平方米，市场租赁率（市场化租赁住房/租赁住房总量）达到 86.2%。包括政府公租房和单位低租金自用住房在内的政策性出租住房面积为 0.48 亿平方米，仅占全部租赁住房的 13.8%。

五是大、中、小住房租赁企业协同发展，大量品牌企业进入市场。截至2017 年底，全市有 300 多家国有租赁平台公司（如市住房租赁服务公司、安居泊寓、天健租赁）、房地产开发公司（如深业、万科、招商、荣超、星河、润达）、房地产中介公司（如链家自如、世联红璞、Q 房）、金融保险机构（如建信住房深圳服务公司）、专业运营商和创业机构（如魔方、猫宁、蛋壳、V 客）等各类市场主体从事住房租赁经营业务，90% 为中小企业。其中，各类长租公寓企业有近 200 家，收储经营各类租赁住房预计超过15 万套，仅占市场租赁住房总量的 2.2%，专业化机构租赁比例较低。

六是企业运营模式为集中式和分散式相结合。由于资金实力、房源获取方式等不同，长租公寓有集中式和分散式两种运营模式。大型企业以集中式长租公寓为主，将旧式公寓、工业厂房或宿舍、城中村集中改造后出租，如万科泊寓、深业水围村、招商壹栈、魔方公寓等。中小企业以分散式长租公寓为主，由运营商从分散的房东手中取得房源，经过标准化改造或装修后，统一出租管理，如链家自如、蛋壳、V 客等。

2. 住房租赁市场存在的主要问题

一是机构化、规模化租赁占比低。私人"散租"占 75%，企业、单位、政府出租仅占 25%。链家自如、魔方、万科泊寓规模虽较大，但仍仅占租赁市场的 0.6%。

二是租赁市场不够规范。中介假房源问题突出，租赁房屋供求不匹配；

租赁关系不稳定，黑二房东较多；权益保障不足，随意涨租现象普遍；城中村租赁居住环境较差，并存在安全隐患。

三是商业用房空置与住房租金上涨并存。商业、办公用房供应量增长较快，未来需求可能回落，租金价格可能下滑；住宅房价高，租金价格上涨，居住成本上升较快。

四是租赁投资收益低。商品住房租售比为 1∶600～1∶800；商品住房散租租金回报率为 1.5% 左右；城中村住房租金回报率为 3%～6%。

五是租赁市场监管体系不完善。租赁市场统计体系不完善，缺乏市场交易量、交易价格等统计数据；市场对政府发布的租赁指导价格应用较少，管理部门对市场动态的掌握相对滞后；原租赁管理法规《深圳经济特区房屋租赁条例》于 2015 年 8 月底废止，租赁市场无法可依；租赁管理职能分散，租赁市场存在多头管理；行业自律机制不完善，行业自律与政府管理衔接不足，租赁纠纷协调与仲裁机制缺失。

（三）2017年深圳房地产市场调控政策

2017 年，深圳市主要在深化 2016 年"深六条"和"深八条"调控措施的基础上，进一步强化调控政策的执行力度，完善政策"补丁"，做好政策储备，探索市场发展的长效机制。

一是加强价格指导和预期管控。密切监测市场投资投机行为，尤其是二手房和商务公寓市场的投资投机行为；加强对商品住宅和商务公寓的预、现售价格指导，确保房价环比不增长，防止市场出现过热、投机炒作抬头。

二是进一步完善差别化住房信贷政策。5 月以来，商业银行首套房贷利率陆续上调，首套房优惠利率折扣从基准利率的九折调至九五折；7 月下旬，普遍提高至基准利率；10 月以来，首套房贷利率调至基准利率的 1.1 倍，二手住房贷款利率提升至基准利率的 1.1～1.3 倍，放款周期延长至 2～3 个月。

三是规范二手房贷款审批和发放。9 月底，住房和城乡建设部、中国人民银行、银监会发布《关于规范购房融资和加强反洗钱工作的通知》（建房

〔2017〕215 号），规范了二手房贷款审批和发放流程，确保房贷（含住房公积金贷款）与首付款之和不超过网签合同价格。新政出台后，深圳等其他城市将严格执行。

四是改革商品住房用地出让方式，保障人才保障房供应。为严防"地王"产生，深圳市严格按"双限双竞"的方式出让商品住宅用地，限制土地价格、限制销售均价、竞配公共住房，并规定 5 年内不得上市交易。按照《关于完善人才住房制度的若干措施》和"十三五"住房规划，主动加压、多元挖潜，全力加快落实"十三五"期间 40 万套人才住房和保障性住房的筹建任务。

五是规范非住宅市场。深圳市印发《关于进一步加强商业办公研发用房建筑设计管理工作的通知》（深规土〔2017〕1 号），从建筑设计管理角度，全面规范非住宅商品房违规改建行为，让商业办公回归为实体服务的本源；对"厂房违法改公寓"开展了专项整治工作，继续保持"严查严管严控"，净化房地产市场交易环境。

六是开展市场秩序专项整治。印发《联合开展房地产市场专项整治工作方案》（深规土〔2017〕328 号），强化联合执法，严厉打击房地产市场违法违规行为；通过多部门联合整顿和检查，累计检查在售项目 129 个、开发企业和中介机构 1000 多家，做出行政处罚 51 宗，到位罚没款 714.83 万元。

（四）2017 年深圳住房租赁市场发展政策

2017 年，为落实中央政策精神，深圳结合本市实际，积极作为，在培育和发展住房租赁市场方面取得显著成绩。

一是出台政策文件。当年，出台了《深圳市关于加快培育和发展住房租赁市场的实施意见》（深府办规〔2017〕6 号）和《深圳市住房租赁试点工作方案》（深规土〔2017〕643 号）。

二是建立管理服务平台。2017 年底，市住建局与相关企业合作，搭建并上线运行集信息、服务和监管于一体的全市住房租赁管理服务平台——"深圳智慧住房平台（试行版）"。

三是加快培育专业化、规模化租赁企业。全年进驻、成立、加挂租赁业务的住房租赁企业超过 300 家；"十三五"期间，拟通过新建、改建、收购、租赁、资产划转等方式，由国有平台公司收储不低于 10 万套租赁房源；"十三五"期间，拟通过收购、租赁、改建等方式，由专业化、规模化租赁企业收储不低于 100 万套（间）村民自建房或村集体自有物业，经质量检测、消防验收等程序后，进行统一租赁经营、规范管理。

四是加快租赁住房用地供应。2017 年，首宗"只租不售"用地于 11 月 10 日出让；年底又遴选了 4 宗租赁住房用地，拟于 2018 年初出让。

五是创新金融政策支持。2017 年 11 月，建行总行在深圳首创"按居贷"住房租赁金融产品，市住房公积金中心将居民住房租赁提取比例从 50% 提高到 65%；为完善对住房租赁企业的信贷支持政策，"深府办规〔2017〕6 号"文件规定，鼓励商业银行和资本市场对住房租赁企业提供信贷支持、股权投资，鼓励符合条件的企业通过 IPO、债券及不动产证券化产品等融资，稳步推进房地产投资信托基金（REITs）试点。

六是创新财政税收政策支持。按照"深府办规〔2017〕6 号"和"深规土〔2017〕643 号"两个文件，对个人出租住房，增值税减至按 1.5% 的税率缴纳；个人出租住房月收入不超过 3 万元，按规定享受免征增值税政策；房地产中介机构提供租赁经纪代理服务的，适用 6% 的增值税税率；一般纳税人出租在实施营改增试点前取得的不动产，按照 5% 的征收率缴纳增值税。此外，各区政府对租赁企业进驻"城中村"、老旧住宅区开展租赁业务给予财政补贴等政策支持。

七是推动现有住房、商业用房按规定改建成租赁住房。按照"深府办规〔2017〕6 号"等文件，推动现有住房按规定改造后出租，住房改造不得改变原有防火分区、安全疏散和防火分隔设施，不得损坏或者擅自变动房屋承重结构、主体结构，影响房屋安全，允许现有成套住房以原设计的房间为最小单位对外出租，但人均租住建筑面积不得低于 6 平方米，加大对"房中房"、"打隔断"等违法违规行为的查处力度；推动商业用房按规定改造后出租，梳理出台商业用房改建为租赁住房的规划、建设、竣工验收、运营管理等条件和规范性程序，改建后的租赁住房不得分割销售，应全部用于租赁经营。

八是完善住房租赁管理政策法规。加快修订《深圳市出租屋管理若干规定》，研究制定《深圳经济特区住房租赁管理条例》及其相关配套措施，明确住房租赁当事人的权利义务，规范市场行为，稳定租赁关系，使住房租赁管理逐步纳入法制轨道。

九是规范住房租赁市场和加强行业监管。加快制订推行全市统一的住房租赁合同示范文本，实施住房租赁合同网上备案制度；实施住房租赁企业登记备案制度，建立住房租赁行业诚信管理机制；开展住房租赁市场调查，精准分析住房租赁市场供求关系；开展住房租赁市场监测，编制全市及各区住房租金指导价格和价格指数，将租赁住房的建设、供应指标作为住房建设规划、计划的重要内容予以明确。

二　未来住房和房地产发展导向与政策建议

党的十九大提出："坚持房子是用来住的，不是用来炒的定位，加快建立多主体供给、多渠道保障、租购并举的住房制度，让全体人民住有所居。"这是今后我国住房和房地产发展的目标，是习近平新时代中国特色社会主义思想在住房领域的集中体现，是新时期住房发展和房地产调控的指导思想和行动指南，深圳要结合自身实际，深刻领会、坚决贯彻落实。

2016 年以来，我国各类经济风险中最突出的有两个问题：一是企业杠杆率过高和银行呆坏账现象；二是房地产泡沫扩大和房价暴涨，特别是房地产，"一手托两家"，在防范和化解经济风险中地位举足轻重。中央多次指出，房地产市场大起虽会对短期经济增长起到拉动作用，但这是不可持续的资产泡沫，一旦出现大落，对经济的冲击将远超股市；房子是给人来住的而不是拿来炒的，不能把炒房地产作为保增长的手段。

关于今后住房和房地产发展的指导方针，中央指出：要从实际出发，综合运用土地、金融、财税、投资等手段加快建立符合国情、适应市场规律的长效机制和基础性制度。一是短期要完善一揽子政策组合，合理引导预期，抑制房地产泡沫，防止房价大起大落；二是中长期要研究调整住房供应体系，特别是要加快发展住房租赁市场，要在特大城市和大城市把发展住房租赁市场作为重点，从增加供给、土地供应、税收、权益保护、市场监管等方面完善政策，促进住房租赁市场规范健康发展。此外，中央也多次明确了当前房地产调控的重点任务。近年来中央和各地为加强调控出台一些措施，市场有所降温，但长效机制尚未形成，房价缺乏稳定的基础；一旦行政管制放松，部分热点城市房价可能出现更剧烈的上涨，房地产泡沫膨胀的压力对经济的负面影响会愈益凸显。今后，要坚持调控目标不动摇、力度不放松，不能有"喘口气、歇歇脚"的念头，要保持调控政策的连续性、稳定性，把稳定房地产市场、化解泡沫风险作为重中之重。

通过上述分析，党的十九大以后，我国住房和房地产发展的政策导向主要体现在两大方面：一是加快建立多层次住房供应体系，以解决单一依靠房地产买卖市场带来的投资投机问题；二是加快建立促进住房和房地产健康发展的基础性制度和长效机制，从制度建设层面着手实现"房住不炒"、保证住房的居住属性。建立多层次的住房供应体系和房地产长效机制，在思想上必须以党的十九大精神为统领，以习近平新时代中国特色社会主义思想为指引，在思想上、政治上、行动上与以习近平同志为核心的党中央保持高度一致。在行动上则必须在新时代大背景下考虑问题，要把长效机制建设放在坚决防范化解重大风险三大攻坚战当中部署，通过深化深圳市住房制度改革，加快培育发展住房租赁市场，推进土地、金融、财政、税收、投资、市场监管等制度改革，以及加快深圳与周边城市的一体化发展，重塑住房制度，坚持"房住不炒"，突破发展瓶颈，努力实现全市居民"住有所居"。

（一）深圳楼市存在的主要问题

一是"人地矛盾"突出，楼市供求关系长期紧张。深圳空间狭小，人地矛盾突出。深圳实际管理人口达到 2300 万人，但土地空间仅为北京的 1/8、上海的 1/3、广州的 1/4。目前，全市建成区面积已接近行政辖区总面积的 50%，新增建设用地逼近于零，未来土地供应非常紧张，进而导致楼市供求关系长期看紧。"十二五"期间，内地很多副省级以上城市年均新供应居住用地 10 平方公里，而深圳每年仅能新供应居住用地 2 平方公里，"十三五"期间新供应居住用地仅 1.5 平方公里，供求矛盾更加突出。

二是普通居民购房支付能力不足，投资投机性需求长期存在。据分析，2016 年深圳家庭年均可支配收入 14 万元，相对于套均 500 万元的商品住宅价格，普通居民购房支付能力不足，按照全市约 2300 万实际管理人口计算，80% 以上的家庭租房居住。全市住宅租金较低、而房价高，住宅租金售价比高达 1∶700，租房投资回收期接近 60 年，故投资性购房较为旺盛，消费者购房的主要目的仍在于资产保值；另外，因供应长期紧张，在货币宽松、资产保值增值预期强烈的情况下，投资投机性需求将长期存在。

三是未来人口结构的变化，将导致未来住房消费结构发生变化。建市早期，在低端加工业的主导下，外来低学历劳务人员为人口主体，城中村、工业区宿舍契合其住房需求。随着产业升级，人口结构发生变化，相比 2010 年，2020 年深圳高学历、高技能人才将增长 150%。这种人口流入趋势，将随着人口、资金、技术等要素向大城市的持续聚集，进一步改变深圳的人口结构，不断形成新的、更高层次的住房需求。随着人口从原来大规模"候鸟迁徙"到"扎根安居"以及向"高素质化"转型，以前质量低、功能差、小户型（20~40 平方米）的城中村、企业配套宿舍等租赁住房，应转化为质量好、功能优、户型适中（40 平方米以上）的新型租赁住房；在土地供应紧张、房价高背景下，过去以商品房买卖为主的住房供应体系也需要发生改变，商品房"先租后买"、基本保障房逐步增加、人才等"夹心层"住房大力发展的住房供应新格局需要加快形成。

（二）房地产长效机制建设的原则

一是处理好租房和买房的关系。中央指出：发展和规范住房租赁市场，关系到在城市租房子的市民特别是农民工和高校毕业生能不能有体面的居住条件。深圳在土地紧张背景下，应当结合本市存量住房规模大（5.71 亿平方米 1000 多万套）、居民以租为主（2300 多万人口中 80% 为租住人口）的现实，将有限的住房资源主要用于发展租赁市场。

二是处理好市场和保障的关系。中央指出：要准确把握住房的居住属性，以市场为主满足多层次住房需求，以政府为主提供基本住房保障。结合深圳住房供应紧张、房价高、居民收入差距大等实际，未来住房供应应当侧重于解决低收入家庭、进城务工人员住房困难；侧重于解决新就业大学生、公共服务人员等"夹心层"住房困难。

三是处理好存量和增量的关系。中央指出：一些特大城市空置住宅较多，要采取有效办法把潜在供应释放出来，通过增加有效供应实现供求平衡。深圳住房中占比较大的城中村住房、工业区宿舍，虽然功能、配套较差，但均套面积在 40 平方米以下，适应大部分中低收入居民家庭的收入水平。因此，要把握好拆迁、棚改与综合整治的关系，发挥城中村等存量住房对人才保障房、租赁市场的积极作用。

四是处理好市域和区域的关系。中央指出：要合理引导大中小城市空间布局，合理引导特大城市人口向周边中小城市转移。目前深圳新增建设用地已近枯竭，为了增加住房供应，应更好地发挥城市群一体化的作用，做好区域城市中长期住房协调建设规划，帮助深圳解决住房供给不足问题，满足广大普通居民家庭自住自用需求。

五是处理好"自住"和"投机"的关系。中央指出：依靠房地产推动经济增长是不可持续的，反而会对经济和社会造成重大伤害。深圳居住用地供应紧张，在每年仅有 5 万套新房供应背景下，市场长期存在投机风气。因此，今后深圳的房地产调控政策和住房政策，必须长期坚持"保基本"和"支持夹心层"原则；应当适度、适量地出让完全市场化的商品住房用地，并长期实施市场调控政策，保障刚需、支持改需、抑制投机。

（三）构建房地产长效机制建议之一——住房制度深化改革

1. 深圳市住房制度改革的方向

鉴于深圳新增土地基本枯竭、房价高、居民购房支付能力差，但存量房源规模巨大、有利于通过住房租赁市场解决居民住房问题等客观实际，大力培育和发展住房租赁市场，特别是规模化住房租赁业务，有利于在深圳市建立"多主体供给、多渠道保障、租购并举的住房制度"，应成为今后深圳市住房制度改革和房地产市场发展的主要方向。此外，在深圳市住房制度改革中，尽快调整改革方向、以住房租赁市场为主解决人才等广大居民住房问题，有利于在思想上、政治上、行动上自觉与中央保持高度一致，真正落实中央"房住不炒"、防范风险、建立长效机制的各项部署，并在土地供应难以为继的前提下，有效解决保障人才安居过程中房源供应不足问题，优化深圳市营商环境，推进产业结构持续转型升级。

2.深圳市住房制度改革的目标和框架

结合深圳市产业结构持续转型升级、人口持续流入、土地资源长期紧缺等现实，适应本市高房价下普通居民家庭的实际住房支付能力，以"高端有市场、中端有支持、低端有保障"为目标，以"盘活存量住房、大力培育和发展住房租赁市场"为主要手段，全面深化开展住房制度改革，创新建立特大城市、大城市以租赁市场为主满足多层次住房需求、以政府为主提供基本保障的新型住房制度体系和住房供应模式。

规范满足高收入家庭需求的商品住房制度，完善满足低收入家庭需求的公共租赁住房制度，创建满足人才、公共服务人员及其他"夹心层"家庭需求的租赁住房制度和安居住房制度，深化对低收入家庭、人才家庭的住房租赁补贴制度改革；确保租赁型商品住房新建规模达到年度住房新建总量的30%，公共租赁住房新建规模达到新建住房总量的20%，安居型商品房新建规模达到新建总量的20%。通过政府和市场共同发力，最终建立"多主体供给、多渠道保障、租售并举，能够满足不同收入层次居民家庭需求的多层次住房供应体系"。

3.建立深圳市租赁住房制度的主要内容

（1）发挥租赁市场解决人才住房困难的重要作用。结合深圳市建设用地紧张、存量住房规模大、人才住房问题突出等客观实际，建立深圳市租赁住房制度，首先应当发挥租赁住房解决人才住房困难的重要作用。一是人才

目标	住房类型	新建比例	供应对象
			高收入和中等偏上收入家庭： ·符合本市商品住房购买政策家庭。 ·供应方式：新建住宅、二手住宅、商务公寓。
高端有市场	购买型商品住房	30%	**中等收入和中等偏下收入家庭：** ·买不起商品房的常住居民家庭，包括户籍和非户籍人才群体、进城务工人员、其他夹心层群体。 ·供应方式：新建住宅、公寓、宿舍；存量二手住宅、公寓、城中村住房、单位自建房、企业宿舍；发放人才家庭住房租赁补贴。
中端有支持	租赁型商品住房	30%	
	安居型商品房（购买）	20%	**中等收入和中等偏下收入家庭：** ·为社会提供基本公共服务的机关、企事业单位工作人员；符合安居型商品房购房条件的人才、其他夹心层家庭。 ·供应方式：新建、更新配建、棚改、企业自建、存量筹集、异地建设。
低端有保障	公共租赁住房（租赁）	20%	
			低收入家庭： ·符合本市基本住房保障标准的户籍低收入家庭和非户籍进城务工人员。 ·供应方式：新建或存量筹集公租房、集体宿舍。

深圳市住房制度和住房供应体系框架

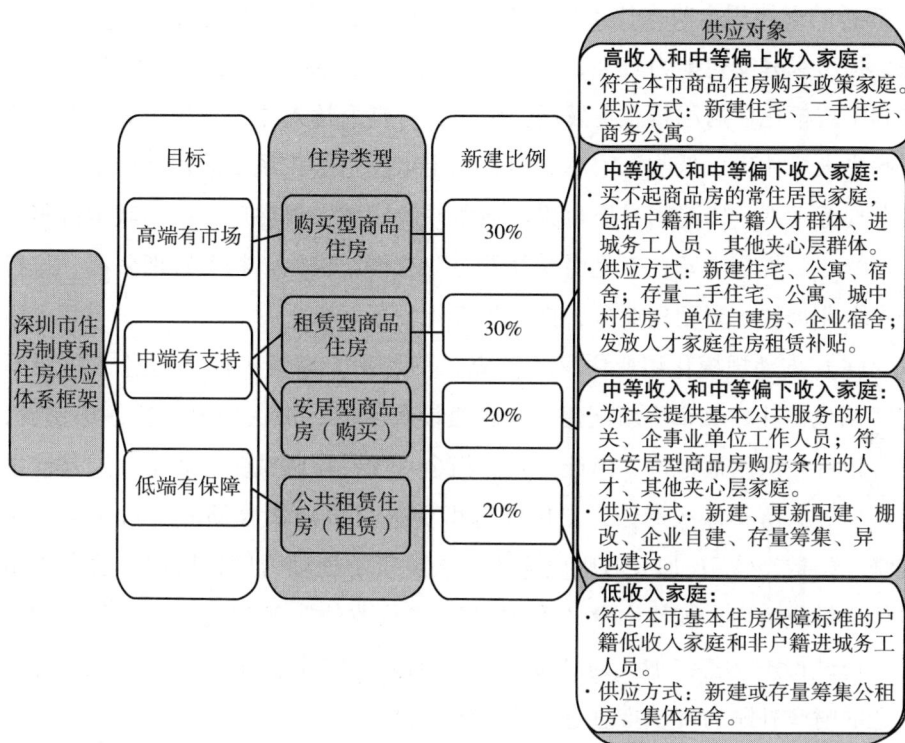

图4 深圳市住房制度和住房供应体系框架

住房问题除部分按规定由安居型商品房解决外，其他应当通过租住市场的租赁型商品住房解决。二是政府对人才安居集团等相关企业发放"政策性补贴"或给予地价优惠、税收减免；纳入轮候库的人才可以到安居集团等相关企业租住优惠价格住房。三是政府也可以直接给人才发放"租赁补贴"或"租房券"，人才可持"租赁补贴"或"租房券"到市场租房。

（2）完善住房租赁法规。顺应国家立法安排，抓紧构建符合本市实际的住房租赁管理法规体系，推动《深圳经济特区住房租赁管理条例》的立法工作，解决本市大规模法外建筑租赁的法律障碍，填补《深圳市经济特区房屋租赁条例》废止后行业法规的缺失，使深圳住房租赁市场进入法治化、规范化轨道。

（3）培育住房租赁企业。据链家地产的调查，目前深圳全部租房人群中 80% 的群体租金收入比不到 30%。由此可见，深圳租金收入比不高，大部分租房家庭支付能力较强，租赁市场消费层次多元、消费升级空间较大，有利于规模化住房租赁企业发展。建议：一是发挥人才安居集团等国有企业在解决人才住房、低收入家庭住房和稳定市场租赁关系中的积极作用，促进行业规范发展；二是指导原村集体转型并收储城中村住房，推动城中村租赁住房统一、规范经营；三是引导开发企业、经纪机构、物业管理公司、长租公寓企业加快拓展租赁业务，推动品牌化发展。

（4）推动规模化租赁住房的供应。一是加大增量供应。通过"只租不售"用地出让、城市更新配建、园区建设等手段，加快新增租赁住房建设，完善租赁住房用地地价、出让方式、租金管控、税收减免等政策。二是促进存量发展。落实各区责任，支持住房租赁企业"加快收储城中村住房并实现统一租赁经营"；加大对历史遗留违法建筑的处理力度，增加合法合规租赁住房供应潜力；加快出台"商改住"、"住改住"等实施细则、程序和标准，边试行边完善；加大对"城中村"消防、安全、环境及水电燃气管网改造的财政补贴力度，推进老旧住宅区综合整治。

（5）加强住房租赁市场监管。一是加强住房租赁市场监管和执法力量，从源头对二房东、违规代理经租等现象进行遏制，营造公平有序的市场环境。二是注重防范行业金融风险，加强对各类规模化租赁企业的资金账户监管，避免之前房屋中介或房屋银行"跑路事件"的再次发生。

（6）完善金融支持政策。2017 年 11 月 3 日，在建行总行的支持下，建行深圳分行与 11 家龙头房企和 11 家实体经济承租单位共同签订战略协议，开启了"银企合作"培育发展租赁市场的"深圳模式"。建议深圳市各级金融机构继续加快住房租赁金融政策创新，加大各类信贷、信用类债券、资产支持证券等金融产品对住房租赁市场的支持力度，为各地住房租赁市场的发展提供完善的金融支持政策。

4. 完善深圳市基本住房保障制度的主要内容

（1）以"保基本"为原则，以收入（低于人均可支配收入的 70%）和财产限额为界定标准，对低收入人群执行"应保尽保"政策。

（2）保障方式上，从原来的"租售补"结合向"租补"结合转变；考虑到"十三五"期间深圳商品房价格较高、公租房存量较少等背景，为加强对低收入居民家庭的基本住房保障，建议实施以"实物配租为主、货币补贴为辅"的保障模式。"十三五"之后，实施"租补均衡"模式。

（3）建立货币补贴与市场租金联动机制，探索实行低收入家庭"租房券制度"，由持券人到市场自由选择租赁。

5. 建立深圳市安居住房制度的主要内容

结合深圳市居民家庭收入、财产状况和房价水平，合理评估中等和中低收入家庭居住困难，以建立共有产权住房制度为目标，修改完善现有的"安居型商品房"制度，建立适应深圳市市情的安居住房模式。

（1）明确支持对象。一是为社会提供基本公共服务的公务员及企事业单位人员，包括政府公务员，以及公共教育、公共卫生、公共文化、公共交通、公共通信等领域提供基本公共服务的企事业单位职员和职工；二是符合规定条件的各类人才群体，包括符合学历条件、专业技术资格的人员，符合产业发展要求的技师，列入本市紧缺专业人才目录的其他居民。

（2）明确准入资格。一是在深圳市入户及工作一定年限（建议入户及连续缴纳社保或纳税满 5 年）；二是在深圳市无房；三是符合中等或中低收入家庭收入与财产要求。

（3）明确户型面积标准。安居型商品房户型面积按满足小康居住功能的中小户型面积标准执行，建议户型建筑面积不超过 90 平方米；对符合本市有关规定的高层次人才、承担重要公共服务职能的人才，可适当增加户型建筑面积，但原则上不超过 144 平方米。

（4）明确建设和销售规则。安居型商品房以"限房价、竞地价"方式出让用地，土地价格和销售价格不得高于同区域、同类性质地块"招拍挂"出让价格的 70%，并视不同区域和地段市场地价、房价水平确定折价比例；主管部门对符合条件的申请人发放资格证书，申请人持资格证书到相关开发项目单位自主购买安居住房。

（5）实施共有产权制度。安居型商品房项目销售均价占同地段、同品质商品住房价格的比例为购房者产权份额，其余部分为政府份额；产权登记时，按上述比例明确政府与购房者的产权份额，并明确各产权持有者占有、使用、收益、处分的相关规定；购房人取得不动产权证未满 10 年的，不允许转让产权份额，因特殊原因确需转让，可由政府或代持机构按原价回购；购房人取得不动产权证满 10 年的，可按市场价格转让所购房屋产权份额，购房人也可按市场价格购买政府产权份额，取得完全产权。

（四）构建房地产长效机制建议之二——加强房地产市场监测预警

党的十九大召开以后，住建部提出"加强城市房地产市场监测预警工作"，这是我国开展房地产长效机制建设的一项重要任务。开展房地产市场监测预警，可以为政府调控市场提供可靠依据，及时防范市场投机炒作，保持市场健康发展。2003 年，国务院 18 号文就提出要建设全国房地产市场预警预报系统。近 10 年来，我国先后三次出现的房价过快上涨、泡沫膨胀，均与未建立完善的监测预警系统，未对市场事先预警相关。因此，科学建立房地产监测预警系统，对今后建立长效机制、保障房地产市场健康稳定发展，具有重要的意义和作用。

深圳市从 2002 年起启动了"深圳房地产市场预警系统"研究，2007 年系统正式运行。目前，深圳已在预警系统基础上，构建了覆盖广、层次多、实时性强的市场监测体系，监测成果具有全面性、权威性、前瞻性，能够全面反映市场动态变化、市场趋势和存在的问题。下一步，深圳要进一步完善既有的房地产市场监测预警系统，借助经济预警的理论和方法，形成市场预警、价格监测、政策仿真等多项综合的房地产市场监测手段，为政府调控市场提供可靠依据。

（五）构建房地产长效机制建议之三——创新城镇化、土地、金融、税收、投资、市场监管政策

1.创新城镇化政策和土地供应政策

加快城市群一体化发展。借助粤港澳大湾区建设，建议重构深圳与周边

城市上下游产业链，疏导部分传统产业和人口向周边城市转移；加强与周边城市住房发展政策的统筹协调，联合周边城市编制完成"深莞惠"、"3 + 2"、"深中"城市群住房协调发展规划；合理确定跨城市住房重点开发区域，探索在东莞、惠州、中山等邻深区域合作建设保障房和安居房；加强跨区域轨道交通建设，提高区域城市轨道交通与其他交通工具的接驳效率。

提高居住用地比例。按照中央经济工作会议关于"超特大城市应加快土地功能调整"等要求，2016～2035年，建议通过城市总体规划修编，将闲置低效的工业、商业、办公等用地调整为住宅用地，将深圳市居住用地比例提高到30%以上。

创新土地出让与供应制度。建议继续按照"限房价、控地价、竞配保障房或安居房"模式出让居住用地；结合国家和深圳市培育发展住房租赁市场等政策，施行土地招拍挂出让企业自持租赁住房用地模式。

2. 完善住房金融政策

完善差别化住房按揭贷款制度。坚持"认房又认贷"政策，自主调节深圳市房贷首付门槛、优惠利率调整比例、贷款年限；有针对性地调整房贷政策，抑制投机者利用政策漏洞进行投机。加强房地产资金监管。对房地产全链条资金的流入流出（土地－开发－销售）进行监管，加强地方政府与"一行三会"在地方分支机构之间的协调。创新政策性住房金融制度。以现有住房公积金机构为基础，通过财政注资、向国家争取政策，加快建立本市政策性住房银行，加强公积金对租赁住房开发建设、商办用房改租赁住宅、城中村综合整治等的供应支持，加强住房公积金对居民家庭购买住房、租赁住房、装修住房等方面的消费支持。

3. 创新房地产税收制度

完善深圳市房地产评估价制度，税务部门、金融机构要加快探索按照政府房地产评估价征收房地产税和发放按揭贷款，以使商品住房网签价格真实反映市场价格，并避免利用"阴阳合同"偷税漏税和通过"高评高贷"等非法手段套取银行资金炒作楼市。向国家争取试点政策，对购房后一定年期内的转让者，按持有时间征收超额增值税；对持有一套本地住房的本地购房者或居住一定年期以内的外地购房者，征收买家额外契税。结合市场形势变化，自主调整转让税税率、相关年限、征收对象，并逐步用差别化转让税制度，替代限售、限购政策。结合国家立法安排，向国家争取房产税开征试点。

4. 加强投资引导、加强市场监管

加强投资引导，平衡经济发展与房地产的关系，引导资金投向实体经济、基础设施建设、公共服务等领域，促进区域公共服务一体化、均等化发展。加强房地产市场监管，依法规范房地产市场秩序，加强信息互通和部门协作，加强跨部门联合执法，加大市场监管力度，坚决查处开发、交易等环节的违法违规行为。

三　总结

从全国看，按照党的十九大精神，按照"坚持房子是用来住的，不是用来炒的"发展定位，加快房地产供给侧结构性改革，特别是加快大城市房地产长效机制建设，有利于将房地产业与经济结构转型、新型城镇化、城市可持续发展统筹考虑，减小房地产泡沫对实体经济、金融安全、居民住房所带来的负面影响，满足城镇居民合理住房需求，促进房地产市场健康发展。从短期看，我国大城市、特大城市仍将继续加强需求管理，做好已实施的限购、限价、限贷、限售等短期调控工作；从长期看，要抓紧建立房地产长效机制，加快形成多层次的住房供应体系。中央将在土地、金融、税收、立法、投资引导等方面加强对地方的支持，发挥住房租赁、住房保障、房地产税收、房地产金融，以及城市群一体化等手段的调控作用，最终建立多主体供给、多渠道保障、租购并举的住房制度，实现广大居民"住有所居"的最终目标。

2017年以来，深圳进一步深化落实2016年制定的各项调控政策，通过限购、限贷、限价、市场整顿、增加供应、加强保障以及"租售并举"等措施，实现了新房价格"15连降"。目前，市场杠杆率显著降低，投资购房基本退潮，市场风险逐步释放，顺利实现了 2016 年以来的房价调控目标。党的十九大明确了"坚持房子是用来住的，不是用来炒的"定位，国家也多次强调保持政策连续性和稳定性，调控目标不动摇、力度不放松。随着调控继续保持高压，房地产降杠杆继续推进，房地产市场秩序继续治理整顿，以及大力发展住房租赁市场、加快长效机制建设，短期内深圳市房地产市场销售量、价格难有上涨动力。由于深圳市土地资源紧约束，人口流入较快，产业迅速升级，广大居民扎根深圳、实现住房梦想的需求与住房供给不平衡、不充分的矛盾仍非常突出。未来，深圳市还将长期面临住房供求关系紧张、房价上涨压力大的局面。在调控取得阶段性成果的形势下，面对全市较高的居住成本与较大的住房需求，在今后 3～5 年内，深圳市房地产市场调控依然不能放松，长效机制需加快建设。

B.8
深圳金融业发展形势分析

刘国宏[*]

摘　要：　2017 年，深圳金融业率先调整发展节奏、继续严防金融风险，增速放缓但发展创新活跃，风险趋缓但防控力度未减，率先调整、率先探底孕育率先跃升、率先引领。展望未来，深圳金融业发展要把握金融科技蕴含巨大变革发展势能的重大机遇，积极落实防范化解金融风险的攻坚任务，主动服务国家金融国际化和一二级市场联动的未来需求，加快战略布局金融科技的系统化发展，强化金融风险防范化解市场化手段的应用，支持地方金融做强做大，探索跨境金融创新发展，突出深圳金融特色和优势，不断完善多层次资本市场体系，深入推进深圳国际化金融创新中心建设。

关键词：　深圳金融业　金融科技　金融风险　金融监管

一　2017年深圳金融业发展状况

面对复杂严峻的宏观经济金融形势，在全国强监管、去杠杆的总基调下，2017 年深圳金融业率先调整发展节奏、继续严防金融风险，行业发展总体呈现了换挡调整态势。

---

* 刘国宏，中国（深圳）综合开发研究院金融与现代产业研究所所长，博士后。

（一）增速放缓，储能聚势

2017 年，深圳金融业实现增加值 3059.98 亿元，首次突破 3000 亿元大关，同比增长 5.7%，在全市 GDP 中所占比重为 13.6%，比上年下降约 1.2 个百分点。截至 12 月末，全市金融机构（含外资）本外币存款余额为 6.97 万亿元，同比增长 8.2%，增速比上年下降约 3 个百分点；全市金融机构（含外资）本外币贷款余额为 4.63 万亿元，同比增长 14.3%，增速比上年下降约 10 个百分点。在当前全国房地产严调控、经济金融去杠杆大政策背景下，深圳金融业存贷款余额、保险保费收入等指标增速显著放缓。然而，这正是在金融下行周期中更加市场化的金融体系"穿衣过冬"而不"裸体狂奔"的合理反应，是矫正住房贷款占比过高、资金空转套利等问题的必经过程。深圳金融业发展率先换挡调整、率先消化问题，一定程度上也预示着将率先探底回升，率先再次引领全国金融业改革发展。在 2017 年 9 月 11 日英国智库 Z/yen 集团发布的第 22 期"全球金融中心指数"排名中，深圳由上期的第 22 位上升至第 20 位，在国内城市中仅次于香港（第 3 位）、上海（第 6 位）和北京（第 10 位）。

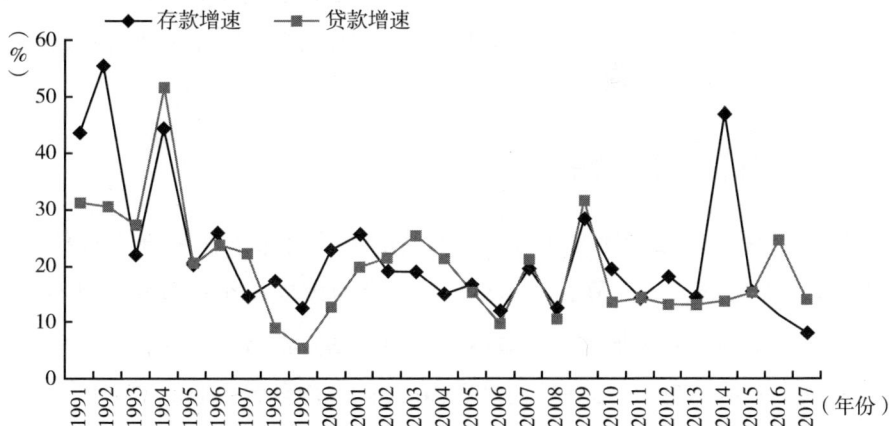

图 1　深圳 1991～2017 年金融机构（含外资）存贷款余额增速

资料来源：深圳统计年鉴、统计分析。

（二）创新活跃，静待花开

2017 年，深圳基于大数据、云计算等科技支撑的各类金融创新蓬勃发展，一批金融服务创新模式不断涌现，一批金融科技（FinTech）独角兽公司悄然崛起。平安集团确立了未来 10 年"金融＋科技"的战略新蓝图，依托技术人才、资金、场景、数据等独有竞争优势，致力于成为行业和科技的领跑者。招商银行利用区块链技术在前海蛇口自贸片区推出了全国首单区块链跨境支付业务，实现客户从 NRA 账户（境内银行为境外机构开立境内外汇账户）到香港地区账户的区块链外币汇款。腾讯云正式发布区块链金融级解决方案（BaaS，Blockchain as a Service），提供共享账本和智能合约，使资金流可追溯、信息流可查询、数据流防篡改，重构金融底层架构，助力金融高效发展。前海金控开发了全国首个央地合作私募基金信息监管服务平台，探索"大数据＋人工智能"的"监管＋自律＋服务"模式，整合一站式私募服务，保护和服务投资者，强化监管与服务的协同，促进监管与市场自律的结合。平安科技、易安保险、金证股份、财付通支付等一批知名的金融科技公司在深圳崛起。2017 年德勤发布的《连接全球金融科技：2017 年全球金融科技中心报告》对全球 44 个科技金融中心进行了综合分析，深圳以 125 分作为新型金融科技中心榜上有名，中国仅上海与深圳两座城市入选。

（三）优化政策，强化监管

2017 年深圳以深府规〔2017〕2 号文的形式发布了《深圳市扶持金融业发展若干措施》，全面修订了 2003 年《深圳市支持金融发展若干规定》及配套实施细则，其中加大了对金融企业总部落户的政策力度，将金融机构落户奖励上限从 2000 万元提高到 5000 万元；支持金融企业的增资扩股和并购重组，将限定增资的一次性奖励修改为累计实收资本达到高一级实收资本规模的补足奖励差额部分；将小额贷款公司等新兴金融机构纳入支持范畴，培育合规经营的新兴金融标杆企业。同年，深圳金融创新奖增设金融科技专项奖，主要奖励区块链、大数据、云计算、人工智能等金融科技的创新研究和应用，前瞻性引导金融科技领域战略布局。深圳市金融办会同市发改委等政府部门和中央驻深金融监管机构搭建深圳市创业创新金融服务平台，为不同发展阶段企业提供债权和股权融资对接、征信查询、信用评级、融资担保、行业咨询、投融资政策支撑等一站式服务，打破投融双方信息不对称掣肘，化解企业"融资难"、"融资贵"及"融资繁"等问题。在优化政策服务的同时，深圳强化金融风险管控，金融办牵头建立了全市金融风险防范联席会议工作机制和"412"风险清单制度，开发了金融风险监测预警系统、地方金融监管信息系统，从风险领域、风险区域、风险机构、实际控制人或高管四个维度梳理金融重点风险源，明确一种风险表现形式，提前做好两个应急预案（事前事中防控预案、事后应对预案），基本完成了地方金融风险防范的架构搭建。

二 深圳金融业发展形势分析

过去很长一段时间，我国相对宽松的市场准入和货币政策鼓励了一系列的金融创新，但随之也带来了较多问题，使金融风险和监管压力不断增大。深圳需要按照党的十九大关于经济与金融发展的指导精神，审时度势、抢占机遇、顺势而为、乘势而上，在改革创新和持续发展中解决当前金融业发展存在的问题，使深圳金融迈向更高发展能级。

（一）金融科技蕴含巨大变革发展势能

金融大体可划分为由金融契约、交易主体、市场体系、法律制度等所形成的金融架构和由计数方法、记录方法、估值算法、风险算法等所形成的金融技术两部分，由此全球金融行业的发展史也可以说是一部科技创新技术的应用史，从古巴比伦的泥板计数到现代社会的计算机运作，历史上金融技术在不停地发展改进，进而也推动了金融架构的不断突破和变革。当前，以大数据、云计算、区块链、人工智能为代表的新技术迅猛发展，正在催化传统金融信息采集、风险评估、信贷审批、组合管理等领域的巨大深刻变化。十八大以来，伴随着我国创新创业兴起和互联网经济深入发展，加上政府给予以互联网金融为代表的金融创新宽容的态度和宽松的环境，国内网络支付、PtoP信贷、众筹、小贷等新金融突飞猛进地发展起来，促使我国以云计算、大数据和区块链技术的金融技术应用为主要特征的金融科技迅速崛起，一批独角兽金融科技企业站在了全球金融科技发展前沿。与此同时，由于新技术的广泛使用也使新的金融风险具有了传染性更强、波及面更广、传播速度更快的特点，暴露了很多的金融风险和金融欺诈问题。从全球金融行业发展的历史看，那些具备强大学习能力、拥抱科技变革的国家、城市和组织将获得快速发展，那些固守传统发展模式、排斥科技变革的国家、城市和组织则会被时代淘汰。深圳建设国际化金融创新中心必须把握金融科技发展重大历史机遇，遵循金融发展的客观规律，在开拓创新和慎防风险中取得更大发展。

（二）防范化解风险成为攻坚任务之首

2017年底中央经济工作会议明确将防范化解重大风险作为三大攻坚战之首，其中防范化解重大风险的重点就是防范化解金融风险。根据国际清算银行（BIS）的数据，中国经济总体杠杆率自2008年起快速攀升，由2008年底的141.3%升至2017年第二季度的255.9%。大量货币流向地方融资平台、房地产及产能过剩行业，信用风险及流动性风险等风险因素不断积累。金融作为更多地利用"别人的钱"经营信用和风险的活动，涉及关联多、社会影响广、行业风险大。金融发展客观上需要一定的合格准入、信息披露、风险防范、审慎监管等方面的限制和要求，否则容易滋生各种的金融诈骗等道德风险和逆向选择，甚至引发金融系统和社会危机，防范和化解金融风险，加强监管是非常有必要的。然而，考虑到我国政府自上而下的金融管制能力较为强大，绝大多数金融主体具有国资背景，如果没有防范金融风险的政策或行政压力，相关责任主体防范和化解风险的动力就会不足；但是如果防范金融风险的政策层层加码、竞赛操作，一些金融主体又可能会被困难和问题击垮。因此，未来一段时间我国防范金融风险可能会有政策收紧和行政施压"急刹车"的问题，但更多会依靠完善市场来化解风险，更多调动金融主体自身防范和化解风险的积极性和主动性，促使金融业平稳转型升级和提质增效，更好地服务实体经济发展。

（三）金融国际化在两难困境中谨慎前行

十八大以来，我国金融国际化经历了一个先松后紧的过程，由于国内资本项目管制及境内外金融政策不一致，如果放松资金跨境流动，就会直接面临跨境金融的套利行为，进而对国内金融政策和经济发展造成冲击。例如2015年以来，香港万亿元跨境人民币资金并没有发挥货币职能，担当起人民币国际化重任，而更多是被贷款企业兑换成美元和港元，成为离岸市场上与中国央行进行汇率博弈的重要筹码。而如果不放松资金跨境流动，则可能影响我国倡议的"一带一路"资金融通等重大战略，不利于参与甚至主导新时代国际更高水平竞争合作。因此，未来一段时间我国将会更加主动开放、更加主动改革，支持海外人民币离岸中心由跨境套利中心升级为投融资中心，同时同步配套防范跨境套利、监管套利的相应对策，更加谨慎地推进金融国际化步伐，压缩跨境套利空间，降低对国内经济和社会发展的负面影响。

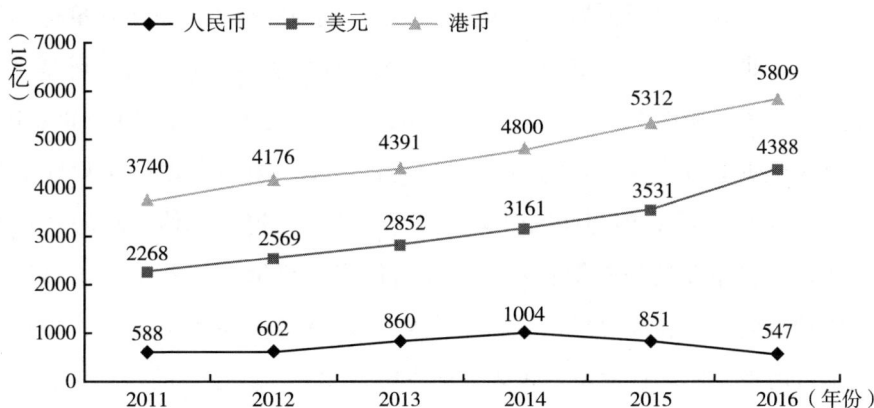

图2　香港2011～2016年人民币存款、美元存款和港币存款

资料来源：Wind资讯。

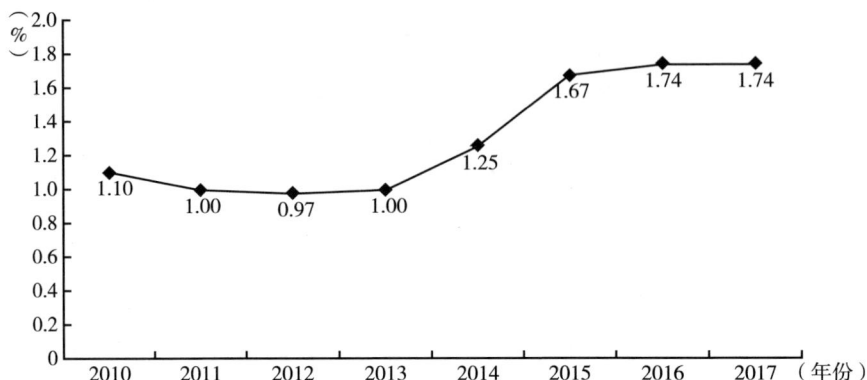

图3　中国商业银行不良贷款率

资料来源：Wind 资讯。

（四）一二级资本市场市场化联动需求迫切

从一级市场看，2017 年我国股权投资继续保持高速增长势头，资本管理规模接近 8.7 万亿元人民币。可以预计今后一段时间在服务实体经济和发展直接融资的政策引导下，中央和地方政府将继续设立各种引导基金、产业基金以及给予股权投资更加优惠的扶持政策，我国股权投资资本存量将仍处于快速扩张通道。从二级市场看，全国人大会议已决定股票发行注册制改革授权延期两年，国内 IPO 发审趋严态势也已确立。依靠严格 IPO 发审、IPO 被否企业至少运行 3 年才可重组上市等监管措施，虽然可以解决形式上的 IPO 排队"堰塞湖"，但与此同时又扩大了一级市场退出总体需求的"堰塞湖"规模，更重要的是监管者对 IPO 项目优劣的价值判断并不利于培育投资主体的价值意识和风险意识，制度导致二级市场资本价格扭曲的现象在短期内不可能得到实质性解决。未来如何更好推动一二级市场的市场化联动将成为关系到国内资本市场理性健康发展的重要问题。国内地方政府更是高度重视创业投资和产业投资，但忽视对二级市场已上市公司的总体性参与引导。事实上，地方已上市企业是反映地方经济发展动向和质量的"晴雨表"，二级市场投资情绪对地方已上市企业再融资、再发展具有重要支撑作用。长期以来，深圳在参与二级市场的证券业和公募基金业上均处于全国领先位置，尤其是证券业总资产、净资产、净资本、净利润均一度排名全国第一，然而近几年正在逐渐被北京和上海超越。未来国内一二级市场市场化联动需求更加迫切的大时代背景，需要引起深圳相关部门的重视，深圳具有多层次资本市场优势，更有利于参与二级市场发展引导，大力促进证券业、基金业发展，更好支持深圳资本、深圳企业走向全国和走向世界。

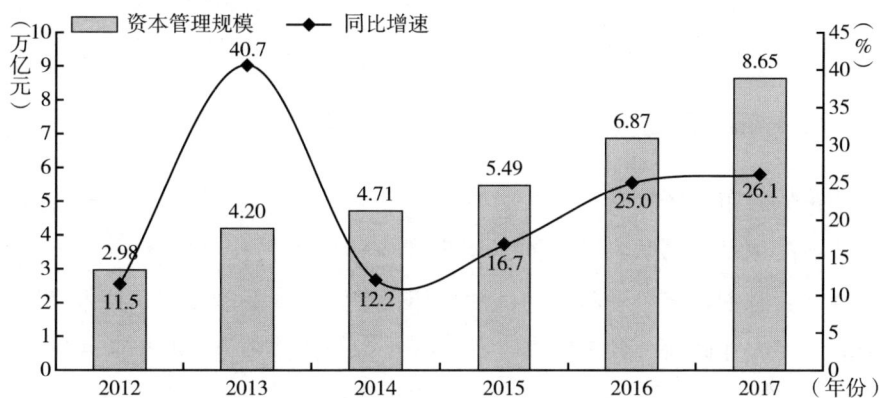

图4　2012~2017年中国股权投资市场资本管理情况

资料来源：清科研究、中商产业研究院。

表1　深圳证券业发展情况

年份	公司数	全国排名	营业额（亿元）	全国排名	法人证券公司总资产（万亿元）	全国排名
2011	17	2	393.39	1	0.37	1
2012	17	3	288.93	1	0.4	1
2013	17	3	333.06	1	0.51	1
2014	17	3	543.65	1	0.98	1
2015	19	2	1310.1	1	1.43	2
2016	20	1	725.84	1	1.25	2
2017	22	1	—	—	—	—

资料来源：Wind资讯、深圳市金融办历年金融业运行情况分析。

三　2018年深圳金融业发展建议

党的十九大报告明确"要深化金融体制改革，增强金融服务实体经济能力，提高直接融资比重，促进多层次资本市场健康发展。健全货币政策和宏观审慎政策双支柱调控框架，深化利率和汇率市场化改革。健全金融监管体系，守住不发生系统性金融风险的底线"，深圳金融业要落实国家金融发展政策导向，顺应国内外发展形势和金融发展规律，有策略、有步骤地把深圳国际化金融创新中心建设不断推向深入。

（一）战略布局金融科技发展

加快战略布局区块链、大数据等金融科技优势领域，抢先引进和培育金融科技前沿项目和团队人才，同步培育和支持监管科技（Regtech）公司发展，推动金融创新与风险防范的良性循环。借鉴深圳新能源汽车技术发展成功经验，率先在政府公共采购、工程招标、资金扶持中使用基于区块链技术的金融科技产品，带动全市金融科技应用场景构建，吸引海外成功金融科技企业集聚。由地方金融监管部门联合中央驻地监管机构，联合探索深圳"监管沙盒"机制，支持金融科技创新发展与安全发展。

（二）依托市场化解金融风险

市场机制本身就是分散与化解风险的有效途径，需要坚持市场化原则化解金融风险，避免出现"水和孩子一并泼掉"悲剧和行政"急刹"造成市场失衡所形成的新风险。按照全国利率和汇率市场化改革要求，加快建立金融市场准入机制和标准，推动市场公开透明运行，对一些非系统重要性的风险点不是隐藏而是主动引爆。同时，市场微观主体质量与效益是金融安全托底之基，大力支持优势企业利用资本市场开展市场化兼并重组，畅通金融资本参与实体经济发展的通道。加大简政放权和减税降费力度，给企业释放更多盈余预期和化解金融风险的腾挪空间。

（三）支持地方金融做强做大

调整理顺深圳金融办金融监管和金融服务的双重职能和相应的机构与机制，发挥好金融风险监测预警系统、地方金融监管信息系统作用，强化地方金融监管的主动性和时效性。同时，大力支持小额贷款公司、融资担保公司、区域性股权市场、典当行、融资租赁公司、商业保理公司、地方资产管理公司七类地方金融机构和市内投资公司、社会众筹机构、地方各类交易所等类金融机构的发展。

（四）探索跨境金融创新发展

把握国家"一带一路"和粤港澳大湾区建设重大机遇，支持深圳金融机构海外布局金融服务业务，为跨境支付结算、项目贷款、风险管理等提供高效金融服务。加强深港两地金融基础设施互联互通，探索八达通、微信支付在两地的同步推广应用，支持深港金融科技创新合作。大力引入国际金融投资者，提高深圳金融治理水平与运营效率，优化服务实体经济的资源配置。

（五）完善多层次资本市场建设

全面落实《深圳市扶持金融业发展若干措施》，巩固深圳证券、基金业和创业投资、股权投资优势地位，大力发展财富与资产管理业务，聚集一批国际财富管理机构，率先探索国内外、一二级市场市场化联动机制，打造全球财富管理中心。支持深交所、前海股权交易中心以及碳排放交易所等多层次资本市场建设，支持企业以上市、发债、增发以及股权融资等直接融资方式融资，不断提高直接投资比重。

创新发展篇

Innovation Development Reports

B.9
深圳创新驱动发展实践与展望

陈望远*

摘　要： 本文对近年来深圳在科技创新方面的主要工作及取得的成效进行了系统梳理，综合分析了优劣势，指出了目前深圳在科技创新方面仍然存在的问题，并在此基础上提出了一些有针对性的对策建议，以进一步充分发挥科技创新的引领带动作用，为建成竞争力影响力卓著的创新引领型全球城市打下扎实基础。

关键词： 创新驱动　创新引领型全球城市　科技创新

十八大以来，深圳把创新驱动发展战略作为城市发展主导战略，紧紧围

---

* 陈望远，深圳市科技创新委员会。

绕国家创新型城市和国家自主创新示范区建设，聚焦创新驱动关键环节，从资金、机构、载体、人才、空间、成果等科技创新供给侧改革发力，持续增强新常态下发展动力，实现了有质量的稳定增长、可持续的创新发展。深圳市委市政府对标十九大报告"分两步走"的新目标，提出到 2020 年，基本建成现代化国际化创新型城市，高质量全面建成小康社会；到 2035 年，建成可持续发展的全球创新之都，实现社会主义现代化；到 21 世纪中叶，建成代表社会主义现代化强国的国家经济特区，成为竞争力影响力卓著的创新引领型全球城市。系统总结深圳创新实践成效，结合新一轮科技革命与产业变革，对未来深圳深入实施创新驱动发展战略提出相关建议，具有重要的实际意义。

一　实施投入方式改革

2012 年以来，深圳市制定出台了《科技研发资金管理办法》、《科技计划项目管理办法》、《关于促进科技和金融结合的若干措施》、《深圳市科技研发资金投入方式改革方案》、《深圳市财政产业专项资金股权投资管理办法（试行）》、《科技创新券实施办法（试行）》等政策措施；推出了银政企合作贴息、股权投资、科技保险、天使投资引导和科技金融服务体系建设等 5 个科技金融资助计划；建立了无偿与有偿并行、事前与事后相结合的财政科技多元化投入机制，实现财政资金的保值增值与良性循环。这些措施全面撬动了银行、保险、证券、创投等资本市场各种要素资源支持企业创新创业。其中，2013 年底建立了银政企合作项目库，并对获得贷款的入库企业予以贴息资助。截至 2017 年底，累计入库项目 1089 项，累计对入库企业予以 5600 多万元的贴息资助，400 多家入库企业获得合作银行贷款，合作银行发放贷款总额近 60 亿元。银政企合作项目的实施，有效缓解了企业融资难融资贵问题，降低了创新成本，促进了创新创业。累计完成股权投资项目 134 项，政府投资 12.1 亿元。股权投资项目的实施改变了以往政府无偿资助和直接管理项目的支持、管理方式，通过财政资金阶段性地持有股权、适时退出，为财政资金保值增值、良性循环提供了新路径。科技创新券政策自

2015 年实施以来，累计向 5000 多家中小微企业发放创新券 3 亿多元；支持企业建立研发准备金制度，2016 年以来组织实施了五批次企业研究开发资助计划，累计支持了腾讯、迈瑞、中兴等 2000 多家企业，资助资金累计达近 30 亿元。2016 年，深圳全社会研发投入超过 800 亿元，占 GDP 比重提高至 4.1%，研发投入占 GDP 比重仅次于北京，继续位居全国大中城市第二位，在全球来看仅次于以色列（4.4%），与排名第二的韩国相当。2017 年，深圳全社会研发投入达 900 亿元，占 GDP 比重提升至 4.1%。

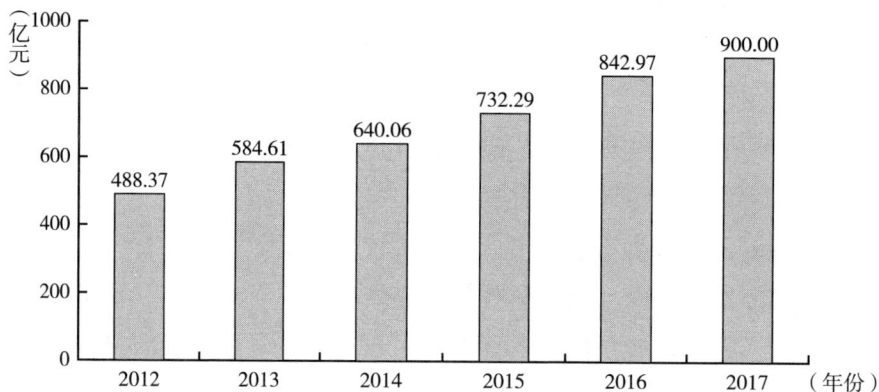

图 1　2012～2017 年深圳研发投入增长情况

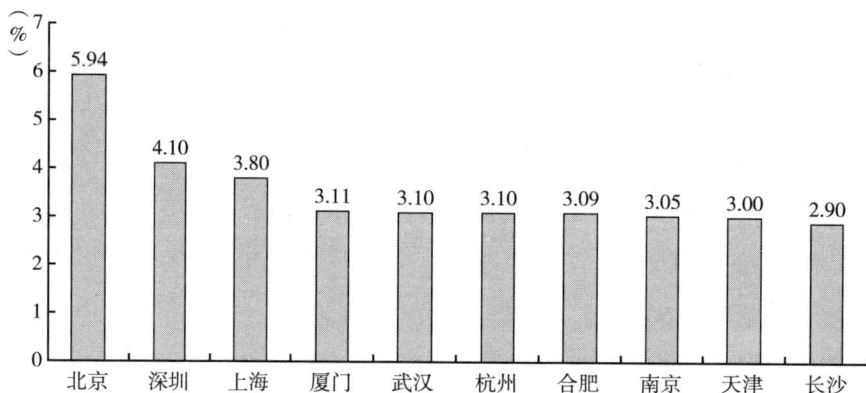

图 2　2016 年研发投入占 GDP 比重主要城市对比

2015 年，经济合作与发展组织（OECD）35 个国家和地区的平均 R&D 占 GDP 比重为 2.409%，其中，十个国家和地区的 R&D 占 GDP 比重高于 OECD 平均值，分别是以色列、韩国、日本、瑞典、奥地利、中国台湾、丹麦、德国、美国和比利时。与这十个国家与地区相比，深圳全社会研发投入有两个特点。一是全社会研发投入占 GDP 比重仅次于以色列和韩国，高于其余八个国家和地区。2015 年，以色列、韩国全社会研发投入占 GDP 比重分别为 4.253%、4.232%，研发投入均已纳入 GDP 核算，深圳全社会研发投入占 GDP 比重为 4.13%，研发投入未纳入 GDP 核算（2016 年开始，全社会研发投入近 70% 纳入 GDP 核算，按此口径，深圳市 2015 年全社会研发投入占 GDP 比重仅为 4.06%）。二是 OECD 十国全社会研发投入结构优于深圳市。十国全社会研发投入中基础研究占比大部分在 15% 左右，深圳市基础研究占比仅 0.92%，以色列、韩国和美国全社会研发投入中，政府投入占比均达到 20% 左右，深圳仅 4.86%。

近年来，深圳全社会研发投入大幅增长，全社会研发投入规模从 2009 年的 279.91 亿元增长到 2017 年的 900 多亿元，增长了约 2.22 倍，全社会研发投入占 GDP 比重从 2009 年的 3.41% 增大到 2017 年的 4.13%，提升了 0.72 个百分点。政府研发投入占全社会研发投入的比重一直徘徊在 4%~5%。

表 1　深圳全社会研发投入及政府研发投入占比历史情况

单位：亿元，%

年份	全社会研发投入		全社会研发投入占 GDP 比重	来自政府的研发投入		
	投入额	同比增长		投入额	同比增长	占全社会研发投入的比重
2009	279.71	27.15	3.41	13.04		4.66
2010	332.80	18.98	3.47	13.03	-0.08	3.92
2011	416.14	25.04	3.62	17.71	35.97	4.26
2012	488.37	17.36	3.77	21.48	21.29	4.40
2013	584.61	19.71	4.03	29.89	39.12	5.11
2014	640.06	9.48	4.00	29.52	-1.22	4.61
2015	732.29	14.41	4.18	35.56	20.46	4.86
2016	842.97	15.11	4.32	40.77	14.65	4.84

政府研发投入占全社会研发投入比重较低的原因主要有两点：一是用于R&D活动的政府投入不高，二是政府研发投入未明确资金的R&D活动用途。

为有效提高政府投入在全社会研发投入的比重，一是要进一步加大对基础研究的投入，建立以国家核准研发投入为导向的政府投入机制，将以创新绩效评价为基础的市政府稳定支持机制落到实处；二是要明确政府资助资金用途，确保政府拨付资金切实用于研发准备金建设，实现研发投入的良性循环，提高政府资金使用效率。

二　加大载体培育支持力度

近年来，深圳注重补齐科技基础短板，系统提升创新能力，夯实科技创新供给基础。

一是超常规布局各类重要创新载体。遵循技术成长路线图，完善科研机构和科技基础设施建设。陆续建成国家超级计算深圳中心、大亚湾中微子实验室和国家基因库，参与国家未来网络试验设施建设。截至2017年底，累计建成国家、省、市级重点实验室、工程实验室、工程研究中心等创新载体1688家，其中国家级103家、省级253家，覆盖了国民经济和社会发展主要领域，成为集聚创新人才、产生创新成果的重要平台。创新载体数量比2012年增长122.1%，5年增长了900多家。

二是积极推进实验室建设。深圳网络空间科学与技术广东省实验室于2017年获批建设、健康科学实验室建设加快推进，以国家实验室建设要求和标准为目标，力争通过5年左右的时间的建设与培育，取得重大进展，积极争取成为国家实验室的重要组成部分。

三是积极培育新型研发机构。采取量身定制的政策措施，在基因组学、超材料、大数据、石墨烯等前沿领域，组建了93家集科学发现、技术发明、产业发展"三发"一体化的新型研发机构。2017年，深圳航天科技创新研究院、深圳市智能机器人研究院、深圳北斗应用技术研究院有限公司、深圳海王医药科技研究院有限公司、香港中文大学深圳研究院、深圳市新一代信息技术研究院有限公司、深圳八六三计划材料表面技术研发中心、深圳市太赫兹科技创新研究院、深圳市桥博设计研究院有限公司、深圳市免疫基因治疗研究院、香港大学深圳研究院等 11 家单位被认定为省级新型研发机构，累计建成省级新型研发机构 41 家。

四是积极推进"十大行动计划"。2017 年，深圳实施创新"十大行动计划"①，格拉布斯研究院、中村修二激光照明实验室、科比尔卡创新药物开发研究院、瓦谢尔计算生物研究院及深圳盖姆石墨烯研究中心等 5 家诺贝尔奖科学家实验室挂牌成立。美国旧金山海外创新中心、美国波士顿海外创新中心、美国西雅图海外创新中心、英国伦敦海外创新中心、法国伊夫林海外创新中心、加拿大多伦多海外创新中心、以色列特拉维夫 - 海法海外创新中心等首批 7 家深圳市海外创新中心正式授牌。设立数字生命研究院、华大生命科学研究院、量子科学与工程研究院等首批 3 家基础研究机构。

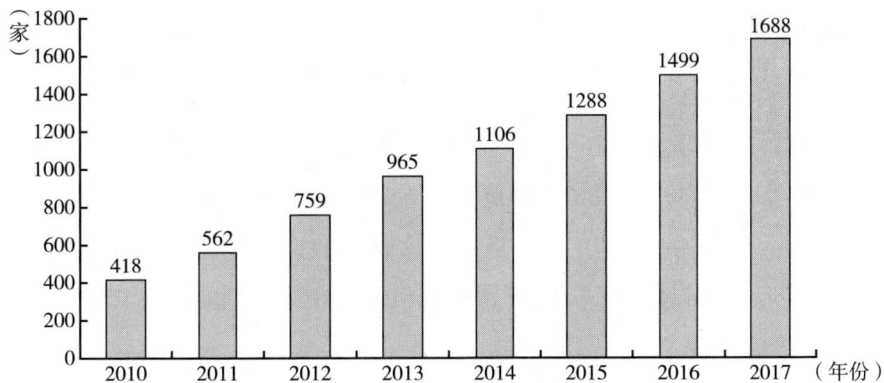

图 3　2010～2017 年深圳创新载体数量

_____

① "十大行动计划"具体包括：①布局十大重大科技基础设施。②设立十大基础研究机构。③组建十大诺贝尔奖科学家实验室。④实施十大重大科技产业专项。⑤打造十大海外创新中心。⑥建设十大制造业创新中心。⑦规划建设十大未来产业集聚区。⑧搭建十大生产性服务业公共服务平台。⑨打造十大"双创"示范基地。⑩推进十大人才工程。

三 强化企业技术创新主体地位

近年来，深圳大力实施创新型中小微企业培育计划、国家高新技术企业培育计划，通过扩大重点支持领域、简化认定流程、缩短公示时间等，让更多中小企业能享受相关优惠政策，促进其快速成长发展。2013～2016 年，国家高新技术企业培育计划入库企业累计享受了 682.13 亿元研发费用加计扣除额，累计享受减税 159.93 亿元。

表 2　2013～2016 年企业研发加计扣除情况

单位：亿元

指　标	2013 年	2014 年	2015 年	2016 年
加计扣除额合计	97.00	112.17	116.64	356.32
减税额	22.70	26.37	27.34	83.52

2016 年底，全市拥有科技型企业 3 万余家，其中市中小企业服务署创新型中小微企业备案 2670 家、国家级高新技术企业 8037 家。2017 年新增国家级高新技术企业 3193 家，累计达 11230 家，总量上仅次于北京。科技企业腾讯 2017 年首次入选世界 500 强，全市世界 500 强企业达 7 家。一批创新型企业发展迅猛，2016 年，华为营业收入增长 32%，中兴工业增加值增长 18.5%，优必选产值 2016 年增长 6 倍。大疆无人机创造了产值 9 年增长 1 万多倍的神话，2017 年达 180 亿元。

2016 年，深圳国家级高新技术企业、市高新技术企业合计实现产值 19222 亿元，占全市工业总产值的 69.13%，创造增加值 6560 亿元，占全市工业增加值的 91.23%；国内专利授权量 5.6 万件、发明专利授权量 1.7 万件，分别占全市相应指标的 74.8%、96.4%，PCT 国际专利申请量 1.9 万件，占全市 PCT 国际专利申请量的 96.7%。高新技术企业成为引领深圳创新发展的核心力量。

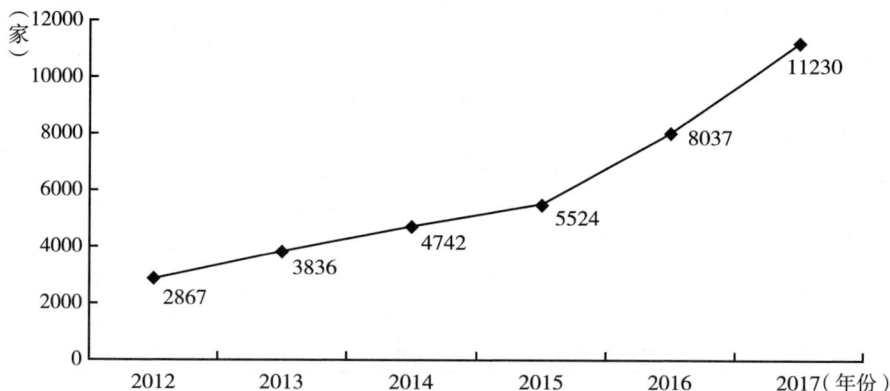

图 4　深圳 2012～2017 年国家级高新技术企业数量对比

四　打造创新人才高地

　　近些年来，深圳把人才作为支撑发展的第一资源，实施人才优先发展战略，先后出台高层次专业人才"1+6"计划、孔雀计划"1+5"意见、"人才安居"工程、高层次专业人才配偶就业促进办法（试行）和子女入学解决办法（试行）等一系列专项人才政策，设立"千人计划"创业园、"孔雀计划"产业园和市人才研修院，有力地促进了创新人才集聚和发展。2017 年 8 月，深圳正式出台了《深圳经济特区人才工作条例》，特区的人才优先发展有了法治保障。不唯地域引进人才，不求所有开发人才，不拘一格用好人才的理念深入人心，尊重知识、尊重人才、鼓励创新、宽容失败的社会氛围更加浓厚。实施"孔雀计划"以来，每年安排 10 亿元资金引进海内外高层次创新人才团队，最高资助 1 亿元，近年来累计引进"孔雀计划"创新团队 116 个，累计引进"珠江人才计划"创新团队 44 个，吸引了一大批海内外高层次人才来深创新创业，汇聚了一大批高端创新创业人才，培育了柔宇、光启、光峰光电等一批呈爆发式增长的创新型企业。

113

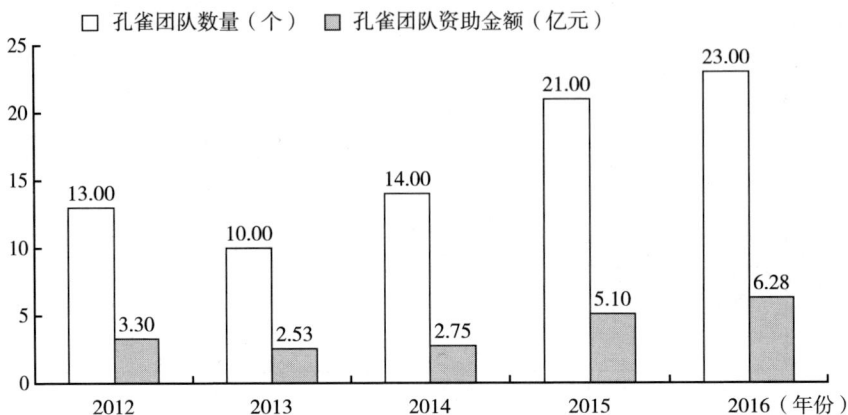

图5 深圳2012～2016年孔雀团队引进情况

五 提升经济增长的技术含量

创新驱动发展特征鲜明。深圳全社会研发投入占 GDP 比重从 2012 年的 3.8% 提高到 2016 年的 4.1%，2016 年每万人有效发明专利拥有量达到 80.1 件，是 2012 年的 1.6 倍。2016 年，深圳亿元研发投入专利授权数为 93.8 件，其中亿元研发投入发明专利授权数为 22 件。2015 年深圳亿元研发投入专利授权数多出北京市 30.5 件，是上海市的 10.5 倍；全市新产品开发经费支出 872.2 亿元，新产品产值达到 8872 亿元。2012～2016 年，高新技术产品增加值占 GDP 比重从 31.76% 提升至 33.52%，提高了 1.76 个百分点。2016 年高新技术产品出口占出口总额比重为 53.26%。选取全社会研发投入占 GDP 比重、亿元研发投入专利授权数、高新技术产品增加值占 GDP 比重、战略性新兴产业增加值占 GDP 比重等指标构建经济增长技术含量指标测评体系，以 2012 年为基准年（指数为 100）测评显示，2016 年深圳经济增长技术含量指数比 2010 年累计上涨 520 点，除 2014 年出现短暂下降之外，其余年份均呈大幅上升态势，体现了深圳创新驱动发展进入常态阶段。

表3 2012～2016年经济增长的技术含量评价指标

指 标	2012 年	2013 年	2014 年	2015 年	2016 年
全社会研发投入占 GDP 比重(%)	3.8	4.0	4.02	4.05	4.05
亿元研发投入专利授权数(件)	99.6	85.1	83.9	98.5	93.8
高新技术产品增加值占 GDP 比重(%)	31.76	32.08	32.33	33.41	33.52
战略性新兴产业增加值占 GDP 比重(%)	29.90	34.33	37.28	40.04	41.71
先进制造业增加值占规模以上工业增加值比重(%)	71.3	73.1	74.2	76.1	75.4
高新技术产品出口占出口总额比重(%)	52.04	55.28	48.09	53.15	53.26
万人有效发明专利拥有量(件)	50	58.6	65.7	73.7	80.1

六 展望及对策建议

深圳科技创新紧跟全球科技革命潮流,在一些领域取得了积极成效,但也必须清醒地认识到,科技创新发展仍然存在不少问题和短板:一是部分法律法规和政府监管方式滞后于新经济发展,二是产业发展需要的很多高端设备、关键原材料、核心零部件和元器件等依赖进口,三是重大基础研究平台缺乏,四是创新型人才仍然不足,五是知识产权保护力度不够。未来要以习近平新时代中国特色社会主义思想为指导,以建设竞争力影响力卓著的创新引领型全球城市为目标,坚持问题导向,坚持对标国内外最高标准最好水平,强化长板补齐短板,为实现高质量发展提供强大支撑,为率先建设社会主义现代化先行区提动力支撑。

一是持续深化科技体制改革。贯彻落实十九大报告中加快建设创新型国家的有关要求,以国家自主创新示范区条例出台为契机,全面梳理和优化市科技计划管理框架,实施科技计划管理改革,构建总体布局合理、功能定位清晰的市级科技计划体系,形成职责规范、科学高效、公开透明的组织管理机制。深化科技项目评审改革,以孔雀计划、十大诺贝尔奖科学家实验室、十大基础研究机构等重大项目为试点,学习借鉴美国国立卫生研究院(NIH)、美国国家自然科学基金（NSF）等国外先进的科研项目评审方式,探索更加科学高效的评审方法，营造公开公正公平的环境，充分激发科研人员的科技创新活力。进一步放宽对科研经费的使用限制，学习上海等地的先进经验，允许劳务费支付给项目（课题）组成员、因科研项目（课题）需要引进的人才以及临时聘用人员等。

二是重点引进掌握核心技术的海内外顶尖人才。着重跟踪全球掌握核心技术的科技领军人才、行业领军人才和顶尖科学家，如石墨烯领域的英国曼彻斯特大学安德烈·盖姆教授。编制各领域全球最顶尖的目标人才团队引进清单，建立全球"猎头机制"，实施"一人一策"的定向精准招才计划，建立快速引进尖端人才的特殊机制和绿色通道，破解高端人才不足的困局。

三是优先布局关键技术领域的基础研究创新载体。争取国家实验室、国家重点实验室、省实验室和诺贝尔奖科学家实验室落户深圳。在关键技术领域，实施提升基础源头创新能力的"组合拳"，开展研发机构全覆盖行动，实施重大科技攻关项目、部市联动国家重点研发计划重点专项和省市联合基金，夯实创新发展的基础支撑，努力实现前瞻性基础研究、引领性原创成果取得重大突破。

四是重点支持关键技术领域的"独角兽"企业。围绕人工智能、集成电路、生物与生命健康、新材料、石墨烯等重点优势领域，实施"独角兽企业培育计划"，深入挖掘一批核心技术突出、集成创新能力强、成长速度快、产业带动能力强的独角兽企业，及时破除体制机制政策障碍，通过"靶向"精准政策扶持引导，将深圳打造成为独角兽企业集聚城市。

五是强化重点领域科技产业空间土地保障。强化产业空间统筹综合管控，实行市、区统一规划、统一开发、统一建设，加强管理把好准入关，将有限的土地资源重点投向重点领域科技产业的发展，强化对土地空间出让后的使用监管，防止出现科技产业用地被限制、侵占、违建等现象。

B.10
深圳科技创新政策效果评估

课题组 *

摘　要： 本文从当前国际上比较流行的科技创新政策评估方法中，选取以计量模型为主的定量评估方法，对深圳政府资助或投资于研发的效果进行了评估，发现近年来来源于政府资金的研发投入占深圳总研发投入的比重约为5%，对经济增长的贡献约为3%，取得了实实在在的效果。

关键词： 科技创新政策　效果评估　研发投入

　　十几年来，深圳积极实施创新驱动战略，出台了一系列政策，持续推进以科技创新为核心的全面创新，PCT 国际专利申请量连续 13 年比例约占全国的一半，先后三次位居福布斯中国大陆创新城市榜首，研发投入占 GDP 的比重从 2012 年的 3.81% 升至 2017 年的 4.13%；深圳的研发投入强度在全球仅次于以色列和韩国，是名副其实的"创新之都"。近年来，深圳确立了"建成国际科技、产业创新中心"的奋斗目标，并做出了"到本世纪中叶，建成竞争力影响力卓著的创新引领型全球城市"的远景规划。根据 OECD 的经验，评估对于提高政策的效力和效率以促进创新和提高社会福利至关重要。因此，加强深圳创新政策实施效果的研究与评估，对于深圳加快

---

　　* 课题组成员：董晓远，深圳市社会科学院经济所研究员；廖明中，深圳市社会科学院经济所研究员；余红兵，国家统计局深圳调查队高级统计师；倪晓锋，深圳市社会科学院社会所助理研究员；施洁，深圳市社会科学院经济所助理研究员；马光威，深圳大学理论经济学博士研究生。执笔人：董晓远、施洁、马光威。

建成国际科技、产业创新中心，具有重要意义。

本项研究是深圳市社会科学院关于"深圳创新政策效果评估"的探索性研究，其目的主要不在于对深圳多年来出台的一系列创新政策逐一进行全面的多角度评估，而是通过借鉴国内外前沿的评估方法，建立该领域研究的高起点和高标准，为后续实用性更强的实证研究奠定基础。

一 国外科技创新政策评估方法概览

总的来说，西方发达国家关于科技创新政策评估的研究成果比较丰硕、研究方法多样。既有面向一般公共政策的经典评估框架，又有具有针对性的评估框架和指标体系，以更加契合科技创新政策的内容和特点，逐渐提升科技创新政策评估的专业化和规范化水平。

在国外政策评估研究中，已形成了一些较为常见和典型的评估逻辑框架。特别是随着公众对政府干预活动或措施（包括政策、计划、项目等）绩效的日益关注，在国际的评估研究和实践中还形成了一套基于目标、面向结果的监测评估逻辑框架；近年来，其作为基础框架之一，在联合国、世界银行、OECD 等国际组织和西方发达国家的科技创新政策评估实践中得到了广泛应用（详情见表1）。

政策评估能否取得成功，在一定程度上取决于评估方法的合理选择与使用，评估方法的改进也将推动政策评估科学走向成熟。早期，国外的科技创新政策评估主要采用定性分析方法（如同行评议），评估质量受主观因素影响较大。随着政策评估的发展，人们逐渐把一些统计学、运筹学和经济学等学科的方法引入科技创新政策评估中，以提高评估结果的科学性，科技创新政策评估逐步进入定性分析与定量分析相结合的阶段。目前，很多国家科技创新政策评估以定性分析为基础、以定量分析为手段，一些采用二者相结合的方法，如美国、法国、日本等；也有一些国家基本采用定性分析方法，定量分析较少见，如英国、瑞典。总体上看，国外创新政策评估方法较为丰富，

表1　科技创新政策评估的主要方法及比较

类别	分析方法	子方法/分析工具	使用对象/范围
定性分析	理论分析方法	应用经济学和社会学理论和经验,运用逻辑推理和判断	从政策制定到实施的全过程
	对比分析方法	1. 政策执行前后的比较 (1)简单前后对比 (2)"投射－实施"后对比 (3)有无对比 (4)"控制对象－实施对象"对比 2. 与政策制定目标比较 3. 国内外政策比较	1. 同一地区政策执行前及执行一段时间后 2. 政策实施后各项指标与政策制定目标对比 3. 本国和他国政策
	个案研究分析方法	主要运用技术经济学和政策分析学	受政策影响的典型案例,单项或多项政策
	专家评议法	1. 专家会议法;2. Delphi法(征询专家法)	评定某政策工作的价值或重要性的机制等
	自我评定法	主要应用相应的经济学和社会学理论和经验,运用逻辑推理和判断	政策制定和执行人员自行评估政策影响等
	目标获取模型	需对政策是否在目标领域内取得了预期效果,以及所观察到的结果是否为该政策作用的产物作出判断	将政策目标作为评估时所持的唯一标准
	SWOT分析法	也称"潜力分析法",国际上OECD普遍应用	适用于国家或企业在制定战略规划时
	扎根分析	开放性访谈、文献分析、参与式观察等	带研究问题从实际观察入手
定量分析	问卷调查法	围绕某特定政策,实证分析有效问卷	特定政策
	相关分析法	属相关性的后验分析,要把所测量的离散数据做成趋势图,便于预测和评价	如"目标—执行—效果"相关性分析
	(其他)经济计量分析法	以经济理论和事实为依据,利用数理统计方法建立方程式,常用数学模型	描述政策目标与相关变量间经济行为结构动态变化关系
	成本－效益分析法	对政策运行成本(人财物等投入)与政策效益(受益)加以对比分析	适用政策执行过程简单且涉及面较小情况
	模糊数学分析法	运用模糊集合理论,通过专家打分等方法得出指标权重	对政策影响因素、综合实施效果进行评估
	政策指标法	把政策目标分解为评估指标,量化与权重打分	如对各地方政策落实效果情况进行评估
	数据包络分析法	以帕累托最优化这一经济学概念为基础,对具有同质投入产出的决策单元进行经济效率定量化评价	如评估政策效果对科技进步、经济增长和社会发展等方面的影响

续表

类别	分析方法	子方法/分析工具	使用对象/范围
混合分析	多目标综合分析法	将政策的前期准备、落实、取得成果三个阶段都纳入评估的范围，对各阶段都要进行"描述"和"判断"，属"综合评估模型"	对政策效应进行多目标的定性分析和定量评估

资料来源：参见王再进、徐治立《国外科技创新政策评估研究现状、特点及启示》，《北京航空航天大学学报》（社会科学版）2017年第2期。

并根据评估研究和实践发展呈现出多元化的趋势。

除表1中所列方法外，按照世界银行《影响评价手册：定量方法与实践》（2010）与《创新政策：发展中国家指南》（2010）等文献中的观点，定量评估方法还包括：随机评估法；倾向评分匹配法；双重差分法；工具变量法；回归不连续设计和流水线方法；投入产出分析；可计算一般均衡模型的模拟方法；等等。

二 以政府资助或投资于研发的效果为研究起点

政府的创新政策种类比较多、涵盖范围比较广，对这些政策进行逐一评估，是一项浩大的系统工程。同时，评价方法也比较多。最理想的情况是，对于某一项政策，可以采用多种方法进行评估，以取长补短或相互印证。但在政策评估的起步阶段，应该按照先易后难、由简入繁的思路，来稳步推进。

在政府对创新的支持中，常见的一类政策是通过对研发进行公共投资、采取补助或研发税收减免措施为私营部门的研发提供财政支持。这些是激励创新的长期且广泛使用的政策工具。政府资助或投资于研发的合理性，应当与公共决策的所有其他领域一样，受到审查和评估。欧盟的一些研究表明，政府需要在公司认为风险太大和不确定的领域发挥带头作用，投资于公共研究，并为私营部门的竞争前研究提供精心设计的支持和帮助。

选择政府资助或投资于研发的效果为评估的切入点的另一个理由，是政府资助或投资属于"真金白银"的支出，不仅仅是"支持、鼓励"等的政策倾向宣示，其效果究竟如何，也是人们关注的焦点。

选择政府资助或投资于研发的效果为评估的切入点，还因为公开出版物中相关数据相对比较齐备，数据的可获得性比较强。评估的目的，旨在确定研发方面公共资助项目的成本和效益，并可用来证明对研发的公共投资是合理的，并提高这种投资或资助的效率和效力。

三 以经济计量模型为主要的评估方法

在选择最适当的评价工具时，需要做出一些关键决定。从根本上说，必须确定何时应进行评价，并建立适合所获得信息的类型和质量的相关评价框架。建立一个相关的评价框架是整个过程中最关键的一点，并且与衡量成果/产出和成果的目的/目标相联系。

本文侧重于政策影响的定量评估，而不是定性评估。然而，定性信息，如了解当地的社会文化和体制背景，以及项目和参与者的详细情况，对于合理的定量评估是至关重要的。但是，定性评估本身并不能根据相关的替代或反事实的情况来评估效果，它不能真正指出在没有相关研发支出时可能发生的情况。

迄今为止，在成本－收益分析、经济计量学方法、打分法、财务分析法等各种定量分析方法中，只有计量经济学方法能够至少部分地满足衡量研发对经济增长的贡献及其在宏观经济层面上的直接和间接影响的要求。经济计量学方法是结合经济理论的基于回归的统计方法。使用这一方法需要收集关于生产、投入、价格、过去的研究支出等方面的历史数据，以便从统计上评估研发与某些产出指标之间的关系，通常是生产率的增长。

这些模型已被广泛用于事后分析，并被用来作为增加研发开支的理由。经济计量学方法在各部门发挥了重大效用，并在许多国家得到采用。当代版本的经济计量学方法基本上是基于 Cobb-Douglas 生产函数与 Solow

中性的外在体现的技术进步。这一基本概念有多个版本,它们都有某些共同之处。随着方法的改进,即在计算中加入新的经济因素,结果的解释也随之变化。

当然,所使用的经济计量技术和基本假设部分地决定了结果。运用这一方法会遇到一系列挑战。首先,研发的主要产出是知识,这是一种不能直接计量或估价的无形资产。有时,人们将其量化为一些已颁发的专利,但从经济角度来看,这一措施远不理想,因为它没有说明所产生的知识的价值。因此,比较常见的办法是将研发支出额作为产出的估计额使用。然而,只有当我们假设研发的生产率是恒定的,这一测度才是准确的,无须做任何调整。生产率可根据研发支出或研发强度(支出占国内生产总值的比例)进行分析。其次是确定因果关系、捕捉外溢效应(国际、部门、跨学科)以及投资与结果之间未知和不同的时间间隔;由于公共研发的好处需要一段时间才能实现,尤其是在基础研究而不是在应用方面,因此难以确定衡量公共研发影响的适当时间,也难以确定和量化其社会经济效益。

这说明评价问题较为复杂,意味着我们无法追求完全的精准、精确,一定的测量误差、测算原理上的某些瑕疵、模型设计上的变量缺失等,都是不可避免的;可以追求的,只能是在不断深化研究的过程中逐步缩小误差范围、不断趋于准确。

四 政府研发支出对全要素生产率影响的推导

研发支出可视为知识存量的投资。我们可以明确地建立研发资本收益与全要素生产率之间的关系模型。

根据经典的生产函数,令 Y 代表 GDP,它是技术(A)、劳动力(L)和资本存量(K)的函数,即 $Y = AF(L, K)$。因此,国内生产总值的增长率等于技术的增长率、劳动力增长率、资本存量增长率的加权和。即:

$$\dot{Y} = \dot{A} + S_L \dot{L} + S_K \dot{K} \qquad (1)$$

其中，各变量上面加一点代表它们的增长率，S_L 和 S_K 分别为按要素成本计算的 GDP 中劳动力和资本的份额。当 GDP 的变化仅仅是由于技术的变化时，有：$\dot{Y} = \dot{A}$

在此情况下，如果我们分别将 $K_{R\&D}$ 和 $R_{R\&D}$ 称为研发资本的存量和研发资本的回报率，那么以要素成本计算的 GDP 的变化将是：

$$\Delta Y = Y \times \dot{Y} = Y \times \dot{A} = K_{R\&D} \times R_{R\&D} \qquad (2)$$

因此，全要素生产率（TFP）的增长率可以写为：

$$\dot{A} = (K_{R\&D} \times R_{R\&D})/Y \qquad (3)$$

政府对研发的支出仅占全社会研发支出的一小部分，并且政府的研发支出多是基础性的或公益性的，其回报率未必等于全社会的 $R_{R\&D}$，鉴于相关数据缺乏，我们暂且用 $R_{R\&D}$ 作为其估计值。因此，政府研发支出对全要素生产率的贡献，可以按其研发资本存量占整个社会研发资本存量的比例进行推算。

五 模型中一些关键参数的赋值

模型中最重要的两个参数，一个是研发资本存量，另一个是研发资本的收益率。

（一）研发资本存量计算的关键参数

运用永续盘存法测算知识资本存量的关键，是要确定公式中的四个指标：固定资产投资额、固定资产投资价格指数、折旧率及基期资本存量。

1. 研发投资额

《深圳统计年鉴》从 2014 年才开始公布"全市 R&D 经费支出基本情况"，公布的相关数据起始年份为 2009 年。因此，本文对深圳研发资本存量的估算以 2009 年为基期。

根据国家统计局的规定，研发活动成本主要包括中间投入成本、劳动成本和固定资产成本三部分，研发经费支出中包含了相关劳动者的薪酬，这部分在生产函数中已经归入劳动这一要素项下。因此，为避免重复计算，这部分劳动报酬应该从研发经费支出额中扣除。

根据中国社会科学院数量经济与技术经济研究所郑世林等的研究，从全国来看，由于2009年以来人员劳务费占研发投入比重一直在25%左右，因此，深圳同一时期的劳务费也可按照25%的比例进行估算。

需要指出的是，《深圳统计年鉴》公布的全市研发经费支出在2013年之前只包括规模以上工业企业、科研院所和高等学校的研发投入，从2013年才开始包括规模以上服务业企业的数据，统计范围不够完整，（2014年与2015年规模以上服务业企业研发支出的数据又与2013年的数据完全相等，可能只是推算数），因而，公布的研发支出数据会比实际投入数略低。

2. 研发投资价格指数

研发投资价格指数为固定资产投资价格指数、研发人员工资价格指数、工业生产者购进价格指数的加权平均值，权重为资产性支出、人员劳务费支出、其他支出占研发经费支出的比重，研发人员工资价格指数为单位研发全时当量人员劳务费价格指数。在《深圳统计年鉴》中，只公布了"工业生产者购进价格指数"，其他价格指数及相应比重指标均不可得。《中国统计年鉴》（2016）中，仅公布了"固定资产投资价格指数"与"工业生产者购进价格指数"。为了计算简便，这里用全国的"固定资产投资价格指数"来代替深圳的研发投资价格指数。

3. 研发资本折旧率的确定

用永续盘存法计算研发资本存量需要确定一个重要参数：研发资本的折旧率。尽管有些人已经多次尝试以科学的方式确定这一参数，但许多研究人员仍假定，可在10%~15%取一个任意的折旧率。根据Schankerman（1986年）对专利更新费用数据的审查，一些欧洲国家的知识资本衰减率在11%和36%之间。Nadiri（1996年）使用要素需求函数和限制性成本函数来测算研发资本的折旧率，结果得出了美国制造业部门总折旧率为 12%。Bernstein（2005 年）使用跨期成本最小化框架得出的结论是，美国四大主要产业的研发资本折旧率在 18% 和 29% 之间。可见，研发资本存量折旧率至少比实物资本的折旧率高两倍。中国国家统计局建议：借鉴发达国家经验，结合我国实际情况，研究确定研发资本折旧率为 20.6%。

4. 初始资本存量的推算

按照国家统计局推荐的方法，知识的存量是使用永续盘存法计算的。即：

$$K_{R\&D,t} = K_{R\&D,t-1}(1 - D_{R\&D}) + I_{R\&D,t} \tag{4}$$

其中，$K_{R\&D,t-1}$ 和 $K_{R\&D,t}$ 分别为 t 年初和年末的研发资本存量，$D_{R\&D}$ 为研发折旧率，$I_{R\&D}$ 为 t 年的研究投资支出。

令
$$\dot{K}_{R\&D,t} = (K_{R\&D,t} - K_{R\&D,t-1})/K_{R\&D,t-1}$$

则
$$K_{R\&D,t} = K_{R\&D,t-1}(1 + \dot{K}_{R\&D,t}) \tag{5}$$

由（4）式，得
$$I_{R\&D,t} = K_{R\&D,t-1}(\dot{K}_{R\&D,t} + D_{R\&D}) \tag{6}$$

从而，有：
$$I_{R\&D,t+1} = K_{R\&D,t}(\dot{K}_{R\&D,t+1} + D_{R\&D}) \text{ 以及}$$

$$K_{R\&D,t-1} = I_{R\&D,t}/(\dot{K}_{R\&D,t} + D_{R\&D}) \tag{7}$$

当 $\dot{K}_{R\&D,t+1} = \dot{K}_{R\&D,t}$，即当紧邻的前后两年资本增长率相等时，有：

$$
\begin{aligned}
I_{R\&D,t+1} &= K_{R\&D,t}(\dot{K}_{R\&D,t+1} + D_{R\&D}) \\
&= K_{R\&D,t-1}(1 + \dot{K}_{R\&D,t})(\dot{K}_{R\&D,t+1} + D_{R\&D}) \\
&= K_{R\&D,t-1}(1 + \dot{K}_{R\&D,t})(\dot{K}_{R\&D,t} + D_{R\&D}) \\
&= K_{R\&D,t-1}(\dot{K}_{R\&D,t} + D_{R\&D}) + \dot{K}_{R\&D,t}K_{R\&D,t-1}(\dot{K}_{R\&D,t} + D_{R\&D}) \\
&= I_{R\&D,t} + \dot{K}_{R\&D,t}I_{R\&D,t} \\
&= (1 + \dot{K}_{R\&D,t})I_{R\&D,t}
\end{aligned}
$$

令
$$\dot{I}_{R\&D,t+1} = (I_{R\&D,t+1} - I_{R\&D,t})/I_{R\&D,t}$$

则
$$\dot{I}_{R\&D,t+1} = \dot{K}_{R\&D,t} = \dot{K}_{R\&D,t+1}$$

即当紧邻的前后两年资本增长率不变时，当年的投资增长率就等于上年及当年的资本增长率。在此情况下，可以用研发投资增长率替代（估算）研发资本增长率。

根据式（7），起始年份年初（用下标 0B 表示）的研发资本存量（$K_{R\&D,0B}$，实际上也是基期前一年年末的资本存量），可以用当年度研发支出（$I_{R\&D,0}$）除以研发折旧率与早期阶段的研发投资平均增长率（$\dot{I}_{R\&D}$）之和：

$$K_{R\&D,0B} = I_{R\&D,0}/(\dot{K}_{R\&D,0} + D_{R\&D}) = I_{R\&D,0}/(\dot{I}_{R\&D,0} + D_{R\&D})$$
$$= I_{R\&D,0}/(\dot{I}_{R\&D} + D_{R\&D}) \tag{8}$$

本文取基期之后的头三年来计算早期阶段研发投资的平均增长率，深圳的这一数据为 20.4%。初始研发支出（$I_{R\&D,1}$）为《深圳统计年鉴》中相应数据的 75%（扣除占比 25% 的研发人员薪酬），折旧率（$D_{R\&D}$）我们采用国家统计局推荐的数据 20.6%。

（二）研发投资的回报率

研发投资的回报率是另一个关键参数。研发可以通过提高现有产品的质量或降低平均生产成本，或者简单地通过扩大最终产品或中间投入的范围来提高生产率，并引起利润增加、价格降低、要素再分配以及企业的进入和退出。在一个公司/部门/国家开展的研发活动可能会对其他公司/部门/国家产生积极的外溢效应。

半个世纪以来，经济学家们一直在开发研发支出回报率的各种估算方法。大多数文献采用了增长核算框架，辅之以研发投资或资本计量，进行从企业到宏观经济的各个层次的加总。这种方法主要是将全要素生产率的增长与研发联系起来。

大多数文献所采用的基本方法，是在 Cobb-Douglas 生产函数中加上知识资本项，形式如下：

$$Y = AL^{\alpha} K^{\beta} K_N^{\gamma} K_0^{\varphi} e^u$$

其中 Y 是产出，L 是劳动投入，K 是普通资本，K_N 是自身知识资本，K_0 是外部知识资本，u 是扰动项。外部知识资本可以是该部门其他公司持有的资本，或者，就整个经济的估计而言，是由其他国家持有的资本。系数 γ 衡量的是相对于自有研发资本的产出弹性，φ 衡量的是相对于外部研发资本的产出弹性（溢出项）。

令 $\rho = \gamma$ （Y/K_N），则 ρ 就是资本的边际产出，即所要求的知识资本回报率。

由于深圳公布的全市研发支出等数据始于 2009 年，以 7 ~ 8 年的年度数据来估计拥有五个参数的方程，即使可以进行估计，所估计出来的结果也难以置信。因此，我们只能根据情况，从国内外大量相关研究文献中取用一个相对稳妥的数据。

研究表明，研发资本回报率的估计值对加总水平比较敏感。Jones 等（1998）总结的大量文献表明，美国工业的总体水平（四位码）相对较高，其研发回报率约为 30%。据 Griffith 等（2004）根据经合组织国家的制造业（两位码）截面数据所做的估计，其研发投资的回报率达 60% 以上。澳大利亚产业委员会（1995）进行的经济计量研究发现，总体上，澳大利亚研究与开发的经济回报率在 50% 至 60% 之间。Griffith 等（2001）发现：一个国家越是落后于技术前沿，研发就越有可能通过先进国家的技术转让来促进其全要素生产率的增长；人们往往低估了研究与发展的社会回报率，大量文献研究的重点是美国，而它恰是技术领先者。

应当指出，研发的"回报"不是一个不变的参数，而是企业战略、竞争者战略和随机宏观经济环境之间复杂互动的结果，在企业选择研发方案时，这些因素大部分是难以预测的。因此，期望在一段时间内或部门或国家之间事后的"回报"估计数特别稳定，是不合理的。在社会回报方面，它们甚至不与某种形式的资本成本相联系。然而，这些估计数对于在各种融资系统、部门或国家之间进行比较仍然是有用的，也可以作为研究与发展的决策指南。

因此，对于研发资本的回报率，我们采用 40% 或 45%[①]这一比较稳妥的估计值。

六 测算结果

从《深圳统计年鉴》公布的数据来看，深圳研发经费支出总额平均以每年 17.4% 的速度增长，2015 年已经占到深圳 GDP 的 4.2%。其中政府资金一直占研发经费支出总额的 5% 左右，企业资金一直占 93% 左右，境外资金和其他资金占 2% 左右。详情见表 2。

表 2　深圳历年研发经费支出情况

单位：亿元

指　标	2009 年	2010 年	2011 年	2012 年	2013 年	2014 年	2015 年
R&D 经费支出额	279.71	333.31	416.14	488.37	584.61	640.07	732.39
政府资金	13.04	13.03	17.71	21.48	29.89	29.52	35.56
企业资金	263.38	305.05	381.90	462.66	548.74	601.17	689.00
境外资金	2.04	13.94	14.14	2.20	1.97	1.79	1.65
其他资金	1.25	1.29	2.38	2.03	4.01	7.58	6.17

在折旧率为 20.6%，且研发资本的回报率为 45% 的条件下，深圳市政府 2015 年研发支出对当年经济增长的贡献为 2.8%，详情见表 3。

---

① 白重恩等（2006）利用国民收入核算的宏观数据测算了中国的资本回报率，基础估计结果表明名义资本回报率在 1979～1992 年约为 25%，在 1993～1998 年逐渐降到了 20%，自 1998 年之后保持在 20% 左右。宋国青等（2007）的研究结果表明，资本回报率指标在 2006 年为 20.3%。借鉴发达国家经验，结合我国实际情况，将研发资本回报率定为 40% 应该是比较合理的。

表3　假定研发资本回报率为45%的深圳市历年研发情况

年　份	2009	2010	2011	2012	2013	2014	2015
名义GDP(当年价)(亿元)	8290	9773	11516	12971	14573	16002	17503
GDP定基指数	100	112.4	123.6	136.0	150.3	163.5	178.1
实际GDP(亿元)	8290	9318	10250	11275	12459	13555	14762
全社会年末研发资本存量(亿元)	616	730	862	1013	1196	1376	1589
全社会研发资本的收益(亿元)	277	329	388	456	538	619	715
全社会研发资本收益带来的经济增长率(%)	3.7	4.0	4.2	4.4	4.8	5.0	5.3
深圳GDP增速(%)	10.8	12.4	10	10	10.5	8.8	8.9
全社会研发资本对经济增长的贡献(%)	34.3	32.0	41.7	44.5	45.5	56.5	59.3
政府年末研发资本存量(亿元)	28.7	32.2	37.6	44.3	55.2	63.5	74.5
政府研发资本的收益(亿元)	12.9	14.5	16.9	19.9	24.8	28.6	33.5
政府研发资本收益带来的经济增长率(%)	0.17	0.17	0.18	0.19	0.22	0.23	0.25
政府研发资本对经济增长的贡献(%)	1.6	1.4	1.8	1.9	2.1	2.6	2.8

注：如无特别说明，表中所有金额都是按2009年不变价计算的。

　　国际上许多研究文献常把研发资本的折旧率设为15%，在此情况下，假定深圳的研发资本回报率为40%，那么，深圳市政府2015年研发支出对当年经济增长的贡献为2.9%，详情见表4。

表4　假定研发资本回报率为40%的深圳市历年研发情况

年　份	2009	2010	2011	2012	2013	2014	2015
名义GDP(现价)(亿元)	8290	9773	11516	12971	14573	16002	17503
GDP定基指数	100	112.4	123.6	136.0	150.3	163.5	178.1
实际GDP(亿元)	8290	9318	10250	11275	12459	13555	14762
全社会年末研发资本存量(亿元)	713	848	1003	1181	1395	1612	1867

续表

年 份	2009	2010	2011	2012	2013	2014	2015
全社会研发资本的收益（亿元）	285	339	401	472	558	645	747
全社会研发资本收益带来的经济增长率(%)	3.8	4.1	4.3	4.6	4.9	5.2	5.5
深圳GDP增速(%)	10.8	12.4	10	10	10.5	8.8	8.9
全社会研发资本对经济增长的贡献(%)	35.3	33.0	43.1	46.1	47.1	58.8	61.9
政府年末研发资本存量（亿元）	33.2	37.7	44.1	51.9	64.1	74.2	87.2
政府研发资本的收益（亿元）	13.3	15.1	17.6	20.8	25.6	29.7	34.9
政府研发资本收益带来的经济增长率(%)	0.18	0.18	0.19	0.20	0.23	0.24	0.26
政府研发资本对经济增长的贡献(%)	1.6	1.5	1.9	2.0	2.2	2.7	2.9

注：如无特别说明，表中所有金额都是按2009年不变价计算的。

应当指出，研发是创新和增长的重要推动力，这已在经济文献中成为普遍共识。然而，还可以通过不需要研发的活动进行创新。非研发型公司在低技术制造和服务部门以及中小型公司中很普遍。非研发活动对国家或地区一级的全要素生产率有积极影响。如果不考虑非研发活动，将生产率的提高全部归因于研发活动，可能高估了研发支出的贡献。

B.11
基于欧洲区域创新记分牌的
深圳创新绩效评估

课题组*

摘　要： 基于欧洲区域创新记分牌（RIS）对比深圳和欧洲区域的创新表现，既可填补深圳对标 RIS 的空白，也将拓展深圳创新绩效评估的视野。对标发现，深圳居欧洲区域创新绩效记分牌第 6 位，其创新均衡性不足，创新绩效的长短板都很突出。据此，本研究提出了加大政府研发创新投入，激发中小企业创新和提高高等教育人口占比等提升深圳创新绩效水平的建议。

关键词： 欧洲区域创新记分牌（RIS）　创新绩效　深圳市

科技创新政策的制定、执行和实施绩效评估是一项系统工程。本文将对标欧盟区域创新记分牌，着眼于深圳全力推进以科技创新为核心的全面创新，基于结果的监测对深圳的创新绩效进行总体评估，在国际通用的指标框架内找准深圳相对于欧盟城市或地区的坐标。

一　欧洲区域创新记分牌评估指标体系框架及评估结果

2001 年以来，欧盟委员会已发布 17 份年度欧洲创新记分牌（European

---

* 课题组成员：董晓远，深圳市社会科学院经济所研究员；廖明中，深圳市社会科学院经济所研究员；余红兵，国家统计局深圳调查队高级统计师；倪晓锋，深圳市社会科学院社会所助理研究员；施洁，深圳市社会科学院经济所助理研究员。执笔人：余红兵。

Innovation Scoreboard，EIS）报告，自发布以来，指标体系在总体框架保持基本
稳定的基础上，根据新的研究成果和发展需要不断完善，参评国家数量持续增
多，目前已在国际上具有较大权威。欧盟委员会认为，区域是经济发展、创新
的重要引擎，在区域一级，创新绩效评估同样值得高度关注。因此，除了 EIS，
欧盟委员会还发布欧洲区域创新记分牌（Regional Innovation Scoreboard，RIS）
报告，RIS 报告是 EIS 报告的区域拓展版。基于 RIS 对比深圳和欧洲区域的创
新表现，既可填补深圳对标 RIS 的空白，也将拓展深圳创新绩效评估的视野。

（一）欧洲区域创新记分牌评估指标体系

2017 年发布的 RIS 报告采取了与 EIS 报告相同的创新绩效评估框架，
根据数据的可获取性，以及评估的区域导向，在 EIS 指标体系的基础上，修
订和删除了部分指标。最终的 RIS 指标体系有 4 个方面：框架条件、创新投
入、创新活动和创新影响，9 个维度：人力资源、具有吸引力的研究体系、
金融支持、企业投资、创新者、联系、知识产权、职业影响和销售影响，以
及 18 个指标项（见表 1）。

表 1　2017 年欧盟区域创新指标体系（RIS 2017）

方面	维度	指标
框架条件	人力资源	30～34 岁完成高等教育的人口占此年龄段人口的百分比
		25～64 岁终身学习的人口占此年龄段人口的百分比
	具有吸引力的研究体系	每百万人口的国际合著科学出版物
		世界前 10% 科学出版物占比
创新投入	金融支持	公共部门研发支出占 GDP 的百分比
	企业投资	企业部门研发支出占 GDP 的百分比
		中小企业非研发创新支出占营业额的百分比
创新活动	创新者	中小企业中有产品或工艺创新的百分比
		中小企业中有营销或组织创新的百分比
		中小企业内部创新的百分比
	联系	创新型中小企业对外合作的百分比
		每百万人口公私合著出版物
	知识产权	每 10 亿地区 GDP EPO 专利申请
		每 10 亿地区 GDP 商标申请
		每 10 亿地区 GDP 设计申请

方面	维度	指标
创新影响	职业影响	中高科技制造业和知识密集型服务业从业人员占比
	销售影响	中高技术制造业出口占制造业出口的百分比
		中小企业创新市场和产品销售占比

资料来源：Regional Innovation Scoreboard 2017。

（二）欧洲区域创新记分牌的特点

从 2000 年"里斯本战略"实施起，欧盟便开始在各成员国中开展创新绩效评估，到"欧洲 2020 战略"实施，欧洲创新记分牌在评估内涵和范围上进一步延伸。17 年来的持续努力，显示了欧盟对创新绩效评估的高度重视，以及创新记分牌对于监测创新绩效，推动提升区域创新能力和创新水平的重要性。总的来看，欧洲区域创新记分牌有以下三个主要特点。

1. 实现从科技创新向以科技创新为核心的全面创新转变

欧盟以《奥斯陆手册》为指南开展的欧盟创新调查（Community Innovation Survey，CIS）是 EIS 和 RIS 最主要的基础数据来源之一，该手册为大规模创新调查的实施提供统一的理论框架，以及具体的抽样调查方法、数据质量控制、数据发布和微观数据开发的标准规范，已成为迄今为止全球影响最为广泛的企业创新调查，亦是我国开展创新调查的基本依据。第 1 版《奥斯陆手册》的创新概念指技术创新，包括产品创新和工艺创新；调查范围仅包括制造业。第 2 版将调查范围扩大到包括服务业企业的全部企业。第 3 版将创新概念在技术创新的基础上加入非技术创新，即组织创新和营销创新。目前正在修订第 4 版，据悉已开始纳入非企业创新活动情况。受其影响，EIS 和 RIS 早期的人力资源指标为"20～29 岁年龄的科学与工程类毕业生占比"，现在已修正为"30～34 岁完成高等教育的人口占比"，这与创新不仅限于科学和技术领域，在许多领域，特别是在服务部门，也存在广泛创新的社会现实相适应，拓展了创新概念。这有利于避免将创新狭隘地集中在高技术范畴，而忽略非技术层面的创新，与深圳全力推进以科技创新为核心的全面创新的理念一致。同时，指标调整到侧重于 30～34 岁人口中的一小部分，能相对较快地反映教育政策变化的影响。目前，国内对创新的界定有些仍局限于科技创新或技术创新范畴，部分原因是非技术创新难以界定和测度，缺乏相关统计数据。

2. 体现从创新的系统过程构建指标体系的思想

RIS 2017 指标体系首先把创新活动当作一个系统，以创新为核心进行体系设计，既测度系统的运行条件和要素投入，也测度系统的运行和结果产出，重视人力资源、科研体系等创新环境的支撑作用，考察政府金融支持和企业创新投入的力度，突出创新企业、创新合作，以及知识产权等创新活动的活跃程度，强调创新对劳动就业和产品销售的产出影响。RIS 2017 指标体系全面地反映了创新活动的各个过程和不同领域，较好地刻画了创新是引领发展的第一动力，以创新驱动发展的系统过程。同时，多年来，随着政策优先事项、经济理论和数据可用性的发展，指标体系的监测重点也做出相应调整，伴随新兴经济的出现，未来还会对报告的概念做出相应改进，以较好地将报告的创新绩效评估指标体系与不断变化的政策优先事项，以及社会发展相一致。这相对于国内外许多创新绩效评估指标体系要么长年僵化不变，要么纷纷另立名目的现象而言，更加显示了 RIS 系统思想的极强生命力。

3. 强调以企业为创新主导的协同、开放创新理念

企业作为创新主体，是创新的主要承担者。除了直接反映企业的产品、工艺、营销或组织创新活动占有重要地位之外，RIS 所有指标都与企业创新活动密切相关，并关注企业创新的溢出效应，例如专利数、商标和设计申请数等，以及企业创新的影响力，例如职业影响和产品销售等。同时还重视协助企业创新的外部合作对象，考虑高校、科研机构、政府、金融机构等对企业创新的支持作用，例如创新型企业对外合作的比例。政府作为创新的重要协同机构，集基础研发的主要投入者、产业和教育等推动创新政策的引导者、中小企业创新资金投入的带动者等角色于一身，RIS 指标体系高度重视政府作用，例如公共部门的研发支出、高等教育的人口占比等。因此，RIS 创新评估不局限于对各类创新主体进行单独监测，在关注企业主体创新的同

时，重视创新链条上下各环节之间的衔接情况，以及相互作用产生的协同、开放的创新效应。这一理念有利于较好破解阻碍当前创新驱动发展的主要瓶颈，即创新与经济长期存在的"两张皮"问题，创新主体分离，导致科技成果转化不高，企业创新活力不足的问题。

（三）欧盟区域创新记分牌的评估结果

2017 年 RIS 对 22 个欧盟成员国以及挪威、塞尔维亚和瑞士的 220 个地区的创新绩效进行了比较评估。类似于 EIS，RIS 将区域分为四类创新绩效组，根据区域创新指数相对于欧盟的表现，若区域绩效比欧盟平均水平高出 20% 以上，则为创新领导型区域，最终评估结果显示，达到这一水平的有 53 个地区；若区域绩效为欧盟平均水平的 90%～120%，则为强力创新型区域，有 60 个地区；若区域绩效为欧盟平均水平的 50%～90%，则为温和创新型区域，有 85 个地区；若区域绩效低于欧盟平均水平 50%，则为适度创新型区域，有 22 个地区。

RIS 报告显示，欧盟最具创新性的区域是瑞典的斯德哥尔摩，其次是丹麦的霍维德斯顿[①]和英国的东南部。欧洲最具创新性的地区是瑞士的苏黎世和西北部，斯德哥尔摩排名第三。2017 年创新绩效排名前 25 的地区中，瑞士有 7 个，德国 5 个，瑞典和英国各 4 个，丹麦 2 个，芬兰、荷兰和挪威各 1 个（见表 2）。历年排名前 25 位的区域均来自上述国家，这些年来没有其他国家的区域。最具创新性的地区通常位于最具创新性的国家，创新领导型区域在所有指标上都体现了相对均衡的优势，特别是衡量其研究体系和企业创新活动的指标。大多数创新领导型区域都位于 EIS 报告所认定的创新领导型的国家，几乎所有的温和创新型区域和适度创新型区域都位于那些被确定为温和创新型和适度创新型的国家。

大多数地区的创新绩效随着时间的推移而提高，在 216 个区域中，有

[①] 丹麦首都区，为欧盟领土统计单位分类的一种地理编码标准，由哥本哈根市、弗雷德里克斯堡市、前哥本哈根市以及博恩霍尔姆区政府组成。霍韦德斯顿地区为丹麦的五个地区之一。

128 个区域（约占 60%）的创新绩效增加。创新领导型区域的这一比例在 75% 以上，强力与温和创新型区域的这一比例接近 55%，而适度创新区域的这一比例仅接近 30%。创新绩效下降主要发生在欧洲地理上的边缘地区。奥地利、比利时、法国、荷兰、挪威、斯洛伐克、瑞士和英国的所有区域的创新绩效都有所提高，希腊、意大利、波兰和瑞典 50% 以上的区域的绩效也有所提高。罗马尼亚所有区域的绩效都有所下降，捷克共和国、丹麦、芬兰、德国、匈牙利、葡萄牙和西班牙 50% 以上的区域的绩效有所下降。随着时间的推移，各区域之间的绩效差距越来越大。对比欧盟委员会区域竞争力指数发现，区域创新绩效水平与区域竞争力之间高度正相关。

表 2 2017 年 RIS 前 25 名创新领导型区域

区域所属国家	欧盟统计区域单位*（NUTS）	2017 年相对于欧盟得分	创新绩效分组
EU28		100	—
瑞士	Zürich	178.28	Leader +
瑞士	Nordwestschweiz	166.41	Leader +
瑞典	Stockholm	165.05	Leader +
瑞士	Zentralschweiz	154.98	Leader +
丹麦	Hovedstaden	154.91	Leader +
瑞士	Ticino	152.53	Leader +
瑞士	Ostschweiz	149.63	Leader +
英国	South East	148.19	Leader +
瑞士	Région lémanique	147.86	Leader +
瑞典	Östra Mellansverige	146.30	Leader +
德国	Oberbayern	143.16	Leader +
瑞士	Espace Mittelland	143.05	Leader +
德国	Tübingen	141.89	Leader +
瑞典	Sydsverige	141.84	Leader +
英国	London	141.12	Leader +
德国	Stuttgart	139.57	Leader +
芬兰	Etelä – Suomi	139.49	Leader
德国	Berlin	139.09	Leader
英国	East of England	139.05	Leader
挪威	Trøndelag	138.97	Leader
德国	Karlsruhe	138.77	Leader
瑞典	Västsverige	138.32	Leader

续表

区域所属国家	欧盟统计区域单位*（NUTS）	2017 年相对于欧盟得分	创新绩效分组
荷兰	Utrecht	136. 58	Leader
英国	East Midlands	134. 21	Leader
丹麦	Midtjylland	133. 29	Leader

＊领土统计单位分类法是欧盟的一种地理编码标准，用于为统计目的参照国家的区域划分。对于每个欧盟成员国，欧盟统计局根据与每个成员国达成的协议，确定三个级别的 NUTS 等级；某些级别的分部不一定与国内的行政区域相对应。

资料来源：Regional Innovation Scoreboard 2017。

二　深圳数据的获取、测算方法与评估结果

（一）数据的获取

根据 RIS 报告中 18 个指标的数据来源，发现其中 8 个指标的区域创新数据可直接从欧盟统计局获得，即 30～34 岁已完成高等教育人口所占比例、25～64 岁终身学习的人口所占比例、公共部门的研发支出、企业部门的研发支出、欧洲专利局的专利申请、商标申请、设计申请，以及中高技术制造业和知识密集型服务中的就业人员占比，可以从欧盟统计局的在线区域数据库中提取。中高技术制造业出口采用欧盟委员会的估计数。有 6 个指标使用了欧盟创新调查数据。另外 3 个出版物的指标，采用了荷兰莱顿大学科学技术研究中心（CWTS）提供的区域数据。

参照 RIS 数据获取方法，深圳相关指标来源如下（见表 3）：7 个指标数据从统计年鉴、专利年鉴和知识产权白皮书等部门资料中获取，分别是公共部门的研发支出、企业部门的研发支出、专利申请、商标和设计申请（采用国家专利年鉴中的国内申请数）、中高技术制造业和知识密集型服务中的就业人员占比和中高技术制造业出口。30～34 岁已完成高等教育的人口所占比例数据采用 2000 年人口普查和 2015 年 1% 人口抽样调查的推算数[①]。25～64

---

① 以 2000 年 30～34 岁已完成高等教育的人口所占比例，加上 2015 年 1% 人口抽样调查已完成高等教育人口占全部人口比例相对于 2000 年此指标增加百分点获得。

岁终身学习人口所占比例数据来自教育和人力资源部门调研数据。中小企业创新数据采用 2016 年统计部门中小企业创新抽样调查数据。出版物和中小企业非研发创新支出数据尚未采集。

表 3　相对于 RIS 指标体系的深圳地区测算值与数据来源

方面	维度	指标	测算值	数据来源
框架条件	人力资源	30~34 岁完成高等教育的人口占此年龄段人口的百分比	29.2	人口普查和人口抽样调查
		25~64 岁终身学习的人口占此年龄段人口的百分比	39.5	部门调研
	具有吸引力的研究体系	每百万人口的国际合著科学出版物	/	
		世界前 10% 科学出版物占比	/	
创新投入	金融支持	公共部门研发支出占 GDP 的百分比	0.2	统计年鉴
	企业投资	企业部门研发支出占 GDP 的百分比	3.9	统计年鉴
		中小企业非研发创新支出占营业额的百分比	/	
创新活动	创新者	中小企业中有产品或工艺创新的百分比	25.3	抽样调查*
		中小企业中有营销或组织创新的百分比	13.7	抽样调查
		中小企业内部创新的百分比	29.2	抽样调查
	联系	创新型中小企业对外合作的百分比	29.2	抽样调查
		每百万人口公私合著出版物	/	
	知识产权	每 10 亿地区 GDP 专利申请	27.7	专利年鉴
		每 10 亿地区 GDP 商标申请	129.9	知识产权白皮书
		每 10 亿地区 GDP 设计申请	44.0	专利年鉴
创新影响	职业影响	中高科技制造业和知识密集型服务业从业人员占比	24.7	统计年鉴
	销售影响	中高技术制造业出口占制造业出口的百分比	66.7	统计年鉴
		中小企业创新市场和产品销售占比	/	

* 数据来源于 2016 年底国家统计局深圳调查队开展的样本量为 233 户规模以下企业创新抽样调查。

（二）数据测算方法

完整的 RIS2017 数据库包含 19800 个数据单元，为了提高数据的可用性，RIS 有一整套关于指标数据可用性、估算缺失数据的指导方法。概括来讲，主要分为四步。

（1）第1步：识别和替换离群值。

正异常值被确定为高于所有区域平均值的得分，加上标准偏差的两倍。负异常值被确定为低于所有区域平均值的得分，减去标准偏差的两倍。这些离群值被所观察到的最大值和最小值所取代。

（2）第2步：估算数据。

对于每个指标，都需要根据 RIS 数据的可获取性来确定年份，如果可获得前一年的区域数据，则可通过数据之间的比率与区域相对水平，来推算当期数据。如果无法获得上一年的区域数据，则将采用与上述相同方法，使用对应的区域级别和下一年较高的总体区域级别（如国家）的比率来计算。如果没有上一年和下一年的区域数据，则将使用较高区域级别的合计数，首先是本年度数据，如果没有的话，则为前一年数据，否则为下一年数据。如果目前、上一年和下一年的区域和国家一级的数据都没有，将不会计算缺失的数据。对于大多数指标，其数据会滞后于 RIS 报告发布年。

（3）第3步：标准和规范化数据。

大多数指标都是分数指标，取值在 0 到 100%。理想情况下，在计算综合指标时，指标应服从正态分布。对于没有明显上限值的绝对指标，如 25 ~ 64 岁终身学习的人口所占比例、国际合著科学出版物、公共部门的研发支出、企业部门的研发支出、非研发创新支出、公私合著出版物、专利申请、商标和设计申请等，很可能呈偏态分布（大多数国家绩效水平低，一些国家表现出异常高的绩效水平）。对于这些指标，数据采用平方根变换，即使用指标值的平方根代替原值。然后，将数据通过最小最大值过程进行归一化处理。首先减去观察到的区域最低分数，将结果除以区域最高分与最低分之差，最大标准分数等于 1，最小标准化分数等于 0，再利用新值与新的最高分与最低分差的积加上新的最低分进行规范化，便得到各项指标分值。

（4）第4步：计算区域创新指数。

区域创新指数（RII）由 18 个指标的标准分数的未加权平均值计算而来。由于在 RIS 中使用了一组相对于 EIS 限制更为严格的指标，各国相对于欧盟在 RIS 中的平均水平的表现有别于在 EIS 中的表现。所以，将国家一级的区域创新指数与 EIS 中结果进行比较，利用国家校正因子乘以相应国家的 RII 进行修正，得到最终的 RII 分数，相对绩效分数用该地区的 RII 除以欧盟的 RII 再乘以 100 计算。最后根据相对欧盟的创新绩效水平进行区域创新类型分组。

（三）评估结果

1. 总体看，深圳居欧洲区域创新绩效记分牌第6位

根据 RIS2017 数据测算方法①，推算 2016 年深圳创新绩效相对于欧盟的数值为 154.4（见图 1），属于欧洲区域创新绩效的创新领导型区域分组。在 RIS 报告评估的 22 个欧盟成员国及挪威、塞尔维亚和瑞士的 220 个地区中排名非常靠前，列第 6 位，在瑞士的苏黎世、西北部（Nordwestschweiz）和中部（Zentralschweiz）地区，瑞典的斯德哥尔摩地区、丹麦的霍维德斯顿地区（Hovedstaden）之后，高于英国的伦敦和东英格兰地区、德国的斯图加特和柏林地区。

2. 分项看，深圳创新绩效指标长短板都很突出

从创新框架条件看，深圳终身学习优势突出（见表 4），与深圳多年持续推动全民终身学习高度相关。目前，"全民终身学习活动周"、"深圳读书月"、"市民文化大讲堂"、"企业员工素质提升行动"和"百万市民学英语"等全民终身学习活动已经蔚然成风，深圳市也被联合国教科文组织批准为"全球学习型城市网络联盟成员单位"，为创新打下了较好的基础。另外，30~34 岁完成高等教育的人口占比相当于欧盟平均水平仅得81.5 分，显示创新的知识和学历水平尚需提升。从创新投入看，深圳企业研发投入是欧盟平均水平的 2 倍多，但是政府研发支出仅相当于欧盟平均水平，仅得 8.1 分。一方面，说明深圳已经形成了以企业为主体的创新

---

① 本结果未计算深圳未采集到的每百万人口的国际合著科学出版物等 5 个指标数据及区域校正因子的影响。

苏黎世	178.3
瑞士西北部	166.4
斯德哥尔摩	165.1
瑞士中部	155.0
丹麦首都大区	154.9
深圳	154.4
提契诺	152.5
瑞士东部区	149.6
英国东南部区	148.2
日内瓦湖地区	147.9
瑞典中东地区	146.3
上巴伐利亚	143.2
米特兰地区	143.0
蒂宾根	141.9
瑞典南部	141.8
伦敦	141.1
斯图加特	139.6
南苏兰地区	139.5
柏林	139.1
英格兰东部	139.1
特伦德拉格	139.0
卡尔斯鲁厄	138.8
瑞典西部	138.3
乌德勒支	136.6
东米德兰兹地区	134.2
中日德兰大区	133.3
欧盟	100

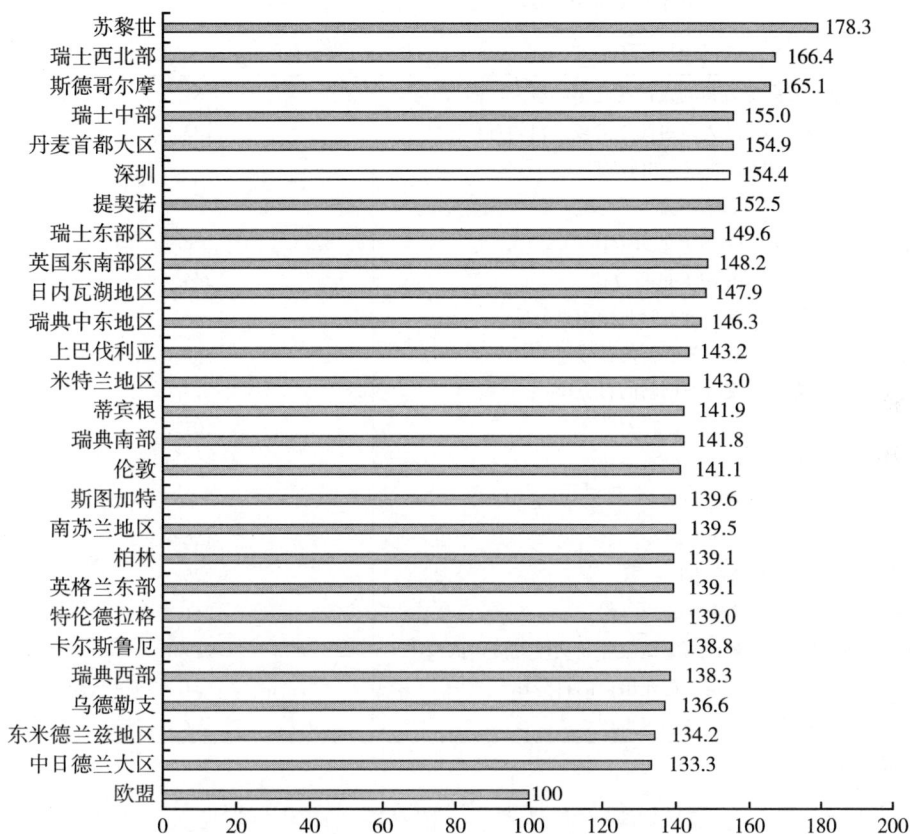

图 1　深圳相对欧洲区域创新记分牌得分与排名

氛围；另一方面，显示政府基础研发投入不足。从创新活动看，中小企业开展创新的比例仍然不高，尤其是非技术的营销或组织创新，绩效值仅为12分。但是创新企业对外合作非常活跃，据调查，有创新的中小企业都或多或少与设备、原材料、组件或软件供应商，行业协会，高等院校，科研机构，咨询顾问、市场中介机构等保持了创新合作，反映了深圳创新产业链条比较完善。同时，创新的溢出效应显现，专利、商标和设计申请量都远远高于欧盟平均水平，是深圳创新绩效的亮点。从创新影响力看，创新对就业和产品销售已经产生积极影响。

表4　深圳创新绩效指标相对欧盟的对比情况

指　　标	绩效值(相对于欧盟2017年)(分)
30~34岁完成高等教育的人口占此年龄段人口的百分比	81.5
25~64岁终身学习的人口占此年龄段人口的百分比	283.2
每百万人口的国际合著科学出版物	/
世界前10%科学出版物占比	/
公共部门研发支出占GDP的百分比	8.1
企业部门研发支出占GDP的百分比	244.1
中小企业非研发创新支出占营业额的百分比	/
中小企业中有产品或工艺创新的百分比	60.0
中小企业中有营销或组织创新的百分比	12.0
中小企业内部创新的百分比	101.2
创新型中小企业对外合作的百分比	222.1
每百万人口公私合著出版物	/
每10亿地区GDP专利申请	156.8
每10亿地区GDP商标申请	275.8
每10亿地区GDP设计申请	211.3
中高科技制造业和知识密集型服务业从业人员占比	219.2
中高技术制造业出口占制造业出口的百分比	131.3
中小企业创新市场和产品销售占比	/

3. 对标先进,深圳创新均衡性不足,提升政府研发创新投入、中小企业创新和高等教育人口占比是突破口

从欧洲创新记牌排名看,依据欧盟领土统计单位分类标准,前五位依次是瑞士的苏黎世和西北部、瑞典的斯德哥尔摩、瑞士中部以及丹麦的霍维德斯顿区域。分指标比较来看(见图2),这五个区域在创新的各指标绩效上,都表现了相对均衡的优势。其中,在220个地区排名中,五个区域的高等教育人口占比、终身学习人口占比和商标申请等3个指标都位于前11%区域;公共部门研发支出、中小企业产品工艺创新、中小企业内部创新、专利申请、设计申请、中高科技制造业和知识密集型服务业从业人员占比,以及中高技术制造业出口占比等7个指标都位于前23%区域;这个五个区域几乎都没有指标位于48%区域之后。相比而言,深圳各创新指标记分上的

不均衡性表现突出。深圳的企业部门研发支出、创新型中小企业对外合作、专利和商标申请等 4 个指标名列前茅，但是公共部门研发支出、中小企业营销或组织创新都位于 88% 区域后，高等教育人口占比位于 70% 区域后。因此，提升深圳的政府研发创新投入、中小企业创新能力和高等教育人口占比，是深圳对标欧洲先进区域，实现以科技创新为核心的全面创新的重要突破口。

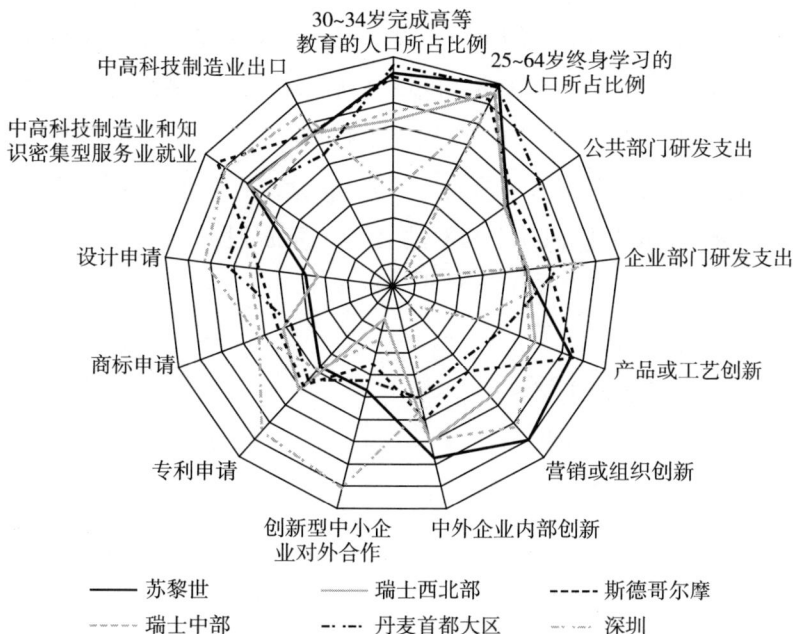

图 2　深圳与欧洲区域创新前 5 名的分项指标对比

三　几点启示

一是通过对标欧盟区域创新记分牌发现，深圳创新绩效水平达到欧洲领先水平。深圳所形成的以企业为主体、市场需求为导向、产学研相结合的创新体系特色鲜明：企业创新投入大、比例高，创新链条开放、协同性好，创新活动知识溢出率高，创新影响突出，具有强大生命力。

二是对比分析发现，深圳创新均衡性有待提升。与欧洲创新绩效领先区域在各个绩效指标上优势均衡不同，深圳创新领域的"短板"也非常明显。深圳更加注重企业的科技创新，相对于非技术的营销或组织创新则相对较弱。尤其是深圳政府创新基础研发投入，无论是相对于企业创新研发投入，还是欧盟各区域政府的平均水平而言，比例都偏低很多。

三是深圳中小企业创新活力尚需进一步激发。中小企业作为欧洲区域创新绩效评估框架中创新活动的考察群体，是创新者和创新联系的评估载体。这有利于加深认识中小企业在落实区域创新驱动发展战略，把创新推向更大范围、更高层次、更深程度的重要性。相对而言，深圳中小企业中有产品或工艺创新的相对欧盟平均水平绩效值只有 60 分，有营销或组织创新的绩效值只有 12 分，应深刻认识其中制度供给等方面的原因。

B.12
宝安区非研发创新研究

朱东山　王泽填*

摘　要: 宝安区内企业以中小企业为主,多数企业的研发投入较低,但是依然保持了一定的创新活力。本文以非研发创新理论为指导,根据国家统计局统一部署的2016年企业创新活动调查结果,对宝安区企业非创新模式进行分析,针对存在的问题和欧洲先进国家和地区经验,提出宝安区推动非研发创新的对策建议,以提高企业创新的积极性和活跃度。

关键词: 非研发创新　宝安区　企业创新

一　非研发创新的理论基础

(一)非研发创新的概念

非研发创新的思想最早出现在20世纪八九十年代,一些与创新相关的研究发现许多经济上重要的创新与正式研发没有直接的关系,研发之外的一些创新也能为企业带来绩效,尤其是对中低技术企业而言,创新往往不是基于最近的科学技术知识成果,而是将企业积累的现有知识转换为有经济效益的知识。为此,学者提出了"非研发创新"概念,即指企业中除了研发之外的其他各种创新类型的统称,它主要包括设计、申请专利和许可授权活

---

* 朱东山,深圳市宝安区发展研究中心;王泽填,深圳市宝安区发展研究中心。

动、预生产、人力资源管理、团队合作、寻求外部资源、企业间合作、创新资产投资等活动。目前，宝安区内企业总数约26.7万家，大部分为中小企业，绝大部分企业研发投入并未达到主营业务收入的2.5%或者根本就没有研发经费支出，研发能力较为薄弱，但却表现出一定的创新能力。

（二）非研发创新的绩效影响

关于非研发创新，欧洲较早进行了研究。欧盟的第四次创新调查活动抽样调查了制造业与服务业的4230家企业，发现非研发创新不一定依赖于企业内部研发活动：商业模式和组织创新能够较为显著地缩短产品进入市场的时间，提升产品和服务的质量，降低单位产出的成本，提高员工满意度等；非研发创新对研发创新包括产品创新和工艺创新具有一定的推动促进作用。同时进行研发创新和非研发创新的企业的绩效要比只进行研发创新的企业的财务绩效要好。

Hervas-Oliver等人（2011）以西班牙2023家制造业企业为例，比较了研发创新企业和非研发创新企业的区别。结果发现，与采取研发的企业相比，非研发型企业在管理策略、获取外部知识以及知识的内部流通等方面较弱，创新能力较低。但是，非研发型企业（80.7%）在流程创新方面的表现优于研发型企业（71.5%）。并且统计显示非研发型企业更多地存在于中低技术产业，约占90.54%。

从中短期来看，非研发创新可以使中小型企业提升竞争能力，获得比较优势；但是从长期来看，无论是大企业，还是中小型企业，研发和非研发创新能力的结合才是企业保持持久竞争优势的根本所在。寻找合适的研发创新模式，提高研发能力始终是企业的战略中心之一，而非研发创新将是中小型企业创新战略的重要补充内容，也是企业实现持续研发创新的保障。

二　宝安区企业非研发创新分析

课题组针对宝安区3135家"四上"企业开展调研，其中制造业企业有

2239 家，占总调查对象的 71.4%，为主要研究对象。对研发创新较为活跃的制造企业进行分析，发现多数企业（62.4%）的研发投入并未达到主营业务收入的 2.5%（这类企业被称为"非研发密集型企业"）。非研发密集型企业进行创新时主要采取非研发创新，具体模式包括产品（服务）渐进式改良、技术采用、市场创新和组织创新，以下是对宝安区四上企业各类非研发创新模式的调查结果。

（一）产品或服务渐进式改良

改良性创新是企业基于已有知识积累，不断对产品和工艺进行渐进式的改良。非研发密集型企业由于原创能力不足，在产品（服务）创新上，一般都是进行适应性改进。问卷调查结果显示，2016 年宝安区"四上"企业三成以上（38.4%）有开展产品（服务）渐进式改良创新。如图 1 所示，从各行业大类来看，工业企业开展比例最高，为 38.1%，服务业企业的开展比例为 9.7%，建筑业企业的开展比例为 8.0%。

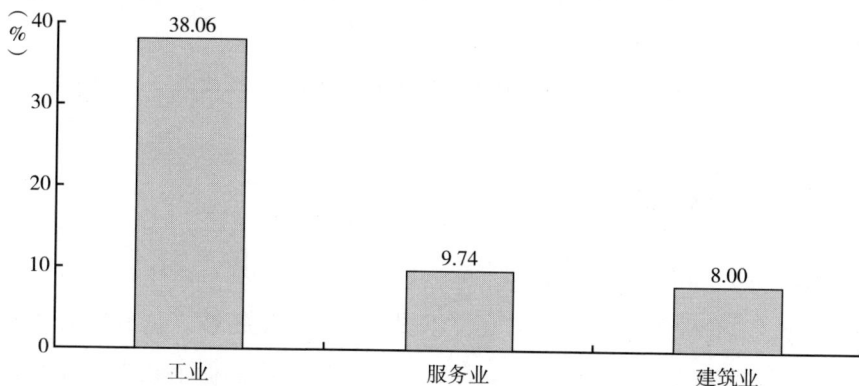

图1　各行业大类有开展企业产品（服务）渐进式改良的企业比例

（二）技术采用

企业利用从外部直接采购的方式，购买机器设备、工艺流程或者专利技术，从中快速获得行业内先进的生产或管理技术，降低企业的生产和管理成本，在此过程中，企业不直接依靠内部知识和技术，而是对外部知识和技术进行直接采用。如图2所示，宝安区有31.5%的企业通过技术采用进行创新，高于全市的平均水平（深圳市的比例为25.6%），位居全市第四，落后于光明新区（34.8%）、龙华区（33.0%）和坪山区（32.7%）。其中有采用新的或有重大改进的生产工艺的企业占比为29.2%，有采用新的或有重大改进的辅助性活动的企业占比为24.2%。

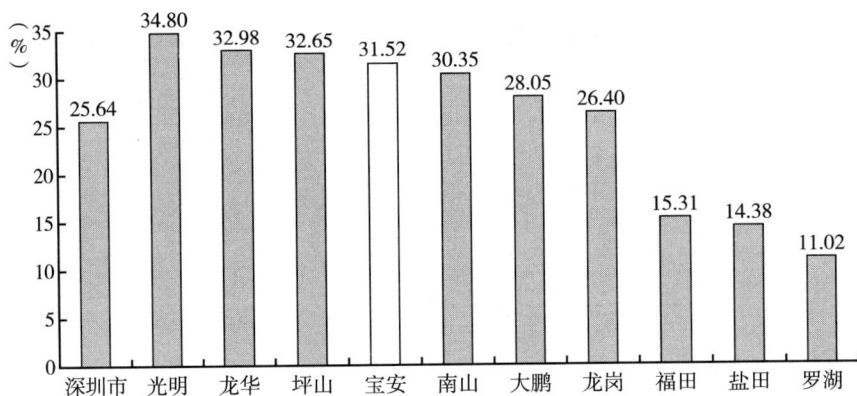

图2　深圳市及各区通过技术采用创新的企业比例

（三）市场创新

市场创新一般是指新的市场方法实现，旨在更好地解决用户需求、扩大已有市场、对企业产品进行新的定位以提高企业的销售额。从具体活动上来说，市场创新包括在产品设计、包装、产品分销、产品促销和定价等方面的显著改变。调查显示，宝安区企业开展市场创新的企业比例为36.3%。进行外观和包装设计是其进行市场创新的主要手段，使用新媒体进行营销的相对较少：有25.8%的企业采用了全新的产品外观设计或包装，18.3%的企业在产品推广上采用了新的媒体、技术或手段，19.9%的企业在产品销售渠道上采用了新方式，20.4%的企业在产品定价上采用了新方法（见表1）。

表1　宝安区企业市场创新开展各种方式比重情况

单位：%

创新方式	市场创新企业比例	采用了全新的产品外观设计或包装	在产品推广上采用了新的媒体、技术或手段	在产品销售渠道上采用了新方式	在产品定价上采用了新方法
比重	36.32	25.75	18.27	19.92	20.40

（四）组织创新

组织创新是企业在公司业务、工作场所、外部关系中开展一种新的组织方法，企业通过改变经营模式、组织结构等提升管理效率，提高企业的绩效。通过调查，显示有37.0%的企业进行了一定程度的组织创新，主要手段是采用新的组织管理方式。我们还就制造业的细分行业进行了分析，如表2所示，对比金属制品业、家具制造业等技术要求低的行业，专用设备、仪器仪表制造等高技术行业，对各类组织方式进行创新更为积极。

表2　宝安区部分细分行业组织创新企业比例

单位：%

细分行业	组织创新企业比例	在经营模式方面采用了新的组织管理方式的企业比例	在组织结构方面实现了新的组织管理方式的企业比例	在处理与其他企业或公共机构的外部关系方面采用新的方式的企业比例
专用设备制造业	49.3	41.8	41.8	25.4
仪器仪表制造业	49.2	36.5	39.7	23.8
汽车制造业	43.8	31.3	43.8	25.0
计算机、通信和其他电子设备制造业	42.2	34.7	37.2	22.7
化学原料和化学制品制造业	41.8	30.9	32.7	20.0
电气机械和器材制造业	41.2	33.9	36.0	21.5
非金属矿物制品业	39.3	35.7	35.7	17.9
通用设备制造业	39.1	33.9	36.5	20.9
航空运输业	30.8	23.1	30.8	7.7
农副食品加工业	30.0	30.0	30.0	20.0
铁路、船舶、航空航天和其他运输设备制造业	26.3	15.8	21.1	10.5

续表

细分行业	组织创新企业比例	在经营模式方面采用了新的组织管理方式的企业比例	在组织结构方面实现了新的组织管理方式的企业比例	在处理与其他企业或公共机构的外部关系方面采用新的方式的企业比例
印刷和记录媒介复制业	24.3	18.9	24.3	13.5
金属制品业	24.1	19.9	19.9	12.1
纺织业	22.2	11.1	22.2	0.0
橡胶和塑料制品业	21.1	14.0	17.0	9.4
造纸和纸制品业	20.0	18.2	16.4	10.9
文教、工美、体育和娱乐用品制造业	18.2	18.2	15.9	9.1
有色金属冶炼和压延加工业	14.3	9.5	9.5	4.8
家具制造业	10.0	10.0	10.0	10.0

注：仅提供企业总数大于10家的行业的组织创新企业比例。

（五）存在的问题

积极推动非研发创新的开展可以使中小企业更具竞争实力，也可以使企业充满创造力。但是，通过分析发现，宝安区外资企业开展非研发创新的比例低于内资企业（各种模式的差距都在10个百分点以上）；与小规模企业相比，大规模企业能够较好地与集团其他公司、境外合作机构进行合作创新，如在技术采用中，亿元产值以上企业比亿元产值以下企业通过合作进行创新的高出2个百分点，与境内高等学校合作进行创新的也是高出2个百分点。此外，我们还针对创新政策的效果展开了问卷调查，反映出了创新扶持政策在执行过程中有熟知度低、吸引力不足、办理手续过于烦琐等问题，企业家希望加大对人才吸引相关政策的出台力度，减少补贴申请的流程和材料。

三 促进非研发创新的对策建议

基于以上研究，我们认为宝安应加大对非研发创新的服务和扶持力度，在政策制定上要给予明确支持，着力打造"四通·三制·两网·一库·一大街"体系，进一步增强创新服务能力，形成企业竞相开展非研发创新的良好态势。

（一）四通：打通"政府－园区－研发机构－企业"四个主体之间的隔阂

创新园区、研发机构和企业是科技创新的主体。从我们的研究可以看到，大型企业联合进行非研发创新的能力强，小企业协同创新的能力弱。因此有必要打通这四个主体之前的隔阂，降低小企业的创新成本。一是要构建科创信息共享平台，实现创新园区、科研机构和企业的研发成果的有效共享；二是建立成果交流联盟，定期开展沟通、交流活动，增强各个平台、科技园、创客空间之间信息、技术等资源的共享，形成信息互动交流的良好环境；三是针对政策熟知度低的问题，要建立信息推送平台，政府制定的扶持政策、产业导向要能及时地推送给园区、科研机构和企业；四是要增加非研发创新补贴申请制度，同时简化现有补贴流程，并且通过联网查询的方式，减少要求企业提供的材料。

（二）三制：建立三个常态化机制

1. 加强与投资机构的合作，建立长效投融资机制

对具有潜力的非研发创新项目，不仅限于科研项目，应引导天使投、创投机构进行投资孵化。重点与深创投、云峰创投、IDG、软银资本等国内外著名创投公司形成常态化合作机制，定期搜集区内优质非研发创新项目，组织面向创投公司的路演活动。

2. 加强与高校、科研机构的合作，建立常态化合作机制

与北京大学深圳研究生院、清华大学深圳研究生院、哈尔滨工业大学深圳研究生院、清华－伯克利深圳学院、中科院深圳先进技术研究院等建立技术采用合作机制，将前沿的学术成果应用到企业现有的产品当中，形成常态化产品渐进式改进机制。

3.加强舆论宣传和交流工作，建立常态化宣传、交流机制

加大舆论宣传力度，充分利用微信公众号、电视台、网站、短信等媒体和工具，全方位、多形式宣传非研发创新的成功案例和相关扶持政策，特别是对一些技改补贴政策、大众创业万众创新的政策，要大力宣传，让更多企业了解平台、接触平台，受惠于平台和扶持政策。

（三）两网：建立非研发创新服务网、成果交易网

构建非研发创新服务网，在网上提供各类非研发创新所需的服务，如营销策划案、工业设计方案、新产品工艺、商业模式授课、知识产权注册等；搭建非研发创新成果交易网，将各类新产品和服务及时上传到网站进行展示，推进新工艺、新产品、小技术更好地进入现有产品中，实现渐进式地改良产品和服务，可参考淘宝司法拍卖的模式，或与淘宝等大型电商合作，建立网上技术转让合作平台、产品众筹平台等。

（四）一库：建立技术专家库

广泛吸引各类人才，建立粤港澳湾区区域内的人才专库，同时与市科创委技术专家库实现资源共享。根据实际需要，如技术开发某个环节需要、项目评审需要等，临时聘请区域内的专家协助；加快人才市场综合体建设，以一流的政策、载体和服务吸引人才，充分发挥宝安博士联谊会、区科技企业协会的作用，着力引进一批创业人才和科研团队。出台相关考核机制，将技术人才的入库、落地作为绩效考核指标。

（五）一大街：打造类似中关村创业大街的"非研发创新大街"

在宝安区创建"非研发创新大街"，有助于各种非研发创新的要素有机地聚合在一个物理空间内，形成涵盖早期办公、投融资对接、商业模式构建、团队融合、媒体资讯、创业培训等服务在内的创业生态体系；也有助于深度挖掘宝安区内丰富的创新创业资源，完善创业生态系统，强化创新的辐射带动作用，大大增强创新创业生态系统的核心竞争力。建议各街道筛选一

条大街作为候选双创大街，进行评定，最后选出一条大街作为目标进行打造。

（六）继续做好科技创新服务的各类保障工作

1. 加快创新要素的流动

鼓励人才、技术、资金等科技创新要素在宝安聚集和交流。定期邀请高校及科研机构相关技术人员到宝安进行技术专题讲座；定期组织企业到高校及科研机构进行参观和学习；定期邀请媒体到区内高新企业进行走访和宣传；定期组织金融科技创新项目路演活动，邀请金融机构参加；定期组织优秀企业家及技术人员到市内其他优秀企业参观和学习；定期举办非研发创新大赛，挑选优质项目进行宣传。

2. 加快科技孵化器建设

通过为创业人才和科研团队提供场地、资金、中介等一系列服务，加强行业技术中心、工程研究中心、中小企业信息服务中心等创新平台的建设，加快建设一批提供研发设计、检验检测和技术推广服务的科技公共服务平台，打造"创业＋孵化器＋加速器＋产业化"的服务链科技孵化平台。

3. 增加对非研发创新园区的认定

目前创新园区认定主要针对研发创新，建议增设对相关非研发创新园区的认定，制定对应标准，确保有创造力的非研发创新园区做到"应认尽认，有认必准"。同时，坚持持续动态优化创新园区，做好年度重新考核工作，对新达标园区进行认定，对不达标园区进行剔除。

4. 增加对服务业创新的扶持

目前政府相关扶持政策主要针对工业企业，但是从欧洲的先进经验可以看到，服务业企业也是非研发创新的重要力量。因此，有必要增加对该行业的扶持。建议定期举办宝安制造企业服务水平提升大赛，对高服务水准制造企业进行适度奖励；定期发布制造企业服务排行榜，鼓励企业相互竞争提高服务水准；筛选区内十家高服务水准制造企业，安排进行集中宣传，形成示范作用。

B.13
深圳地方金融创新的发展、问题与监管

吴燕妮　陈　俊*

摘　要： 作为改革开放的排头兵，深圳在中国金融业近三十年的发展历
程中开创了众多先河。目前，深圳已经形成了国内领先的金融
业态，金融行业的发展独具特色。总体来看，近年深圳互联网
金融发展特征明显，P2P等新金融形式特色突出，金融科技发
展迅速，前海金融创新引领效应显著，但同时也存在着互联网
金融尚待进一步规范治理，小贷行业风险集聚等监管难题。为
此，有必要在开放创新的基础上，进一步加强金融风险防范，
深化金融监管改革，维护金融市场秩序，从而推动金融回归服
务实体经济的本源，服务经济稳定健康发展。

关键词： 深圳　金融创新　金融监管　互联网金融

深圳四十年的改革开放，离不开金融的重要支撑。2016年，深圳GDP
达到19492.60亿元，其中金融业实现增加值2810.72亿元，占GDP比重超
过14%，金融业税收占全市总税收的20.2%，居各行业第二[1]，已经成为深
圳的重要支柱产业。据深圳市统计局初步核算，2017年深圳GDP达到
22438.39亿元，其中金融业增加值3059.98亿元，增长5.7%。"金融是现

---

　* 吴燕妮，深圳社会科学院经济所副研究员，中国社会科学院法学所博士后；陈俊，深圳市
　　龙岗区委党校讲师，金融学博士。
　① 数据来源：深圳市统计局、深圳市金融发展服务办公室。

代经济的核心，金融搞好了，一着棋活，全盘皆活。"[1] 作为改革开放的排头兵，凭借强劲的创新动力和活跃的创新氛围，深圳早在 2003 年，就在国内率先出台《深圳市支持金融业发展若干规定》，鼓励深圳金融机构集聚和做大做强。随后，深圳金融支持政策又经多次完善，不断优化扶持方式、提升扶持标准、拓宽惠及范围，使深圳成为中国支持、发展金融和金融创新的先行者。

深圳也是中国金融体制改革开放中诸多事业的开拓者，在银行、证券、保险等行业领域里创造了中国金融史和经济史上的一百多项"第一"，不但成为特区经济建设的开路先锋，而且义不容辞地担当了中国金融改革开放、创新和发展的先锋。目前，深圳金融业已经发展成为深圳市的支柱产业，并在全国率先建成了体系完备、结构合理的多层次资本市场体系。早在 2005 年，深圳就在全国率先设立了"金融创新奖"，每年度评选一次，极大地激发了全市金融创新的活力，先后有约 2000 个项目参与评选，累计发放奖金超过 1 亿元。金融创新已经成为新的深圳名片。

一 深圳金融创新概况

作为改革开放的首个试验场，深圳从一个海边小镇逐渐发展成为一个国际化城市，截至 2017 年底，全市常住人口已达到 1252.83 万元[2]。2017 年，全市新兴产业增加值占 GDP 比重达到 40.9%[3]，全市国家级高新技术企业

---

① 邓小平：《视察上海时的讲话》，《邓小平文选》第三卷，人民出版社，1993，第 366 页。
② 数据来源：深圳市统计局。
③ 包括七大战略性新兴产业和四大未来产业：2017 年，新一代信息技术产业实现增加值 4592.85 亿元，增长 12.5%；互联网产业实现增加值 1022.75 亿元，增长 23.4%；新材料产业实现增加值 454.15 亿元，增长 15.1%；生物产业实现增加值 295.94 亿元，增长 24.6%；新能源产业实现增加值 676.40 亿元，增长 15.4%；节能环保产业实现增加值 671.10 亿元，增长 12.7%；文化创意产业实现增加值 2243.95 亿元，增长 14.5%；海洋产业实现增加值 401.45 亿元，增长 13.1%；航空航天产业实现增加值 146.64 亿元，增长 30.5%；机器人、可穿戴设备和智能装备产业实现增加值 639.64 亿元，增长 15.1%；生命健康产业实现增加值 98.12 亿元，增长 19.5%。数据来源：深圳市统计局。

达 8037 家，在 4G 技术、新能源汽车、3D 显示、无人机等领域走在国际前沿，改革、开放、创新已经成为深圳飞速发展的根基。深圳敢闯敢试、敢为天下先的改革精神，海纳百川、兼容并蓄的开放精神，实业报国、实干兴邦的使命精神，实际上也深深地影响了深圳金融业的发展，使得深圳形成了国内领先的金融业态，金融行业的发展独具特色。

深圳金融业发展较早，从业态来看已经趋于完善，已经形成了较为成熟的银行体系、已具规模的多层次资本市场和结构均衡的保险市场，以及各种互联网金融、金融科技等新兴业态。基金、创业投资（VC）、私募股权投资（PE）和互联网金融等业务百花齐放，与高科技产业发展相得益彰。

从整体情况看，深圳金融资源集聚效应较强，在传统金融机构方面，截至 2017 年 9 月末①，深圳银行业资产总额达 8.14 万亿元，同比增长 8.26%；深圳境内上市公司 267 家，排名居全国第六位；总市值突破 5 万亿元，达 5.17 万亿元，排名居全国第三位；共有 79 家上市公司通过资本市场募集资金超过 567 亿元；13 家上市公司完成重大重组，涉及交易金额 404.93 亿元；深圳证券公司总资产超过 1.28 万亿元，深圳期货公司总资产近 700 亿元，居全国前列。深圳共有保险法人机构 25 家，保险分公司 73 家，专业保险中介机构 127 家。保险公司法人机构资产总额共计 4.02 万亿元，位居全国第二②。在新兴金融业态方面，小额贷款公司、互联网金融机构、股权投资企业等新兴金融机构快速发展，第三方支付、网络借贷、众筹融资等领域的互联网金融企业超过 2300 家，是国内互联网金融最发达、最活跃的城市之一。深圳证券交易所、平安保险、招商银行、国信证券、南方基金、博时基金、创新投集团等已发展成为国内外知名金融机构，其中平安保险、招商银行进入了"世界 500 强"行列。2016 年发布的《深圳市金融业"十三五"规划》指出，"深圳在国家新一轮金融改革创新和开放发展中

---

① 数据来源：深圳市金融办。截至 2018 年 3 月 19 日，深圳市金融办尚未公布全年数据。
② 数据来源：深圳市金融办、深圳市统计局。

担当重要使命，必须以服务国家战略为导向，加强顶层设计，强化创新引领，大力推进适应实体经济发展的金融改革创新步伐，持续提升金融业发展质量，增强创新型金融中心功能，加快建设具有国际影响力的金融创新中心"。

二 深圳金融创新的主要特征

（一）互联网金融发展特征明显

随着全国互联网金融风险专项整治的全面铺开，以及网络借贷信息中介机构暂行管理办法、备案细则等法律法规的逐步落地，互联网金融从原来的野蛮生长模式逐渐发展成为规范化发展趋势，行业进入优胜劣汰的淘汰状态，整个行业慢慢回归理性及真实。深圳作为中国互联网金融主要的聚集地之一，近些年互联网金融行业获得飞速发展，已经形成了独具特色的互联网金融体系，这是其区别于北京总部金融和上海国际金融的一个重要特征。

一方面，深圳传统金融互联网化趋势明显。随着互联网技术的发展，深圳各传统金融机构纷纷顺应国家"互联网＋"战略的要求，布局互联网金融，积极实现实体到网络、线下到线上的转变，加快推进业务互联网化发展。另一方面，深圳新兴互联网金融快速发展。深圳拥有第三方支付机构法人机构19家，不乏财付通等知名机构，交易规模均居全国前列。此外，深圳拥有国内首家民营银行和互联网银行——微众银行。截至2017年底，微众银行客户已超过6000万户，余额已达252.4亿元，一年之内增长将近20倍。

（二）小额贷款、P2P等新金融形式特色突出

据统计，截至2017年12月底，纳入中国P2P网贷指数统计的正常经营P2P网贷平台，深圳市为412家，占全国比重为16.98％，在全国排名第一，平台注册资本合计354.59亿元，占全国2426家网贷平台总注册资本

1699.87 亿元的 20.86%，在全国排名第一。①

整体来看，深圳小额贷款公司尽管机构数量不多，但综合实力较强。在累计资本金、机构数量、全行业表内业务年末贷款这三项指标全国均出现负增长的情况下，深圳目前开业的小额贷款公司呈稳定增长态势，同时累计注册资本金与年末贷款余额的比例，也均高于机构数量的占比，说明深圳小额贷款公司的实力地位在上升。此外，从行业整体看，深圳小额贷款公司也出现了和全国不同的局面，特别是民营小额贷款公司占 90% 以上，且独资小额贷款公司占已开业公司的 70% 以上，全国仅有深圳的小额贷款公司大力开展无抵押、无担保的信用贷款业务，发挥打破融资瓶颈的机制性优势，突出差异化、个性化、专业化和特色化的创新性优势。

目前深圳小额贷款行业具有三个特点。

一是"小微金融"。客户以自然人为主，结合深圳产业的转型升级，现有近 40% 的公司从事此类业务。深圳这种类型的公司的机构数量、信贷规模、客户群体、风险控制、业务管理与发展模式等指标水平，在全国范围位居前列。这类小微金融公司主要开展无抵押、无担保的信贷业务，拥有自己的核心业务技术，专业化特点十分明显，这在全国其他地区并不多见。这使得深圳小额贷款公司的个人信用贷款更加贴近百姓、贴近实际、贴近市场需要。

二是"小微企业金融"。形成了以"1 + N"模式为基础的产业链金融、供应链金融、专业市场金融、产业园区金融和商会会员金融等多种信贷服务形态。其关键是围绕一个核心企业（含专业市场、产业园区或商会组织），开展该企业的上、下游小微企业信贷服务。通过核心企业控制上、下游小微企业风险，开发这种针对定向集群客户的量身定做的信贷专用产品，形成专业化、特色化、差异化和个性化的服务。

三是综合金融。主要服务于高新技术小微企业，探索投贷联动加债转股的创投功能实现途径。据中国人民银行深圳中心支行的统计，2009～2016

---

① 数据来源：深圳市钱诚互联网金融研究院。

年，全市小额贷款行业累计发放贷款 263 万笔，为社会解决融资需求累计 2216 亿元。

（三）金融科技发展迅速

作为创新之城，金融与科技的融合一直是深圳金融引领全国的重要支撑，借助科技推动金融创新，深圳涌现出平安金融科技、微众银行、招联金融等一大批优秀的金融科技公司，微信支付、云闪付、消费金融等金融科技正在改变传统的金融生态，远程开户、人脸识别技术已成为可能，而大数据、人工智能、区块链正成为金融业转型升级的巨大推动力。深圳市金融业发展"十三五"规划明确提出"建设国际化金融创新中心"的要求。金融科技作为金融创新业务的重要代表之一，强调利用大数据、云计算、人工智能等科学技术优化金融服务流程、改进金融业务模式、提高金融风险甄别防范能力，正成为深圳建设国际化金融创新中心的重要抓手，并将不断提升金融服务实体能力，推动金融业实现新一轮跨越式发展。

近年来，深圳高度重视金融科技的发展，提前布局，市区两级政府同时发力，金融科技企业加快创新步伐，金融科技生态圈初步形成。目前，深圳在推动金融科技发展方面多措并举，已取得显著成果。一是设立金融创新奖。深圳对在金融创新项目的研究、开发、应用、推广等方面做出突出贡献的金融机构进行奖励，并新增"金融科技"专项奖，鼓励金融科技成果转化及应用。二是加强与香港金管局在金融科技领域的合作。联合举办多场座谈会、工作会议，以及金融科技峰会等，鼓励金融科技创新发展，推动金融科技实践与应用。三是筹建 FinTech（金融科技）数字货币联盟和研究院。通过市场化、国际化、创新性的联盟组织和研究院机制，共同推进中国数字货币及金融科技的发展与应用。四是实施重大科技产业专项扶持计划。设立金融科技专项，对区块链产品、量化金融平台与系统、互联网金融服务平台、金融风险管理系统研发及产业化进行重点支持。

2017 年 10 月，深圳市政府颁布《深圳市扶持金融业发展若干措施》，特别设立了"金融科技专项奖"，重点奖励基于区块链、大数据、人工智能等新技术，对能显著促进金融服务流程优化、金融业务模式改进、风险甄别防范能力提高等的创新项目给予重奖，这在国内尚属首次。

（四）前海金融创新引领效应显著

目前，在中央各部委、省、市和深圳市的支持下，前海片区在推进人民币跨境使用、资本项目扩大开放、金融机构创新、创新型金融业务发展、创新金融业态形成、产业集聚等方面不断探索，实现了多个全国首次和第一，包括跨境人民币贷款业务试点、跨境双向发债、外债宏观审慎管理试点、合格境内投资者境外投资试点、外商投资股权投资试点等，为中国金融业扩大开放探索了可复制、可推广的经验，其中多项改革经验已在国内其他地区得到推广。

一是大力推进人民币跨境使用。前海在全国率先开展跨境人民币贷款业务，不仅有效降低了区内企业融资成本，巩固了香港离岸人民币中心地位，而且还将此业务陆续推广到上海、新疆、苏州、天津等地，为全国金融改革发挥了"试验田"作用。2016年4月，前海银行与香港企业签署了两笔跨境人民币贷款意向协议，意味着前海跨境人民币业务实现双向打通，跨境人民币新政在前海得以实质性落地。2016年4月，中国人民银行深圳中心支行发布《关于支持中国（广东）自由贸易试验区前海蛇口片区扩大人民币跨境使用的通知》，大幅降低了自贸区内企业组建跨境双向人民币资金池门槛。

二是资本项目扩大开放。2014年8月，国家外汇管理局批复同意深圳开展合格境内投资者境外投资试点（QDIE）。截至2017年9月，已有41家前海企业获得了QDIE资格，累计备案35家境外投资主体，获批额度约10亿美元，实际使用额度超过九成。此外，前海率先开展外商投资企业股权投资试点（QFLP），截至2017年9月，前海QFLP管理企业已达118家，基金20家，累计注册资本超过267亿元。①

三是金融业扩大开放。深圳积极发挥毗邻香港的独特优势和友好城市有

---

① 数据来源：前海管理局。截至2018年3月19日，尚未公布2017年全年数据。

利条件，分别与香港特区、伦敦金融城、美国夏洛特市、澳大利亚堪培拉市等地签署了有关友好交流和金融合作协议，现有外资金融机构 130 多家，其中港资银行机构 52 家，位居内地城市榜首，19 家深圳金融机构在香港等地开设了 30 多家分支机构。[①] 在 CEPA 和 ECFA 系列政策的带动下，深圳共新引进 1 家台资法人银行（玉山银行）、2 家台资分行（玉山、国泰世华深圳分行）、1 家港资分行（创兴深圳分行），港台银行发展势头良好。截至 2017 年，共设港资银行营业性机构 56 家，台资银行营业性机构 8 家，合计占辖区内外资银行营业性机构总数（95 家）的 67%，成为深圳外资银行的中坚力量。前海先后进驻第一家台资法人银行——玉山银行、国内首家外资控股的合资基金管理公司——恒生前海基金管理有限公司。2017 年 7 月，证监会批准设立汇丰前海证券和东亚前海证券，其中汇丰前海证券是境内首家由境外股东控股的证券公司，港资股东香港上海汇丰银行持股 51%，是落实 CEPA 对港扩大开放政策的重要举措。

四是创新型金融业务广泛开展。在金融服务科技创新和知识产权方面，前海已经成立首只知识产权维权投资基金——精英知识产权维权投资基金，国内首家知识产权互联网综合服务云平台创荟网同时上线，知识产权质押贷款的创新金融产品"微知贷"正式推出。在金融业务新模式方面，前海在全国首创全线上、自助式、小额循环贷款产品（微粒贷），首创互联网在线便捷消费信用贷款产品，首创"三农"金融服务平台（农发贷），首创房屋产权交易保险（交易保），首创航运业大数据综合服务平台（航付保）。前海母基金落户前海，成为股权投资行业单只规模最大的基金，采取子基金投资与项目直投相结合的模式。首期前海融资租赁集合型跨境 ABS 资产支持专项计划得到了应用推广，推出国内首个公募房地产信托投资基金（REITs）产品。在互联网金融创新方面，前海还在互联网征信、互联网保险等创新业态领域不断发展。平安集团前海征信中心、腾讯征信推出基于互联网技术的信用评分、人脸识别服务和反欺诈产品等服务，水平位居全国前列。

---

① 数据来源：深圳市金融办。

三 深圳金融创新的监管难题

（一）互联网金融亟待治理

目前，深圳约六成互联网金融平台开展了供应链贷款、房产抵押贷款、赎楼贷等业务，此类业务融资额度基本在上百万到千万元之间，违反了借款限额规定，面临较大的整改压力。尽管深圳已经暂停互联网金融平台注册，但存量互联网金融平台开始转向信用贷、车辆抵押贷等小额借款业务，转型失败的企业将被直接淘汰，转型成功的企业则将面临更加剧烈的同质化竞争压力。此外，互联网平台的资金管理压力较大，自 2017 年初《网络借贷资金存管业务指引》发布以来，银行存管情况就成为衡量一个平台质量的无形标准。据不完全统计，截至 2017 年末，已有 46 家银行布局资金直接存管业务，共有 677 家平台与银行完成直接存管系统对接并上线，[①] 其中深圳有 103 家平台完成系统对接，数量居全国前列，但与深圳超过 2300 家[②]互联网金融平台的基数相比，仍存在一定差距。

此外，随着互联网金融的兴起，部分不法分子开始以"互联网金融"名义开展各种非法金融活动，"互助社区"、"养老项目"、"商品返利"、"二元期货"等名目不一而足，加之其隐蔽性较高，给各监管部门监测防控带来较大困难。此类非法金融活动具有涉及人数众多、投资人年龄偏大、人均投资额高等特点，一旦发生违约，投资人便往往会集结上访，给深圳带来较大维稳压力。

（二）小额贷款行业风险较高

2015 年下半年至今，全国各地先后有 e 租宝、大大集团、易乾财富、

---

① 数据来源：网贷天眼。
② 数据来源：深圳市金融办。

快鹿集团、中晋资产、钱宝网等百亿级理财公司被曝出兑付危机、自融嫌疑、卷款跑路等问题，给投资人带来重大损失，引发社会各界的强烈反响。2016 年深圳市新发生停止经营、提现困难、失联跑路等情况的问题平台 83 家，较 2015 年的 151 家下降 45%。① 但 2017 年随着经济下行压力加大，在监管风暴之下，深圳问题小贷公司数量开始上升，相当一部分平台存在期限拆分、借款超额、未实现资金存管等违规行为，合规风险有待进一步化解。

1. 资金来源风险较高

自 2014 年以来，深圳小额贷款公司外部资金来源逐渐开始由单一的银行资金，拓宽至银行机构、前海股权交易中心、前海金融资产交易所和小额再贷款公司的资金，同业之间可以相互拆借，小额贷款公司外部融资比例由 50% 提升至 200%。对外融资渠道放开后，有可能带来四个方面的风险隐患：一是债权融资放开后，有可能会出现违规操作，面向个人投资者融资，容易产生非法吸储、非法集资性质的问题，产生负面的社会影响；二是通过互联网平台违规向社会融资；三是资产证券化操作中出现违规行为；四是在全面实行备案登记制之前，个别公司有可能突破现行的债权类融资杠杆率上限。

2. 催收中的违法违规行为频发

结合投诉反馈，小额贷款公司除综合费用偏高外，主要矛盾集中在不正当催收行为上。主要原因是：小额贷款公司自营催收业务受监管约束，从业人员不得使用非法手段，因此较少出现不正当催收行为；而对逾期时间较长的客户信贷资产，公司多采取打包转让给第三方催收公司的方式，以逐步核销不良贷款；但由于第三方催收公司质量参差不齐，部分从业人员未经正式培训，甚至出现雇佣社会人士，采用电话频繁骚扰、滋扰客户周边亲朋好友或直接去客户所在工作单位等不正当行为进行催收，给客户生活、工作带来严重影响，从而引发社会投诉纠纷问题。这些情况多出现在经营"微贷"业务，即提供纯信用、低额度贷款业务的小额贷款公司，单笔贷款多在 2 万～10 万元，值得高度警惕，同时也应当加强对第三方外包催收机构的监

① 数据来源：深圳市钱诚互联网金融研究院。

管与监测，防范风险。对于部分小额贷款公司主要为股东上下游客户提供中小企业贷款，贷款金额在100万～500万元的，多由公司自行催收，暂未出现小微企业中的类似投诉事件。

此外，小额贷款行业面临的其他共性问题主要还是金融类企业的定性问题、融资问题、税收政策适用问题、办理动产与不动产的抵质押问题、对涉嫌欺诈骗贷行为以金融诈骗罪名立案侦查问题、征信查询时效性问题等。

四　推动深圳金融创新、防范金融风险的建议

从推动深圳市金融创新持续健康发展、完善金融创新监管制度和机制，促进深圳金融业不断成熟的角度出发，建议从以下几个方面开展改革。

（一）推进金融开放创新，发挥跨境金融示范作用

一是深化深港澳金融合作。完善深港两地金融创新会晤机制，研究加强深澳特色金融合作，推动一批重点合作项目实施。加强全市金融创新与前海深港合作区、前海蛇口自贸片区建设联动，拓宽跨境资金融通、跨境资产流转渠道。二是积极开展金融先行先试。成立跨境人民币创新工作组，加强前瞻性统筹谋划，持续梳理重大金融改革创新项目，争取在人民币国际化、资本项目开放等重点领域率先试点突破；探索加强地方金融治理的有益模式，为全国金融管理制度改革积累实践经验。三是加强国际交流合作。深入推进"一带一路"倡议，继续深化与巴林等地的金融交流，吸引多边金融机构和沿线国家主权基金、投资基金落户。借鉴伦敦金融城建设的先进经验，探索合作共建金融集聚区。支持企业开展跨境并购，充分利用境内外资源，提升国际竞争力。

（二）深化金融供给侧改革，积聚力量支持实体经济发展

一是推动金融供给侧结构性改革。贯彻落实全市"三去一降一补"任务，加快实施去杠杆、防风险行动计划，稳妥推动金融去杠杆。完善金融支

持基础设施供给侧改革的具体举措，开展保障房资产证券化（REITs）等先行探索，有效发挥金融对城市建设的支撑保障作用。二是促进优化信贷结构。引导银行金融机构加大对先进制造业、战略性新兴产业等支持力度，鼓励其依托互联网技术进行转型发展。推动不良资产管理公司组建运行。支持深化跨境人民币贷款等创新试点。贯彻房地产调控政策，打击"首付贷"。三是拓展直接融资渠道。支持深交所改革发展，发挥区域性股权市场功能，鼓励创新型企业通过上市、挂牌、并购重组等筹措资金，建设场内外有效衔接的多层次资本市场体系，提高直接融资比重。四是增强小微企业金融服务。实施中小微企业贷款风险补偿政策，支持市中小微企业发展基金运营，积极发展小微金融专营业态，助力国家小微企业创业创新基地示范城市建设。五是加快发展产融结合业态。完善支持融资租赁业发展的政策，推动供应链金融、贸易融资、航运金融等业务创新。鼓励开发绿色金融产品、发行绿色债券，拓展绿色产业投融资渠道。

（三）加强金融风险防范，维护金融市场秩序

一是推进互联网金融风险专项治理。深入开展重点企业现场检查工作，推动逐步化解存量风险。制定全市网络借贷信息中介机构管理办法，出台资金存管、信息披露等方面的配套指引。二是健全地方金融管理制度。研究规范地方金融类企业商事注册登记，加强前置管理。开展小额贷款公司分类分级试点，探索解决小额贷款公司信用不足问题。根据清理整顿各类交易场所部际联席会议的部署，开展交易场所清理整顿"回头看"工作。三是探索智能监管和风险预警。加快组建地方金融风险预警监测平台，加强风险实时动态监测，并利用大数据及时预警。加快建设新金融资金托管清算机构，加强资金流动管理。四是持续高压打击非法金融活动。组织实施打击非法集资工作办法、举报奖励制度，落实属地管理原则，稳妥推进大案要案处置。配合加强对地下钱庄资金的异动监测，提高打击的精准度。开展"金融风险防范宣传月"活动，综合运用电视广播、户外广告、移动媒介、网络工具等，全面开展金融风险宣传教育。

（四）促进金融与科技融合发展，深入实施创新驱动发展战略

一是促进创业投资健康发展。研究出台支持创投业发展的综合性政策，加快深圳市创业创新资本服务平台、前海基金转让平台的建设运营，探索组建种子期等母基金，规划建设若干各具特色的创投基金集聚功能区，构建创投业健康发展的良好格局。二是培育发展金融科技。鼓励金融机构开展数字货币、区块链研究运用，支持中国（深圳）FinTech 数字货币联盟等有序发展，组织开展金融科技大赛，支持设立 FinTech 基金，积极争取引进数字货币战略平台。充分发挥全市金融创新奖的引导激励作用，鼓励在数字货币、区块链、金融大数据运用等领域进行创新探索。三是引导金融服务科技创新。研究制定金融促进科技创新的专项政策，支持设立科技保险等新型机构，不断健全适应科技创新发展的投融资体系。加快建设科技金融移动服务平台，为符合产业转型发展方向的科技类企业提供融资、咨询等一站式服务。

B.14
深圳创新型城市建设的探索、问题与发展对策

摘　要：　本文在回顾深圳城市创新发展历程的基础上，归纳了深圳创新城市的显著特色——形成了全国首个以企业为主体的城市科技创新体系，形成了有效支持企业自主创新的全产业链支持服务体系和投融资体制，以及与自主创新相对应和特有的"鼓励创新、宽容失败"的城市创新文化等，分析了深圳未来创新面临低成本竞争优势弱化、促进创新型城市建设的城市创新体系不尽完善、创新公共平台建设仍不足以及城市公共服务存在短板等的制约，提出深圳今后要遵循创新型城市发展的普遍规律，创造更低成本、更有效率的营商创新环境等对策建议。

关键词：　创新型城市　深圳市

一　深圳城市创新发展的探索及其特点

(一)城市创新的探索

改革开放之初，深圳是一个创新资源极端贫乏的城市，深圳率先利用中

---

* 许鲁光，深圳市社会科学院经济研究所；蓝华，深圳市产业园区发展促进会。

央赋予的经济特区的优惠政策，以创新的勇气，大胆创新，先行先试，充分发挥与香港毗邻的特殊区位优势，利用20世纪80年代国际产业分工转移的机遇，凭借内地丰富的劳动力和原材料资源，吸引海外资金、技术、设备、原材料和初级产品，以及先进的经营理念和管理方法等，采取来料加工和补偿贸易。开展合作经营、合资经营等方式大力兴办"三来一补"企业和"三资"企业，充当了试行市场经济、开放经济的试验田。

20世纪80年代后期，当深圳特区的优惠政策逐渐在全国实行后，深圳将危机转化为了动力，在全国率先兴办民营科技企业，率先在科技创新、产业升级和政府效率等方面进行改革。1987年2月，《深圳市人民政府关于鼓励科技人员兴办民营科技企业暂行条例》颁布实施。深圳经济特区的科技人员可以设立民营企业，以自己的专有技术、个人专利、管理技能以及现金和实物等作为股份进行投资，事实上，民营科技企业的产权就此得到了确立。当时深圳体制灵活多样，鼓励高新技术企业进行股份制改造，广泛调动社会资源，允许以技术、资金和厂房物业入股，高新技术企业还允许外国专家以技术和管理经验等无形资产占有股份，吸引了海内外一大批有技术、有知识、有成就、敢于冒险的科技专才来到深圳兴办科技型企业。

1990年，深圳市委、市政府做出决定，提出了要以科学技术的发展为动力，鼓励发展高新技术产业，以高科技产业的发展为切入点，积极调整产业结构促进产业转型，并出台了深圳市1990～2000年的科技发展规划。这一规划的颁布和执行，明确了深圳经济特区在第二个十年发展阶段科技创新的发展方向和远景。由此，开启了深圳城市创新的新篇章，深圳的高新技术产业迎来了发展的高潮。

2004年，深圳高新技术产业的发展进入了新的春天，它的显著标志是深圳市政府2004年一号文件《关于完善区域创新体系促进高新技术产业持续快速发展的决定》的出台。深圳建设国际城市重大战略决策的五个内涵首先就是要将建设深圳成为国内"高科技城市"，毫不动摇地明确高新技术产业发展要成为国际化城市建设的第一动力。

2005年8月5日，时任市委书记李鸿忠的文章《实施自主创新战略建设创新型城市》在《人民日报》全文刊载，文章对在几个难以为继的状况下深圳如何发展做了全面论述，指出深圳的土地和开发空间受限，未来发展难以为继，水资源短缺和能源短缺不能支撑未来发展的可持续性，人口负担不可持续，环境承载能力严重透支难以为继，未来深圳只能坚持持续创新，政府应充分发挥积极的引导作用，营造自主创新的有利环境，形成有效的自主创新激励机制。从此，深圳城市自主创新又实现了新的飞跃，涌现了一批拥有自主知识产权的本土企业群体，一大批本土科技创新企业快速成长，形成了一批具有自主知识产权的企业集群。深圳还通过不同的创新模式，如集成创新、消化创新、原始创新等，打造了华为、中兴通讯等民族骨干企业，也打造了腾讯、比亚迪、大族激光、迈瑞、华讯方舟、朗科等一大批迅速成长、持续做大做强的民营科技型企业，形成了城市自主创新呈雁阵梯队发展的态势。2017 年，深圳市平均每平方公里创造财税收入 4.3 亿元，继续在全国大中城市中位居前列。高达近 10 亿元的单位平方公里 GDP 产出使得深圳成为国内单位面积产出最高的城市，并逐步推动今天的深圳成为"创新之都"。

（二）城市创新的特点

创新是深圳进步发展和持续兴旺繁荣的最重要因素之一，深圳的经济发展已由主要依靠资本、土地、简单劳动力等传统的基础生产要素投入。转变为主要借助信息、知识、管理、技术、品牌、专业化的人才资本等现代的高级生产要素投入。通过考察深圳市科技创新发展的历程，从最早 1998 年的"科技 22 条"公布，到 2004 年市政府发布关于建设区域创新体系的系列文件办法，再到 2008 年的关于创建国家创新型城市和 2012 年的关于建设国家自主创新示范区的政策决议出台，从中可以清晰地看出，科技自主创新始终是深圳城市发展的主线，并且此主线体现出了深圳鲜明的城市创新特点。

1. 形成了以企业为主体的城市科技创新体系

2017 年，深圳市新增国家级高新技术企业 2000 多家，累计达 1 万多家，数量位居全国第二，仅次于北京。目前，深圳已形成梯次创新企业链，既有华为、腾讯、中兴通讯、华大基因、比亚迪等全球性的龙头企业，又有众多快速崛起的中小创新型企业、"独角兽"企业和细分领域的"小巨人"企业。

深圳颁布并实施七大战略性新兴产业规划政策后，逐步形成了新一代信息技术、新材料、生物、新能源、互联网、文化创意、节能环保等战略性新兴产业和航空航天、海洋、生命健康、智能装备、可穿戴设备、军工及机器人等产业共同组成的新产业体系。2017 年，深圳战略性新兴产业总产值突破了 2 万亿元，深圳已经成为中国的战略性新兴产业产值最大、最集中的城市。

深圳创新型城市建设的初衷就是要建立以本土企业为主体的创新体系，打造以促进本土企业自主创新为特色的创新模式和创新环境。深圳特有的自主创新模式具体体现为"六个百分之九十"：创新型企业的 90% 是本地企业、研发机构的 90% 建在企业、研发人员的 90% 来自企业、科研投入的 90% 来源于企业、90% 的专利产生于企业、重大科技发明专利的 90% 以上产生于龙头企业。

2. 建立和形成了官产学研紧密结合的区域自主创新体系

城市创新制度环境的营造是促进城市科技发展及其自主创新的重要保证，深圳陆续出台了 50 多条地方性法规和规范性文件来鼓励企业自主创新，鼓励科技型企业设立管理股和技术股，建立市科技研发资金。为促进高新技术成果的转化和交流，深圳建立了各种形式的科技交流载体，如已经成功创建的国家级平台——"中国国际高新技术成果交易会"（高交会）、"中国（深圳）国际文化产业博览会"等。

深圳市率先在全国进行了知识产权管理的改革，在全国设立了第一家知识产权局，对版权、知识产权、专利、技术秘密等事务均加以统一管理。同时，深圳通过制定相关政策和运行机制改革，建立了行政执法、司法保护和行业自律三个行为主体相联合的知识产权保护体系，保障和推动企业成为城市自主创新的最重要主体。这一创新路径的安排与坚持是深圳市区域创新体系建设方面的制度性突破。

3. 形成了有效支持企业自主创新的全产业链支持服务体系

深圳为鼓励中小企业进行科技创新，对科技研发资金资助企业的管理办法进行了改革，按市场化原则整合要素资源，构建了企业、银行、政府相互合作的科研资助平台。同时，为有效吸纳社会各类投资资金，深圳创投引导办公室谋划构建了创投引导基金平台，通过搭建创投引导基金平台，建立了科研项目的专家评审机制和公开招标制度，凭借对市场业绩和专业人士的甄别来评判资助对象，而不是靠政府行政判定和各类评奖活动来甄选资助项目和企业。

深圳开创的科技企业成长路线图——"股改＋托管＋私募→成长＋公募＋上市"，遵循了市场化原则，能清晰地甄别出所有创新链上的成长型企业，精准地对企业进行资助鼓励，引导和帮助中小型企业改制上市。深圳实施"支持企业成长路线图"后，从根本上为深圳各类创新型中小企业构建了全产业链扶持的良好政策支持环境，引导社会资源更多地支持了高成长性科技型中小企业的发展，大力推进了深圳市高新技术产业的发展和自主创新型城市的建设。

4. 初步建立了与城市自主创新相适应的投融资体系

深圳历经不断创新与探索，已经初步构建了以企业为主体，以政府为引导，以创业投资、风险投资、产业基金等为依托的科技投融资体系，有力地促进了科技创新与金融的有机结合。《小企业金融服务体系建设工作方案》于 2009 年 6 月颁布，深圳开始系统地从多方面解决创新型中小企业融资难的问题，如通过产业政策支持、企业制度创新引导、环境体系支撑、监管体制创新，鼓励各类专业性小型金融服务机构的发展等。

为进一步支持银行对中小企业创新提供增信，降低银行信贷风险，帮助降低创新型中小企业在创新经营诸多环节上的压力，增强其后续创新发展的动力，又创建了对小额短期贷款风险由企业、银行、担保机构和政府逐级分担的机制，搭建了促进中小企业创新发展的再担保平台。

为撬动金融"大资源"，深圳以财政的"小资金"作为担保，使财政资金的杠杆作用得到充分发挥。目前，财政资金已为 600 多家中小企业提供了再担保服务，使越来越多的中小企业获得了银行融资支持。由于创新型企业不同创业阶段所面临的经营风险不同，为覆盖支持创新型中小企业整个生命周期，深圳还设计和建设了一个多元化和多层次的科技金融体系，形成了天使投资、风险投资、担保基金、产业引导基金等在内的一整套金融服务链条。

5. 初步形成了激励城市自主创新的知识产权保护体系

深圳是国内首个对专利、版权、商标和技术秘密等进行集中管理的城市，推进了知识产权领域内的民事、刑事和行政三者的统一，强化了知识产权领域的立法、执法和司法的协作力度，率先在全国设立了首个知识产权法庭，知识产权保护工作得到了全面加强，有力地打击了知识产权领域内的侵权行为，保护了创新的热情和成果。目前，深圳已初步形成了"全社会"和"全过程"的知识产权保护制度。

6. 营造了宽容失败、鼓励创新的城市创新氛围

深圳是在 20 世纪中期诞生的一个新兴的移民城，在 30 多年的时间里，从一个只有 30 万人口的小县城，发展成为一个拥有千万人口的大都市。深圳 95% 的常住人口都是外来移民，是全国最大的移民城市。从四面八方涌入的深圳移民，流动速度快，文化习俗不同，文化融合难度大，但正因如此，在不同的地理环境因素和文化差异影响下，深圳人形成了一种更开放、更包容的心态，对不同于自己的人和事物，始终抱着包容、开放的接纳心胸，从个人到政府，乃至整个社会，对新事物都持开放、兼容的态度，只要是不影响公共利益和社会正常运转的行为都不加干预，从而为改革和创新提供了最为和谐和宽松的社会环境。

二 深圳建设创新型城市面临的问题

1. 国际化创新型城市赖以依存的低成本竞争优势弱化

2017 年，深圳房地产市场虽受各种调控政策影响，但仍延续了 2016 年末的火爆态势，深圳商品房销售均价大幅上扬。受房地产"3·25 新政"的调控影响，商品房价格出现了短暂调整，市场上涨趋势放缓，商品房成交面

积出现下滑，但商品房销售均价仍超过每平方米5万多元，原特区内房价有的高达每平方米十多万元，住房成交均价受高端项目影响还保持了一定的上涨趋势。深圳房价的高企直接推高了人居成本，人居成本的大幅上升造成"挤出效应"，由此对创业创新环境带来的负面影响和冲击不可小觑。

纵观全球，城市的竞争力不单纯体现在城市拥有更多的优质企业上，还体现在城市的公共服务更优越、效率更高、成本更低、环境更好上，这是未来所有创新型国际城市核心竞争力的内核。深圳房价暴涨直接推高了人居成本，高房价和高物价，不仅使深圳吸引优秀创新人才的优势丧失，而且也对深圳打造创新型城市造成了不利影响和形成了较大制约。

2. 促进创新型城市建设的城市创新体系不尽完善

从总体上看，深圳市与发达国家和地区的创新型城市相比，事实上仍存在较大的差距和不足：其一是高新技术创新体系尚待进一步完善，表现为既没有著名大学和相关的科研院所，基础研究严重不足，又没有为应用研究注入强大的动力，缺乏源头创新的能力与活力等。其二是高新技术产业的根基还须夯实，原创技术和核心关键技术仍有缺失。其三是城市科技管理体制还不适应快速发展的市场经济变化和高新自主创新企业发展的要求，部门利益分割、多头管理、职能错位等问题仍然存在，在吸引人才、土地厂房资源配置、政府采购、财政资助等方面也还没有形成强大的协同一致的创新激励政策。

3. 科技创新与发展的金融支持仍然不够

经过多年的努力，尽管深圳各金融机构已经创造了一些为创新型中小微科技企业服务的融资产品，但深圳尚未形成专门从事为创新型中小微企业服务的正式金融机构。风险投资和天使投资机构与科技创新中小微企业之间还存在信息不对称，联系不紧密，创新型科技中小微企业与深圳市各类金融机构之间的交流和沟通机制不完善，创投、天使公司从风险考虑去做创新初期的投资决策还偏少等问题。

从深圳市财政科技投入的管理体制和运行机制看，科技部门具体负责管理科技项目的申报，财政部门要不断加强对科技申报项目的审查、评估、可行性论证及其实地考察等工作。但因科技立项所涉及专业比较复杂，容易出现对项目的理解与资金管理的要求之间存在很大的差距，这在一定程度上导致了资金管理与项目管理脱节。今后财政科技投入的管理运行体制与机制还需要改革完善，财政资金主管机关和科技主管部门之间的业务协作性还要加强和进一步理顺。

4. 创新公共平台建设仍存在不足

城市自主创新的核心环节是基础研究、技术创造、技术转移和成果转化，而公共创新平台是解决技术成果向市场转化的关键。但目前，深圳在自主创新的发展过程中，创新公共平台发展仍存在显著不足，平台类型仍不够丰富（如缺少公共信息平台），建设和运营机制存在弊端，创新公共平台组织中的一些科技中介机构存在主营业务严重欠缺、同质竞争严重、市场机制不健全、缺乏高端服务等问题，一些行业的公共技术平台发展滞后于相关产业的发展，平台的投入不足，平台对企业的服务尚不到位，未能有效帮助企业实现整体创新能力的提升。

5. 城市短板对深圳创新的可持续发展构成障碍

经过30多年的努力，虽然深圳在发展社会事业上取得了巨大成就，但社会事业发展仍明显滞后于经济的发展，因人口的快速增长所导致的社会事业需求扩张，社会事业的整体投入不足，社会公共服务和公共产品供应不足，社会公共服务和公共产品和与市民日益增长的需求之间存在较大缺口。相比之下，在社会事业发展方面，深圳不仅与国际先进城市如新加坡、中国香港差距较大，而且与国内一线城市也有一定的差距。这样的差距使深圳不仅与其作为国家创新型城市的地位不匹配，而且与深圳建设现代化国际化创新型城市的目标相背离。

三　进一步深化城市创新的对策建议

建设创新型城市是深圳贯彻党的十九大精神，争当新时期社会主义现代化先进示范市所应完成的重大战略任务，为全面推动深圳建设成为国家可持续发展创新示范区，本文提出以下几项具体的政策建议。

1. 构建具有国际化水准及功能完善的城市创新生态体系

创新生态圈是一个"丛林"的概念，是有生命活力的生态丛林，是从系统创新的基本要素来考虑系统整体。国际化创新型城市的崛起不单是依靠一般的资本或要素的积累方式，也不单是靠扩大城市规模，还要在城市发展模式转换、功能更新、产业体系重塑、空间结构调整、社会机体改造、生态环境改善等基础上，迅速提升城市能级水平，提高在全国、全球城市网络体系中的竞争与合作能力。

深圳今后要按照创新系统的基本要求来构建城市创新体系，高效开放，全面统筹整合国际国内一切的创新要素，特别要重视创新发展的系统性和协同性，要把技术、人才、资金、管理、企业家精神、文化和社会等多因素全面调动起来，把理念与机制创新、技术与产业创新、制度与管理和服务创新作为系统整体来推进城市创新功能建设，构建深圳完善的城市创新生态链。

2. 塑造满足城市创新发展要求的城市治理体系

在创建国际化创新型城市的进程中，政府和其他公共服务机构不仅要在服务理念和管理思想、组织架构、管理服务模式等方面进行创新，而且要与时俱进，增强城市服务功能，不断满足开放竞争格局下的各种资金及人员需要，不断为深圳创新发展提供各种服务。

今后深圳市政府的服务与管理创新的重点应该是：首先，不断完善政策法规，优化市场环境和服务环境，完善地方的科技创新立法，依法促进科技创新。其次，应该进一步对本市科技创新资源进行整合，增强深圳聚集和配置国内外各种创新资源的能力，强化区域创新体系和公共创新服务平台的功能，以推进深圳自主创新能力的提高及自主创新产品和技术的开发与推广。再次，要将衡量创新的关键要素指标水平作为市区政府服务考核的内容，合力推进创新服务体系的完善，为创新活动提供良好和必要的公共产品和公共服务，为深圳迈向国际化创新型城市提供更强大的保障。

3. 进一步推动创业投资业蓬勃发展

为进一步推动创业投资业发展，再振深圳创投雄风，建议继续强化以下几项工作：一是要加快完善创投引导基金的运作。引导创业投资向早期项目投资，突出引导功能和"母基金"放大作用，扩大社会资本在种子期、起步期等创业早期的覆盖面，不断探索完善创业板市场，疏通风险资本的退出渠道。二是继续实施扶持风险投资的政策措施。深圳出台了一系列鼓励风险投资的法规和政策，但政策的执行情况还有待进一步落实和推进，应大力鼓励国内外投资机构和个人开展天使投资业务，完善风险投资项目的利益补偿和风险分担机制。支持发展前海股权交易中心，对挂牌企业提供更多的增值服务，建立全国非上市公司的股权交易中心。三是深化和完善针对创新型科技中小微企业的金融服务体系。充分发挥现有银行金融系统的作用，采取优惠措施鼓励和支持商业银行发展，把科技型中小高新技术企业或组织作为集中的服务对象，加强对科技型中小高新技术企业或组织的信贷支持。

4. 进一步完善公共技术平台建设

建设公共技术创新平台是推动城市科技创新和新兴产业发展的引擎。未来深圳应根据公共技术平台建设目前尚缺乏"国字号"标准以及落后于某些行业发展水平的状况，及时调整公共技术平台的规划内容，使公共技术平台赶上或超越某些行业的整体水平。尤其需要重点关注三类公共技术平台的建设：第一类为标准化服务体系，第二类为计量服务体系，第三类为检验检测体系。

5. 创新发展新型科研机构助推源头创新

新型科研机构是指一批汇集了国际尖端人才和团队、具有国际一流的研发条件和水平的创新平台。建设高层次新型科研机构，就是构建先进的科学技术发现、科学基础研究、重大技术突破和高水平人才培养的重要载体和源头。

新型科研机构不仅破除了传统科研机构束缚创新的陈旧观念和体制弊端，还能通过体制机制的创新，充分释放科研机构的创新活力。对此，深圳应研究制定有针对性的扶持政策，为新型科研机构营造良好发展环境，进一步明确新型研究技术创新机构在创新体系中的定位和重要作用，进一步对新型科研机构的体制和机制进行改革与完善，制定一揽子扶持政策，支持新型科研机构的进一步发展。鼓励以多种形式创办新型科研机构，引导大型科研机构和国内外知名院校来深建立新型科技创新平台，支持海外创新研发团队来深设立民营科研机构，进一步发挥新型科研机构对创新活动的支持作用。

6. 继续强化企业在自主创新中的主体地位和企业家的关键地位

深圳要加快培养大批具有自主创新意识和创新精神的企业家，通过企业家群体的影响和召唤，搭建企业创新平台，凝聚越来越多的创新要素和技术创新人才来实现创新发展。因此，政府应始终不渝地营造良好的创新文化氛围，依靠法律并借助社会力量，努力为企业家营造出一个更加和谐、顺畅、宽松、安定的社会氛围和经营环境，宣传企业家的创业历程，在社会上更好地营造尊重企业家、理解企业家的舆论氛围，为企业家及企业经营管理者建立一个完善的合法权益保障机制，提高企业家的社会地位，增强他们勇于改革的光荣感、使命感和敢为天下先的开拓创新精神，切实维护好企业家的各项合法权益。只有切实强化科技创新型民营中小企业作为自主创新活动主体的核心地位，才能进一步吸引和培养更多的创新型企业家，使深圳成为企业家的天堂，使深圳的企业家全身心地投入企业发展建设中，充分发挥他们的工作积极性、创造性，为深圳建设国际化创新型城市贡献更大的力量。

7. 努力营造促进城市创新的良好社会环境

深圳是座新兴的移民城市，为了更进一步增强深圳市民的归属感和认同感，在新时期需要以多种形式进一步宣传深圳文化的内涵和特质，不断增强人们对深圳的认识和认同感，以深圳为荣耀，为深圳而付出，培育多元创新文化，弘扬特区创新精神，继承鼓励创新、宽容失败的特区文化传统，进一步塑造和提升城市的创新精神。以此为基础，培育并形成深圳人的和谐、协作、开放、创新的精神文化，大力推进文化事业和文化产业创新，提升城市整体功能和形象，从根本上将深圳打造成为创新型城市的楷模。

B.15
深圳与世界三大湾区核心城市比较研究

邓志旺[*]

摘　要： 粤港澳大湾区的规划建设已经成为国家战略，并以世界三大湾区作为发展目标。深圳作为粤港澳大湾区核心城市，必将承担重要的职责。本文通过将深圳与世界三大湾区核心城市纽约、旧金山和东京都做比较，发现深圳的优势和劣势，并进一步提升深圳的聚核作用。

关键词： 湾区经济　粤港澳大湾区　核心城市

一　研究背景

2017年3月5日，李克强总理所做的《政府工作报告》提出："研究制

---

[*] 邓志旺，深圳职业技术学院管理学院。

定粤港澳大湾区城市群发展规划。"这是在国家层面首次提到"粤港澳大湾区"这一概念，并且将牵头"研究制定粤港澳城市群发展规划"。

事实上，学界和地方政府等早就对粤港澳大湾区进行了积极的探索和构想。2009年，学界就提出了粤港澳大湾区的设想，并得到政府的积极回应。2015年3月，由国务院授权，国家发改委等三部门共同发布了《推动共建丝绸之路经济带和21世纪海上丝绸之路的愿景与行动》，在该文件中出现了"深化与港澳台合作，打造粤港澳大湾区"的表述。在地方政府方面，深圳对于发展湾区经济最为积极主动。在《深圳市国民经济和社会发展第十三个五年规划纲要》中，共有六处提及"粤港澳大湾区"，并在"第九章建设更具竞争力影响力的国际化城市"中专门用整整一节的篇幅来描绘深圳打算如何推进粤港澳大湾区的建设。这一节名为"携手推进粤港澳大湾区建设"，重点强调"优化湾区开发强度梯次，构建世界级滨海天际线，打造国际一流水准的湾区都市景观，彰显湾区名城国际魅力。积极推动粤港澳大湾区基础设施全面对接和发展要素高效流动，促进发展创新、增长联动、利益融合，形成最具发展空间和增长潜力的世界级经济区域"。[①]

广州、珠海、东莞等城市也有类似的表述，如广州"十三五"发展规划中有"携手港澳打造珠三角世界级城市群"的说法。香港规划署署长凌嘉勤在"泛珠区域协同发展论坛"上指出，香港的城市规划、提供的空间条件都将促进粤港澳大湾区可持续发展，在扩大发展容量的同时扩大环境容量，让大湾区可持续、均衡发展。

综合来看，各界都对粤港澳大湾区的规划和建设充满期待。粤港澳大湾区为何成为国家战略？原因很多，其中最重要的恐怕就是粤港澳大湾区将是代表国家参与世界竞争的重要载体。湾区是世界经济发展的一种趋势，主要体现为资金、资源、人才、人口等的高度聚集。根据相关研究，全球经济总量的60%左右分布在入海口，全球75%的大城市、70%的工业资本和人口

---

① 引自《深圳市国民经济和社会发展第十三个五年规划纲要》。

均集聚在距海岸100公里范围内的海岸带区域。① 全球出现了公认的三大湾区——纽约湾区、旧金山湾区、东京湾区。这三大湾区均具有湾区经济的典型特征，如高度开放的经济体系、高效的资源配置能力、强大的对外聚集功能和发达的国际交往网络，是带动全球经济发展的重要增长极和引领技术变革的排头兵。国家之间的竞争，最主要的是看有没有世界级的湾区和湾区背后的城市群。没有世界级的湾区，没有世界级的城市群，国家和产业就难以具备国际竞争力和领导力。

目前，媒体和民间普遍以粤港澳大湾区比肩世界三大湾区，并视深圳为粤港澳大湾区核心城市。实际上，深圳在经济总量、经济活跃程度、科技创新等方面的确具备了一定的优势，但与世界三大湾区的核心城市相比，深圳仍有不小的差距。为了更好地助力深圳真正成长为粤港澳大湾区核心城市，我们特别选取了纽约湾区的纽约市、旧金山湾区的旧金山市和东京湾区的东京都这三大湾区核心城市与深圳进行一个横向比较，以便总结优势，发现差距，并找到深圳未来发展的方向。

二 深圳与三大湾区核心城市的比较

我们主要从城市空间、人口数量、经济总量等方面对深圳与三大湾区核心城市进行比较。

（一）空间与人口比较

深圳土地面积不到2000平方公里，只有北京的1/8、不到上海的1/3、广州的1/4强，空间狭小是深圳发展的制约因素之一，所以民间对深圳扩容的呼声不绝。

然而，对标纽约、东京都和旧金山三大城市来看，深圳却一点也不小。首先补充一个概念，纽约有大小之分（大纽约即纽约都市区，小纽约即纽

---

① 引自《全球60%经济总量集中在入海口》，《信息时报》2017年3月9日。

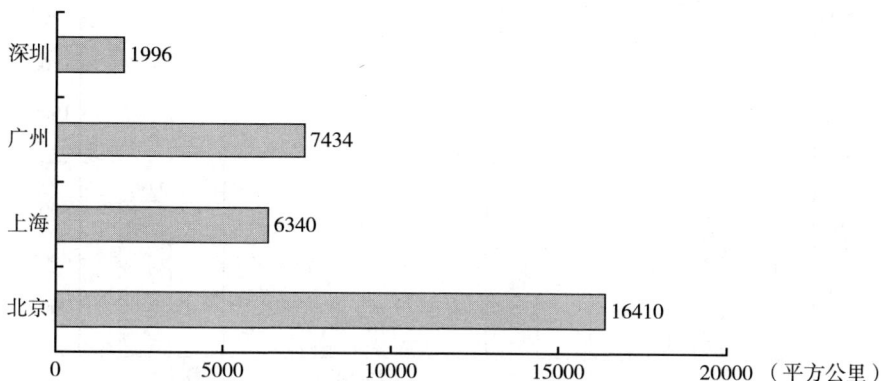

图1　国内四大一线城市辖区面积比较

约市，两者覆盖范围有十倍的差别），旧金山和东京都也有同样的情况。国内很多研究把都市区与都市圈混淆了，导致研究数据错漏百出。下面我们对城市而非都市圈范畴进行比较。

（1）纽约市：辖区陆地面积790平方公里，一共有曼哈顿、皇后区、布鲁克林区、布朗克斯区和史泰登岛区5个区。城市人口总数为827万，是美国人口最多的城市。

（2）东京都："东京市"的准确名称为东京都，辖区面积2188平方公里，有中央区、港区、千代田区等23个区，多摩地区及部分海岛。东京都人口1329万人，是日本人口第一大城市。

（3）旧金山市：辖区面积只有116平方公里，城市人口总数71万人，是美国人口排名第10的城市，是美国西海岸的金融中心和国家贸易中心。

（4）深圳市：辖区面积1996平方公里，一共有福田、罗湖、南山等10个区（含新区）。城市常住人口总数为1148万人，是中国人口排名第4的城市。

从辖区面积和人口数来看，三大湾区核心城市只有东京都略大于深圳，纽约市和旧金山市均远远小于深圳。纽约市的辖区面积仅相当于深圳的约40%，旧金山市相当于深圳的5.8%。纽约市的人口数相当于深圳的72%，旧金山市相当于深圳的6.2%。

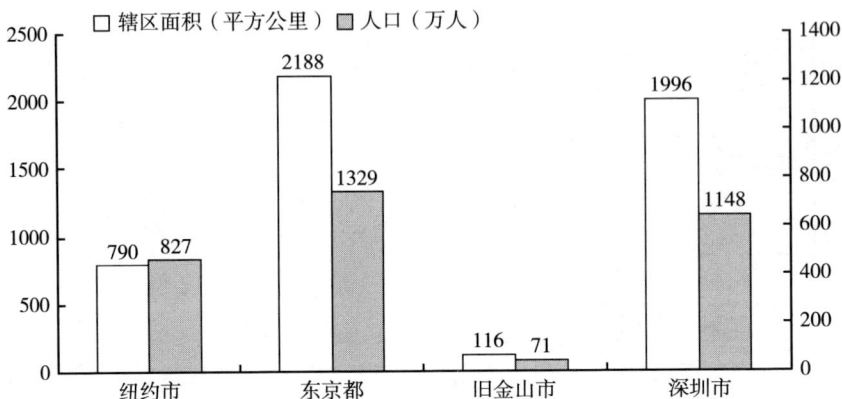

图2　深圳与三大湾区核心城市面积及人口数比较

（二）经济总量及其在湾区的占比

经济实力是衡量城市能否成为湾区核心城市的首要指标。经济实力一方面体现在绝对量方面，另一方面体现在经济在整个湾区的占比（或者说分量）方面。经济总量越大，经济总量在整个湾区的占比越高，说明这个城市的核心度越高，对外辐射和带动能力越强。

（1）纽约市：经济总量在全球城市中排第2名（略落后于东京都），2016年GDP达到9007亿美元，占到纽约湾区经济总量的58%，是湾区绝对的核心和引擎。纽约市是全球金融中心（排名第2）、时尚创意发源地，同时还是联合国总部所在地。

（2）东京都：经济总量在全球城市中排第1名，2016年GDP达到9473亿美元，占到东京湾区经济总量的43%，是湾区的神经中枢。东京都同样是全球金融中心（排名第5），是世界高端制造业集聚地。

（3）旧金山市：经济总量在全球城市中排第10名，2016年GDP达到3943亿美元，占到旧金山湾区经济总量的50%，是湾区的经济贸易、商务和商业中心。旧金山市是全球金融中心（排名第6），全美仅次于纽约的银行业集聚地。

社长致辞

蓦然回首，皮书的专业化历程已经走过了二十年。20年来从一个出版社的学术产品名称到媒体热词再到智库成果研创及传播平台，皮书以专业化为主线，进行了系列化、市场化、品牌化、数字化、国际化、平台化的运作，实现了跨越式的发展。特别是在党的十八大以后，以习近平总书记为核心的党中央高度重视新型智库建设，皮书也迎来了长足的发展，总品种达到600余种，经过专业评审机制、淘汰机制遴选，目前，每年稳定出版近400个品种。"皮书"已经成为中国新型智库建设的抓手，成为国际国内社会各界快速、便捷地了解真实中国的最佳窗口。

20年孜孜以求，"皮书"始终将自己的研究视野与经济社会发展中的前沿热点问题紧密相连。600个研究领域，3万多位分布于800余个研究机构的专家学者参与了研创写作。皮书数据库中共收录了15万篇专业报告，50余万张数据图表，合计30亿字，每年报告下载量近80万次。皮书为中国学术与社会发展实践的结合提供了一个激荡智力、传播思想的入口，皮书作者们用学术的话语、客观翔实的数据谱写出了中国故事壮丽的篇章。

20年跬步千里，"皮书"始终将自己的发展与时代赋予的使命与责任紧紧相连。每年百余场新闻发布会，10万余次中外媒体报道，中、英、俄、日、韩等12个语种共同出版。皮书所具有的凝聚力正在形成一种无形的力量，吸引着社会各界关注中国的发展，参与中国的发展，它是我们向世界传递中国声音、总结中国经验、争取中国国际话语权最主要的平台。

皮书这一系列成就的取得，得益于中国改革开放的伟大时代，离不开来自中国社会科学院、新闻出版广电总局、全国哲学社会科学规划办公室等主管部门的大力支持和帮助，也离不开皮书研创者和出版者的共同努力。他们与皮书的故事创造了皮书的历史，他们对皮书的拳拳之心将继续谱写皮书的未来！

现在，"皮书"品牌已经进入了快速成长的青壮年时期。全方位进行规范化管理，树立中国的学术出版标准；不断提升皮书的内容质量和影响力，搭建起中国智库产品和智库建设的交流服务平台和国际传播平台；发布各类皮书指数，并使之成为中国指数，让中国智库的声音响彻世界舞台，为人类的发展做出中国的贡献——这是皮书未来发展的图景。作为"皮书"这个概念的提出者，"皮书"从一般图书到系列图书和品牌图书，最终成为智库研究和社会科学应用对策研究的知识服务和成果推广平台这整个过程的操盘者，我相信，这也是每一位皮书人执着追求的目标。

"当代中国正经历着我国历史上最为广泛而深刻的社会变革，也正在进行着人类历史上最为宏大而独特的实践创新。这种前无古人的伟大实践，必将给理论创造、学术繁荣提供强大动力和广阔空间。"

在这个需要思想而且一定能够产生思想的时代，皮书的研创出版一定能创造出新的更大的辉煌！

社会科学文献出版社社长
中国社会学会秘书长

2017年11月

社会科学文献出版社简介

社会科学文献出版社（以下简称"社科文献出版社"）成立于1985年，是直属于中国社会科学院的人文社会科学学术出版机构。成立至今，社科文献出版社始终依托中国社会科学院和国内外人文社会科学界丰厚的学术出版和专家学者资源，坚持"创社科经典，出传世文献"的出版理念、"权威、前沿、原创"的产品定位以及学术成果和智库成果出版的专业化、数字化、国际化、市场化的经营道路。

社科文献出版社是中国新闻出版业转型与文化体制改革的先行者。积极探索文化体制改革的先进方向和现代企业经营决策机制，社科文献出版社先后荣获"全国文化体制改革工作先进单位"、中国出版政府奖·先进出版单位奖，中国社会科学院先进集体、全国科普工作先进集体等荣誉称号。多人次荣获"第十届韬奋出版奖""全国新闻出版行业领军人才""数字出版先进人物""北京市新闻出版广电行业领军人才"等称号。

社科文献出版社是中国人文社会科学学术出版的大社名社，也是以皮书为代表的智库成果出版的专业强社。年出版图书2000余种，其中皮书400余种，出版新书字数5.5亿字，承印与发行中国社科院院属期刊72种，先后创立了皮书系列、列国志、中国史话、社科文献学术译库、社科文献学术文库、甲骨文书系等一大批既有学术影响又有市场价值的品牌，确立了在社会学、近代史、苏东问题研究等专业学科及领域出版的领先地位。图书多次荣获中国出版政府奖、"三个一百"原创图书出版工程、"五个'一'工程奖"、"大众喜爱的50种图书"等奖项，在中央国家机关"强素质·做表率"读书活动中，入选图书品种数位居各大出版社之首。

社科文献出版社是中国学术出版规范与标准的倡议者与制定者，代表全国50多家出版社发起实施学术著作出版规范的倡议，承担学术著作规范国家标准的起草工作，率先编撰完成《皮书手册》对皮书品牌进行规范化管理，并在此基础上推出中国版芝加哥手册——《社科文献出版社学术出版手册》。

社科文献出版社是中国数字出版的引领者，拥有皮书数据库、列国志数据库、"一带一路"数据库、减贫数据库、集刊数据库等4大产品线11个数据库产品，机构用户达1300余家，海外用户百余家，荣获"数字出版转型示范单位""新闻出版标准化先进单位""专业数字内容资源知识服务模式试点企业标准化示范单位"等称号。

社科文献出版社是中国学术出版走出去的践行者。社科文献出版社海外图书出版与学术合作业务遍及全球40余个国家和地区，并于2016年成立俄罗斯分社，累计输出图书500余种，涉及近20个语种，累计获得国家社科基金中华学术外译项目资助76种、"丝路书香工程"项目资助60种、中国图书对外推广计划项目资助71种以及经典中国国际出版工程资助28种，被五部委联合认定为"2015-2016年度国家文化出口重点企业"。

如今，社科文献出版社完全靠自身积累拥有固定资产3.6亿元，年收入3亿元，设置了七大出版分社、六大专业部门，成立了皮书研究院和博士后科研工作站，培养了一支近400人的高素质与高效率的编辑、出版、营销和国际推广队伍，为未来成为学术出版的大社、名社、强社，成为文化体制改革与文化企业转型发展的排头兵奠定了坚实的基础。

宏观经济类

经济蓝皮书
2018 年中国经济形势分析与预测

李平 / 主编　2017 年 12 月出版　定价：89.00 元

◆　本书为总理基金项目，由著名经济学家李扬领衔，联合中国社会科学院等数十家科研机构、国家部委和高等院校的专家共同撰写，系统分析了 2017 年的中国经济形势并预测 2018 年中国经济运行情况。

城市蓝皮书
中国城市发展报告 No.11

潘家华　单菁菁 / 主编　2018 年 9 月出版　估价：99.00 元

◆　本书是由中国社会科学院城市发展与环境研究中心编著的，多角度、全方位地立体展示了中国城市的发展状况，并对中国城市的未来发展提出了许多建议。该书有强烈的时代感，对中国城市发展实践有重要的参考价值。

人口与劳动绿皮书
中国人口与劳动问题报告 No.19

张车伟 / 主编　2018 年 10 月出版　估价：99.00 元

◆　本书为中国社会科学院人口与劳动经济研究所主编的年度报告，对当前中国人口与劳动形势做了比较全面和系统的深入讨论，为研究中国人口与劳动问题提供了一个专业性的视角。

中国省域竞争力蓝皮书

中国省域经济综合竞争力发展报告（2017～2018）

李建平　李闽榕　高燕京/主编　2018年5月出版　估价：198.00元

◆　本书融多学科的理论为一体，深入追踪研究了省域经济发展与中国国家竞争力的内在关系，为提升中国省域经济综合竞争力提供有价值的决策依据。

金融蓝皮书

中国金融发展报告（2018）

王国刚/主编　2018年6月出版　估价：99.00元

◆　本书由中国社会科学院金融研究所组织编写，概括和分析了2017年中国金融发展和运行中的各方面情况，研讨和评论了2017年发生的主要金融事件，有利于读者了解掌握2017年中国的金融状况，把握2018年中国金融的走势。

区 域 经 济 类

京津冀蓝皮书

京津冀发展报告（2018）

祝合良　叶堂林　张贵祥/等著　2018年6月出版　估价：99.00元

◆　本书遵循问题导向与目标导向相结合、统计数据分析与大数据分析相结合、纵向分析和长期监测与结构分析和综合监测相结合等原则，对京津冀协同发展新形势与新进展进行测度与评价。

社会政法类

社会蓝皮书

2018年中国社会形势分析与预测

李培林　陈光金　张翼/主编　2017年12月出版　定价：89.00元

◆　本书由中国社会科学院社会学研究所组织研究机构专家、高校学者和政府研究人员撰写，聚焦当下社会热点，对2017年中国社会发展的各个方面内容进行了权威解读，同时对2018年社会形势发展趋势进行了预测。

法治蓝皮书

中国法治发展报告 No.16（2018）

李林　田禾/主编　2018年3月出版　定价：128.00元

◆　本年度法治蓝皮书回顾总结了2017年度中国法治发展取得的成就和存在的不足，对中国政府、司法、检务透明度进行了跟踪调研，并对2018年中国法治发展形势进行了预测和展望。

教育蓝皮书

中国教育发展报告（2018）

杨东平/主编　2018年3月出版　定价：89.00元

◆　本书重点关注了2017年教育领域的热点，资料翔实，分析有据，既有专题研究，又有实践案例，从多角度对2017年教育改革和实践进行了分析和研究。

社会体制蓝皮书

中国社会体制改革报告 No.6（2018）

龚维斌 / 主编　2018 年 3 月出版　定价：98.00 元

◆　本书由国家行政学院社会治理研究中心和北京师范大学中国社会管理研究院共同组织编写，主要对 2017 年社会体制改革情况进行回顾和总结，对 2018 年的改革走向进行分析，提出相关政策建议。

社会心态蓝皮书

中国社会心态研究报告（2018）

王俊秀　杨宜音 / 主编　2018 年 12 月出版　估价：99.00 元

◆　本书是中国社会科学院社会学研究所社会心理研究中心"社会心态蓝皮书课题组"的年度研究成果，运用社会心理学、社会学、经济学、传播学等多种学科的方法进行了调查和研究，对于目前中国社会心态状况有较广泛和深入的揭示。

华侨华人蓝皮书

华侨华人研究报告（2018）

贾益民 / 主编　2017 年 12 月出版　估价：139.00 元

◆　本书关注华侨华人生产与生活的方方面面。华侨华人是中国建设 21 世纪海上丝绸之路的重要中介者、推动者和参与者。本书旨在全面调研华侨华人，提供最新涉侨动态、理论研究成果和政策建议。

民族发展蓝皮书

中国民族发展报告（2018）

王延中 / 主编　2018 年 10 月出版　估价：188.00 元

◆　本书从民族学人类学视角，研究近年来少数民族和民族地区的发展情况，展示民族地区经济、政治、文化、社会和生态文明"五位一体"建设取得的辉煌成就和面临的困难挑战，为深刻理解中央民族工作会议精神、加快民族地区全面建成小康社会进程提供了实证材料。

产业经济类

房地产蓝皮书

中国房地产发展报告 No.15（2018）

李春华　王业强／主编　2018 年 5 月出版　估价：99.00 元

◆　2018 年《房地产蓝皮书》持续追踪中国房地产市场最新动态，深度剖析市场热点，展望 2018 年发展趋势，积极谋划应对策略。对 2017 年房地产市场的发展态势进行全面、综合的分析。

新能源汽车蓝皮书

中国新能源汽车产业发展报告（2018）

中国汽车技术研究中心　日产（中国）投资有限公司

东风汽车有限公司／编著　2018 年 8 月出版　估价：99.00 元

◆　本书对中国 2017 年新能源汽车产业发展进行了全面系统的分析，并介绍了国外的发展经验。有助于相关机构、行业和社会公众等了解中国新能源汽车产业发展的最新动态，为政府部门出台新能源汽车产业相关政策法规、企业制定相关战略规划，提供必要的借鉴和参考。

行业及其他类

旅游绿皮书

2017～2018 年中国旅游发展分析与预测

中国社会科学院旅游研究中心／编　2018 年 1 月出版　定价：99.00 元

◆　本书从政策、产业、市场、社会等多个角度勾画出 2017 年中国旅游发展全貌，剖析了其中的热点和核心问题，并就未来发展作出预测。

民营医院蓝皮书

中国民营医院发展报告（2018）

薛晓林／主编　2018 年 11 月出版　估价：99.00 元

◆　本书在梳理国家对社会办医的各种利好政策的前提下，对我国民营医疗发展现状、我国民营医院竞争力进行了分析，并结合我国医疗体制改革对民营医院的发展趋势、发展策略、战略规划等方面进行了预估。

会展蓝皮书

中外会展业动态评估研究报告（2018）

张敏／主编　　2018 年 12 月出版　估价：99.00 元

◆　本书回顾了 2017 年的会展业发展动态，结合"供给侧改革"、"互联网 +"、"绿色经济"的新形势分析了我国展会的行业现状，并介绍了国外的发展经验，有助于行业和社会了解最新的展会业动态。

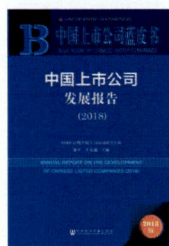

中国上市公司蓝皮书

中国上市公司发展报告（2018）

张平　王宏淼／主编　　2018 年 9 月出版　　估价：99.00 元

◆　本书由中国社会科学院上市公司研究中心组织编写的，着力于全面、真实、客观反映当前中国上市公司财务状况和价值评估的综合性年度报告。本书详尽分析了 2017 年中国上市公司情况，特别是现实中暴露出的制度性、基础性问题，并对资本市场改革进行了探讨。

工业和信息化蓝皮书

人工智能发展报告（2017 ~ 2018）

尹丽波／主编　　2018 年 6 月出版　　估价：99.00 元

◆　本书国家工业信息安全发展研究中心在对 2017 年全球人工智能技术和产业进行全面跟踪研究基础上形成的研究报告。该报告内容翔实、视角独特，具有较强的产业发展前瞻性和预测性，可为相关主管部门、行业协会、企业等全面了解人工智能发展形势以及进行科学决策提供参考。

国际问题与全球治理类

世界经济黄皮书

2018年世界经济形势分析与预测

张宇燕 / 主编　2018年1月出版　定价：99.00元

◆　本书由中国社会科学院世界经济与政治研究所的研究团队撰写，分总论、国别与地区、专题、热点、世界经济统计与预测等五个部分，对2018年世界经济形势进行了分析。

国际城市蓝皮书

国际城市发展报告（2018）

屠启宇 / 主编　2018年2月出版　定价：89.00元

◆　本书作者以上海社会科学院从事国际城市研究的学者团队为核心，汇集同济大学、华东师范大学、复旦大学、上海交通大学、南京大学、浙江大学相关城市研究专业学者。立足动态跟踪介绍国际城市发展时间中，最新出现的重大战略、重大理念、重大项目、重大报告和最佳案例。

非洲黄皮书

非洲发展报告 No.20（2017～2018）

张宏明 / 主编　2018年7月出版　估价：99.00元

◆　本书是由中国社会科学院西亚非洲研究所组织编撰的非洲形势年度报告，比较全面、系统地分析了2017年非洲政治形势和热点问题，探讨了非洲经济形势和市场走向，剖析了大国对非洲关系的新动向；此外，还介绍了国内非洲研究的新成果。

国别类

美国蓝皮书

美国研究报告（2018）

郑秉文　黄平／主编　2018年5月出版　估价：99.00元

◆　本书是由中国社会科学院美国研究所主持完成的研究成果，它回顾了美国2017年的经济、政治形势与外交战略，对美国内政外交发生的重大事件及重要政策进行了较为全面的回顾和梳理。

德国蓝皮书

德国发展报告（2018）

郑春荣／主编　2018年6月出版　估价：99.00元

◆　本报告由同济大学德国研究所组织编撰，由该领域的专家学者对德国的政治、经济、社会文化、外交等方面的形势发展情况，进行全面的阐述与分析。

俄罗斯黄皮书

俄罗斯发展报告（2018）

李永全／编著　2018年6月出版　估价：99.00元

◆　本书系统介绍了2017年俄罗斯经济政治情况，并对2016年该地区发生的焦点、热点问题进行了分析与回顾；在此基础上，对该地区2018年的发展前景进行了预测。

文 化 传 媒 类

新媒体蓝皮书

中国新媒体发展报告 No.9（2018）

唐绪军 / 主编　2018 年 6 月出版　估价：99.00 元

◆　本书是由中国社会科学院新闻与传播研究所组织编写的关于新媒体发展的最新年度报告，旨在全面分析中国新媒体的发展现状，解读新媒体的发展趋势，探析新媒体的深刻影响。

移动互联网蓝皮书

中国移动互联网发展报告（2018）

余清楚 / 主编　2018 年 6 月出版　估价：99.00 元

◆　本书着眼于对 2017 年度中国移动互联网的发展情况做深入解析，对未来发展趋势进行预测，力求从不同视角、不同层面全面剖析中国移动互联网发展的现状、年度突破及热点趋势等。

文化蓝皮书

中国文化消费需求景气评价报告（2018）

王亚南 / 主编　2018 年 3 月出版　定价：99.00 元

◆　本书首创全国文化发展量化检测评价体系，也是至今全国唯一的文化民生量化检测评价体系，对于检验全国及各地 " 以人民为中心 " 的文化发展具有首创意义。

地方发展类

北京蓝皮书

北京经济发展报告（2017～2018）

杨松/主编　2018年6月出版　估价：99.00元

◆　本书对2017年北京市经济发展的整体形势进行了系统性的分析与回顾，并对2018年经济形势走势进行了预测与研判，聚焦北京市经济社会发展中的全局性、战略性和关键领域的重点问题，运用定量和定性分析相结合的方法，对北京市经济社会发展的现状、问题、成因进行了深入分析，提出了可操作性的对策建议。

温州蓝皮书

2018年温州经济社会形势分析与预测

蒋儒标　王春光　金浩/主编　2018年6月出版　估价：99.00元

◆　本书是中共温州市委党校和中国社会科学院社会学研究所合作推出的第十一本温州蓝皮书，由来自党校、政府部门、科研机构、高校的专家、学者共同撰写的2017年温州区域发展形势的最新研究成果。

黑龙江蓝皮书

黑龙江社会发展报告（2018）

王爱丽/主编　2018年1月出版　定价：89.00元

◆　本书以千份随机抽样问卷调查和专题研究为依据，运用社会学理论框架和分析方法，从专家和学者的独特视角，对2017年黑龙江省关系民生的问题进行广泛的调研与分析，并对2017年黑龙江省诸多社会热点和焦点问题进行了有益的探索。这些研究不仅可以为政府部门更加全面深入了解省情、科学制定决策提供智力支持，同时也可以为广大读者认识、了解、关注黑龙江社会发展提供理性思考。

宏观经济类

城市蓝皮书
中国城市发展报告（No.11）
著(编)者：潘家华 单菁菁
2018年9月出版 / 估价：99.00元
PSN B-2007-091-1/1

城乡一体化蓝皮书
中国城乡一体化发展报告（2018）
著(编)者：付崇兰
2018年9月出版 / 估价：99.00元
PSN B-2011-226-1/2

城镇化蓝皮书
中国新型城镇化健康发展报告（2018）
著(编)者：张占斌
2018年8月出版 / 估价：99.00元
PSN B-2014-396-1/1

创新蓝皮书
创新型国家建设报告（2018~2019）
著(编)者：詹正茂
2018年12月出版 / 估价：99.00元
PSN B-2009-140-1/1

低碳发展蓝皮书
中国低碳发展报告（2018）
著(编)者：张希良 齐晔
2018年6月出版 / 估价：99.00元
PSN B-2011-223-1/1

低碳经济蓝皮书
中国低碳经济发展报告（2018）
著(编)者：薛进军 赵忠秀
2018年11月出版 / 估价：99.00元
PSN B-2011-194-1/1

发展和改革蓝皮书
中国经济发展和体制改革报告No.9
著(编)者：邹东涛 王再文
2018年1月出版 / 估价：99.00元
PSN B-2008-122-1/1

国家创新蓝皮书
中国创新发展报告（2017）
著(编)者：陈劲 2018年5月出版 / 估价：99.00元
PSN B-2014-370-1/1

金融蓝皮书
中国金融发展报告（2018）
著(编)者：王国刚
2018年6月出版 / 估价：99.00元
PSN B-2004-031-1/7

经济蓝皮书
2018年中国经济形势分析与预测
著(编)者：李平 2017年12月出版 / 定价：89.00元
PSN B-1996-001-1/1

经济蓝皮书春季号
2018年中国经济前景分析
著(编)者：李扬 2018年5月出版 / 估价：99.00元
PSN B-1999-008-1/1

经济蓝皮书夏季号
中国经济增长报告（2017~2018）
著(编)者：李扬 2018年9月出版 / 估价：99.00元
PSN B-2010-176-1/1

农村绿皮书
中国农村经济形势分析与预测（2017~2018）
著(编)者：魏后凯 黄秉信
2018年4月出版 / 定价：99.00元
PSN G-1998-003-1/1

人口与劳动绿皮书
中国人口与劳动问题报告No.19
著(编)者：张车伟 2018年11月出版 / 估价：99.00元
PSN G-2000-012-1/1

新型城镇化蓝皮书
新型城镇化发展报告（2017）
著(编)者：李伟 宋敏
2018年3月出版 / 定价：98.00元
PSN B-2005-038-1/1

中国省域竞争力蓝皮书
中国省域经济综合竞争力发展报告（2016~2017）
著(编)者：李建平 李闽榕
2018年2月出版 / 定价：198.00元
PSN B-2007-088-1/1

中小城市绿皮书
中国中小城市发展报告（2018）
著(编)者：中国城市经济学会中小城市经济发展委员会
中国城镇化促进会中小城市发展委员会
《中国中小城市发展报告》编纂委员会
中小城市发展战略研究院
2018年11月出版 / 估价：128.00元
PSN G-2010-161-1/1

区域经济类

东北蓝皮书
中国东北地区发展报告（2018）
著(编)者：姜晓秋　2018年11月出版 / 估价：99.00元
PSN B-2006-067-1/1

金融蓝皮书
中国金融中心发展报告（2017~2018）
著(编)者：王力 黄育华　2018年11月出版 / 估价：99.00元
PSN B-2011-186-6/7

京津冀蓝皮书
京津冀发展报告（2018）
著(编)者：祝合良 叶堂林 张贵祥
2018年6月出版 / 估价：99.00元
PSN B-2012-262-1/1

西北蓝皮书
中国西北发展报告（2018）
著(编)者：王福生 马廷旭 董秋生
2018年1月出版 / 定价：99.00元
PSN B-2012-261-1/1

西部蓝皮书
中国西部发展报告（2018）
著(编)者：璋勇 任保平　2018年8月出版 / 估价：99.00元
PSN B-2005-039-1/1

长江经济带产业蓝皮书
长江经济带产业发展报告（2018）
著(编)者：吴传清　2018年11月出版 / 估价：128.00元
PSN B-2017-666-1/1

长江经济带蓝皮书
长江经济带发展报告（2017~2018）
著(编)者：王振　2018年11月出版 / 估价：99.00元
PSN B-2016-575-1/1

长江中游城市群蓝皮书
长江中游城市群新型城镇化与产业协同发展报告（2018）
著(编)者：杨刚强　2018年11月出版 / 估价：99.00元
PSN B-2016-578-1/1

长三角蓝皮书
2017年创新融合发展的长三角
著(编)者：刘飞跃　2018年5月出版 / 估价：99.00元
PSN B-2005-038-1/1

长株潭城市群蓝皮书
长株潭城市群发展报告（2017）
著(编)者：张萍 朱有志　2018年6月出版 / 估价：99.00元
PSN B-2008-109-1/1

特色小镇蓝皮书
特色小镇智慧运营报告（2018）：顶层设计与智慧架构标准
著(编)者：陈劲　2018年1月出版 / 定价：79.00元
PSN B-2018-692-1/1

中部竞争力蓝皮书
中国中部经济社会竞争力报告（2018）
著(编)者：教育部人文社会科学重点研究基地南昌大学中国
　　　　　中部经济社会发展研究中心
2018年12月出版 / 估价：99.00元
PSN B-2012-276-1/1

中部蓝皮书
中国中部地区发展报告（2018）
著(编)者：宋亚平　2018年12月出版 / 估价：99.00元
PSN B-2007-089-1/1

区域蓝皮书
中国区域经济发展报告（2017~2018）
著(编)者：赵弘　2018年5月出版 / 估价：99.00元
PSN B-2004-034-1/1

中三角蓝皮书
长江中游城市群发展报告（2018）
著(编)者：秦尊文　2018年9月出版 / 估价：99.00元
PSN B-2014-417-1/1

中原蓝皮书
中原经济区发展报告（2018）
著(编)者：李英杰　2018年6月出版 / 估价：99.00元
PSN B-2011-192-1/1

珠三角流通蓝皮书
珠三角商圈发展研究报告（2018）
著(编)者：王先庆 林至颖　2018年7月出版 / 估价：99.00元
PSN B-2012-292-1/1

社会政法类

北京蓝皮书
中国社区发展报告（2017~2018）
著(编)者：于燕燕　2018年9月出版 / 估价：99.00元
PSN B-2007-083-5/8

殡葬绿皮书
中国殡葬事业发展报告（2017~2018）
著(编)者：李伯森　2018年6月出版 / 估价：158.00元
PSN G-2010-180-1/1

城市管理蓝皮书
中国城市管理报告（2017-2018）
著(编)者：刘林 刘承水　2018年5月出版 / 估价：158.00元
PSN B-2013-336-1/1

城市生活质量蓝皮书
中国城市生活质量报告（2017）
著(编)者：张连城 张平 杨春学 郎丽华
2017年12月出版 / 定价：89.00元
PSN B-2013-326-1/1

城市政府能力蓝皮书
中国城市政府公共服务能力评估报告（2018）
著(编)者：何艳玲　　2018年5月出版 / 估价：99.00元
PSN B-2013-338-1/1

创业蓝皮书
中国创业发展研究报告（2017~2018）
著(编)者：黄群慧　赵卫星　钟宏武
2018年11月出版 / 估价：99.00元
PSN B-2016-577-1/1

慈善蓝皮书
中国慈善发展报告（2018）
著(编)者：杨团　　2018年6月出版 / 估价：99.00元
PSN B-2009-142-1/1

党建蓝皮书
党的建设研究报告No.2（2018）
著(编)者：崔建民　陈东平　　2018年6月出版 / 估价：99.00元
PSN B-2016-523-1/1

地方法治蓝皮书
中国地方法治发展报告No.3（2018）
著(编)者：李林　田禾　　2018年6月出版 / 估价：118.00元
PSN B-2015-442-1/1

电子政务蓝皮书
中国电子政务发展报告（2018）
著(编)者：李季　　2018年8月出版 / 估价：99.00元
PSN B-2003-022-1/1

儿童蓝皮书
中国儿童参与状况报告（2017）
著(编)者：苑立新　　2017年12月出版 / 定价：89.00元
PSN B-2017-682-1/1

法治蓝皮书
中国法治发展报告No.16（2018）
著(编)者：李林　田禾　　2018年3月出版 / 定价：128.00元
PSN B-2004-027-1/3

法治蓝皮书
中国法院信息化发展报告 No.2（2018）
著(编)者：李林　田禾　　2018年2月出版 / 定价：118.00元
PSN B-2017-604-3/3

法治政府蓝皮书
中国法治政府发展报告（2017）
著(编)者：中国政法大学法治政府研究院
2018年3月出版 / 定价：158.00元
PSN B-2015-502-1/2

法治政府蓝皮书
中国法治政府评估报告（2018）
著(编)者：中国政法大学法治政府研究院
2018年9月出版 / 估价：168.00元
PSN B-2016-576-2/2

反腐倡廉蓝皮书
中国反腐倡廉建设报告 No.8
著(编)者：张英伟　　2018年12月出版 / 估价：99.00元
PSN B-2012-259-1/1

扶贫蓝皮书
中国扶贫开发报告（2018）
著(编)者：李培林　魏后凯　　2018年12月出版 / 估价：128.00元
PSN B-2016-599-1/1

妇女发展蓝皮书
中国妇女发展报告 No.6
著(编)者：王金玲　　2018年9月出版 / 估价：158.00元
PSN B-2006-069-1/1

妇女教育蓝皮书
中国妇女教育发展报告 No.3
著(编)者：张李玺　　2018年10月出版 / 估价：99.00元
PSN B-2008-121-1/1

妇女绿皮书
2018年：中国性别平等与妇女发展报告
著(编)者：谭琳　　2018年12月出版 / 估价：99.00元
PSN G-2006-073-1/1

公共安全蓝皮书
中国城市公共安全发展报告（2017~2018）
著(编)者：黄育华　杨文明　赵建辉
2018年6月出版 / 估价：99.00元
PSN B-2017-628-1/1

公共服务蓝皮书
中国城市基本公共服务力评价（2018）
著(编)者：钟君　刘志昌　吴正杲
2018年12月出版 / 估价：99.00元
PSN B-2011-214-1/1

公民科学素质蓝皮书
中国公民科学素质报告（2017~2018）
著(编)者：李群　陈雄　马宗文
2017年12月出版 / 定价：89.00元
PSN B-2014-379-1/1

公益蓝皮书
中国公益慈善发展报告（2016）
著(编)者：朱健刚　胡小军　　2018年6月出版 / 估价：99.00元
PSN B-2012-283-1/1

国际人才蓝皮书
中国国际移民报告（2018）
著(编)者：王辉耀　　2018年6月出版 / 估价：99.00元
PSN B-2012-304-3/4

国际人才蓝皮书
中国留学发展报告（2018）No.7
著(编)者：王辉耀　苗绿　　2018年12月出版 / 估价：99.00元
PSN B-2012-244-2/4

海洋社会蓝皮书
中国海洋社会发展报告（2017）
著(编)者：崔凤　宋宁而　　2018年3月出版 / 定价：99.00元
PSN B-2015-478-1/1

行政改革蓝皮书
中国行政体制改革报告No.7（2018）
著(编)者：魏礼群　　2018年6月出版 / 估价：99.00元
PSN B-2011-231-1/1

华侨华人蓝皮书
华侨华人研究报告（2017）
著(编)者：张禹东 庄国土　2017年12月出版 / 定价：148.00元
PSN B-2011-204-1/1

互联网与国家治理蓝皮书
互联网与国家治理发展报告（2017）
著(编)者：张志安　2018年1月出版 / 定价：98.00元
PSN B-2017-671-1/1

环境管理蓝皮书
中国环境管理发展报告（2017）
著(编)者：李金惠　2017年12月出版 / 定价：98.00元
PSN B-2017-678-1/1

环境竞争力绿皮书
中国省域环境竞争力发展报告（2018）
著(编)者：李建平 李闽榕 王金南
2018年11月出版 / 估价：198.00元
PSN G-2010-165-1/1

环境绿皮书
中国环境发展报告（2017～2018）
著(编)者：李波　2018年6月出版 / 估价：99.00元
PSN G-2006-048-1/1

家庭蓝皮书
中国"创建幸福家庭活动"评估报告（2018）
著(编)者：国务院发展研究中心"创建幸福家庭活动评估"课题组
2018年12月出版 / 估价：99.00元
PSN B-2015-508-1/1

健康城市蓝皮书
中国健康城市建设研究报告（2018）
著(编)者：王鸿春 盛继洪　2018年12月出版 / 估价：99.00元
PSN B-2016-564-2/2

健康中国蓝皮书
社区首诊与健康中国分析报告（2018）
著(编)者：高和荣 杨叔禹 姜杰
2018年6月出版 / 估价：99.00元
PSN B-2017-611-1/1

教师蓝皮书
中国中小学教师发展报告（2017）
著(编)者：曾晓东 鱼霞
2018年6月出版 / 估价：99.00元
PSN B-2012-289-1/1

教育扶贫蓝皮书
中国教育扶贫报告（2018）
著(编)者：司树杰 王文静 李兴洲
2018年12月出版 / 估价：99.00元
PSN B-2016-590-1/1

教育蓝皮书
中国教育发展报告（2018）
著(编)者：杨东平　2018年3月出版 / 定价：89.00元
PSN B-2006-047-1/1

金融法治建设蓝皮书
中国金融法治建设年度报告（2015～2016）
著(编)者：朱小黄　2018年6月出版 / 估价：99.00元
PSN B-2017-633-1/1

京津冀教育蓝皮书
京津冀教育发展研究报告（2017～2018）
著(编)者：方中雄　2018年6月出版 / 估价：99.00元
PSN B-2017-608-1/1

就业蓝皮书
2018年中国本科生就业报告
著(编)者：麦可思研究院　2018年6月出版 / 估价：99.00元
PSN B-2009-146-1/2

就业蓝皮书
2018年中国高职高专生就业报告
著(编)者：麦可思研究院　2018年6月出版 / 估价：99.00元
PSN B-2015-472-2/2

科学教育蓝皮书
中国科学教育发展报告（2018）
著(编)者：王康友　2018年10月出版 / 估价：99.00元
PSN B-2015-487-1/1

劳动保障蓝皮书
中国劳动保障发展报告（2018）
著(编)者：刘燕斌　2018年9月出版 / 估价：158.00元
PSN B-2014-415-1/1

老龄蓝皮书
中国老年宜居环境发展报告（2017）
著(编)者：党俊武 周燕珉　2018年6月出版 / 估价：99.00元
PSN B-2013-320-1/1

连片特困区蓝皮书
中国连片特困区发展报告（2017～2018）
著(编)者：游俊 冷志明 丁建军
2018年6月出版 / 估价：99.00元
PSN B-2013-321-1/1

流动儿童蓝皮书
中国流动儿童教育发展报告（2017）
著(编)者：杨东平　2018年6月出版 / 估价：99.00元
PSN B-2017-600-1/1

民调蓝皮书
中国民生调查报告（2018）
著(编)者：谢耘耕　2018年12月出版 / 估价：99.00元
PSN B-2014-398-1/1

民族发展蓝皮书
中国民族发展报告（2018）
著(编)者：王延中　2018年10月出版 / 估价：188.00元
PSN B-2006-070-1/1

女性生活蓝皮书
中国女性生活状况报告No.12（2018）
著(编)者：韩湘景　2018年7月出版 / 估价：99.00元
PSN B-2006-071-1/1

汽车社会蓝皮书
中国汽车社会发展报告（2017~2018）
著(编)者：王俊秀　2018年6月出版 / 估价：99.00元
PSN B-2011-224-1/1

青年蓝皮书
中国青年发展报告（2018）No.3
著(编)者：廉思　2018年6月出版 / 估价：99.00元
PSN B-2013-333-1/1

青少年蓝皮书
中国未成年人互联网运用报告（2017~2018）
著(编)者：季为民 李文革 沈杰
2018年11月出版 / 估价：99.00元
PSN B-2010-156-1/1

人权蓝皮书
中国人权事业发展报告No.8（2018）
著(编)者：李君如　2018年9月出版 / 估价：99.00元
PSN B-2011-215-1/1

社会保障绿皮书
中国社会保障发展报告No.9（2018）
著(编)者：王延中　2018年6月出版 / 估价：99.00元
PSN G-2001-014-1/1

社会风险评估蓝皮书
风险评估与危机预警报告（2017~2018）
著(编)者：唐钧　2018年8月出版 / 估价：99.00元
PSN B-2012-293-1/1

社会工作蓝皮书
中国社会工作发展报告（2016~2017）
著(编)者：民政部社会工作研究中心
2018年8月出版 / 估价：99.00元
PSN B-2009-141-1/1

社会管理蓝皮书
中国社会管理创新报告No.6
著(编)者：连玉明　2018年11月出版 / 估价：99.00元
PSN B-2012-300-1/1

社会蓝皮书
2018年中国社会形势分析与预测
著(编)者：李培林 陈光金 张翼
2017年12月出版 / 估价：89.00元
PSN B-1998-002-1/1

社会体制蓝皮书
中国社会体制改革报告No.6（2018）
著(编)者：龚维斌　2018年3月出版 / 定价：98.00元
PSN B-2013-330-1/1

社会心态蓝皮书
中国社会心态研究报告（2018）
著(编)者：王俊秀　2018年12月出版 / 估价：99.00元
PSN B-2011-199-1/1

社会组织蓝皮书
中国社会组织报告（2017-2018）
著(编)者：黄晓勇　2018年6月出版 / 估价：99.00元
PSN B-2008-118-1/2

社会组织蓝皮书
中国社会组织评估发展报告（2018）
著(编)者：徐家良　2018年12月出版 / 估价：99.00元
PSN B-2013-366-2/2

生态城市绿皮书
中国生态城市建设发展报告（2018）
著(编)者：刘举科 孙伟平 胡文臻
2018年9月出版 / 估价：158.00元
PSN G-2012-269-1/1

生态文明绿皮书
中国省域生态文明建设评价报告（ECI 2018）
著(编)者：严耕　2018年12月出版 / 估价：99.00元
PSN G-2010-170-1/1

退休生活蓝皮书
中国城市居民退休生活质量指数报告（2017）
著(编)者：杨一帆　2018年6月出版 / 估价：99.00元
PSN B-2017-618-1/1

危机管理蓝皮书
中国危机管理报告（2018）
著(编)者：文学国 范正青
2018年8月出版 / 估价：99.00元
PSN B-2010-171-1/1

学会蓝皮书
2018年中国学会发展报告
著(编)者：麦可思研究院　2018年12月出版 / 估价：99.00元
PSN B-2016-597-1/1

医改蓝皮书
中国医药卫生体制改革报告（2017~2018）
著(编)者：文学国 房志武
2018年11月出版 / 估价：99.00元
PSN B-2014-432-1/1

应急管理蓝皮书
中国应急管理报告（2018）
著(编)者：宋英华　2018年9月出版 / 估价：99.00元
PSN B-2016-562-1/1

政府绩效评估蓝皮书
中国地方政府绩效评估报告 No.2
著(编)者：贠杰　2018年12月出版 / 估价：99.00元
PSN B-2017-672-1/1

政治参与蓝皮书
中国政治参与报告（2018）
著(编)者：房宁　2018年8月出版 / 估价：128.00元
PSN B-2011-200-1/1

政治文化蓝皮书
中国政治文化报告（2018）
著(编)者：邢元敏 魏大鹏 龚克
2018年8月出版 / 估价：128.00元
PSN B-2017-615-1/1

中国传统村落蓝皮书
中国传统村落保护现状报告（2018）
著(编)者：胡彬彬 李向军 王晓波
2018年12月出版 / 估价：99.00元
PSN B-2017-663-1/1

中国农村妇女发展蓝皮书
农村流动女性城市生活发展报告（2018）
著(编)者：谢丽华　2018年12月出版 / 估价：99.00元
PSN B-2014-434-1/1

宗教蓝皮书
中国宗教报告（2017）
著(编)者：邱永辉　2018年8月出版 / 估价：99.00元
PSN B-2008-117-1/1

产业经济类

保健蓝皮书
中国保健服务产业发展报告 No.2
著(编)者：中国保健协会　中共中央党校
2018年7月出版 / 估价：198.00元
PSN B-2012-272-3/3

保健蓝皮书
中国保健食品产业发展报告 No.2
著(编)者：中国保健协会
　　　　中国社会科学院食品药品产业发展与监管研究中心
2018年8月出版 / 估价：198.00元
PSN B-2012-271-2/3

保健蓝皮书
中国保健用品产业发展报告 No.2
著(编)者：中国保健协会
　　　　国务院国有资产监督管理委员会研究中心
2018年6月出版 / 估价：198.00元
PSN B-2012-270-1/3

保险蓝皮书
中国保险业竞争力报告（2018）
著(编)者：保监会　2018年12月出版 / 估价：99.00元
PSN B-2013-311-1/1

冰雪蓝皮书
中国冰上运动产业发展报告（2018）
著(编)者：孙承华 杨占武 刘戈 张鸿俊
2018年9月出版 / 估价：99.00元
PSN B-2017-648-3/3

冰雪蓝皮书
中国滑雪产业发展报告（2018）
著(编)者：孙承华 伍斌 魏庆华 张鸿俊
2018年9月出版 / 估价：99.00元
PSN B-2016-559-1/3

餐饮产业蓝皮书
中国餐饮产业发展报告（2018）
著(编)者：邢颖
2018年6月出版 / 估价：99.00元
PSN B-2009-151-1/1

茶业蓝皮书
中国茶产业发展报告（2018）
著(编)者：杨江帆 李闽榕
2018年10月出版 / 估价：99.00元
PSN B-2010-164-1/1

产业安全蓝皮书
中国文化产业安全报告（2018）
著(编)者：北京印刷学院文化产业安全研究院
2018年12月出版 / 估价：99.00元
PSN B-2014-378-12/14

产业安全蓝皮书
中国新媒体产业安全报告（2016～2017）
著(编)者：肖丽　2018年6月出版 / 估价：99.00元
PSN B-2015-500-14/14

产业安全蓝皮书
中国出版传媒产业安全报告（2017～2018）
著(编)者：北京印刷学院文化产业安全研究院
2018年6月出版 / 估价：99.00元
PSN B-2014-384-13/14

产业蓝皮书
中国产业竞争力报告（2018）No.8
著(编)者：张其仔　2018年12月出版 / 估价：168.00元
PSN B-2010-175-1/1

动力电池蓝皮书
中国新能源汽车动力电池产业发展报告（2018）
著(编)者：中国汽车技术研究中心
2018年8月出版 / 估价：99.00元
PSN B-2017-639-1/1

杜仲产业绿皮书
中国杜仲橡胶资源与产业发展报告（2017～2018）
著(编)者：杜红岩 胡文臻 俞锐
2018年6月出版 / 估价：99.00元
PSN G-2013-350-1/1

房地产蓝皮书
中国房地产发展报告No.15（2018）
著(编)者：李春华 王业强
2018年5月出版 / 估价：99.00元
PSN B-2004-028-1/1

服务外包蓝皮书
中国服务外包产业发展报告（2017～2018）
著(编)者：王晓红 刘德军
2018年6月出版 / 估价：99.00元
PSN B-2013-331-2/2

服务外包蓝皮书
中国服务外包竞争力报告（2017～2018）
著(编)者：刘春生 王力 黄育华
2018年12月出版 / 估价：99.00元
PSN B-2011-216-1/2

工业和信息化蓝皮书
世界信息技术产业发展报告（2017～2018）
著（编）者：尹丽波　2018年6月出版／估价：99.00元
PSN B-2015-449-2/6

工业和信息化蓝皮书
战略性新兴产业发展报告（2017～2018）
著（编）者：尹丽波　2018年6月出版／估价：99.00元
PSN B-2015-450-3/6

海洋经济蓝皮书
中国海洋经济发展报告（2015～2018）
著（编）者：殷克东　高金田　方胜民
2018年3月出版／定价：128.00元
PSN B-2018-697-1/1

康养蓝皮书
中国康养产业发展报告（2017）
著（编）者：何莽　2017年12月出版／定价：88.00元
PSN B-2017-685-1/1

客车蓝皮书
中国客车产业发展报告（2017～2018）
著（编）者：姚蔚　2018年10月出版／估价：99.00元
PSN B-2013-361-1/1

流通蓝皮书
中国商业发展报告（2018～2019）
著（编）者：王雪峰　林诗慧
2018年7月出版／估价：99.00元
PSN B-2009-152-1/2

能源蓝皮书
中国能源发展报告（2018）
著（编）者：崔民选　王军生　陈义和
2018年12月出版／估价：99.00元
PSN B-2006-049-1/1

农产品流通蓝皮书
中国农产品流通产业发展报告（2017）
著（编）者：贾敬敦　张东科　张玉玺　张鹏毅　周伟
2018年6月出版／估价：99.00元
PSN B-2012-288-1/1

汽车工业蓝皮书
中国汽车工业发展年度报告（2018）
著（编）者：中国汽车工业协会
　　　　　中国汽车技术研究中心
　　　　　丰田汽车公司
2018年5月出版／估价：168.00元
PSN B-2015-463-1/2

汽车工业蓝皮书
中国汽车零部件产业发展报告（2017～2018）
著（编）者：中国汽车工业协会
　　　　　中国汽车工程研究院深圳市沃特玛电池有限公司
2018年9月出版／估价：99.00元
PSN B-2016-515-2/2

汽车蓝皮书
中国汽车产业发展报告（2018）
著（编）者：中国汽车工程学会
　　　　　大众汽车集团（中国）
2018年11月出版／估价：99.00元
PSN B-2008-124-1/1

世界茶业蓝皮书
世界茶业发展报告（2018）
著（编）者：李闽榕　冯廷佺
2018年5月出版／估价：168.00元
PSN B-2017-619-1/1

世界能源蓝皮书
世界能源发展报告（2018）
著（编）者：黄晓勇　2018年6月出版／估价：168.00元
PSN B-2013-349-1/1

石油蓝皮书
中国石油产业发展报告（2018）
著（编）者：中国石油化工集团公司经济技术研究院
　　　　　中国国际石油化工联合有限责任公司
　　　　　中国社会科学院数量经济与技术经济研究所
2018年2月出版／定价：98.00元
PSN B-2018-690-1/1

体育蓝皮书
国家体育产业基地发展报告（2016～2017）
著（编）者：李颖川　2018年6月出版／估价：168.00元
PSN B-2017-609-5/5

体育蓝皮书
中国体育产业发展报告（2018）
著（编）者：阮伟　钟秉枢
2018年12月出版／估价：99.00元
PSN B-2010-179-1/5

文化金融蓝皮书
中国文化金融发展报告（2018）
著（编）者：杨涛　金巍
2018年6月出版／估价：99.00元
PSN B-2017-610-1/1

新能源汽车蓝皮书
中国新能源汽车产业发展报告（2018）
著（编）者：中国汽车技术研究中心
　　　　　日产（中国）投资有限公司
　　　　　东风汽车有限公司
2018年8月出版／估价：99.00元
PSN B-2013-347-1/1

薏仁米产业蓝皮书
中国薏仁米产业发展报告No.2（2018）
著（编）者：李发耀　石明　秦礼康
2018年8月出版／估价：99.00元
PSN B-2017-645-1/1

邮轮绿皮书
中国邮轮产业发展报告（2018）
著（编）者：汪泓　2018年10月出版／估价：99.00元
PSN G-2014-419-1/1

智能养老蓝皮书
中国智能养老产业发展报告（2018）
著（编）者：朱勇　2018年10月出版／估价：99.00元
PSN B-2015-488-1/1

中国节能汽车蓝皮书
中国节能汽车发展报告（2017～2018）
著（编）者：中国汽车工程研究院股份有限公司
2018年9月出版／估价：99.00元
PSN B-2016-565-1/1

中国陶瓷产业蓝皮书
中国陶瓷产业发展报告（2018）
著(编)者：左和平 黄速建
2018年10月出版 / 估价：99.00元
PSN B-2016-573-1/1

装备制造业蓝皮书
中国装备制造业发展报告（2018）
著(编)者：徐东华
2018年12月出版 / 估价：118.00元
PSN B-2015-505-1/1

行业及其他类

"三农"互联网金融蓝皮书
中国"三农"互联网金融发展报告（2018）
著(编)者：李勇坚 王弢
2018年8月出版 / 估价：99.00元
PSN B-2016-560-1/1

SUV蓝皮书
中国SUV市场发展报告（2017~2018）
著(编)者：靳军 2018年9月出版 / 估价：99.00元
PSN B-2016-571-1/1

冰雪蓝皮书
中国冬季奥运会发展报告（2018）
著(编)者：孙承华 伍斌 魏庆华 张鸿俊
2018年9月出版 / 估价：99.00元
PSN B-2017-647-2/3

彩票蓝皮书
中国彩票发展报告（2018）
著(编)者：益彩基金 2018年6月出版 / 估价：99.00元
PSN B-2015-462-1/1

测绘地理信息蓝皮书
测绘地理信息供给侧结构性改革研究报告（2018）
著(编)者：库热西·买合苏提
2018年12月出版 / 估价：168.00元
PSN B-2009-145-1/1

产权市场蓝皮书
中国产权市场发展报告（2017）
著(编)者：曹和平
2018年5月出版 / 估价：99.00元
PSN B-2009-147-1/1

城投蓝皮书
中国城投行业发展报告（2018）
著(编)者：华景斌
2018年11月出版 / 估价：300.00元
PSN B-2016-514-1/1

城市轨道交通蓝皮书
中国城市轨道交通运营发展报告（2017~2018）
著(编)者：崔学忠 贾文峥
2018年3月出版 / 定价：89.00元
PSN B-2018-694-1/1

大数据蓝皮书
中国大数据发展报告（No.2）
著(编)者：连玉明 2018年5月出版 / 估价：99.00元
PSN B-2017-620-1/1

大数据应用蓝皮书
中国大数据应用发展报告No.2（2018）
著(编)者：陈军君 2018年8月出版 / 估价：99.00元
PSN B-2017-644-1/1

对外投资与风险蓝皮书
中国对外直接投资与国家风险报告（2018）
著(编)者：中债资信评估有限责任公司
中国社会科学院世界经济与政治研究所
2018年6月出版 / 估价：189.00元
PSN B-2017-606-1/1

工业和信息化蓝皮书
人工智能发展报告（2017~2018）
著(编)者：尹丽波 2018年6月出版 / 估价：99.00元
PSN B-2015-448-1/6

工业和信息化蓝皮书
世界智慧城市发展报告（2017~2018）
著(编)者：尹丽波 2018年6月出版 / 估价：99.00元
PSN B-2017-624-6/6

工业和信息化蓝皮书
世界网络安全发展报告（2017~2018）
著(编)者：尹丽波 2018年6月出版 / 估价：99.00元
PSN B-2015-452-5/6

工业和信息化蓝皮书
世界信息化发展报告（2017~2018）
著(编)者：尹丽波 2018年6月出版 / 估价：99.00元
PSN B-2015-451-4/6

工业设计蓝皮书
中国工业设计发展报告（2018）
著(编)者：王晓红 于炜 张立群 2018年9月出版 / 估价：168.00元
PSN B-2014-420-1/1

公共关系蓝皮书
中国公共关系发展报告（2017）
著(编)者：柳斌杰 2018年1月出版 / 定价：89.00元
PSN B-2016-579-1/1

公共关系蓝皮书
中国公共关系发展报告（2018）
著(编)者：柳斌杰　2018年11月出版 / 估价：99.00元
PSN B-2016-579-1/1

管理蓝皮书
中国管理发展报告（2018）
著(编)者：张晓东　2018年10月出版 / 估价：99.00元
PSN B-2014-416-1/1

轨道交通蓝皮书
中国轨道交通行业发展报告（2017）
著(编)者：仲建华　李闽榕
2017年12月出版 / 定价：98.00元
PSN B-2017-674-1/1

海关发展蓝皮书
中国海关发展前沿报告（2018）
著(编)者：干春晖　2018年6月出版 / 估价：99.00元
PSN B-2017-616-1/1

互联网医疗蓝皮书
中国互联网健康医疗发展报告（2018）
著(编)者：芮晓武　2018年6月出版 / 估价：99.00元
PSN B-2016-567-1/1

黄金市场蓝皮书
中国商业银行黄金业务发展报告（2017~2018）
著(编)者：平安银行　2018年6月出版 / 估价：99.00元
PSN B-2016-524-1/1

会展蓝皮书
中外会展业动态评估研究报告（2018）
著(编)者：张敏　任中峰　聂鑫焱　牛盼强
2018年12月出版 / 估价：99.00元
PSN B-2013-327-1/1

基金会蓝皮书
中国基金会发展报告（2017~2018）
著(编)者：中国基金会发展报告课题组
2018年6月出版 / 估价：99.00元
PSN B-2013-368-1/1

基金会绿皮书
中国基金会发展独立研究报告（2018）
著(编)者：基金会中心网　中央民族大学基金会研究中心
2018年6月出版 / 估价：99.00元
PSN G-2011-213-1/1

基金会透明度蓝皮书
中国基金会透明度发展研究报告（2018）
著(编)者：基金会中心网
　　　　　清华大学廉政与治理研究中心
2018年9月出版 / 估价：99.00元
PSN B-2013-339-1/1

建筑装饰蓝皮书
中国建筑装饰行业发展报告（2018）
著(编)者：葛道顺　刘晓一
2018年10月出版 / 估价：198.00元
PSN B-2016-553-1/1

金融监管蓝皮书
中国金融监管报告（2018）
著(编)者：胡滨　2018年3月出版 / 定价：98.00元
PSN B-2012-281-1/1

金融蓝皮书
中国互联网金融行业分析与评估（2018~2019）
著(编)者：黄国平　伍旭川　2018年12月出版 / 估价：99.00元
PSN B-2016-585-7/7

金融科技蓝皮书
中国金融科技发展报告（2018）
著(编)者：李扬　孙国峰　2018年10月出版 / 估价：99.00元
PSN B-2014-374-1/1

金融信息服务蓝皮书
中国金融信息服务发展报告（2018）
著(编)者：李平　2018年5月出版 / 估价：99.00元
PSN B-2017-621-1/1

金蜜蜂企业社会责任蓝皮书
金蜜蜂中国企业社会责任报告研究（2017）
著(编)者：殷格非　于志宏　管竹笋
2018年1月出版 / 定价：99.00元
PSN B-2018-693-1/1

京津冀金融蓝皮书
京津冀金融发展报告（2018）
著(编)者：王爱俭　王璟怡　2018年10月出版 / 估价：99.00元
PSN B-2016-527-1/1

科普蓝皮书
国家科普能力发展报告（2018）
著(编)者：王康友　2018年5月出版 / 估价：138.00元
PSN B-2017-632-4/4

科普蓝皮书
中国基层科普发展报告（2017~2018）
著(编)者：赵立新　陈玲　2018年9月出版 / 估价：99.00元
PSN B-2016-568-3/4

科普蓝皮书
中国科普基础设施发展报告（2017~2018）
著(编)者：任福君　2018年6月出版 / 估价：99.00元
PSN B-2010-174-1/3

科普蓝皮书
中国科普人才发展报告（2017~2018）
著(编)者：郑念　任嵘嵘　2018年7月出版 / 估价：99.00元
PSN B-2016-512-2/4

科普能力蓝皮书
中国科普能力评价报告（2018~2019）
著(编)者：李富强　李群　2018年8月出版 / 估价：99.00元
PSN B-2016-555-1/1

临空经济蓝皮书
中国临空经济发展报告（2018）
著(编)者：连玉明　2018年9月出版 / 估价：99.00元
PSN B-2014-421-1/1

旅游安全蓝皮书
中国旅游安全报告（2018）
著(编)者：郑向敏 谢朝武　2018年5月出版 / 估价：158.00元
PSN B-2012-280-1/1

旅游绿皮书
2017~2018年中国旅游发展分析与预测
著(编)者：宋瑞　2018年1月出版 / 定价：99.00元
PSN G-2002-018-1/1

煤炭蓝皮书
中国煤炭工业发展报告（2018）
著(编)者：岳福斌　2018年12月出版 / 估价：99.00元
PSN B-2008-123-1/1

民营企业社会责任蓝皮书
中国民营企业社会责任报告（2018）
著(编)者：中华全国工商业联合会
2018年12月出版 / 估价：99.00元
PSN B-2015-510-1/1

民营医院蓝皮书
中国民营医院发展报告（2017）
著(编)者：薛晓林　2017年12月出版 / 定价：89.00元
PSN B-2012-299-1/1

闽商蓝皮书
闽商发展报告（2018）
著(编)者：李闽榕 王日根 林琛
2018年12月出版 / 估价：99.00元
PSN B-2012-298-1/1

农业应对气候变化蓝皮书
中国农业气象灾害及其灾损评估报告（No.3）
著(编)者：矫梅燕　2018年6月出版 / 估价：118.00元
PSN B-2014-413-1/1

品牌蓝皮书
中国品牌战略发展报告（2018）
著(编)者：汪同三　2018年10月出版 / 估价：99.00元
PSN B-2016-580-1/1

企业扶贫蓝皮书
中国企业扶贫研究报告（2018）
著(编)者：钟宏武　2018年12月出版 / 估价：99.00元
PSN B-2015-593-1/1

企业公益蓝皮书
中国企业公益研究报告（2018）
著(编)者：钟宏武 汪杰 黄晓娟
2018年12月出版 / 估价：99.00元
PSN B-2015-501-1/1

企业国际化蓝皮书
中国企业全球化报告（2018）
著(编)者：王辉耀 苗绿　2018年11月出版 / 估价：99.00元
PSN B-2014-427-1/1

企业蓝皮书
中国企业绿色发展报告No.2（2018）
著(编)者：李红玉 朱光辉
2018年8月出版 / 估价：99.00元
PSN B-2015-481-2/2

企业社会责任蓝皮书
中资企业海外社会责任研究报告（2017~2018）
著(编)者：钟宏武 叶柳红 张蕙
2018年6月出版 / 估价：99.00元
PSN B-2017-603-2/2

企业社会责任蓝皮书
中国企业社会责任研究报告（2018）
著(编)者：黄群慧 钟宏武 张蕙 汪杰
2018年11月出版 / 估价：99.00元
PSN B-2009-149-1/2

汽车安全蓝皮书
中国汽车安全发展报告（2018）
著(编)者：中国汽车技术研究中心
2018年8月出版 / 估价：99.00元
PSN B-2014-385-1/1

汽车电子商务蓝皮书
中国汽车电子商务发展报告（2018）
著(编)者：中华全国工商业联合会汽车经销商商会
　　　　　北方工业大学
　　　　　北京易观智库网络科技有限公司
2018年10月出版 / 估价：158.00元
PSN B-2015-485-1/1

汽车知识产权蓝皮书
中国汽车产业知识产权发展报告（2018）
著(编)者：中国汽车工程研究院股份有限公司
　　　　　中国汽车工程学会
　　　　　重庆长安汽车股份有限公司
2018年12月出版 / 估价：99.00元
PSN B-2016-594-1/1

青少年体育蓝皮书
中国青少年体育发展报告（2017）
著(编)者：刘扶民 杨桦　2018年6月出版 / 估价：99.00元
PSN B-2015-482-1/1

区块链蓝皮书
中国区块链发展报告（2018）
著(编)者：李伟　2018年9月出版 / 估价：99.00元
PSN B-2017-649-1/1

群众体育蓝皮书
中国群众体育发展报告（2017）
著(编)者：刘国永 戴健　2018年5月出版 / 估价：99.00元
PSN B-2014-411-1/3

群众体育蓝皮书
中国社会体育指导员发展报告（2018）
著(编)者：刘国永 王欢　2018年6月出版 / 估价：99.00元
PSN B-2016-520-3/3

人力资源蓝皮书
中国人力资源发展报告（2018）
著(编)者：余兴安　2018年11月出版 / 估价：99.00元
PSN B-2012-287-1/1

融资租赁蓝皮书
中国融资租赁业发展报告（2017~2018）
著(编)者：李光荣 王力　2018年8月出版 / 估价：99.00元
PSN B-2015-443-1/1

商会蓝皮书
中国商会发展报告No.5（2017）
著(编)者：王钦敏　2018年7月出版 / 估价：99.00元
PSN B-2008-125-1/1

商务中心区蓝皮书
中国商务中心区发展报告No.4（2017～2018）
著(编)者：李国红 单菁菁　2018年9月出版 / 估价：99.00元
PSN B-2015-444-1/1

设计产业蓝皮书
中国创新设计发展报告（2018）
著(编)者：王晓红 张立群 于炜
2018年11月出版 / 估价：99.00元
PSN B-2016-581-2/2

社会责任管理蓝皮书
中国上市公司社会责任能力成熟度报告 No.4（2018）
著(编)者：肖红军 王晓光 李伟阳
2018年12月出版 / 估价：99.00元
PSN B-2015-507-2/2

社会责任管理蓝皮书
中国企业公众透明度报告No.4（2017～2018）
著(编)者：黄速建 熊梦 王晓光 肖红军
2018年6月出版 / 估价：99.00元
PSN B-2015-440-1/2

食品药品蓝皮书
食品药品安全与监管政策研究报告（2016～2017）
著(编)者：唐民皓　2018年6月出版 / 估价：99.00元
PSN B-2009-129-1/1

输血服务蓝皮书
中国输血行业发展报告（2018）
著(编)者：孙俊　2018年12月出版 / 估价：99.00元
PSN B-2016-582-1/1

水利风景区蓝皮书
中国水利风景区发展报告（2018）
著(编)者：董建文 兰思仁
2018年10月出版 / 估价：99.00元
PSN B-2015-480-1/1

数字经济蓝皮书
全球数字经济竞争力发展报告（2017）
著(编)者：王振　2017年12月出版 / 定价：79.00元
PSN B-2017-673-1/1

私募市场蓝皮书
中国私募股权市场发展报告（2017～2018）
著(编)者：曹和平　2018年12月出版 / 估价：99.00元
PSN B-2010-162-1/1

碳排放权交易蓝皮书
中国碳排放权交易报告（2018）
著(编)者：孙永平　2018年11月出版 / 估价：99.00元
PSN B-2017-652-1/1

碳市场蓝皮书
中国碳市场报告（2018）
著(编)者：定金彪　2018年11月出版 / 估价：99.00元
PSN B-2014-430-1/1

体育蓝皮书
中国公共体育服务发展报告（2018）
著(编)者：戴健　2018年12月出版 / 估价：99.00元
PSN B-2013-367-2/5

土地市场蓝皮书
中国农村土地市场发展报告（2017～2018）
著(编)者：李光荣　2018年6月出版 / 估价：99.00元
PSN B-2016-526-1/1

土地整治蓝皮书
中国土地整治发展研究报告（No.5）
著(编)者：国土资源部土地整治中心
2018年7月出版 / 估价：99.00元
PSN B-2014-401-1/1

土地政策蓝皮书
中国土地政策研究报告（2018）
著(编)者：高延利 张建平 吴次芳
2018年1月出版 / 定价：98.00元
PSN B-2015-506-1/1

网络空间安全蓝皮书
中国网络空间安全发展报告（2018）
著(编)者：惠志斌 覃庆玲
2018年11月出版 / 估价：99.00元
PSN B-2015-466-1/1

文化志愿服务蓝皮书
中国文化志愿服务发展报告（2018）
著(编)者：张永新 艮警宇　2018年11月出版 / 估价：128.00元
PSN B-2016-596-1/1

西部金融蓝皮书
中国西部金融发展报告（2017～2018）
著(编)者：李忠民　2018年8月出版 / 估价：99.00元
PSN B-2010-160-1/1

协会商会蓝皮书
中国行业协会商会发展报告（2017）
著(编)者：景朝阳 李勇　2018年6月出版 / 估价：99.00元
PSN B-2015-461-1/1

新三板蓝皮书
中国新三板市场发展报告（2018）
著(编)者：王力　2018年8月出版 / 估价：99.00元
PSN B-2016-533-1/1

信托市场蓝皮书
中国信托业市场报告（2017～2018）
著(编)者：用益金融信托研究院
2018年6月出版 / 估价：198.00元
PSN B-2014-371-1/1

信息化蓝皮书
中国信息化形势分析与预测（2017～2018）
著(编)者：周宏仁　2018年8月出版 / 估价：99.00元
PSN B-2010-168-1/1

信用蓝皮书
中国信用发展报告（2017～2018）
著(编)者：章政 田侃　2018年6月出版 / 估价：99.00元
PSN B-2013-328-1/1

休闲绿皮书
2017～2018年中国休闲发展报告
著(编)者：宋瑞　2018年7月出版 / 估价：99.00元
PSN G-2010-158-1/1

休闲体育蓝皮书
中国休闲体育发展报告（2017～2018）
著(编)者：李相如 钟秉枢
2018年10月出版 / 估价：99.00元
PSN B-2016-516-1/1

养老金融蓝皮书
中国养老金融发展报告（2018）
著(编)者：董克用 姚余栋
2018年9月出版 / 估价：99.00元
PSN B-2016-583-1/1

遥感监测绿皮书
中国可持续发展遥感监测报告（2017）
著(编)者：顾行发 汪克强 潘教峰 李闽榕 徐东华 王琦安
2018年6月出版 / 估价：298.00元
PSN B-2017-629-1/1

药品流通蓝皮书
中国药品流通行业发展报告（2018）
著(编)者：佘鲁林 温再兴
2018年7月出版 / 估价：198.00元
PSN B-2014-429-1/1

医疗器械蓝皮书
中国医疗器械行业发展报告（2018）
著(编)者：王宝亭 耿鸿武
2018年10月出版 / 估价：99.00元
PSN B-2017-661-1/1

医院蓝皮书
中国医院竞争力报告（2017~2018）
著(编)者：庄一强　2018年3月出版 / 定价：108.00元
PSN B-2016-528-1/1

瑜伽蓝皮书
中国瑜伽业发展报告（2017~2018）
著(编)者：张永建 徐华锋 朱泰余
2018年6月出版 / 估价：198.00元
PSN B-2017-625-1/1

债券市场蓝皮书
中国债券市场发展报告（2017～2018）
著(编)者：杨农　2018年10月出版 / 估价：99.00元
PSN B-2016-572-1/1

志愿服务蓝皮书
中国志愿服务发展报告（2018）
著(编)者：中国志愿服务联合会
2018年11月出版 / 估价：99.00元
PSN B-2017-664-1/1

中国上市公司蓝皮书
中国上市公司发展报告（2018）
著(编)者：张鹏 张平 黄胤英
2018年9月出版 / 估价：99.00元
PSN B-2014-414-1/1

中国新三板蓝皮书
中国新三板创新与发展报告（2018）
著(编)者：刘平安 闻召林
2018年8月出版 / 估价：158.00元
PSN B-2017-638-1/1

中国汽车品牌蓝皮书
中国乘用车品牌发展报告（2017）
著(编)者：《中国汽车报》社有限公司
　　　　　博世（中国）投资有限公司
　　　　　中国汽车技术研究中心数据资源中心
2018年1月出版 / 定价：89.00元
PSN B-2017-679-1/1

中医文化蓝皮书
北京中医药文化传播发展报告（2018）
著(编)者：毛嘉陵　2018年6月出版 / 估价：99.00元
PSN B-2015-468-1/2

中医文化蓝皮书
中国中医药文化传播发展报告（2018）
著(编)者：毛嘉陵　2018年7月出版 / 估价：99.00元
PSN B-2016-584-2/2

中医药蓝皮书
北京中医药知识产权发展报告No.2
著(编)者：汪洪 屠志涛　2018年6月出版 / 估价：168.00元
PSN B-2017-602-1/1

资本市场蓝皮书
中国场外交易市场发展报告（2016～2017）
著(编)者：高峦　2018年6月出版 / 估价：99.00元
PSN B-2009-153-1/1

资产管理蓝皮书
中国资产管理行业发展报告（2018）
著(编)者：郑智　2018年7月出版 / 估价：99.00元
PSN B-2014-407-2/2

资产证券化蓝皮书
中国资产证券化发展报告（2018）
著(编)者：沈炳熙 曹彤 李哲平
2018年4月出版 / 估价：98.00元
PSN B-2017-660-1/1

自贸区蓝皮书
中国自贸区发展报告（2018）
著(编)者：王力 黄育华
2018年6月出版 / 估价：99.00元
PSN B-2016-558-1/1

国际问题与全球治理类

"一带一路"跨境通道蓝皮书
"一带一路"跨境通道建设研究报（2017～2018）
著(编)者：余鑫 张秋生　2018年1月出版 / 定价：89.00元
PSN B－2016－557－1/1

"一带一路"蓝皮书
"一带一路"建设发展报告（2018）
著(编)者：李永全　2018年3月出版 / 定价：98.00元
PSN B－2016－552－1/1

"一带一路"投资安全蓝皮书
中国"一带一路"投资与安全研究报告（2018）
著(编)者：邹统钎 梁昊光　2018年4月出版 / 定价：98.00元
PSN B－2017－612－1/1

"一带一路"文化交流蓝皮书
中阿文化交流发展报告（2017）
著(编)者：王辉　2017年12月出版 / 定价：89.00元
PSN B－2017－655－1/1

G20国家创新竞争力黄皮书
二十国集团（G20）国家创新竞争力发展报告（2017～2018）
著(编)者：李建平 李闽榕 赵新力 周天勇
2018年7月出版 / 定价：168.00元
PSN Y－2011－229－1/1

阿拉伯黄皮书
阿拉伯发展报告（2016～2017）
著(编)者：罗林　2018年6月出版 / 估价：99.00元
PSN Y－2014－381－1/1

北部湾蓝皮书
泛北部湾合作发展报告（2017～2018）
著(编)者：吕余生　2018年12月出版 / 估价：99.00元
PSN B－2008－114－1/1

北极蓝皮书
北极地区发展报告（2017）
著(编)者：刘惠荣　2018年7月出版 / 估价：99.00元
PSN B－2017－634－1/1

大洋洲蓝皮书
大洋洲发展报告（2017～2018）
著(编)者：喻常森　2018年10月出版 / 估价：99.00元
PSN B－2013－341－1/1

东北亚区域合作蓝皮书
2017年"一带一路"倡议与东北亚区域合作
著(编)者：刘亚政 金美花
2018年5月出版 / 估价：99.00元
PSN B－2017－631－1/1

东盟黄皮书
东盟发展报告（2017）
著(编)者：杨晓强 庄国土　2018年6月出版 / 估价：99.00元
PSN Y－2012－303－1/1

东南亚蓝皮书
东南亚地区发展报告（2017～2018）
著(编)者：王勤　2018年12月出版 / 估价：99.00元
PSN B－2012－240－1/1

非洲黄皮书
非洲发展报告No.20（2017～2018）
著(编)者：张宏明　2018年7月出版 / 估价：99.00元
PSN Y－2012－239－1/1

非传统安全蓝皮书
中国非传统安全研究报告（2017～2018）
著(编)者：潇枫 罗中枢　2018年8月出版 / 估价：99.00元
PSN B－2012－273－1/1

国际安全蓝皮书
中国国际安全研究报告（2018）
著(编)者：刘慧　2018年7月出版 / 估价：99.00元
PSN B－2016－521－1/1

国际城市蓝皮书
国际城市发展报告（2018）
著(编)者：屠启宇　2018年2月出版 / 定价：89.00元
PSN B－2012－260－1/1

国际形势黄皮书
全球政治与安全报告（2018）
著(编)者：张宇燕　2018年1月出版 / 定价：99.00元
PSN Y－2001－016－1/1

公共外交蓝皮书
中国公共外交发展报告（2018）
著(编)者：赵启正 雷蔚真　2018年6月出版 / 估价：99.00元
PSN B－2015－457－1/1

海丝蓝皮书
21世纪海上丝绸之路研究报告（2017）
著(编)者：华侨大学海上丝绸之路研究院
2017年12月出版 / 定价：89.00元
PSN B－2017－684－1/1

金砖国家黄皮书
金砖国家综合创新竞争力发展报告（2018）
著(编)者：赵新力 李闽榕 黄茂兴
2018年8月出版 / 估价：128.00元
PSN Y－2017－643－1/1

拉美黄皮书
拉丁美洲和加勒比发展报告（2017～2018）
著(编)者：袁东振　2018年6月出版 / 估价：99.00元
PSN Y－1999－007－1/1

澜湄合作蓝皮书
澜沧江-湄公河合作发展报告（2018）
著(编)者：刘稚　2018年9月出版 / 估价：99.00元
PSN B－2011－196－1/1

欧洲蓝皮书
欧洲发展报告（2017～2018）
著(编)者：黄平 周弘 程卫东
2018年6月出版 / 估价：99.00元
PSN B-1999-009-1/1

葡语国家蓝皮书
葡语国家发展报告（2016～2017）
著(编)者：王成安 张敏 刘金兰
2018年6月出版 / 估价：99.00元
PSN B-2015-503-1/2

葡语国家蓝皮书
中国与葡语国家关系发展报告·巴西（2016）
著(编)者：张曙光
2018年8月出版 / 估价：99.00元
PSN B-2016-563-2/2

气候变化绿皮书
应对气候变化报告（2018）
著(编)者：王伟光 郑国光
2018年11月出版 / 估价：99.00元
PSN G-2009-144-1/1

全球环境竞争力绿皮书
全球环境竞争力报告（2018）
著(编)者：李建平 李闽榕 王金南
2018年12月出版 / 估价：198.00元
PSN G-2013-363-1/1

全球信息社会蓝皮书
全球信息社会发展报告（2018）
著(编)者：丁波涛 唐涛　　2018年10月出版 / 估价：99.00元
PSN B-2017-665-1/1

日本经济蓝皮书
日本经济与中日经贸关系研究报告（2018）
著(编)者：张季风　　2018年6月出版 / 估价：99.00元
PSN B-2008-102-1/1

上海合作组织黄皮书
上海合作组织发展报告（2018）
著(编)者：李进峰　　2018年6月出版 / 估价：99.00元
PSN Y-2009-130-1/1

世界创新竞争力黄皮书
世界创新竞争力发展报告（2017）
著(编)者：李建平 李闽榕 赵新力
2018年6月出版 / 估价：168.00元
PSN Y-2013-318-1/1

世界经济黄皮书
2018年世界经济形势分析与预测
著(编)者：张宇燕　　2018年1月出版 / 定价：99.00元
PSN Y-1999-006-1/1

世界能源互联互通蓝皮书
世界能源清洁发展与互联互通评估报告（2017）：欧洲篇
著(编)者：国网能源研究院
2018年1月出版 / 定价：128.00元
PSN B-2018-695-1/1

丝绸之路蓝皮书
丝绸之路经济带发展报告（2018）
著(编)者：任宗哲 白宽犁 谷孟宾
2018年1月出版 / 定价：89.00元
PSN B-2014-410-1/1

新兴经济体蓝皮书
金砖国家发展报告（2018）
著(编)者：林跃勤 周文
2018年8月出版 / 估价：99.00元
PSN B-2011-195-1/1

亚太蓝皮书
亚太地区发展报告（2018）
著(编)者：李向阳　　2018年5月出版 / 估价：99.00元
PSN B-2001-015-1/1

印度洋地区蓝皮书
印度洋地区发展报告（2018）
著(编)者：汪戎　　2018年6月出版 / 估价：99.00元
PSN B-2013-334-1/1

印度尼西亚经济蓝皮书
印度尼西亚经济发展报告（2017）：增长与机会
著(编)者：左志刚　　2017年11月出版 / 定价：89.00元
PSN B-2017-675-1/1

渝新欧蓝皮书
渝新欧沿线国家发展报告（2018）
著(编)者：杨柏 黄森
2018年6月出版 / 估价：99.00元
PSN B-2017-626-1/1

中阿蓝皮书
中国-阿拉伯国家经贸发展报告（2018）
著(编)者：张廉 段庆林 于林聪 杨巧红
2018年12月出版 / 估价：99.00元
PSN B-2016-598-1/1

中东黄皮书
中东发展报告No.20（2017～2018）
著(编)者：杨光　　2018年10月出版 / 估价：99.00元
PSN Y-1998-004-1/1

中亚黄皮书
中亚国家发展报告（2018）
著(编)者：孙力
2018年3月出版 / 定价：98.00元
PSN Y-2012-238-1/1

国别类

澳大利亚蓝皮书
澳大利亚发展报告（2017-2018）
著（编）者：孙有中 韩锋　2018年12月出版 / 估价：99.00元
PSN B-2016-587-1/1

巴西黄皮书
巴西发展报告（2017）
著（编）者：刘国枝　2018年5月出版 / 估价：99.00元
PSN Y-2017-614-1/1

德国蓝皮书
德国发展报告（2018）
著（编）者：郑春荣　2018年6月出版 / 估价：99.00元
PSN B-2012-278-1/1

俄罗斯黄皮书
俄罗斯发展报告（2018）
著（编）者：李永全　2018年6月出版 / 估价：99.00元
PSN Y-2006-061-1/1

韩国蓝皮书
韩国发展报告（2017）
著（编）者：牛林杰 刘宝全　2018年6月出版 / 估价：99.00元
PSN B-2010-155-1/1

加拿大蓝皮书
加拿大发展报告（2018）
著（编）者：唐小松　2018年9月出版 / 估价：99.00元
PSN B-2014-389-1/1

美国蓝皮书
美国研究报告（2018）
著（编）者：郑秉文 黄平　2018年5月出版 / 估价：99.00元
PSN B-2011-210-1/1

缅甸蓝皮书
缅甸国情报告（2017）
著（编）者：祝湘辉
2017年11月出版 / 定价：98.00元
PSN B-2013-343-1/1

日本蓝皮书
日本研究报告（2018）
著（编）者：杨伯江　2018年4月出版 / 定价：99.00元
PSN B-2002-020-1/1

土耳其蓝皮书
土耳其发展报告（2018）
著（编）者：郭长刚 刘义　2018年9月出版 / 估价：99.00元
PSN B-2014-412-1/1

伊朗蓝皮书
伊朗发展报告（2017～2018）
著（编）者：冀开运　2018年10月 / 估价：99.00元
PSN B-2016-574-1/1

以色列蓝皮书
以色列发展报告（2018）
著（编）者：张倩红　2018年8月出版 / 估价：99.00元
PSN B-2015-483-1/1

印度蓝皮书
印度国情报告（2017）
著（编）者：吕昭义　2018年6月出版 / 估价：99.00元
PSN B-2012-241-1/1

英国蓝皮书
英国发展报告（2017～2018）
著（编）者：王展鹏　2018年12月出版 / 估价：99.00元
PSN B-2015-486-1/1

越南蓝皮书
越南国情报告（2018）
著（编）者：谢林城　2018年11月出版 / 估价：99.00元
PSN B-2006-056-1/1

泰国蓝皮书
泰国研究报告（2018）
著（编）者：庄国土 张禹东 刘文正
2018年10月出版 / 估价：99.00元
PSN B-2016-556-1/1

文化传媒类

"三农"舆情蓝皮书
中国"三农"网络舆情报告（2017～2018）
著（编）者：农业部信息中心
2018年6月出版 / 估价：99.00元
PSN B-2017-640-1/1

传媒竞争力蓝皮书
中国传媒国际竞争力研究报告（2018）
著（编）者：李本乾 刘强 王大可
2018年8月出版 / 估价：99.00元
PSN B-2013-356-1/1

传媒蓝皮书
中国传媒产业发展报告（2018）
著（编）者：崔保国
2018年5月出版 / 估价：99.00元
PSN B-2005-035-1/1

传媒投资蓝皮书
中国传媒投资发展报告（2018）
著（编）者：张向东 谭云明
2018年6月出版 / 定价：148.00元
PSN B-2015-474-1/1

27

非物质文化遗产蓝皮书
中国非物质文化遗产发展报告（2018）
著（编）者：陈平　2018年6月出版 / 估价：128.00元
PSN B-2015-469-1/2

非物质文化遗产蓝皮书
中国非物质文化遗产保护发展报告（2018）
著（编）者：宋俊华　2018年10月出版 / 估价：128.00元
PSN B-2016-586-2/2

广电蓝皮书
中国广播电影电视发展报告（2018）
著（编）者：国家新闻出版广电总局发展研究中心
2018年7月出版 / 估价：99.00元
PSN B-2006-072-1/1

广告主蓝皮书
中国广告主营销传播趋势报告No.9
著（编）者：黄升民 杜国清 邵华冬 等
2018年10月出版 / 估价：158.00元
PSN B-2005-041-1/1

国际传播蓝皮书
中国国际传播发展报告（2018）
著（编）者：胡正荣 李继东 姬德强
2018年12月出版 / 估价：99.00元
PSN B-2014-408-1/1

国家形象蓝皮书
中国国家形象传播报告（2017）
著（编）者：张昆　2018年6月出版 / 估价：128.00元
PSN B-2017-605-1/1

互联网治理蓝皮书
中国网络社会治理研究报告（2018）
著（编）者：罗昕 支庭荣
2018年9月出版 / 估价：118.00元
PSN B-2017-653-1/1

纪录片蓝皮书
中国纪录片发展报告（2018）
著（编）者：何苏六　2018年10月出版 / 估价：99.00元
PSN B-2011-222-1/1

科学传播蓝皮书
中国科学传播报告（2016~2017）
著（编）者：詹正茂　2018年6月出版 / 估价：99.00元
PSN B-2008-120-1/1

两岸创意经济蓝皮书
两岸创意经济研究报告（2018）
著（编）者：罗昌智 董泽平
2018年10月出版 / 估价：99.00元
PSN B-2014-437-1/1

媒介与女性蓝皮书
中国媒介与女性发展报告（2017~2018）
著（编）者：刘利群　2018年5月出版 / 估价：99.00元
PSN B-2013-345-1/1

媒体融合蓝皮书
中国媒体融合发展报告（2017~2018）
著（编）者：梅宁华 支庭荣
2017年12月出版 / 定价：98.00元
PSN B-2015-479-1/1

全球传媒蓝皮书
全球传媒发展报告（2017~2018）
著（编）者：胡正荣 李继东　2018年6月出版 / 估价：99.00元
PSN B-2012-237-1/1

少数民族非遗蓝皮书
中国少数民族非物质文化遗产发展报告（2018）
著（编）者：肖远平（彝）柴立（满）
2018年10月出版 / 估价：118.00元
PSN B-2015-467-1/1

视听新媒体蓝皮书
中国视听新媒体发展报告（2018）
著（编）者：国家新闻出版广电总局发展研究中心
2018年7月出版 / 估价：118.00元
PSN B-2011-184-1/1

数字娱乐产业蓝皮书
中国动画产业发展报告（2018）
著（编）者：孙立军 孙平 牛兴侦
2018年10月出版 / 估价：99.00元
PSN B-2011-198-1/2

数字娱乐产业蓝皮书
中国游戏产业发展报告（2018）
著（编）者：孙立军 刘跃军　2018年10月出版 / 估价：99.00元
PSN B-2017-662-2/2

网络视听蓝皮书
中国互联网视听行业发展报告（2018）
著（编）者：陈鹏　2018年2月出版 / 定价：148.00元
PSN B-2018-688-1/1

文化创新蓝皮书
中国文化创新报告（2017·No.8）
著（编）者：傅才武　2018年6月出版 / 估价：99.00元
PSN B-2009-143-1/1

文化建设蓝皮书
中国文化发展报告（2018）
著（编）者：江畅 孙伟平 戴茂堂
2018年5月出版 / 估价：99.00元
PSN B-2014-392-1/1

文化科技蓝皮书
文化科技创新发展报告（2018）
著（编）者：于平 李凤亮　2018年10月出版 / 估价：99.00元
PSN B-2013-342-1/1

文化蓝皮书
中国公共文化服务发展报告（2017~2018）
著（编）者：刘新成 张永新 张旭
2018年12月出版 / 估价：99.00元
PSN B-2007-093-2/10

文化蓝皮书
中国少数民族文化发展报告（2017~2018）
著（编）者：武翠英 张晓明 任乌晶
2018年9月出版 / 估价：99.00元
PSN B-2013-369-9/10

文化蓝皮书
中国文化产业供需协调检测报告（2018）
著（编）者：王亚南　2018年3月出版 / 定价：99.00元
PSN B-2013-323-8/10

文化蓝皮书
中国文化消费需求景气评价报告（2018）
著(编)者：王亚南　2018年3月出版 / 定价：99.00元
PSN B-2011-236-4/10

文化蓝皮书
中国公共文化投入增长测评报告（2018）
著(编)者：王亚南　2018年3月出版 / 定价：99.00元
PSN B-2014-435-10/10

文化品牌蓝皮书
中国文化品牌发展报告（2018）
著(编)者：欧阳友权　2018年5月出版 / 估价：99.00元
PSN B-2012-277-1/1

文化遗产蓝皮书
中国文化遗产事业发展报告（2017~2018）
著(编)者：苏杨 张颖岚 卓杰 白海峰 陈晨 陈叙图
2018年8月出版 / 估价：99.00元
PSN B-2008-119-1/1

文学蓝皮书
中国文情报告（2017~2018）
著(编)者：白烨　2018年5月出版 / 估价：99.00元
PSN B-2011-221-1/1

新媒体蓝皮书
中国新媒体发展报告No.9（2018）
著(编)者：唐绪军　2018年7月出版 / 估价：99.00元
PSN B-2010-169-1/1

新媒体社会责任蓝皮书
中国新媒体社会责任研究报告（2018）
著(编)者：钟瑛　2018年12月出版 / 估价：99.00元
PSN B-2014-423-1/1

移动互联网蓝皮书
中国移动互联网发展报告（2018）
著(编)者：余清楚　2018年6月出版 / 估价：99.00元
PSN B-2012-282-1/1

影视蓝皮书
中国影视产业发展报告（2018）
著(编)者：司若 陈鹏 陈锐
2018年6月出版 / 估价：99.00元
PSN B-2016-529-1/1

舆情蓝皮书
中国社会舆情与危机管理报告（2018）
著(编)者：谢耘耕
2018年9月出版 / 估价：138.00元
PSN B-2011-235-1/1

中国大运河蓝皮书
中国大运河发展报告（2018）
著(编)者：吴欣　2018年2月出版 / 估价：128.00元
PSN B-2018-691-1/1

地方发展类-经济

澳门蓝皮书
澳门经济社会发展报告（2017~2018）
著(编)者：吴志良 郝雨凡
2018年7月出版 / 估价：99.00元
PSN B-2009-138-1/1

澳门绿皮书
澳门旅游休闲发展报告（2017~2018）
著(编)者：郝雨凡 林广志
2018年5月出版 / 估价：99.00元
PSN G-2017-617-1/1

北京蓝皮书
北京经济发展报告（2017~2018）
著(编)者：杨松　2018年6月出版 / 估价：99.00元
PSN B-2006-054-2/8

北京旅游绿皮书
北京旅游发展报告（2018）
著(编)者：北京旅游学会
2018年7月出版 / 估价：99.00元
PSN G-2012-301-1/1

北京体育蓝皮书
北京体育产业发展报告（2017~2018）
著(编)者：钟秉枢 陈杰 杨铁黎
2018年9月出版 / 估价：99.00元
PSN B-2015-475-1/1

滨海金融蓝皮书
滨海新区金融发展报告（2017）
著(编)者：王爱俭 李向前　2018年4月出版 / 估价：99.00元
PSN B-2014-424-1/1

城乡一体化蓝皮书
北京城乡一体化发展报告（2017~2018）
著(编)者：吴宝新 张宝秀 黄序
2018年5月出版 / 估价：99.00元
PSN B-2012-258-2/2

非公有制企业社会责任蓝皮书
北京非公有制企业社会责任报告（2018）
著(编)者：宋贵伦 冯培
2018年6月出版 / 估价：99.00元
PSN B-2017-613-1/1

福建旅游蓝皮书
福建省旅游产业发展现状研究（2017~2018）
著（编）者：陈敏华 黄远水　2018年12月出版 / 估价：128.00元
PSN B-2016-591-1/1

福建自贸区蓝皮书
中国(福建)自由贸易试验区发展报告(2017~2018)
著（编）者：黄茂兴　2018年6月出版 / 估价：118.00元
PSN B-2016-531-1/1

甘肃蓝皮书
甘肃经济发展分析与预测（2018）
著（编）者：安文华 罗哲　2018年1月出版 / 定价：99.00元
PSN B-2013-312-1/6

甘肃蓝皮书
甘肃商贸流通发展报告（2018）
著（编）者：张应华 王福生 王晓芳
2018年1月出版 / 定价：99.00元
PSN B-2016-522-6/6

甘肃蓝皮书
甘肃县域和农村发展报告（2018）
著（编）者：包东红 朱智文 王建兵
2018年1月出版 / 定价：99.00元
PSN B-2013-316-5/6

甘肃农业科技绿皮书
甘肃农业科技发展研究报告（2018）
著（编）者：魏胜文 乔德华 张东伟
2018年12月出版 / 估价：198.00元
PSN B-2016-592-1/1

甘肃气象保障蓝皮书
甘肃农业对气候变化的适应与风险评估报告（No.1）
著（编）者：鲍文中 周广胜
2017年12月出版 / 定价：108.00元
PSN B-2017-677-1/1

巩义蓝皮书
巩义经济社会发展报告（2018）
著（编）者：丁同民 朱军　2018年6月出版 / 估价：99.00元
PSN B-2016-532-1/1

广东外经贸蓝皮书
广东对外经济贸易发展研究报告（2017~2018）
著（编）者：陈万灵　2018年6月出版 / 估价：99.00元
PSN B-2012-286-1/1

广西北部湾经济区蓝皮书
广西北部湾经济区开放开发报告（2017~2018）
著（编）者：广西壮族自治区北部湾经济区和东盟开放合作办公室
广西社会科学院
广西北部湾发展研究院
2018年5月出版 / 估价：99.00元
PSN B-2010-181-1/1

广州蓝皮书
广州城市国际化发展报告（2018）
著（编）者：张跃国　2018年8月出版 / 估价：99.00元
PSN B-2012-246-11/14

广州蓝皮书
中国广州城市建设与管理发展报告（2018）
著（编）者：张其学 陈小钢 王宏伟　2018年8月出版 / 估价：99.00元
PSN B-2007-087-4/14

广州蓝皮书
广州创新型城市发展报告（2018）
著（编）者：尹涛　2018年6月出版 / 估价：99.00元
PSN B-2012-247-12/14

广州蓝皮书
广州经济发展报告（2018）
著（编）者：张跃国 尹涛　2018年7月出版 / 估价：99.00元
PSN B-2005-040-1/14

广州蓝皮书
2018年中国广州经济形势分析与预测
著（编）者：魏明海 谢博能 李华
2018年6月出版 / 估价：99.00元
PSN B-2011-185-9/14

广州蓝皮书
中国广州科技创新发展报告（2018）
著（编）者：于欣伟 陈爽 邓佑满　2018年8月出版 / 估价：99.00元
PSN B-2006-065-2/14

广州蓝皮书
广州农村发展报告（2018）
著（编）者：朱名宏　2018年7月出版 / 估价：99.00元
PSN B-2010-167-8/14

广州蓝皮书
广州汽车产业发展报告（2018）
著（编）者：杨再高 冯兴亚　2018年7月出版 / 估价：99.00元
PSN B-2006-066-3/14

广州蓝皮书
广州商贸业发展报告（2018）
著（编）者：张跃国 陈杰 荀振英
2018年7月出版 / 估价：99.00元
PSN B-2012-245-10/14

贵阳蓝皮书
贵阳城市创新发展报告No.3（白云篇）
著（编）者：连玉明　2018年5月出版 / 估价：99.00元
PSN B-2015-491-3/10

贵阳蓝皮书
贵阳城市创新发展报告No.3（观山湖篇）
著（编）者：连玉明　2018年5月出版 / 估价：99.00元
PSN B-2015-497-9/10

贵阳蓝皮书
贵阳城市创新发展报告No.3（花溪篇）
著（编）者：连玉明　2018年5月出版 / 估价：99.00元
PSN B-2015-490-2/10

贵阳蓝皮书
贵阳城市创新发展报告No.3（开阳篇）
著（编）者：连玉明　2018年5月出版 / 估价：99.00元
PSN B-2015-492-4/10

贵阳蓝皮书
贵阳城市创新发展报告No.3（南明篇）
著（编）者：连玉明　2018年5月出版 / 估价：99.00元
PSN B-2015-496-8/10

贵阳蓝皮书
贵阳城市创新发展报告No.3（清镇篇）
著（编）者：连玉明　2018年5月出版 / 估价：99.00元
PSN B-2015-489-1/10

贵阳蓝皮书
贵阳城市创新发展报告No.3（乌当篇）
著（编）者：连玉明　2018年5月出版 / 估价：99.00元
PSN B-2015-495-7/10

贵阳蓝皮书
贵阳城市创新发展报告No.3（息烽篇）
著（编）者：连玉明　2018年5月出版 / 估价：99.00元
PSN B-2015-493-5/10

贵阳蓝皮书
贵阳城市创新发展报告No.3（修文篇）
著（编）者：连玉明　2018年5月出版 / 估价：99.00元
PSN B-2015-494-6/10

贵阳蓝皮书
贵阳城市创新发展报告No.3（云岩篇）
著（编）者：连玉明　2018年5月出版 / 估价：99.00元
PSN B-2015-498-10/10

贵州房地产蓝皮书
贵州房地产发展报告No.5（2018）
著（编）者：武廷方　2018年7月出版 / 估价：99.00元
PSN B-2014-426-1/1

贵州蓝皮书
贵州册亨经济社会发展报告（2018）
著（编）者：黄德林　2018年6月出版 / 估价：99.00元
PSN B-2016-525-8/9

贵州蓝皮书
贵州地理标志产业发展报告（2018）
著（编）者：李发耀 黄其松　2018年8月出版 / 估价：99.00元
PSN B-2017-646-10/10

贵州蓝皮书
贵安新区发展报告（2017~2018）
著（编）者：马长青 吴大华　2018年6月出版 / 估价：99.00元
PSN B-2015-459-4/10

贵州蓝皮书
贵州国家级开放创新平台发展报告（2017~2018）
著（编）者：申晓庆 吴大华 季泓
2018年11月出版 / 估价：99.00元
PSN B-2016-518-7/10

贵州蓝皮书
贵州国有企业社会责任发展报告（2017~2018）
著（编）者：郭丽　2018年12月出版 / 估价：99.00元
PSN B-2015-511-6/10

贵州蓝皮书
贵州民航业发展报告（2017）
著（编）者：申振东 吴大华　2018年6月出版 / 估价：99.00元
PSN B-2015-471-5/10

贵州蓝皮书
贵州民营经济发展报告（2017）
著（编）者：杨静 吴大华　2018年6月出版 / 估价：99.00元
PSN B-2016-530-9/9

杭州都市圈蓝皮书
杭州都市圈发展报告（2018）
著（编）者：洪庆华 沈翔　2018年4月出版 / 定价：98.00元
PSN B-2012-302-1/1

河北经济蓝皮书
河北省经济发展报告（2018）
著（编）者：马树强 金浩 张贵　2018年6月出版 / 估价：99.00元
PSN B-2014-380-1/1

河北蓝皮书
河北经济社会发展报告（2018）
著（编）者：康振海　2018年1月出版 / 定价：99.00元
PSN B-2014-372-1/3

河北蓝皮书
京津冀协同发展报告（2018）
著（编）者：陈璐　2017年12月出版 / 定价：79.00元
PSN B-2017-601-2/3

河南经济蓝皮书
2018年河南经济形势分析与预测
著（编）者：王世炎　2018年3月出版 / 定价：89.00元
PSN B-2007-086-1/1

河南蓝皮书
河南城市发展报告（2018）
著（编）者：张占仓 王建国　2018年5月出版 / 估价：99.00元
PSN B-2009-131-3/9

河南蓝皮书
河南工业发展报告（2018）
著（编）者：张占仓　2018年5月出版 / 估价：99.00元
PSN B-2013-317-5/9

河南蓝皮书
河南金融发展报告（2018）
著（编）者：喻新安 谷建全
2018年6月出版 / 估价：99.00元
PSN B-2014-390-7/9

河南蓝皮书
河南经济发展报告（2018）
著（编）者：张占仓 完世伟
2018年6月出版 / 估价：99.00元
PSN B-2010-157-4/9

河南蓝皮书
河南能源发展报告（2018）
著（编）者：国网河南省电力公司经济技术研究院
　　　　　河南省社会科学院
2018年6月出版 / 估价：99.00元
PSN B-2017-607-9/9

河南商务蓝皮书
河南商务发展报告（2018）
著（编）者：焦锦淼 穆荣国　2018年5月出版 / 估价：99.00元
PSN B-2014-399-1/1

河南双创蓝皮书
河南创新创业发展报告（2018）
著（编）者：喻新安 杨雪梅
2018年8月出版 / 估价：99.00元
PSN B-2017-641-1/1

黑龙江蓝皮书
黑龙江经济发展报告（2018）
著（编）者：朱宇　2018年1月出版 / 定价：89.00元
PSN B-2011-190-2/2

湖南城市蓝皮书
区域城市群整合
著(编)者：童中贤 韩未名　　2018年12月出版 / 估价：99.00元
PSN B-2006-064-1/1

湖南蓝皮书
湖南城乡一体化发展报告（2018）
著(编)者：陈文胜 王文强 陆福兴
2018年8月出版 / 估价：99.00元
PSN B-2015-477-8/8

湖南蓝皮书
2018年湖南电子政务发展报告
著(编)者：梁志峰　　2018年5月出版 / 估价：128.00元
PSN B-2014-394-6/8

湖南蓝皮书
2018年湖南经济发展报告
著(编)者：卞鹰　　2018年5月出版 / 估价：128.00元
PSN B-2011-207-2/8

湖南蓝皮书
2016年湖南经济展望
著(编)者：梁志峰　　2018年5月出版 / 估价：128.00元
PSN B-2011-206-1/8

湖南蓝皮书
2018年湖南县域经济社会发展报告
著(编)者：梁志峰　　2018年5月出版 / 估价：128.00元
PSN B-2014-395-7/8

湖南县域绿皮书
湖南县域发展报告（No.5）
著(编)者：袁准 周小毛 黎仁寅
2018年6月出版 / 估价：99.00元
PSN G-2012-274-1/1

沪港蓝皮书
沪港发展报告（2018）
著(编)者：尤安山　　2018年9月出版 / 估价：99.00元
PSN B-2013-362-1/1

吉林蓝皮书
2018年吉林经济社会形势分析与预测
著(编)者：邵汉明　　2017年12月出版 / 定价：89.00元
PSN B-2013-319-1/1

吉林省城市竞争力蓝皮书
吉林省城市竞争力报告（2017~2018）
著(编)者：崔岳春 张磊
2018年3月出版 / 定价：89.00元
PSN B-2016-513-1/1

济源蓝皮书
济源经济社会发展报告（2018）
著(编)者：喻新安　　2018年6月出版 / 估价：99.00元
PSN B-2014-387-1/1

江苏蓝皮书
2018年江苏经济发展分析与展望
著(编)者：王庆五 吴先满
2018年7月出版 / 估价：128.00元
PSN B-2017-635-1/3

江西蓝皮书
江西经济社会发展报告（2018）
著(编)者：陈石俊 龚建文　　2018年10月出版 / 估价：128.00元
PSN B-2015-484-1/2

江西蓝皮书
江西设区市发展报告（2018）
著(编)者：姜玮 梁勇
2018年10月出版 / 估价：99.00元
PSN B-2016-517-2/2

经济特区蓝皮书
中国经济特区发展报告（2017）
著(编)者：陶一桃　　2018年1月出版 / 估价：99.00元
PSN B-2009-139-1/1

辽宁蓝皮书
2018年辽宁经济社会形势分析与预测
著(编)者：梁启东 魏红江　　2018年6月出版 / 估价：99.00元
PSN B-2006-053-1/1

民族经济蓝皮书
中国民族地区经济发展报告（2018）
著(编)者：李曦辉　　2018年7月出版 / 估价：99.00元
PSN B-2017-630-1/1

南宁蓝皮书
南宁经济发展报告（2018）
著(编)者：胡建华　　2018年9月出版 / 估价：99.00元
PSN B-2016-569-2/3

内蒙古蓝皮书
内蒙古精准扶贫研究报告（2018）
著(编)者：张志华　　2018年1月出版 / 定价：89.00元
PSN B-2017-681-2/2

浦东新区蓝皮书
上海浦东经济发展报告（2018）
著(编)者：周小平 徐美芳
2018年1月出版 / 定价：89.00元
PSN B-2011-225-1/1

青海蓝皮书
2018年青海经济社会形势分析与预测
著(编)者：陈玮　　2018年1月出版 / 定价：98.00元
PSN B-2012-275-1/2

青海科技绿皮书
青海科技发展报告（2017）
著(编)者：青海省科学技术信息研究所
2018年3月出版 / 定价：98.00元
PSN G-2018-701-1/1

山东蓝皮书
山东经济形势分析与预测（2018）
著(编)者：李广杰　　2018年7月出版 / 估价：99.00元
PSN B-2014-404-1/5

山东蓝皮书
山东省普惠金融发展报告（2018）
著(编)者：齐鲁财富网
2018年9月出版 / 估价：99.00元
PSN B2017-676-5/5

山西蓝皮书
山西资源型经济转型发展报告（2018）
著(编)者：李志强　2018年7月出版 / 估价：99.00元
PSN B-2011-197-1/1

陕西蓝皮书
陕西经济发展报告（2018）
著(编)者：任宗哲 白宽犁 裴成荣
2018年1月出版 / 定价：89.00元
PSN B-2009-135-1/6

陕西蓝皮书
陕西精准脱贫研究报告（2018）
著(编)者：任宗哲 白宽犁 王建康
2018年4月出版 / 定价：89.00元
PSN B-2017-623-6/6

上海蓝皮书
上海经济发展报告（2018）
著(编)者：沈开艳　2018年2月出版 / 定价：89.00元
PSN B-2006-057-1/7

上海蓝皮书
上海资源环境发展报告（2018）
著(编)者：周冯琦 胡静　2018年2月出版 / 定价：89.00元
PSN B-2006-060-4/7

上海蓝皮书
上海奉贤经济发展分析与研判（2017～2018）
著(编)者：张兆安 朱平芳　2018年3月出版 / 定价：99.00元
PSN B-2018-698-8/8

上饶蓝皮书
上饶发展报告（2016～2017）
著(编)者：廖其志　2018年6月出版 / 估价：128.00元
PSN B-2014-377-1/1

深圳蓝皮书
深圳经济发展报告（2018）
著(编)者：张骁儒　2018年6月出版 / 估价：99.00元
PSN B-2008-112-3/7

四川蓝皮书
四川城镇化发展报告（2018）
著(编)者：侯水平 陈炜　2018年6月出版 / 估价：99.00元
PSN B-2015-456-7/7

四川蓝皮书
2018年四川经济形势分析与预测
著(编)者：杨钢　2018年1月出版 / 定价：158.00元
PSN B-2007-098-2/7

四川蓝皮书
四川企业社会责任研究报告（2017～2018）
著(编)者：侯水平 盛毅　2018年5月出版 / 估价：99.00元
PSN B-2014-386-4/7

四川蓝皮书
四川生态建设报告（2018）
著(编)者：李晟之　2018年5月出版 / 估价：99.00元
PSN B-2015-455-6/7

四川蓝皮书
四川特色小镇发展报告（2017）
著(编)者：吴志强　2017年11月出版 / 定价：89.00元
PSN B-2017-670-8/8

体育蓝皮书
上海体育产业发展报告（2017~2018）
著(编)者：张林 黄海燕
2018年10月出版 / 估价：99.00元
PSN B-2015-454-4/5

体育蓝皮书
长三角地区体育产业发展报（2017～2018）
著(编)者：张林　2018年6月出版 / 估价：99.00元
PSN B-2015-453-3/5

天津金融蓝皮书
天津金融发展报告（2018）
著(编)者：王爱俭 孔德昌
2018年5月出版 / 估价：99.00元
PSN B-2014-418-1/1

图们江区域合作蓝皮书
图们江区域合作发展报告（2018）
著(编)者：李铁　2018年6月出版 / 估价：99.00元
PSN B-2015-464-1/1

温州蓝皮书
2018年温州经济社会形势分析与预测
著(编)者：蒋儒标 王春光 金浩
2018年6月出版 / 估价：99.00元
PSN B-2008-105-1/1

西咸新区蓝皮书
西咸新区发展报告（2018）
著(编)者：李扬 王军
2018年6月出版 / 估价：99.00元
PSN B-2016-534-1/1

修武蓝皮书
修武经济社会发展报告（2018）
著(编)者：张占仓 袁凯声
2018年10月出版 / 估价：99.00元
PSN B-2017-651-1/1

偃师蓝皮书
偃师经济社会发展报告（2018）
著(编)者：张占仓 袁凯声 何武周
2018年7月出版 / 估价：99.00元
PSN B-2017-627-1/1

扬州蓝皮书
扬州经济社会发展报告（2018）
著(编)者：陈扬
2018年12月出版 / 估价：108.00元
PSN B-2011-191-1/1

长垣蓝皮书
长垣经济社会发展报告（2018）
著(编)者：张占仓 袁凯声 秦保建
2018年10月出版 / 估价：99.00元
PSN B-2017-654-1/1

遵义蓝皮书
遵义发展报告（2018）
著(编)者：邓彦 曾征 龚永育
2018年9月出版 / 估价：99.00元
PSN B-2014-433-1/1

地方发展类-社会

安徽蓝皮书
安徽社会发展报告（2018）
著(编)者: 程桦　2018年6月出版 / 估价: 99.00元
PSN B-2013-325-1/1

安徽社会建设蓝皮书
安徽社会建设分析报告（2017~2018）
著(编)者: 黄家海 蔡宪
2018年11月出版 / 估价: 99.00元
PSN B-2013-322-1/1

北京蓝皮书
北京公共服务发展报告（2017~2018）
著(编)者: 施昌奎　2018年6月出版 / 估价: 99.00元
PSN B-2008-103-7/8

北京蓝皮书
北京社会发展报告（2017~2018）
著(编)者: 李伟东
2018年7月出版 / 估价: 99.00元
PSN B-2006-055-3/8

北京蓝皮书
北京社会治理发展报告（2017~2018）
著(编)者: 殷星辰　2018年7月出版 / 估价: 99.00元
PSN B-2014-391-8/8

北京律师蓝皮书
北京律师发展报告No.4（2018）
著(编)者: 王隽　2018年12月出版 / 估价: 99.00元
PSN B-2011-217-1/1

北京人才蓝皮书
北京人才发展报告（2018）
著(编)者: 敏华　2018年12月出版 / 估价: 128.00元
PSN B-2011-201-1/1

北京社会心态蓝皮书
北京社会心态分析报告（2017~2018）
北京市社会心理服务促进中心
2018年10月出版 / 估价: 99.00元
PSN B-2014-422-1/1

北京社会组织管理蓝皮书
北京社会组织发展与管理（2018）
著(编)者: 黄江松
2018年6月出版 / 估价: 99.00元
PSN B-2015-446-1/1

北京养老产业蓝皮书
北京居家养老发展报告（2018）
著(编)者: 陆杰华　周明明
2018年8月出版 / 估价: 99.00元
PSN B-2015-465-1/1

法治蓝皮书
四川依法治省年度报告No.4（2018）
著(编)者: 李林 杨天宗 田禾
2018年3月出版 / 定价: 118.00元
PSN B-2015-447-2/3

福建妇女发展蓝皮书
福建省妇女发展报告（2018）
著(编)者: 刘群英　2018年11月出版 / 估价: 99.00元
PSN B-2011-220-1/1

甘肃蓝皮书
甘肃社会发展分析与预测（2018）
著(编)者: 安文华 谢增虎 包晓霞
2018年1月出版 / 定价: 99.00元
PSN B-2013-313-2/6

广东蓝皮书
广东全面深化改革研究报告（2018）
著(编)者: 周林生 涂成林
2018年12月出版 / 估价: 99.00元
PSN B-2015-504-3/3

广东蓝皮书
广东社会工作发展报告（2018）
著(编)者: 罗观翠　2018年6月出版 / 估价: 99.00元
PSN B-2014-402-2/3

广州蓝皮书
广州青年发展报告（2018）
著(编)者: 徐柳 张强
2018年8月出版 / 估价: 99.00元
PSN B-2013-352-13/14

广州蓝皮书
广州社会保障发展报告（2018）
著(编)者: 张跃国　2018年8月出版 / 估价: 99.00元
PSN B-2014-425-14/14

广州蓝皮书
2018年中国广州社会形势分析与预测
著(编)者: 张强 郭志勇 何镜清
2018年6月出版 / 估价: 99.00元
PSN B-2008-110-5/14

贵州蓝皮书
贵州法治发展报告（2018）
著(编)者: 吴大华　2018年5月出版 / 估价: 99.00元
PSN B-2012-254-2/10

贵州蓝皮书
贵州人才发展报告（2017）
著(编)者: 于杰 吴大华
2018年9月出版 / 估价: 99.00元
PSN B-2014-382-3/10

贵州蓝皮书
贵州社会发展报告（2018）
著(编)者: 王兴骥　2018年6月出版 / 估价: 99.00元
PSN B-2010-166-1/10

杭州蓝皮书
杭州妇女发展报告（2018）
著(编)者: 魏颖
2018年10月出版 / 估价: 99.00元
PSN B-2014-403-1/1

河北蓝皮书
河北法治发展报告（2018）
著(编)者：康振海　2018年6月出版 / 估价：99.00元
PSN B-2017-622-3/3

河北食品药品安全蓝皮书
河北食品药品安全研究报告（2018）
著(编)者：丁锦霞
2018年10月出版 / 估价：99.00元
PSN B-2015-473-1/1

河南蓝皮书
河南法治发展报告（2018）
著(编)者：张林海　2018年7月出版 / 估价：99.00元
PSN B-2014-376-6/9

河南蓝皮书
2018年河南社会形势分析与预测
著(编)者：牛苏林　2018年5月出版 / 估价：99.00元
PSN B-2005-043-1/9

河南民办教育蓝皮书
河南民办教育发展报告（2018）
著(编)者：胡大白　2018年9月出版 / 估价：99.00元
PSN B-2017-642-1/1

黑龙江蓝皮书
黑龙江社会发展报告（2018）
著(编)者：王爱丽　2018年1月出版 / 定价：89.00元
PSN B-2011-189-1/2

湖南蓝皮书
2018年湖南两型社会与生态文明建设报告
著(编)者：卞鹰　2018年5月出版 / 估价：128.00元
PSN B-2011-208-3/8

湖南蓝皮书
2018年湖南社会发展报告
著(编)者：卞鹰　2018年5月出版 / 估价：128.00元
PSN B-2014-393-5/8

健康城市蓝皮书
北京健康城市建设研究报告（2018）
著(编)者：王鸿春 盛继洪
2018年9月出版 / 估价：99.00元
PSN B-2015-460-1/2

江苏法治蓝皮书
江苏法治发展报告No.6（2017）
著(编)者：蔡道通 龚廷泰
2018年8月出版 / 估价：99.00元
PSN B-2012-290-1/1

江苏蓝皮书
2018年江苏社会发展分析与展望
著(编)者：王庆五 刘旺洪
2018年8月出版 / 估价：128.00元
PSN B-2017-636-2/3

民族教育蓝皮书
中国民族教育发展报告（2017·内蒙古卷）
著(编)者：陈中永
2017年12月出版 / 定价：198.00元
PSN B-2017-669-1/1

南宁蓝皮书
南宁法治发展报告（2018）
著(编)者：杨维超　2018年12月出版 / 估价：99.00元
PSN B-2015-509-1/3

南宁蓝皮书
南宁社会发展报告（2018）
著(编)者：胡建华　2018年10月出版 / 估价：99.00元
PSN B-2016-570-3/3

内蒙古蓝皮书
内蒙古反腐倡廉建设报告 No.2
著(编)者：张志华　2018年6月出版 / 估价：99.00元
PSN B-2013-365-1/1

青海蓝皮书
2018年青海人才发展报告
著(编)者：王宇燕　2018年9月出版 / 估价：99.00元
PSN B-2017-650-2/2

青海生态文明建设蓝皮书
青海生态文明建设报告（2018）
著(编)者：张西明 高华　2018年12月出版 / 估价：99.00元
PSN B-2016-595-1/1

人口与健康蓝皮书
深圳人口与健康发展报告（2018）
著(编)者：陆杰华 傅崇辉
2018年11月出版 / 估价：99.00元
PSN B-2011-228-1/1

山东蓝皮书
山东社会形势分析与预测（2018）
著(编)者：李善峰　2018年6月出版 / 估价：99.00元
PSN B-2014-405-2/5

陕西蓝皮书
陕西社会发展报告（2018）
著(编)者：任宗哲 白宽犁 牛昉
2018年1月出版 / 定价：89.00元
PSN B-2009-136-2/6

上海蓝皮书
上海法治发展报告（2018）
著(编)者：叶必丰　2018年9月出版 / 估价：99.00元
PSN B-2012-296-6/7

上海蓝皮书
上海社会发展报告（2018）
著(编)者：杨雄 周海旺
2018年2月出版 / 定价：89.00元
PSN B-2006-058-2/7

社会建设蓝皮书
2018年北京社会建设分析报告
著(编)者：宋贵伦 冯虹　2018年9月出版 / 估价：99.00元
PSN B-2010-173-1/1

深圳蓝皮书
深圳法治发展报告（2018）
著(编)者：张骁儒　2018年6月出版 / 估价：99.00元
PSN B-2015-470-6/7

深圳蓝皮书
深圳劳动关系发展报告（2018）
著(编)者：汤庭芬　2018年8月出版 / 估价：99.00元
PSN B-2007-097-2/7

深圳蓝皮书
深圳社会治理与发展报告（2018）
著(编)者：张骁儒　2018年6月出版 / 估价：99.00元
PSN B-2008-113-4/7

生态安全绿皮书
甘肃国家生态安全屏障建设发展报告（2018）
著(编)者：刘举科 喜文华
2018年10月出版 / 估价：99.00元
PSN G-2017-659-1/1

顺义社会建设蓝皮书
北京市顺义区社会建设发展报告（2018）
著(编)者：王学武　2018年9月出版 / 估价：99.00元
PSN B-2017-658-1/1

四川蓝皮书
四川法治发展报告（2018）
著(编)者：郑泰安　2018年6月出版 / 估价：99.00元
PSN B-2015-441-5/7

四川蓝皮书
四川社会发展报告（2018）
著(编)者：李羚　2018年6月出版 / 估价：99.00元
PSN B-2008-127-3/7

四川社会工作与管理蓝皮书
四川省社会工作人力资源发展报告（2017）
著(编)者：边慧敏　2017年12月出版 / 定价：89.00元
PSN B-2017-683-1/1

云南社会治理蓝皮书
云南社会治理年度报告（2017）
著(编)者：晏雄 韩全芳
2018年5月出版 / 估价：99.00元
PSN B-2017-667-1/1

地方发展类－文化

北京传媒蓝皮书
北京新闻出版广电发展报告（2017~2018）
著(编)者：王志　2018年11月出版 / 估价：99.00元
PSN B-2016-588-1/1

北京蓝皮书
北京文化发展报告（2017~2018）
著(编)者：李建盛　2018年5月出版 / 估价：99.00元
PSN B-2007-082-4/8

创意城市蓝皮书
北京文化创意产业发展报告（2018）
著(编)者：郭万超 张京成　2018年12月出版 / 估价：99.00元
PSN B-2012-263-1/7

创意城市蓝皮书
天津文化创意产业发展报告（2017~2018）
著(编)者：谢思全　2018年6月出版 / 估价：99.00元
PSN B-2016-536-7/7

创意城市蓝皮书
武汉文化创意产业发展报告（2018）
著(编)者：黄永林 陈汉桥　2018年12月出版 / 估价：99.00元
PSN B-2013-354-4/7

创意上海蓝皮书
上海文化创意产业发展报告（2017~2018）
著(编)者：王慧敏 王兴全　2018年8月出版 / 估价：99.00元
PSN B-2016-561-1/1

非物质文化遗产蓝皮书
广州市非物质文化遗产保护发展报告（2018）
著(编)者：宋俊华　2018年12月出版 / 估价：99.00元
PSN B-2016-589-1/1

甘肃蓝皮书
甘肃文化发展分析与预测（2018）
著(编)者：马廷旭 戚晓萍　2018年1月出版 / 定价：99.00元
PSN B-2013-314-3/6

甘肃蓝皮书
甘肃舆情分析与预测（2018）
著(编)者：王俊莲 张谦元　2018年1月出版 / 定价：99.00元
PSN B-2013-315-4/6

广州蓝皮书
中国广州文化发展报告（2018）
著(编)者：屈哨兵 陆志强　2018年6月出版 / 估价：99.00元
PSN B-2009-134-7/14

广州蓝皮书
广州文化创意产业发展报告（2018）
著(编)者：徐咏虹　2018年7月出版 / 估价：99.00元
PSN B-2008-111-6/14

海淀蓝皮书
海淀区文化和科技融合发展报告（2018）
著(编)者：陈名杰 孟景伟　2018年5月出版 / 估价：99.00元
PSN B-2013-329-1/1

河南蓝皮书
河南文化发展报告（2018）
著(编)者：卫绍生　　2018年7月出版 / 估价：99.00元
PSN B-2008-106-2/9

湖北文化产业蓝皮书
湖北省文化产业发展报告（2018）
著(编)者：黄晓华　　2018年9月出版 / 估价：99.00元
PSN B-2017-656-1/1

湖北文化蓝皮书
湖北文化发展报告（2017~2018）
著(编)者：湖北大学高等人文研究院
　　　　　中华文化发展湖北省协同创新中心
2018年10月出版 / 估价：99.00元
PSN B-2016-566-1/1

江苏蓝皮书
2018年江苏文化发展分析与展望
著(编)者：王庆五 樊和平　　2018年9月出版 / 估价：128.00元
PSN B-2017-637-3/3

江西文化蓝皮书
江西非物质文化遗产发展报告（2018）
著(编)者：张圣才 傅安平　　2018年12月出版 / 估价：128.00元
PSN B-2015-499-1/1

洛阳蓝皮书
洛阳文化发展报告（2018）
著(编)者：刘福兴 陈启明　　2018年7月出版 / 估价：99.00元
PSN B-2015-476-1/1

南京蓝皮书
南京文化发展报告（2018）
著(编)者：中共南京市委宣传部
2018年12月出版 / 估价：99.00元
PSN B-2014-439-1/1

宁波文化蓝皮书
宁波"一人一艺"全民艺术普及发展报告（2017）
著(编)者：张爱琴　　2018年11月出版 / 估价：128.00元
PSN B-2017-668-1/1

山东蓝皮书
山东文化发展报告（2018）
著(编)者：涂可国　　2018年5月出版 / 估价：99.00元
PSN B-2014-406-3/5

陕西蓝皮书
陕西文化发展报告（2018）
著(编)者：任宗哲 白宽犁 王长寿
2018年1月出版 / 定价：89.00元
PSN B-2009-137-3/6

上海蓝皮书
上海传媒发展报告（2018）
著(编)者：强荧 焦雨虹　　2018年2月出版 / 定价：89.00元
PSN B-2012-295-5/7

上海蓝皮书
上海文学发展报告（2018）
著(编)者：陈圣来　　2018年6月出版 / 估价：99.00元
PSN B-2012-297-7/7

上海蓝皮书
上海文化发展报告（2018）
著(编)者：荣跃明　　2018年6月出版 / 估价：99.00元
PSN B-2006-059-3/7

深圳蓝皮书
深圳文化发展报告（2018）
著(编)者：张骁儒　　2018年7月出版 / 估价：99.00元
PSN B-2016-554-7/7

四川蓝皮书
四川文化产业发展报告（2018）
著(编)者：向宝云 张立伟　　2018年6月出版 / 估价：99.00元
PSN B-2006-074-1/7

郑州蓝皮书
2018年郑州文化发展报告
著(编)者：王哲　　2018年9月出版 / 估价：99.00元
PSN B-2008-107-1/1

❖ 皮书起源 ❖

"皮书"起源于十七、十八世纪的英国，主要指官方或社会组织正式发表的重要文件或报告，多以"白皮书"命名。在中国，"皮书"这一概念被社会广泛接受，并被成功运作、发展成为一种全新的出版形态，则源于中国社会科学院社会科学文献出版社。

❖ 皮书定义 ❖

皮书是对中国与世界发展状况和热点问题进行年度监测，以专业的角度、专家的视野和实证研究方法，针对某一领域或区域现状与发展态势展开分析和预测，具备原创性、实证性、专业性、连续性、前沿性、时效性等特点的公开出版物，由一系列权威研究报告组成。

❖ 皮书作者 ❖

皮书系列的作者以中国社会科学院、著名高校、地方社会科学院的研究人员为主，多为国内一流研究机构的权威专家学者，他们的看法和观点代表了学界对中国与世界的现实和未来最高水平的解读与分析。

❖ 皮书荣誉 ❖

皮书系列已成为社会科学文献出版社的著名图书品牌和中国社会科学院的知名学术品牌。2016 年，皮书系列正式列入"十三五"国家重点出版规划项目；2013~2018 年，重点皮书列入中国社会科学院承担的国家哲学社会科学创新工程项目；2018 年，59 种院外皮书使用"中国社会科学院创新工程学术出版项目"标识。

中国皮书网

（网址：www.pishu.cn）

发布皮书研创资讯，传播皮书精彩内容
引领皮书出版潮流，打造皮书服务平台

栏目设置

关于皮书：何谓皮书、皮书分类、皮书大事记、皮书荣誉、
皮书出版第一人、皮书编辑部

最新资讯：通知公告、新闻动态、媒体聚焦、网站专题、视频直播、下载专区

皮书研创：皮书规范、皮书选题、皮书出版、皮书研究、研创团队

皮书评奖评价：指标体系、皮书评价、皮书评奖

互动专区：皮书说、社科数托邦、皮书微博、留言板

所获荣誉

2008年、2011年，中国皮书网均在全
国新闻出版业网站荣誉评选中获得"最具商
业价值网站"称号；

2012年,获得"出版业网站百强"称号。

网库合一

2014年，中国皮书网与皮书数据库端
口合一，实现资源共享。

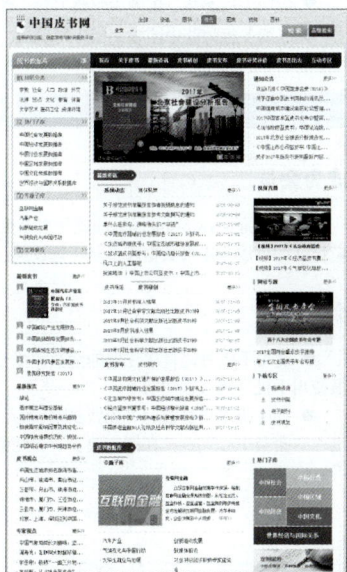

权威报告・一手数据・特色资源

皮书数据库
ANNUAL REPORT(YEARBOOK)
DATABASE

当代中国经济与社会发展高端智库平台

所获荣誉

- 2016年，入选"'十三五'国家重点电子出版物出版规划骨干工程"
- 2015年，荣获"搜索中国正能量 点赞2015""创新中国科技创新奖"
- 2013年，荣获"中国出版政府奖・网络出版物奖"提名奖
- 连续多年荣获中国数字出版博览会"数字出版・优秀品牌"奖

成为会员

通过网址www.pishu.com.cn或使用手机扫描二维码进入皮书数据库网站，进行手机号码验证或邮箱验证即可成为皮书数据库会员（建议通过手机号码快速验证注册）。

会员福利

- 使用手机号首次注册的会员，账号自动充值100元体验金，可直接购买和查看数据库内容（仅限使用手机号码快速注册）。
- 已注册用户购书后可免费获赠100元皮书数据库充值卡。刮开充值卡涂层获取充值密码，登录并进入"会员中心"—"在线充值"—"充值卡充值"，充值成功后即可购买和查看数据库内容。

数据库服务热线：400-008-6695　　　　　图书销售热线：010-59367070/7028
数据库服务QQ：2475522410　　　　　　图书服务QQ：1265056568
数据库服务邮箱：database@ssap.cn　　　图书服务邮箱：duzhe@ssap.cn

（4）深圳市：深圳经济总量在全球城市中排第 26 名，2016 年 GDP 达到 2867 亿美元，占粤港澳大湾区经济总量的 22%，是湾区的科技、贸易和经济中心。深圳是国内重要的金融中心，内地金融中心排名第 3（落后于上海和北京），在全球排名第 22，在粤港澳大湾区中落后于香港（香港在全球金融中心中排名第 4）。

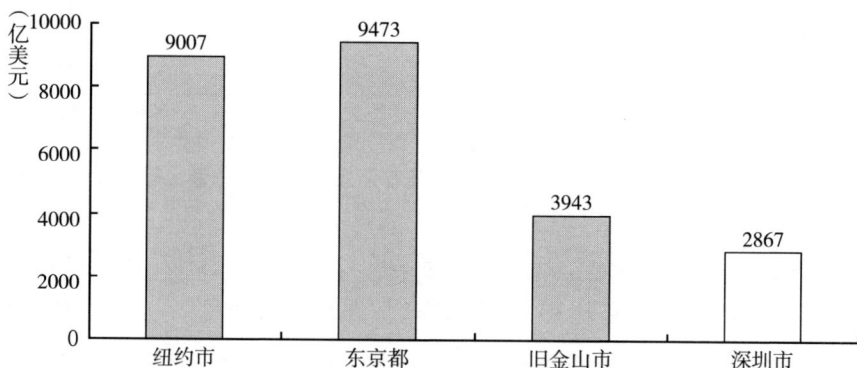

图 3　深圳与三大湾区核心城市经济总量比较

从经济总量比较来看，纽约市和东京都为世界前两位的超级城市，旧金山名列前 10，深圳 2016 年刚进入前 30 名。纽约市和东京都经济总量均为深圳的 3 倍多，即便"小城市"旧金山市也是深圳的 1.4 倍！

从对各城市在湾区中的经济地位比较看，纽约市、东京都和旧金山市经济总量占到相应湾区经济总量的一半左右，是湾区绝对的核心。深圳经济总量只占整个湾区经济总量的 1/5 多，其经济地位很显然与三大城市相比还有较大的差距。在粤港澳大湾区中，深圳、香港和广州三大城市的经济总量非常接近，因此其中任何一个城市在整个湾区经济的占比都不高。

（三）地均和人均产出水平比较

经济总量等总量指标只能反映核心城市的总"量"，不能体现经济发展的"质"。反映"质"的主要指标有两个——地均产出水平（单位土地的 GDP 产出水平）和人均产出水平（每人创造的 GDP，即人均 GDP）。

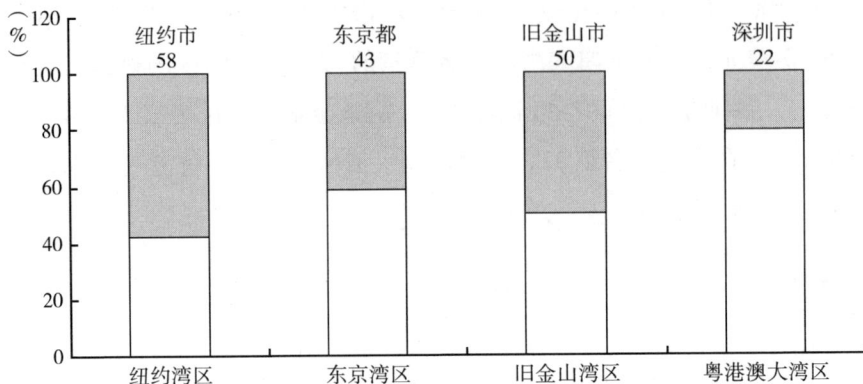

图 4　深圳与三大湾区核心城市在湾区经济中的分量比较

旧金山市最高，地均产出达 34 亿美元/平方公里，人均产出达到惊人的 55.5 万美元/人；纽约市居第 2，东京都居第 3。即便排名第 3 的东京都，地均产出水平和人均产出水平也差不多是深圳的 3 倍！

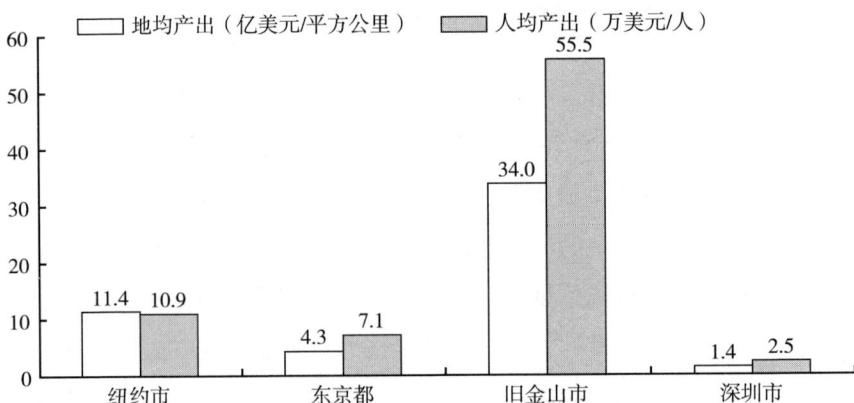

图 5　深圳与三大湾区核心城市单位土地和人均产出水平比较

（四）金融中心地位比较

金融是经济命脉，金融强，则经济强。三大湾区核心城市中纽约和东京都是无可争议的全球金融中心。旧金山市略差，但是全球排名居第 6。深圳全球排名居第 22，在内地与北京和上海的竞争中处于下风；在粤港澳大湾区中与香港有一定的差距，并且面临广州的紧紧追赶。总体来看，深圳仍需努力。

（五）总结

从经济总量、在湾区中的经济分量、地均产出、人均产出、金融中心地位五大指标对标三大湾区核心城市，可以发现深圳和世界级湾区核心城市仍有巨大的差距。

三　深圳下一步发展建议

GAWC（全球化与世界级城市研究小组与网络）发布了 2016 版《世界城市评级报告》。第一档有纽约和伦敦 2 个城市，第二档有东京都等 5 个城市，第三档有旧金山等 18 个城市。深圳处于 Beta 级（此前为 Beta-），位列第六档。尽管该研究设置的指标体系并不能完全反映深圳的优势（比如市场活力、经济增速等），但无可厚非，深圳的确在多数指标上与世界级湾区核心城市仍有一定的差距。

在粤港澳大湾区建设发展成为世界级湾区的这一历史阶段，深圳成为湾区核心城市任重而道远。为提升深圳作为湾区核心城市的作用与价值，建议如下。

（一）确立港、深、广为湾区枢纽城市

一个世界级湾区，必须有世界级城市。纽约湾区的纽约市、东京湾区的东京都、旧金山湾区的旧金山市（及硅谷）无一不是世界级城市，并在整个湾区起到了枢纽作用，影响着世界的金融、商贸、科技等领域。从目前的情况来看，粤港澳大湾区中的香港、深圳、广州这三大城市无论是经济总量、金融发展水平、国际贸易还是国际知名度，都具有较好的基础。建议在即将出台的粤港澳大湾区规划中确立它们的枢纽城市的地位，并有目的地配置国家高端资源，助推它们成长为国际一流都会城市。

（二）规划前海作为湾区的核心动力区

纽约湾区曼哈顿，旧金山湾区旧金山市和硅谷，东京湾区新宿、千代田和筑波等核心区，是整个湾区的心脏。环视粤港澳大湾区，香港中环和深圳前海最具备成为整个湾区心脏的基础条件和发展潜力。香港中环发展得比较成熟，是实力较强的金融中心、贸易中心，具备了强大的辐射能力。随着大湾区的开发建设，香港与澳门及珠三角合作深度的提升，中环对外辐射和对内（中国内地）影响力也必将加强，其层次将进一步提升。考虑到粤港澳湾区面积较大（5.6万平方公里，远大于世界三大湾区），而且存在一线关的管制，香港与珠三角在货物、人员、资金流动方面存在一定的困难，同时内地经济处于高速增长期，如此大体量的经济体需要有一个湾区"心脏"。从各方面来看，深圳前海自贸区最有资格和潜力成为湾区"心脏"，做出这一判断的主要理由如下。

1. 国家和深圳市赋予前海重要角色

前海先后被赋予"深港现代服务业合作示范区"、国家自贸试验区、国家保税港区等三个角色，承担着国家改革战略任务。在深圳的城市规划中，前海是深圳的"双中心"之一（福田-罗湖中心和前海中心）。

2. 前海的金融发展水平与湾区经济核心的匹配度高

湾区所在地一般都是金融重镇，发达的金融业支撑了湾区和腹地产业集群的发展。产业的发展需要大量的资金，湾区的金融中心为湾区经济发展提供了强有力的金融支持。在前海、南沙、横琴三个区域的分工上，前海定位为"金融改革的试验田"，主要侧重发展金融业。若前海以人民币国际化和利率市场化为契机，成为未来国际货币——人民币的出海口，那么前海将不仅仅在大湾区是金融中心，甚至可能成长为整个中国和全球的金融核心区。尽管还有广州南沙和珠海横琴两大自贸片区，但前者不是城市中心，且距离城市主中心太远，基础设施和城市定位都无法承载湾区核心的功能；后者则因为本身经济实力偏弱，产业结构过于单一，对外辐射能力不强，因此也难以成为湾区"心脏"。

（三）争取金融、贸易、航运、科技等重要国家平台落户深圳

深圳已经在金融、贸易和航运等多个领域建立了比较好的基础，并有一定的国际影响力。如果在规划建设粤港澳大湾区过程中，把金融等领域的一些国家级平台落户在深圳，将有利于进一步提升深圳的优势，发挥深圳的核心作用，进一步带动整个湾区的发展。

B.16
深圳构建内优外联的湾区战略空间研究

欧阳仁堂*

摘　要：　本文阐述了深圳构建内优外联的湾区战略空间的重大意义，
分析了拓展外部空间和优化内部空间的战略机遇，提出了携
手周边地区共同打造粤港澳大湾区城市群、高标准构建紧凑
集约的世界级城市空间新格局、加快构建与全球一流湾区相
匹配的基础设施体系等对策建议，助力打造更加均衡、更有
辐射力、更具带动力的湾区战略空间。

关键词：　深圳　湾区　战略空间

经过 40 年的改革开放，深圳已从昔日一个人口不足 3 万的偏居一隅小
渔县，迅速崛起为一座人口超千万、经济总量突破 2.2 万亿元的现代化国际
大都市，创造了世界工业化、现代化、城市化发展史上的奇迹。深圳在快速
发展的同时，空间约束趋紧的问题日益凸显。本文以湾区战略空间优化与拓
展为视角，对深圳破解空间难题，提升长远可持续发展能力，增强对周边乃
至全省全国的辐射力影响力提出系列对策，以期为深圳在 21 世纪中叶建设
成竞争力影响力卓著的创新引领型全球城市提供参考。

一　深圳构建内优外联的湾区战略空间的重大意义

一是深圳服务全国全省区域协调发展战略的重要举措。协调发展作为新

---

* 欧阳仁堂，深圳市政府发展研究中心。

时代五大发展理念之一，对全国全面建成小康社会，进而建设富强民主文明和谐美丽的社会主义现代化强国具有重要的现实意义。十九大报告提出，要坚持新发展理念，实施区域协调发展战略，创新引领率先实现东部地区优化发展，同时深入实施东西部扶贫协作，坚决打赢脱贫攻坚战。深圳是我国的经济中心城市之一，也是全国的经济特区，不仅自己要发展好，还要服务好全国全省发展的大局，带动其他地区，促进共同发展、实现共同富裕。而通过拓展战略空间，加强与周边和其他地区基础设施互通、产业合作、创新协作等，增强空间的通达性和合作的便利性，是推动深圳更好地服务全国全省区域协调发展大局的重要手段。

二是深圳发挥粤港澳大湾区核心引擎作用的关键支撑。粤港澳大湾区是由广州、佛山、肇庆、深圳、东莞、惠州、珠海、中山、江门9市和香港、澳门两个特别行政区形成的城市群，总面积达到5.65万平方公里，总人口为6780万人，经济总量近10万亿元，超过旧金山湾区，接近纽约湾区和东京湾区，有打造成为世界一流湾区的潜力。粤港澳大湾区处于东北亚、东南亚和南亚的中心区域，地处西太平洋－印度洋航线要冲，与马六甲海峡的海上航线距离比环渤海和长三角分别近2500公里和1500公里，是我国与海上丝绸之路沿线国家海上往来距离最近的发达区域。深圳作为粤港澳大湾区的核心城市之一，要发挥核心引擎作用，必须进一步拓展战略空间，提升城市发展能级，提升对周边城市的辐射带动能力。

三是深圳率先建设社会主义现代化先行区的客观需要。十九大做出了到21世纪中叶前"分两步走"建设社会主义现代化强国的战略安排。深圳市委六届九次全会提出，按照党中央和广东省委的要求，结合自身实际，率先建设社会主义现代化先行区，这是新时代深圳必须担负的新使命，是深圳走在最前列的必然要求，是坚持和发展中国特色社会主义在深圳的重要实践。要把蓝图变为现实，绝不是轻轻松松就能实现的，需要加快落实新一轮城市总体规划，对内实施"东进、西协、南联、北拓、中优"内部空间优化战略，对外携手周边共建世界级大都市圈，以更优质的内部空间实现经济社会高质量发展，以更广范围的外部空间提升城市辐射力、带动力、影响力。

四是破解空间资源不足及提升城市竞争力的必然选择。深圳经过 30 多年的快速发展，目前土地开发强度接近 50%，远远超过 30% 的国际警戒线，与国内其他大城市相比，受空间资源限制更明显。当前全市辖区面积不到 2000 平方公里，建成区面积达 930 多平方公里，划入基本生态控制线的面积达 974.5 平方公里，因此可供开发的土地已基本饱和。现有"三来一补"时期的老旧工业区不仅建筑容积率低，建筑质量较差，而且产业服务配套也单一，无法满足创新型企业的各类需求，形成片区的"洼地"。目前的产业土地供应结构，难以满足深圳的产业发展需求，空间资源紧缺成为制约深圳可持续发展的瓶颈。因此，如何破解空间资源不足难题已成为提升深圳城市长远竞争力、促进深圳未来经济社会持续健康发展的重大课题。

二　深圳拓展外部战略空间的机遇分析

一是"一带一路"建设深入推进。自 2013 年，习近平总书记提出共建"一带一路"倡议以来，得到国际社会高度关注和积极响应，"一带一路"建设迈出了坚实的步伐，取得了丰硕的成果。四年多来，有 100 多个国家和国际组织积极支持和参与"一带一路"建设，联合国大会、联合国安理会等重要决议也纳入"一带一路"建设内容，亚洲基础设施投资银行成功创办，并设立了丝路基金。2014～2017 年，我国与"一带一路"沿线国家贸易总额超过 4 万亿美元，对"一带一路"沿线国家投资累计近 600 亿美元，我国企业在 20 多个国家建设了 70 多个境外经贸合作区，为有关国家创造了 10 多亿美元的税收和 20 多万个就业岗位，"一带一路"倡议逐渐从理念转化为行动，从宏伟愿景转变为生动现实。2017 年 5 月，习近平总书记在"一带一路"国际合作高峰论坛上，向世界发出了要把"一带一路"建设成为和平之路、繁荣之路、创新之路、开放之路、文明之路的郑重宣言，为沿线各国的开放合作打开了新的"机会之窗"。

深圳作为我国对外开放的窗口城市，历史上就是"海上丝绸之路"的一个重要节点，通过 40 年的改革开放，与沿线各国各地区的经贸、文化、人员联系越来越紧密。2017 年，深圳与"一带一路"沿线国家贸易总额达 5422.8 亿元，同比增长 16.4%，其中出口 3077.1 亿元，增长 13.2%；有 41 个沿线国家和地区在深圳投资，新设企业超 300 个；开通了深圳到明斯克和杜伊斯堡的中欧班列，连接沿线城市的集装箱班轮航线达 200 多条。"一带一路"建设的深入推进，将为深圳外向型经济发展提供更广阔的战略空间和施展拳脚的舞台。

二是粤港澳大湾区建设上升为国家战略行动。习近平总书记在十九大报告中明确，要"以粤港澳大湾区建设、粤港澳合作、泛珠三角区域合作等为重点，全面推进内地同香港、澳门的互利合作"；2017 年 12 月底召开的中央经济工作会议提出，要"科学规划粤港澳大湾区建设"；李克强总理在 2017 年《政府工作报告》中提出，"要推动内地与港澳深化合作，研究制定粤港澳大湾区城市群发展规划"。2017 年在香港回归 20 周年之际，三地签署了《深化粤港澳合作　推进大湾区建设框架协议》，提出要共同将粤港澳大湾区建设成为更具活力的经济区、宜居宜业宜游的优质生活圈和内地与港澳深度合作的示范区，打造国际一流湾区和世界级城市群。粤港澳大湾区拥有世界级的港口群和机场群，深圳港、香港港和广州港均居世界集装箱港前八位，年集装箱吞吐量超 7000 万标箱；香港、澳门、广州、深圳和珠海五大机场均为高等级国际机场，航空网络遍及全球 50 多个国家和地区，联系包括内地 120 多个城市在内的 200 多个航站，这为粤港澳大湾区建设成世界级城市群奠定了良好基础。粤港澳大湾区建设受到中央和国家的重视，将极大地提升粤港澳三地的协调发展水平，也将显著提升粤港澳的国际竞争力、影响力，这对作为核心城市的深圳而言将是一个重大的历史机遇。

三是若干对外战略通道相继得到规划建设。深圳市委六届九次全会提出，要以打通战略通道为重点构建"都市圈"，把深圳打造成链接国内外、陆海空一体发展的世界级枢纽城市。当前，几条战略通道先后得到规划建设，对提升深圳交通枢纽地位具有重要意义。深中通道、深茂铁路已动工建设，建成后深圳联通珠江西岸城市的战略通道将被打通，深圳与中山、珠海、江门等珠江西岸地区的联系将更加紧密，这将对深圳新一轮发展带来深远影响。广深港高铁已基本建成，由广州经东莞西部、深圳西部至香港，是衔接广深港发展轴重要城镇、产业节点的运输走廊，将进一步推进港深莞穗合作、强化与广佛肇经济圈的联系，成为辐射粤北及湖南、广西等中西部省份的重要通道。赣深客运专线也已进入开工建设阶段，建成后将成为中国南北交通大"动脉"之一，是深圳连接粤东和江西甚至更广阔的华东、华中地区的重要通道，将极大地拓展深圳发展腹地。这些通道陆续建成后，深圳将构建起衔接粤港澳、东部沿海以及湖南、广西、江西等中西部省份，连通铁路枢纽、机场、港口和口岸等重要对外枢纽节点的战略通道网。

四是深莞惠河汕"3+2"经济圈更加紧密。深莞惠河汕五市总面积3.68万平方公里，人口3000多万，2016年经济总量约3.16万亿元（约4750亿美元），在世界各国 GDP 排名中能排到第24位，仅次于瑞典（5113亿美元），高于波兰（4575亿美元），主要发展指标与首尔都市圈（5000多亿美元）相当。五市地理位置相连、文化习俗相近、产业经济互补，以高速公路、高铁、轨道交通、机场港口为主的立体化交通网络不断完善。深莞惠河汕"3+2"经济圈已初具成效，到2017年底，已召开10次五市党政主要领导联席会议，交通、产业、科技创新、生态环境、文化、旅游等方面的合作已全面推进。深圳已与东莞、惠州形成颇具规模的"总部、研发+生产"的产业合作格局，在粤东西北振兴发展战略的推动下，深圳通过对口帮扶、产业合作、建设特别合作区等形式，与河源、汕尾建立了良好的区域合作机制，初步形成以深圳为核心、以莞惠为两翼、以河汕为双轮的区域合作发展格局。

五是深汕合作区调整为由深圳全面主导。2017年9月，深汕特别合作区体制机制调整方案获得通过，调整为由深圳全面主导，对深圳和汕尾两地甚至粤东地区发展都具有重要的现实意义。它不仅扩大了深圳的发展空间，还将对城市整体资源的优化整合产生深远影响。首先，可有效化解城市空间硬约束。深圳建设用地已近极限，而合作区面积达468.3平方公里，其中可供建设土地面积245平方公里（连片可建设土地面积145平方公里），将为深圳进一步发展提供宝贵的空间资源，迅速增加深圳城市容量和辐射带动能力。其次，可全方位优化整合创新资源。各种生产要素可以在更大空间优化整合，极大地激发深圳资本优势、创新优势、产业优势的活力，形成深圳的新高速发展期。有数据显示，深圳每年对市外投资额达 4000 亿元左右，如果将一半的资金集中引导投向合作区，那么全市 GDP 增速将因此大幅增加，有可能重新回到两位数。最后可使城市布局更加科学合理，可以在更广的范围布局国际一流的教育、医疗、科研资源，更合理地优化创新要素的配置，为加快建设国际科技、产业创新中心提供强力支撑。

三 深圳优化内部发展空间的机遇分析

一是第四轮城市总体规划编制即将完成。深圳被列为全国首批 15 个总体规划编制改革试点城市之一，按照国家住建部关于城市总体规划编制改革试点的统一部署和要求，深圳要在 2017 年底前形成《深圳市城市总体规划（2016～2035 年）》初步成果，目前总体规划的编制工作已进入最后攻坚阶段。新一轮城市总体规划将更好地把握城市发展规律，着力提高规划前瞻性、科学性，统筹好规划、建设、管理三大环节，不仅将实现城市内部空间优化、推动特区一体化、提升城市综合服务功能，还会跳出深圳地理边界的约束，立足建设竞争力影响力卓著的创新引领型全球城市，主动参与粤港澳大湾区和"一带一路"建设，增强区域辐射力、带动力，提升城市国际影响力。总之，新一轮城市总体规划编制对提升深圳城市长远竞争力、促进城市高点定位是一次重大机遇。

二是东进战略和特区一体化纵深推进。针对经济西强东弱、基础设施西密东疏的现状，2016 年深圳市委提出实施"东进战略"的决策部署，这是推动特区一体化、实现区域均衡发展的重大举措。深圳已印发了《深圳市实施东进战略行动方案（2016～2020 年）》及相关配套方案，五年内计划投资 1.6 万亿元，完成 355 个项目，这将极大地改善深圳东部地区的城市发展质量、提升深圳区域协调发展水平，也将给周边地区特别是河源、东莞、惠州、汕尾带来新的发展机遇，增强珠三角东岸的整体竞争力和影响力。自 2010 年 7 月 1 日深圳特区扩容以来，先后实施了两轮特区一体化建设三年实施计划,特区一体化步伐明显加快。2017年又推出《深圳经济特区一体化建设攻坚计划(2017~2020年)》,以补足基础设施、公共服务等短板为突破口,继续加大人才、资金、资源等向原特区外的倾斜力度,大力推进城市功能布局、基础设施、基本公共服务、城市安全、环境保护和管理体制等的一体化,全面提高城市整体管理水平和现代化治理能力,促进全市更加均衡协调地发展。

三是新一轮基础设施加快布局。经过近年来的大投入、大建设,深圳已形成了海陆空一体化的立体交通网,未来将进一步完善交通运输网络。陆路方面,深圳将进一步完成建设"七横十三纵"高快速路系统,到2020年道路通车总里程将达到7500公里。轨道方面,正在打造国家铁路枢纽,除已开通的厦深高铁等外,正在规划建设的高铁还有赣深客运专线、深茂铁路、港深汕等线路,广深港高铁已建成,2018年将正式开通。地铁方面,已开通的运营线路共有8条,运营线路总长285千米,在建线路共有13段,到2020年将形成运营线路16条,总长596千米的轨道交通网络。航空方面,深圳正在推进第三跑道和新航站楼规划建设,目前旅客吞吐量已突破4500万人次,未来将完善深圳机场的国际航空枢纽功能,预计到2020年年旅客吞吐量将突破5000万人次,国际航线将达到48条。港口方面,深圳港强化集装箱干线港的作用,重点发展LNG等货类,逐步将现有为珠江三角洲地区和内陆腹地转运的散杂货运输功能向外转移,最终形成以集装箱运输为主体,以为深圳本地和香港特区服务为主,散杂货运输为补充的格局。

四是一流智慧城市加快建设。深圳市委市政府已明确提出要打造一流智慧城市,这既可以推动城市管理高效运行,又可以带动电子信息产业转型升级,扩大对物联网等信息基础设施的投资,拓展网络终端运营服务等新消费的空间,带来生产生活方式、产业组织模式的变革,是深圳优化城市空间、推动高质量发展的重要新动力。接下来,深圳市委市政府将会出台实施新型智慧城市建设总体规划和工作方案,在完善信息网络基础设施、率先开展5G试点、开展智慧城市应用服务、大力发展大数据等方面加大投入,智慧民生、智慧城管、智慧社区、智慧交通等将全面推进,万物互联、万物感知、万物智能的智慧城市将极大地优化城市的物理空间和生产生活空间。

五是重点区域开发高标准推进。进入"十三五"时期以来，深圳全面加快重点区域开发建设，目前已明确的重点开发区域达到 17 个，包括福田保税区、梅林－彩田片区、笋岗－清水河片区、深圳湾超级总部基地、留仙洞总部基地、高新区北区、盐田河临港产业带、宝安中心区、空港新城、平湖金融与现代服务业基地、大运新城、坂雪岗科技城、国际低碳城、深圳北站商务中心区、坪山中心区、光明凤凰城、国际生物谷，这些重点区域将立足高标准规划、高质量建设，打造深圳区域发展新引擎。比如，深圳湾超级总部基地，未来将打造基于智慧城市和立体城市、虚拟空间和实体空间高度融合的城市典范，成为全球高端产业集聚地的典型和世界级城市功能中心，到 2020 年产值或收入将达到 500 亿元，全部建成后产值将达到 2000 亿元。

四 深圳构建内优外联的湾区战略空间对策建议

（一）携手周边地区共同打造粤港澳大湾区城市群优质空间

一是强化港深莞穗发展轴战略地位，联手港穗共建粤港澳大湾区城市群的"脊梁"。根据"点—轴"理论，"轴"对沿线及附近区域有很强的经济吸引力和辐射力。粤港澳大湾区城市群已形成了"三轴四层"，包括港深穗发展轴、穗珠澳发展轴、沿海发展轴，以及以环珠江口湾区为核心层、大珠三角外围地区为集聚—扩散层、环珠三角地区为直接腹地层、泛珠三角地区为次腹地层的四层发展空间。特别是港深莞穗发展轴是粤港澳大湾区城市群的主引擎和大动脉，贡献了 70% 的经济总量，吸纳了 65% 的就业人口，成为中国乃至亚太最具活力的发展轴之一。随着新一轮城市转型和产业升级，未来这条"主动脉"将进一步释放新动能，承担起粤港澳大湾区新的使命，成为引领全球新经济发展的重要战略走廊。深圳作为这条轴线的关键节点，要进一步发挥主引擎作用，着力加强与南部香港、北部广州、东莞等城市的联系，坚定联手港穗莞，共同打造更具活力和能量的粤港澳大湾区"脊梁"，成为粤港澳大湾区城市群的重要支撑。同时，深圳要发挥核心引领作用，主动参与广深科技创新走廊建设，重点建设好高新区、坂雪岗科技城、国际生物谷、空港新城4个核心创新平台及留仙洞总部基地、坪山高新区等15个创新节点。

二是坚定把东进作为深圳落实粤东西北战略的主战场，携手莞惠河汕共建粤港澳大湾区城市群"东翼"。深圳东部连着惠州、河源、汕尾等土地资源丰富但经济发展相对滞后的地区，仅惠河汕面积就达深圳的25倍，但三地经济总量只有深圳的1/4。为构建粤港澳大湾区城市群的"东翼"，深圳要抓住厦深高铁、赣深客运专线等东向战略通道即将全面打通的机遇，强化在这一地区的引领带动作用，着力实施三大工程，构建更具辐射力的大都市圈，从战略高度推动深莞惠河汕"3+2"经济圈更紧密协同发展，带动粤东地区共同发展。首先，实施产业协同发展工程。推动区域内产业有序布局、高效整合，以电子信息、智能制造、互联网、生物医药、新能源等特色产业集群为依托，构建便捷高效完整的产业生态链。加快深圳创新技术与周边区域传统产业的融合，强化对高端新兴产业体系的配套支撑。其次，实施创新协同发展工程。推动区域创新要素合理配置，牵头建立区域创新协调机制，联合周边区域，发挥各自优势，整合资源，共建共享一批科技基础设施。最后，实施公共服务协同发展工程。支持在深汕合作区、临深地区、对口扶持地区等，在职业学校、保障房、养老设施等方面进行合作，采取共建共享模式，实现互利共赢发展，如在周边建设保障房，既可带动当地基础设施水平提升和增加消费，也可解决深圳土地少、房价高的难题。

三是大力实施西拓战略，联合珠江西岸地区共建粤港澳大湾区城市群"西翼"。长期以来，由于历史的人为隔离，珠江东西两岸地区战略通道不足、联系不够紧密，影响了整个珠三角地区的一体化发展。特别是深圳与珠江西岸跨珠江口之间仅有虎门大桥一条战略通道，使深圳的创新和产业优势不能有效辐射到中山、江门等珠江西岸地区。深中通道已正式开工建设，建成后，深圳联通珠江西岸城市的战略通道将被打通，珠江口东西两岸陆上交通将由绕行虎门大桥的"V"字形的迂回式变成"A"字形的直通式，直接扩展至中山、珠海、江门等 1.3 万平方公里腹地，这将对深圳新一轮发展带来深远影响。未来深圳可从战略高度，规划建设更多联系珠江两岸的战略通道，更好地发挥深圳在对外开放、产业与创新方面对珠江两岸的辐射带动作用，强化与珠江西岸地区的基础设施互联、产业对接、经济融通、城市融合。

（二）坚持高标准构建紧凑集约的世界级城市空间新格局

一是实施"东进、西协、南联、北拓、中优"战略，优化内部发展空间。深圳城市发展到现在，从以往的规划和建设来看总体水平较高，但与世界一流城市相比还相对粗放，精细化程度和国际化水平还不高，空间布局还不够均衡、不够优化。近期要建成现代化国际化创新型城市，远期要建设竞争力影响力卓著的创新引领型全球城市，还需要在优化内部空间上下功夫、在区域均衡协调发展上做文章，主要可从五方面优化。①东进，重点提升龙岗、坪山、大鹏、盐田等东部地区的基础设施建设水平和公共服务水平，加快产业转型升级。龙岗要打造成东部中心、国家产城融合示范区、深圳的智能制造中心，坪山要打造成深圳东北门户、东部次中心、深圳智造基地，大鹏要打造成东部次中心、国际生物谷、滨海生态旅游度假区，盐田要打造成生态旅游示范区和国际化滨海港城。②西协，重点加强南山、宝安等西部地区的协同发展水平。南山要打造成深圳城市主中心、科技创新主中心、新兴产业集聚地，宝安要打造成西部中心、深圳智造中心、新兴产业基地。③南联，重点加强福田、罗湖与香港的联系。福田要打造成城市主中心、商务金融中心、文化中心，罗湖要打造成城市主中心、国际消费中心城区、金融中心。④北拓，重点要发展光明新区，进而加强与东莞的融合发展，光明新区要打造成高技术产业基地、绿色生态新城。⑤中优，重点优化中轴线上的龙华区。龙华区要打造成城市次中心、高端服务和智能制造聚集地。

二是坚持精明增长，推进城市立体开发。对湾区城市建设而言，如何利用好、保护好土地资源，节约集约用地，提高有限资源的承载能力，是城市可持续发展必须面对的重要课题。深圳一方面土地资源匮乏，另一方面大量"农城化"用地处于低效利用状态。要坚持最高标准、最高水平，围绕经济特区、粤港澳大湾区、"一带一路"枢纽和国际科技产业创新中心建设等，统筹好生产、生活、生态三大布局，统筹好空间、规模和产业三大结构，把握好生产空间、生活空间、生态空间的内在联系，构建生态、生产、生活更"优"共融空间；按照集约紧凑高效的原则进行开发和管控，科学划定城市开发边界，推动城市发展由外延扩张向内涵提升转变，将建设用地比例控制在市域面积的 50% 以内；坚持陆海统筹、科学用海，有序推进围填海，以前海、大鹏东西两翼为重点，以深圳湾、大鹏湾、大亚湾、珠江口湾区为核心，打造滨海城市空间形态；加强城市地下空间开发，推进地下空间利用规范化管理，构建功能完备、安全方便、环境宜人的地下空间体系。

三是创新城市更新模式，提升土地集约利用水平。经过 30 多年的高强度开发建设，深圳早已进入以土地二次开发为主的阶段，从 2013 年首次存量土地供应面积超过增量土地供应面积以来，存量土地占土地供应比重不断加大，到目前已接近七成。未来，深圳要拓展内部发展空间，必须继续加快城市更新，加大土地二次开发力度，向城市更新要土地资源，向二次开发要空间增量。而城市进入精明增长期后，城市更新成为解决城市矛盾的主要手段，应加快由单一地解决空间问题向解决城市问题转变，由注重城市更新规模和速度向注重更新质量转变，由更新方式从拆除重建主导向拆除重建与综合整治并举转变，从由"市场主导"向政府统筹、市场主导和公众参与多赢模式转变。①制定明确的城市更新区域划定和协商制度、实施细则等，完善土地用途管制和规划技术标准，提高土地利用和城市规划的弹性。②加快建立城市更新的利益统筹机制，推动发展"工改工" + "社区更新"等改造模式。③在城市更新项目中探索采用奖励容积率的方式鼓励配建公共基础设施，鼓励工业"上楼"，对以先租后让方式供应的工业用地，租赁期满达到合同约定条件的，同等条件下原租赁企业可优先受让等。④在全市范围内选取试点项目，依托"环深"区域和广深科技创新走廊，进行立体城市空间和功能开发的试点工作，打造新型产业和生活空间等。

四是高标准推进重点区域开发建设，打造优质生产生活空间。当前正在建设的 17 个重点区域是深圳未来发展的新引擎，是深圳优质空间的主要供给来源，是全市经济社会更高质量、更可持续发展的重要支撑。①对标国际最高标准，突出精明增长、职住平衡、产城融合、绿色低碳、智慧宜居的原则，全面提升这些重点片区在规划设计、开发建设、产业布局等各方面的质量，力争打造成展示城市新形象、体现城市新面貌的新标杆。②对标建设全球城市新要求，统筹地上地下综合开发利用，统筹与周边区域协调发展，着力营造以人为本、宜居宜业的城市空间，着力打造"城市新名片"。③坚持特色化建设，针对每个区域的不同定位，因地制宜地推进各片区规划建设，比如国际生物谷，主要打造生物创新中心和国家生物产业集聚地；北站商务区，主要打造与高铁经济相衔接的商务中心；高新区北区，主要打造高技术产业集聚区等。

（三）加快构建与全球一流湾区相匹配的基础设施体系

一是加快打通更多对外战略通道，构建辐射国际国内的一体化综合交通运输体系。对外战略通道关乎区域发展能级和区域在全球格局中的位势，应针对深圳国际航线不足、港城矛盾突出、快速铁路联系不够等问题，加强与周边城市的协同合作，共建港口、机场、铁路、高快速路等网络，构建立足粤港澳、辐射全国、面向全球的海陆空现代综合交通体系。巩固并强化深圳的世界级集装箱枢纽港优势。湾区内拥有香港、深圳、南沙三大全球排名前列的港口，同时还有虎门、惠州、珠海等正在快速发展的港口，但各港口分工不明确，缺乏协调发展。而东京湾港口群各主要港口根据自身基础和特色，承担不同的职能，形成鲜明的职能分工体系，虽然经营仍保持各自独立，但在对外竞争中形成一个整体，共同揽货，整体宣传，增强了整体竞争力。因此，深圳一方面要加强自身港口建设，适应集装箱船舶大型化发展趋势，加快20万吨级集装箱泊位和航道建设，布局覆盖全球的航运航线网；另一方面要提升深圳港口与粤港澳周边港区联动发展水平。建设国际航空枢纽。国际通道对提升城市辐射带动力具有重大战略价值，未来深中通道和深茂铁路开通后，深圳机场将成为中山、江门、珠海等珠江西岸部分城市及省内一些沿海城市的首选对外通道，这势必将加大深圳机场的运输压力。如深茂铁路可以实现省内东至潮州 2 小时内、西至湛江 3 小时内直达深圳机场,如此大的便利性将带来大量的客流,即使建成第三条跑道后,6000 多万的容量在 2025 年左右也将饱和。而且随着珠三角全球制造基地转型升级,以电子信息产品为主的低重量、高价值货运需求旺盛。因此,深圳一方面要加快推进机场改扩建,推动机场综合性集疏运体系建设;另一方面要深化与周边机场合作,开辟更多直通国际枢纽城市的航线航班。对接国家骨干通道。深圳作为国家经济中心城市,只有建立与国内其他地区的快速便捷通道,才能更好发挥辐射带动作用,更好服务国家战略。目前,深圳乃至粤港澳地区缺乏直接连通长三角地区和江西等地的高速铁路,这不利于我国两大经济最活跃地区之间的直接经济联系。因此,深圳要与广州、香港合作,积极对接国家陆路骨干通道规划,共同争取国家支持建设更多战略性通道,拓展更广阔的经济腹地和发展空间,提升对泛珠三角区域乃至全国的辐射能力。重点加快建设与海西经济区、长江经济带、珠江–西江经济带相衔接的战略通道:沿着海上丝绸之路打通前往东南亚、中东等市场的通道,前瞻性布局关键港口节点,充分利用巴林港打开中东海湾地区市场;沿着陆上丝绸之路经济带,以喀什为支点打通中亚欧洲通道,构建经广西、云南至东盟地区的铁路通道,共同推进与东盟地区的陆路通关便利化;沿着赣深铁路,打通江西、安徽等通往中东部地区的通道;沿着东部沿海通道,打通连接珠三角和长三角的通道,推动南广、贵广高铁接入深圳,打开联运大西南的通道。

二是推动与周边其他城市基础设施互联互通,加强珠三角东西部战略联系。建设高度可达性的通勤圈是湾区城市群的重要任务,是实现区域一体化的基础条件。针对珠江西岸方向跨珠江通道不畅、城际轨道建设滞后、市内南北轴向通达性较差及东部道路密度低等问题,深圳要积极构建方便快捷的通勤圈,降低城市间的通勤时间和交通成本。加快城际战略通道建设。世界一流湾区城市一般都建有高效快捷的城际通道,如东京湾城市群城际铁路网呈四通八达的放射状,轨道交通总长 2300 多公里。粤港澳要加强区域交通基础设施的互联互通,完善跨境运输体系,促进湾区内交通全面对接,建设可实现点对点通达的"一小时通勤圈"。深圳要率先规划布局联通周边的城际交通，沿着深中通道、深茂铁路、深珠城市轨道打通通往粤西的通道，沿着深惠、穗莞深城际快速轨道及厦深高铁、赣深高铁升级通往粤东北的通道，协同推进深圳与莞惠地铁的衔接。另外，预计深中通道开通后，鉴于两地巨大的物流、人流，很快便会饱和，应考虑规划建设跨珠江口的海底隧道，推动湾区城市群发展，加强东西部战略联系，更好发挥深圳的带动引领作用。加快市内交通建设。一流的湾区需要一流的城市，而一流的城市需要一流的交通基础设施做支撑。深圳未来主要应构建以轨道为主体的现代化公交都市，完善覆盖全市主要区域的快速道路交通网络，重点要全面加快轨道三期及三期调整工程建设，尽快启动轨道四期工程建设，推进现代有轨电车试验线建设；完善高快速路网，大力推进干线道路规划建设，加快次干道与支路网建设，加强原二线关内外主次干路的对接。

三是构建万物互联的信息基础设施，建设新型智慧城市。信息正改变着人类的时空观，引发生产生活方式和资源配置方式的深刻变革，全面优化重构产业链、创新链、价值链，成为推动产业转型升级的新动力、促进社会进步的新途径。信息已是与技术、人才、资金同等重要的资源和要素，信息汇集与传播能力成为区域和城市竞争力的重要内容，完善的信息基础设施是支撑湾区经济发展的重要条件。深圳要发挥信息产业优势，积极推动粤港澳提升信息基础设施建设水平，率先在粤港澳建设新型智慧城市。加快建成"全光网城市"。宽带速度和宽带普及率是反映一个城市信息基础设施水平的重要指标。深圳要建设现代化国际化城市，就需要加强光网建设，重点实施"宽带深圳"行动计划，构建高速大容量光通信传输系统，提升高速传送、灵活调度和智能适配能力。超前布局下一代互联网基础实施。下一代互联网基础实施是提升城市基础竞争力的重要方面。深圳要重点推动下一代互联网的部署和商用，构建融合、安全、泛在的新一代信息基础设施，实现感知无处不在、连接无处不在、数据无处不在、计算无处不在，打造国际一流信息港。积极参与国际信息基础设施建设和国家信息丝绸之路建设。我国正在与沿线国家合作推进信息丝绸之路建设，深圳要依托信息产业优势，支持华为、中兴、海能达等骨干企业参与国家"一带一路"重大信息互联设施建设，争取国家在深圳布局建设服务沿线国家的大型国际数据中心；推进前海国际通信专用通道建设，参与东盟信息港等亚太互联互通网络建设。

四是构建综合多元战略保障设施体系，保障城市安全运行。供水供电供油供气安全是城市安全平稳运行的基础支撑，也是经济社会持续健康发展的战略保障。国外重要湾区城市都非常重视水电油气等战略保障设施建设，如洛杉矶通过实施城市建设的滚动五年计划，建立了完善的综合战略保障设施，成为全球最安全城市之一。针对水资源匮乏、能源供应高度依赖外部输入等问题，深圳要建立水电油气等战略资源的多元化供给渠道，加强保障设施建设，保障城市安全运行。构建清洁高效的多元化现代能源体系。深圳的能源90%依靠从外部引进，其中油气基本依赖进口和从市外输入，是全国能源最紧缺的城市之一，战略石油储备仅够使用40天左右，远低于国际安全标准（90天）。因此，深圳要积极引进滇西北、粤东等市外电源，推进天然气发电、抽水蓄能电站等市内支撑电源建设，加强储能和智能电网建设，增强电力安全保障能力；积极引进澳大利亚、卡塔尔等国家的天然气，实现天然气供应渠道多元化；积极发展太阳能光伏、生物质发电等分布式电源，鼓励区域集中供热（冷）和能源梯级利用，构建智慧能源系统。建设安全优质的双水源供水保障体系。深圳是全国水资源最为紧缺的城市之一，全市供水能力仅为21亿立方米/年，与2020年的26亿立方米/年的城市需水量相比，存在5亿立方米的供水缺口。同时现有水库水源应急储备能力不足，总体水源应急时间约1个月，低于相关规划3个月的用水目标。因此，深圳要加快建立由东江和西江构成的双水源供水体系，保障城市供水安全。

盐田区融入和服务粤港澳大湾区研究

何　吉*

摘　要： 盐田区在粤港澳大湾区版图中具有独特优势，与香港互利合作基础良好，有条件在粤港澳大湾区发展过程中实现创新和突破，扮演更为重要的角色，为上层规划的落地实施发挥更加积极的作用。应通过围绕建设"四个区"和"六大路径"的推进，把盐田区建设成为一个服务粤港澳大湾区建设的优质高效服务区和支撑区。

关键词： 盐田　粤港澳大湾区

党的十九大报告中指出，以粤港澳大湾区建设、粤港澳合作、泛珠三角区域合作等为重点，全面推进内地同香港、澳门的互利合作。广东省委十二届二次全会强调，要深入研究推动粤港澳大湾区建设，创新合作机制，将粤港澳大湾区建设成为国家创新发展的重要引擎。

高水平规划建设粤港澳大湾区，是贯彻落实十九大精神和习近平总书记"四个坚持、三个支撑、两个走在前列"重要批示精神的重要举措，也为盐田区整体品质跃升、深度融入粤港澳大湾区城市群发展提供了重要机遇。探索盐田在大湾区都市群中的定位和优势，主动对接国家粤港澳大湾区规划和建设需要，全面推进与港澳互利合作，共建粤港澳大湾区优质产业和生活圈，在港产城融合发展、协同创新上具有突出作用。

---

* 何吉，深圳市盐田发改局。

一 盐田区在粤港澳大湾区建设中的定位和优势

盐田位于深圳东部，距离市中心 12 公里，面积 74.64 平方公里。从地理区位看，盐田区是深圳重要的城市副中心，东接大鹏湾，西至梧桐山，南连香港新界，北靠龙岗区，地理位置优越。盐田交通体系完备，平盐铁路贯穿东西，而且深圳市唯一的"中欧班列"也从盐田始发。盐排高速、惠深沿海高速、坪盐通道等干道横穿全域。沙头角口岸直抵香港，中英街"一街两制"源远流长，梅沙口岸恢复在即，将与香港实现陆海便捷接驳，有利于粤港澳大湾区内的粤港要素流动。此外，港口品牌作用凸显，具有服务粤港澳大湾区建设的独特优势。

"十二五"期间，盐田区生产总值年均增速为 10.2%，公共财政收入年均增速为 17.7%。2017 年，盐田区深化供给侧改革，实现生产总值 537.68 亿元，同比增长 8.8%，固定资产投资 122.57 亿元，增长 23.1%。社会消费品零售总额 71.09 亿元，增长 8%。万元 GDP 能耗、水耗、建设用地分别下降 4.3%、14.5%、8.3%，连续 4 年保持城市 GEP 与 GDP 的双提升。盐田区转型升级加速、绿色发展水平领先、创新创业条件优越，高品质的增长和全面发展，对粤港澳大湾区建设形成有力支撑。

从港口产业发展来看，辖区内的大鹏湾海域面积达 250 平方千米，海岸线长达 19.5 千米。盐田港是世界上最重要的远洋深水枢纽港之一，也是我国重要的战略性枢纽港，华南地区超大型船舶首选港，集装箱吞吐量在 1100 万标箱以上，占深圳港比例超 50%，广东全省 20% 以上的货物均经由盐田港出口，并与香港港实现良好互动。2017 年盐田港实现吞吐量 1270.37 万标箱，单港集装箱吞吐量继续保持世界第一。链接欧亚大陆的中欧班列从盐田港始发，标志着"一带一路"在深圳实现了有效连通。盐田现有临港物流仓储面积共约 130 万平方米，已建成全国最大的临港仓储基地。

从生态资源看，盐田区为"全国首批国家生态文明建设示范区"，屏山傍海，自然环境得天独厚，资源禀赋良好。森林覆盖率达67%，形成山、海、城、港四位一体的独特优美风光。水环境质量全市领先，地表水水质良好，饮用水源和近岸海域水质达标率为100%。2017年PM2.5均值为23.08微克/立方米，达欧盟标准，为全市最优。盐田有著名的东部黄金海岸旅游带，辖区的"梧桐烟云"、"梅沙踏浪"、"一街两制"占据"深圳八景"之三，每年吸引超过2000万人次的国内外游客观光旅游、休闲度假，为粤港澳大湾区建设提供了优良的生态环境和旅游资源。

从科技创新看，盐田河临港产业带是全市15个重点区域之一，并被纳入广深科技创新走廊。辖区企业华大基因已崛起成为全球最大的基因组学机构，测序能力保持世界第一，现已成功上市，华大基因中心也在加快建设。区内的生命健康产业特色园区也已吸引多家企业集聚发展，人工智能、区块链等新兴行业也正驶入发展快车道，有望孕育成下一个"独角兽"，为粤港澳大湾区发展增添新动力。

盐田区服务促进粤港澳大湾区建设，也面临一些亟待解决的困难与问题：一是发展空间资源约束凸显，可建设用地匮乏，创新研发性产业用地有限，优质产业空间不足，土地资源集约化利用水平较低。二是产业转型升级形势紧迫，区域产业结构单一，附加值不高，融合发展程度不够，创新能力不强，重大产业项目储备偏少，港口物流、旅游和黄金珠宝产业转型升级亟须加快，金融、法律等服务业发展滞后。三是城区配套环境亟待改善，人流、商流、资金流、信息流等要素的吸引力和聚集力不强，教育、医疗、文化等优质公共服务资源供给不足，疏港交通体系不完善。四是重大项目投资缺乏后劲，重大项目引进难度加大，关乎盐田长远发展和民生福祉的重大项目规划和储备不足，重大公共服务项目建设偏慢，社会投资动力未被充分激活。

二 盐田区助力粤港澳深度融合发展的思考

香港、澳门回归以来，广东省为落实"一国两制"的基本政策，与香港、澳门积极开展了多方面合作，粤港澳一批重大基础设施项目得到实施，经贸、科技教育合作程度加深，民生领域等诸多环节取得积极进展，实现了香港、澳门回归后的平稳过渡和繁荣稳定。但也应看到，粤港澳政府在 CEPA 实施中的作用发挥不够，缺乏高效的、多层面的协调机制；粤港澳体制政策差异明显，行政区体制与跨区域经济合作之间存在一定矛盾。

粤港澳合作已远远超越区域性、地缘性经济合作的范畴。高标准建设好粤港澳大湾区，不仅是推动粤港澳和整个中国经济持续、稳定、快速发展的重要动力，而且对解决台湾问题具有巨大的示范效应。"一国两制"是粤港澳融合发展的重要理论基础，不仅是一种新的统一观，而且是一种全新的发展模式，其将国家统一、改革开放和现代化建设作为一个整体进行统筹谋划推进，既实现了中华民族统一的愿望，也在统一过程中有效地维护了港澳经济的繁荣发展和促进了内地的现代化建设。在新形势下，应以党的十九大精神为指导，深化拓展"一国两制"的科学内涵，为构建粤港澳融合发展提供理论支撑和实践指导，进一步凸显"一国"共同利益，增强"一国"的凝聚力，减少"两制"的差异和摩擦力，加快粤港澳大湾区融合发展进程。

盐田区与香港地理位置相连，语言文化相同，在历史上本来就从属于统一的岭南经济文化单元，因此盐田有条件在粤港澳大湾区融合发展中实现创新和突破。在"一带一路"建设的大背景下，盐田应找准突破点，以体制机制创新为动力，以货物贸易自由化、服务贸易自由化和投资贸易便利化为主要内容，全方位推进与港澳经济和社会的融合，充分发挥自身所具有的开放创新的环境、高效的资源配置能力及发达的互联互通网络等优势，在粤港澳融合发展中争当"排头兵"，创造新经验，提升自身在国家经济发展和对外开放中的地位和功能，推动港澳经济发展、改善民生、促进和谐，全力支持香港巩固其国际金融、贸易、航运中心的地位，全力支持澳门巩固其世界旅游休闲中心的地位，推动金融、商贸、物流、专业服务等向高端高增值方向发展，提升粤港澳区域发展的国际竞争力。

三 盐田区服务粤港澳大湾区建设的实施路径

习近平总书记"四个坚持、三个支撑、两个走在前列"的重要批示精神，国家对粤港澳大湾区建设的总体要求，是盐田区服务大湾区建设的指导思想。盐田区要深入贯彻党的十九大精神，全面落实习近平总书记重要批示，遵照"五位一体"总体布局和"四个全面"战略布局，牢固树立和贯彻落实创新、协调、绿色、开放、共享的新发展理念，紧紧抓住国家"一带一路"倡议、粤港澳大湾区建设、深圳东进战略等重大发展机遇，进一步解放思想，开拓进取，深化"双创"，打造粤港澳大湾区重要支撑区和"一带一路"新的增长极。盐田区服务大湾区建设，必须坚持创新驱动的原则，深化重点领域和关键环节改革，消除阻碍服务协作的行政壁垒，加快构建创新创业经济新体制。推动产业升级和产业扩张同步发展，全面提升对内对外开放水平。必须坚持绿色发展的原则，以高品质的生态建设为抓手，以实施方案为指导，统筹协调，以点带面，整体推进。不断提高 GDP 和 GEP"双提升"水平，带动盐田区实现绿色发展。必须坚持港城一体的原则，立足港城各自优势，促进生产要素合理流动，实现优势互补、强强联合，优化资产配置和生产力布局，加快良性互动、融合发展，提升港城一体整体品质和效益。必须坚持改革攻坚的原则，全面深化改革，切实破解制约盐田区经济社会发展、"一带一路"建设、粤港澳大湾区等国家战略的体制机制因素，以及群众关心的热点难点问题，提高发展品质和民生品质。

服务大湾区建设，要在进一步明确盐田区在大湾区建设中所处的地位、扮演的角色和发挥的作用这一前提下，根据盐田区的区位优势和自身特点，紧紧围绕"四个区"的建设，开辟盐田区服务大湾区建设的新局面。

一是 21 世纪海上丝绸之路国际航运枢纽区。发挥盐田港国际重要战略性枢纽港的优势，打造全球航运物流枢纽。针对国际远洋航运发展趋势，巩固和扩大盐田港深水核心优势，加快建设超大型深水泊位，重点发展中港区和西港区。大力拓展航线，加快发展中转航线、多式联运和国际中转增值业务，不断扩大盐田港国际辐射范围和揽货能力。完善港区基础设施建设，为港区建设运营注入更多智慧元素。

二是自由贸易创新示范区。建设全球领先的港口基础设施，统筹将盐田港区和盐田综保区建成开放型、适应国际贸易新规则的自由贸易港，实现更高水平的贸易和投资自由化和便利化，促进港产联动，加快航运金融等现代服务业发展，加速推动临港产业迈向全球价值链高端，打造国际贸易航运物流产业链。

三是临港现代服务业引领区。遵循粤港澳大湾区发展战略，加快建设盐田河临港产业带，制定临港产业带空间规划、产业规划的项目规划。加快推进马留箬工业区改造等重大项目建设。大力发展高端物流、航运服务、商贸服务、总部经济和创新型产业形态，吸引优质企业进驻。推进盐田河总部经济走廊、现代物流服务和创新产业的组团建设。

四是国际文化交流示范区。加快建设盐田中港文化交流中心，大力拓展以盐田特色文化为载体的对外文化交流圈，强化与港澳及"一带一路"沿线国家的文化交流。以大小梅沙旅游资源为依托，打造国际一流的世界旅游目的地。加快发展"文化＋"新型业态，推动文化产业与旅游、科技深度融合，加快建成具有国际影响力的黄金珠宝文化综合区，积极培育现代海洋文化，打造国际化海洋文化中心。

"四个区"的建设实质，是把盐田区建设成为一个服务大湾区建设的优质高效服务区。盐田区为实现和发挥好服务大湾区建设的重要作用，具体可通过以下"六大路径"来推进实施。

路径一：发挥中英街的"一街两制"优势。中英街是盐田区与香港无缝接壤的融合区，也是加强深港合作、推进粤港澳大湾区深度融合的重要载体。要充分发挥中英街在深化深港合作中的尖兵突击作用，突破中英街的功能定位，创新体制机制，发挥中英街自由贸易的特色和影响力，大力发展进口商品零售。探索突破现有定位，申报中英街国家级旅游景区，加快深港联合建成"中英街国际商贸旅游区"。全面准确贯彻习近平总书记庆祝香港回归二十周年的重要讲话精神，在 CEPA 框架下，探索建立体现"一国两制"优势的中英街融合发展协商机制，加强双方在重大合作事项决策、推进中的沟通与协调，及时解决合作中面临的深层次矛盾和问题。

路径二：发挥盐田港国际远洋主枢纽港的战略优势，建设世界级自由贸易港。强化盐田港深水核心优势，建成使用盐田港东港区超大型深水泊位，完善港口基础设施建设，将智慧元素融入港区管理运营全过程，逐步建设全自动化码头，保持全球领先的码头运作效率和服务能力。构建高效顺畅的集疏运体系，完成明珠道疏港专用通道等重大基础设施建设，高标准建设盐田港拖车综合服务基地。在周边区域布局若干国际陆港，升级改造平盐铁路并延伸至东港区，进一步提高运力。助力深圳跨境电商综合试验区建设，拓展对外贸易，大力培育跨境电商、第三方物流、进口商品展示交易等贸易新业态，推动港口物流供应链一体化服务水平整体跃升。调整优化外贸结构，建立区域性大宗进口商品交易市场，全面建成进出口贸易创新示范区，推进国家服务贸易创新发展试点建设。依托盐田河临港产业带，延伸产业链条，形成若干现代专业物流产业集群，大力发展现代金融、人力资源等生产性服务业，打造"一带一路"深圳临港产业支撑区。对标香港自由港发展，统筹推动盐田港和综合保税区转型升级，打造更具辐射力的世界级自由贸易港。

路径三：发挥盐田区东联西进的衔接优势，构建大湾区内外通达的交通网络。加快完成轨道 8 号线一期建设工程，启动二期建设工程，推动 8 号线与 3 号线的连接线进入深圳市轨道交通规划。完成盐排高速、深盐二通道—盐坝高速节点改造项目，建设以龙坪盐通道、盐龙通道为主轴的高等级公路网络，打通西禾路、明珠道等疏港道路，实现城区、港区、产业园区、旅游景区的道路连通。加大港口升级改造提升力度，启动建设盐田港东港区超大型深水泊位，完成中港区升级改造工程和西港区建设项目。完善盐田港集疏运系统，打通盐田港后方陆域断头路，加快建设盐田港拖车综合服务中心，打造我国首例集拖车立体停车库和综合服务为一体的交通综合体。努力增加海铁联运班线，积极推进南昌—深圳海铁联运线路优化提升，扩大重庆—盐田港海铁联运运量。支持中欧班列做大做强，发力进口端商贸。推动粤港澳合作海上交通建设，促进梅沙旅游口岸恢复升级，开通海上旅游交通线路。加快建设与国内外重要港口之间的货运通道。推进"智慧盐田"、"数字盐田"、"智慧城管"等建设，打造面向未来的智慧城区。建设一流新型基础设施和覆盖全区域的高速宽带网络和信息资源服务平台，实现高速宽带无线网络全覆盖，提高信息化水平。

路径四：发挥盐田区岭南特色文化优势，铸造大湾区国际性文化交流基地。围绕大湾区文化建设整体部署，利用国内国外文化市场和文化资源，大力实施历史文化、红色文化、海洋文化三大文化建设工程，建设国际性文化交流基地。发挥盐田区历史文化优势，建成胥家民俗文化基地。深入发掘研究盐田区岭南文化历史遗产，推动盐田区非物质文化遗产的保护与开发，重点建成胥家民俗馆和沙头角渔灯舞博物馆，打造"胥家人婚俗"和"沙头角渔灯舞"精品民俗文化品牌，申报世界非遗项目。加快建设民间特色博物馆，构筑大湾区民间传统文化平台。发挥盐田区爱国主义文化资源优势，建成独具特色的红色文化传播基地。改造提升中英街历史博物馆规模功能，提高中英街爱国主义教育基地的地位和影响，强化"中英街3·18警示日"的作用与启迪。挖掘大梅沙、小梅沙、盐田海滨栈道等优质海洋文化资源，举办大湾区"盐田海洋节"，扩大"盐田海洋文化论坛"的国际影响力。建成盐田海洋影视文化基地。进一步办好盐田海洋文献馆与海洋文化园，开展形式多样的盐田海洋科学与文化传播活动。建设一批各具特色的文化街区。以文化为纽带，建成大梅沙国际化社区和小梅沙国际都市型休闲旅游度假区。大力发展以水上运动、沙滩运动、滨海休闲运动为主的休闲文化体育产业。继续办好"我爱中华"深港学生夏令营，为深港学子学习祖国悠久历史文化铺开前行之路。

路径五：发挥盐田区民主法治优势，编织粤港澳大湾区社会治理放心网。加快建设和完善民心网、治理网、安全网"三网合一"的社会治理放心网络，织牢民心网。实施更加积极的就业政策，夯实开放式创新创业服务平台，创建一批高质量充分就业城区。大力实施高端教育、高端医疗、高端养生等民心工程。全面落实"民心微实事"项目,创新公益慈善、住房供给、基层公共服务等民生事业,加快实施精准化扶贫脱贫。积极推进在盐田的港人享受基本公共服务均等化,在就业、就医、教育等领域共享资源。大力推动深港民众特别是青少年的友好交流,强化国民教育,培育爱国情操,实现民心认同、人心回归。织牢治理网。深入推进"织网工程",实施社区全方位网格化管理,发挥两代表一委员作用,完善上下通达的民意反馈互动机制。创建国家级和谐劳动关系综合实验区。扶持一批反映民众需求、具有较大影响的社会组织。实施社会工作标准化工程,创建具有盐田特色的社工服务品牌。完善以社区党委为核心,基层组织与居民为骨干的社会治理结构,形成政府治理、社会调节、居民自治的良性互动关系。深化"三化一体"警务实战工程,形成打击犯罪、调处纠纷、维护稳定的一体化治安防控网络,创建在大湾区具有引领作用和标杆地位的平安和谐示范区。

路径六:发挥盐田区蓝色经济优势,打造全球海洋中心城市核心区。对接环大鹏湾区域,盘活从盐田区沙头角到南澳的滨海旅游资源和大港口资源,打造以旅游、港口、生态为核心的环大鹏湾蓝色海洋经济带。主动参与全省蓝色海洋景观带建设,推动全国水上(海上)国民休闲运动中心等项目建设,积极融入粤港澳"一程多站"精品旅游线路,助推粤港澳世界级旅游休闲度假区建设。加快发展"海洋+"新兴业态,支持旅游业全面"下海",推动旅游立体开发。探索开展海洋碳汇技术研发和交易试点,积极培育发展航运金融、供应链金融、投资、融资、保险等海洋高端服务业。依托华大基因,培育具有较强国际竞争力的海洋生物产业。完善生态环保效益评价指标体系,探索海洋价值绿色 GDP 核算方法,科学测算海洋经济真实价值增量与发展水平。探索建设市一级海洋博物馆、海上歌剧院,结合小梅沙整体改造,规划布局特色海洋科普基地等项目。率先打造滨海城区可持续发展模板,建成海洋文化突出、海洋经济发达、海洋环境优美的现代化国际化先进滨海城区,成为深圳建设全球海洋中心城市的核心区。

四 盐田区服务粤港澳大湾区建设的保障措施

（一）加强全面统筹

健全服务大湾区建设的工作体系和责任体系，指导协调各方开展工作。规范大湾区工作信息通报与交流，加强多层次、多渠道沟通磋商，建立专家咨询制度，不断提升服务大湾区建设的能力和水平。

（二）纳入自由贸易港范围

加快统筹全市自贸港申报，联动东、西部港区，将盐田港和盐田综保区统筹纳入自由贸易港范围，对接国际投资贸易自由化规则，打造全国自贸港发展标杆和高地。

（三）促成大湾区港口联盟落地盐田区

粤港澳大湾区城市群发展规划提出要建立港口联盟。推动粤港澳大湾区港口联盟落地盐田区，发挥盐田港的中枢作用，形成多港联动效应，打造辐射全球的粤港澳大湾区航运中心，建成21世纪海上丝绸之路国际物流黄金通道。

（四）恢复梅沙旅游口岸

打通链接粤东地区、深圳东部与香港的海上航线，并探索在口岸联检楼顶规划布局直升机停机坪，构建海陆空立体交通网络，进入粤港澳游艇自由行和直升机自由行试点范围，促进经济发展和旅游国际化。

专 题 篇

Special Topic Reports

B.18

"中美互相加征关税"对深圳
主要经济指标的影响研究

课题组 *

摘　要：　本文使用全球与国家联接模型模拟分析了中美互相加征关税对
深圳经济的影响。研究结果表明，中美互相加征关税，将给深
圳经济带来不同程度的负面冲击。为此建议：要充分估计中美
经济竞争、贸易摩擦加剧的可能性及其长期性影响；继续积极
融入全球创新网络；努力面向全球科技前沿突破一批核心技
术；加快构建可持续发展的区域创新生态系统。

关键词：　中美相互加征关税　深圳经济　主要经济指标

* 课题组成员：陈少兵，深圳市社会科学院巡视员；高瞻，深圳市公平贸易促进署署长；董晓
远，深圳市社会科学院经济所研究员；廖明中，深圳市社会科学院经济所研究员；刘小康，
深圳市公平贸易促进署外贸服务部副部长。执笔人：董晓远、廖明中、刘小康。

2018 年 4 月 3 日，美国政府宣布将对原产于中国的 1333 项约 500 亿美元的进口产品加征 25% 的关税。之后，中国商务部随即宣布反制措施，将对原产于美国的大豆等农产品及汽车、化工品、飞机等进口产品对等采取加征关税措施。接着，中兴通讯遭到美国商务部禁售、华为遭到美国司法部调查。种种迹象表明，中美贸易的纠纷和冲突形势趋于严峻，而深圳则首当其冲。本文从研究机构的角度，试图采用国际上前沿的定量研究方法，全面、客观地分析"中美互相加征关税"对深圳经济可能带来的影响，以期为相关部门决策提供参考依据。

一　全球与国家联接模型

基于前人的研究成果，本文使用全球与国家联接模型准确分析中美互相加征关税对深圳经济的影响。全球模型，指的是"全球贸易分析模型"（GTAP），它是美国普渡大学于 20 世纪 90 年代开发的，得到了世界贸易组织、国际货币基金组织、世界银行、联合国粮农组织等机构的广泛使用，是国际贸易分析领域的标准工具。国家模型，是以 ORANIG 为蓝本的可计算一般均衡模型。ORANIG 是一种通用的单一国家可计算一般均衡模型，已在 60 多个国家的 400 多家机构中得到广泛应用，它的出现是自投入产出法发明以来多部门经济分析方法领域的重大突破。

GTAP 模型是为与国际贸易有关的分析而设计的，它包括详细说明国家之间的贸易以及一国国内经济的一整套账户。然而，在许多情况下，可能需要对某一国的国内经济进行更详细的分析，如分析国际经济变动对该国内各区域的影响，这就需要用如上所说的全球与国家联接模型。

本研究中，GTAP 模型是依据 GTAP 9 数据库来求解的。GTAP 9 数据库描述了 2011 年的世界经济状况，它将所有经济部门（产品与服务）划分为 57 类，并将全球划分为 140 个区域。本研究将这 140 个区域归并加总为：中国、美国、北美其他国家、南美、澳洲、日本、韩国、东南亚、南亚、中东、非洲南部、欧盟 28 国以及世界其他国家和地区；GTAP 模型以部门分类的最高水平即 57 个部门运行。ORANIG 中国模型包括广东省之外的 30 个省、自治区、直辖市，并把广东省细分为深圳、广州、珠海等 21 个地市；根据公开发布的 2012 年全国及各省、自治区、直辖市的 42 部门投入产出表，将国内所有经济部门（产品与服务）划分为 42 类。

二 关税政策冲击强度的测算

（一）中美两国之间现有关税水平

中美两国之间现有的货物关税从价税率如表 1 所示。

表 1　中美两国现有的货物关税从价税率

单位：%

编号	行业代码	代码释义及其包含的细类	美国对中国的关税	中国对美国的关税
1	Pdr	水稻	1.34	0.00
2	Wht	小麦	1.64	1.00
3	Gro	谷物	0.08	1.00
4	v_f	蔬菜，水果，坚果	1.37	11.66
5	Osd	种子（榨油）	0.01	2.42
6	c_b	甘蔗，甜菜	0.12	20.00
7	Pfb	植物纤维	0.00	4.74
8	Ocr	其他作物	1.50	7.79
9	Ctl	牛，绵羊，山羊，马	0.00	1.97
10	Oap	畜产品	0.36	7.12
11	Rmk	原料奶	0.00	0.00
12	Wol	羊毛，蚕胶丝茧	1.11	37.69
13	Frs	林业	1.61	0.03
14	Fsh	渔业	0.04	9.50
15	Coa	煤炭（硬煤、褐煤、泥炭）	0.00	0.05
16	Oil	石油	0.10	0.00
17	Gas	天然气	0.00	0.00
18	Omn	矿物（铀、钍、铁矿石）	0.20	0.27
19	Cmt	肉：牛，绵羊，山羊，马	1.65	12.05
20	Omt	肉制品	2.41	10.03
21	Vol	植物油脂	1.92	9.49

编号	行业代码	代码释义及其包含的细类	美国对中国的关税	中国对美国的关税
22	Mil	乳制品	5.95	6.29
23	Pcr	大米加工	4.36	1.00
24	Sgr	糖	25.91	49.48
25	Ofd	食品	2.76	10.82
26	b_t	饮料和烟草产品	4.11	6.06
27	Tex	纺织品(纺织品,人造纤维)	8.85	6.62
28	Wap	服装(服装,敷料和染色的毛皮)	11.61	15.75
29	Lea	皮革制品(制革和打磨皮革;等)	13.51	7.91
30	Lum	木制品	0.64	0.48
31	Ppp	纸制品、出版物	0.00	1.05
32	p_c	石油精炼制品、煤制品	0.17	3.87
33	Crp	化工、橡胶、塑料产品	2.75	6.05
34	Nmm	矿产品(其他非金属矿物制品)	4.68	12.53
35	i_s	黑色金属(钢铁)	1.03	2.29
36	Nfm	其他金属(贵金属和有色金属)	3.19	0.95
37	Fmp	金属制品(机械及设备除外)	2.26	9.13
38	Mvh	汽车及配件(车辆、挂车和半挂车)	0.86	22.43
39	Otn	运输设备(其他运输设备)	3.43	2.55
40	Ele	电子设备(办公和计算、通信设备)	0.25	0.72
41	Ome	机械设备(电气机械及器材等)	1.47	4.83
42	Omf	其他制品、废品回收	1.52	14.48

资料来源：GTAP 9 数据库。

（二）所加征关税在 GTAP 9 产品分类下的"等价大类关税"

精确测定政策冲击强度，是模拟结果准确可靠的基础与前提。根据美国海关数据，2017 年中国对美国的出口产品，按 HS 十位码计，有 16602 种产品，合计金额达 5055.97 亿美元；其中能够与我们掌握的《GTAP 产品分类与 HS 六位码对应表》（简称"对应表"）相匹配的产品有 13916 种，匹配成功率为 83.8%，合计金额为 3442.61 亿美元，这些产品对应着 GTAP 全部 57 类产品中的 39 类。美国宣布加征关税的 1333 种 HS 八位码产品，从中国的进口额为 464.17 亿美元，其中能够与"对应表"相匹配的产品有 1107 种，合计金额为 372.51 亿美元，这些产品对应着 GTAP 全部 57 类产品中的

10 类。在这 10 类产品中，加征关税产品所占比例高低不一，最高为 53.57%，最低为 0.01%，平均为 14.6%。由于这些涉税产品在所属类别中所占比例不同，因此，对这些产品统一加征 25% 的关税，其对应的大类产品的等价关税也大小不一。详情见表 2。

表 2　美国加征的"等价大类关税"

GTAP 类别代码	产品类别说明	加征关税产品 2017 年出口额（百万美元）	本类产品 2017 年出口额（百万美元）	征税产品占比（%）	"25%"的等价大类关税
Crp	化工、橡胶、塑料产品	551.71	30351.18	1.82	0.45
Ele	电子设备（办公和计算设备，无线电、电视和及通信设备）	4297.58	75802.92	5.67	1.42
fmp	金属制品（机械及设备除外）	417.70	18054.73	2.31	0.58
i_s	黑色金属（钢铁）	107.26	1883.68	5.69	1.42
lum	木制品	349.93	23196.90	1.51	0.38
mvh	汽车及配件（车辆、挂车和半挂车）	1717.31	11955.55	14.36	3.59
nfm	其他金属（贵金属和有色金属）	1280.07	2389.43	53.57	13.39
ome	机械设备（电气机械及器材，制药精密光学仪器，钟表）	27417.67	83245.57	32.94	8.23
otn	运输设备（其他运输设备）	1111.87	3138.76	35.42	8.86
ppp	纸制品、出版物	0.36	5072.24	0.01	0.00
合计		37251.47	255090.95	14.60	3.65

资料来源：根据美国海关数据库等测算而得。

　　类似地，根据中国海关数据，2017 年中国从美国进口的 HS 八位码产品有 6930 种，合计金额达 1496.61 亿美元。其中能够与"对应表"相匹配的产品有 5801 种，匹配成功率为 83.7%，合计金额为 1074.74 亿美元，这些产品对应着 GTAP 全部 57 类产品中的 40 类。在中国宣布的将加征 25% 关税的 106 种 HS 八位码产品中，2017 年有进口的产品为 85 种，合计金额为 488.34 亿美元；其中能够与"对应表"进行程序化自动匹配的产品有 65 种，合计金额为 308.97 亿美元，手工调整匹配的产品两种（黄大豆与黑大豆），合计金额为 139.60 亿美元；匹配成功的产品对应着 GTAP 全部 57 类产品中的 12 类，合计金额为 448.58 亿美元。这些产品在 GTAP 产品类别下的等价关税也是高低不一的，详情见表3。

表3 中国加征的"等价大类关税"

GTAP 类别代码	产品类别说明	加征关税产品 2017 年进口额（百万美元）	本大类产品 2017 年进口额（百万美元）	征税产品占比(%)	"25%"的等价大类关税
b_t	饮料和烟草产品	77.91	181.56	42.91	10.73
cmt	肉:牛,绵羊,山羊,马	25.04	898.87	2.79	0.70
crp	化工、橡胶、塑料产品	6190.22	19885.60	31.13	7.78
gro	谷物	159.88	159.88	100.00	25.00
mvh	汽车及配件(车辆、挂车和半挂车)	11270.73	13727.70	82.10	20.53
ocr	其他作物	167.58	718.67	23.32	5.83
ofd	食品	0.06	1497.98	0.00	0.00
osd	种子（榨油）	13960.37	13973.45	99.91	24.98
otn	运输设备（其他运输设备）	10256.08	18387.77	55.78	13.94
p_c	石油精炼制品、煤制品	1761.01	2278.88	77.28	19.32
pfb	植物纤维	980.25	980.25	100.00	25.00
vol	植物油脂	8.71	112.14	7.77	1.94
合　计		44857.84	72802.73	61.62	15.40

资料来源：根据中国海关数据库等测算而得。

三 "中美相互加征25%的关税"对深圳经济的影响

尽管 2018 年 5 月下旬中美双方已就双边贸易问题达成了框架性协议，但中美贸易摩擦升级为贸易战的选项仍然没有完全被排除。本文采用 GTAP 与 ORANIG 的联接模型，对"中美相互加征 25% 的关税"进行了模拟分析。模型测算结果如下。

（一）广东在全国各省份中受冲击最大，深圳在珠三角城市中受冲击最大，深圳 GDP 将下降0.825个百分点

测算结果显示，中美相互加征 25% 的关税，将会使国内电子信息产业占

比较高的地区受冲击较大,其中广东表现尤为突出,GDP 增速会下降 0.322 个百分点;而农业与化工产品占比较高的地区反而会因为对从美国进口的产品征税而受益,如吉林、海南、广西、新疆、黑龙江等。详情见表 4。

表 4 中美互相加征关税对中国各地经济的影响

序号	地区	GDP 增速增长幅度(个百分点)	序号	地区	GDP 增速增长幅度(个百分点)
1	深 圳	− 0.825	17	青 海	0.131
2	广 东	− 0.322	18	陕 西	0.156
3	上 海	− 0.315	19	湖 南	0.173
4	天 津	− 0.24	20	四 川	0.178
5	江 苏	− 0.234	21	宁 夏	0.183
6	北 京	− 0.168	22	重 庆	0.189
7	浙 江	− 0.162	23	西 藏	0.196
8	辽 宁	− 0.006	24	甘 肃	0.201
9	福 建	− 0.005	25	贵 州	0.247
10	山 西	− 0.002	26	湖 北	0.319
11	山 东	0.025	27	云 南	0.326
12	江 西	0.066	28	黑龙江	0.347
13	安 徽	0.081	29	新 疆	0.351
14	河 北	0.087	30	广 西	0.362
15	内蒙古	0.102	31	海 南	0.449
16	河 南	0.106	32	吉 林	0.459

资料来源:模型模拟结果。

在广东的 21 个地市中,珠三角地区受影响较大,其中深圳所受冲击排名第一,GDP 增速下降 0.825 个百分点。

另外,在"北上广深"一线城市中,深圳受冲击最大:深圳 GDP 增速将下降 0.825 个百分点,上海 GDP 增速将下降 0.315 个百分点,北京 GDP 增速将下降 0.168 个百分点;广州 GDP 增速将下降 0.102 个百分点。

(二)深圳各行业出口几乎全面下降,其中通用设备、专用设备、电气机械和器材、仪器仪表等四大行业降幅最大(达9.75%)

受相互加征关税的影响,深圳各行业出口将几乎全面下降。其中,"通

用设备、专用设备、电气机械和器材、仪器仪表"四大类出口均下降
9.75%，受冲击影响并列第一；"交通运输设备"出口下降4.41%，深圳工
业的主体行业，占深圳工业销售产值约60%的"通信设备、计算机和其他
电子设备"，受冲击排名第三，但出口下降幅度稍小一些，为2.55%。

（三）深圳绝大多数行业产出将下降，其中仪器仪表行业降幅最大，下降幅度达3.63%

受相互加征关税的影响，深圳大多数行业的产出将下降。其中，下降幅
度最大的前五个行业分别是："仪器仪表"，下降3.63%；"电气机械和器
材"，下降2.78%；"通用设备"，下降2.27%；深圳工业的主体行业"通
信设备、计算机和其他电子设备"，下降2.06%；"专用设备"，下降
1.39%。

（四）深圳大多数行业就业将下降，其中仪器仪表、电气机械和器材两个行业降幅较大，下降幅度分别达3.855%和3.02%

受相互加征关税的影响，深圳大多数行业的就业将下降。其中，下降幅
度最大的前五个行业分别是："仪器仪表"，下降3.855%；"电气机械和器
材"，下降3.019%；"通用设备"，下降2.472%；深圳工业的主体行业
"通信设备、计算机和其他电子设备"，下降2.25%；"专用设备"，下降
1.596%。详情参见表5。

表5　中美互相加征关税对深圳各行业就业的影响

序号	行业名称	就业增长率（%）	序号	行业名称	就业增长率（%）
1	仪器仪表	-3.855	5	专用设备	-1.596
2	电气机械和器材	-3.019	6	居民服务、修理和其他服务	-1.347
3	通用设备	-2.472	7	房地产	-1.346
4	通信设备、计算机和其他电子设备	-2.25	8	科学研究和技术服务	-1.254

序号	行业名称	就业增长率（%）	序号	行业名称	就业增长率（%）
9	住宿和餐饮	-1.104	26	纺织服装鞋帽皮革羽绒及其制品	-0.511
10	金属冶炼和压延加工品	-1.075	27	金融	-0.499
11	废品废料	-0.982	28	食品和烟草	-0.488
12	批发和零售	-0.951	29	非金属矿物制品	-0.441
13	文化、体育和娱乐	-0.901	30	信息传输、软件和信息技术服务	-0.418
14	水的生产和供应	-0.895	31	电力、热力的生产和供应	-0.355
15	卫生和社会工作	-0.836	32	金属制品、机械和设备修理服务	-0.323
16	租赁和商务服务	-0.774	33	教育	-0.298
17	金属制品	-0.765	34	石油和天然气开采产品	-0.253
18	金属矿采选产品	-0.761	35	燃气生产和供应	-0.173
19	木材加工品和家具	-0.755	36	公共管理、社会保障和社会组织	-0.156
20	交通运输、仓储和邮政	-0.689	37	煤炭采选产品	-0.037
21	纺织品	-0.686	38	石油、炼焦产品和核燃料加工品	-0.032
22	造纸印刷和文教体育用品	-0.678	39	非金属矿和其他矿采选产品	0.023
23	建筑	-0.601	40	化学产品	1.476
24	水利、环境和公共设施管理	-0.582	41	农林牧渔产品和服务	1.739
25	其他制造产品	-0.575	42	交通运输设备	1.859

（五）深圳各行业产品价格几乎普遍上涨，其中农林牧渔产品和服务、食品和烟草等两个行业涨幅较大，上涨幅度分别为0.36%和0.31%

受相互加征关税的影响，深圳大多数行业的产品价格将出现上涨。其中，上升幅度最大的前五个行业分别是："农林牧渔产品和服务"，上涨0.36%；"食品和烟草"，上涨0.314%；"木材加工品和家具"，上涨

0.274%；"纺织品"，上涨0.258%；"住宿和餐饮"，上涨0.246%。详情参见表6。

表6 中美互相加征关税对深圳各行业就业的影响

序号	行业名称	价格上涨幅度（%）
1	农林牧渔产品和服务	0.36
2	食品和烟草	0.314
3	木材加工品和家具	0.274
4	纺织品	0.258
5	住宿和餐饮	0.246
6	教育	0.232
7	卫生和社会工作	0.219
8	公共管理、社会保障和社会组织	0.219
9	纺织服装鞋帽皮革羽绒及其制品	0.212
10	居民服务、修理和其他服务	0.187
11	化学产品	0.185
12	水利、环境和公共设施管理	0.183
13	造纸印刷和文教体育用品	0.182
14	其他制造产品	0.179
15	非金属矿和其他矿采选产品	0.169
16	交通运输设备	0.166
17	文化、体育和娱乐	0.166
18	煤炭采选产品	0.162
19	金属制品、机械和设备修理服务	0.151
20	科学研究和技术服务	0.147
21	租赁和商务服务	0.145
22	建筑	0.144
23	水的生产和供应	0.142
24	非金属矿物制品	0.134
25	交通运输、仓储和邮政	0.13
26	批发和零售	0.129
27	通信设备、计算机和其他电子设备	0.125
28	废品废料	0.124
29	专用设备	0.121
30	仪器仪表	0.119
31	通用设备	0.115

序号	行业名称	价格上涨幅度(%)
32	电气机械和器材	0.108
33	电力、热力的生产和供应	0.101
34	金属制品	0.1
35	金融	0.092
36	信息传输、软件和信息技术服务	0.091
37	金属冶炼和压延加工品	0.046
38	房地产	0.025
39	燃气生产和供应	0.009
40	石油、炼焦产品和核燃料加工品	0.002
41	石油和天然气开采产品	- 0.027
42	金属矿采选产品	- 0.136

深圳并不是所有的行业都会受到负面冲击。以农业为例，中国对美国农产品加征关税，使得国内农业受到保护性影响，深圳农业也会受益。当然，深圳本地很少生产加征关税的农产品，加征关税对深圳农业的影响，肯定没有东三省等大豆、玉米产地那么实实在在，因此可以忽略不计。如果我们的模型不是限于数据可得性问题而采用 42 部门分类，而是采用 139 或以上部门分类，那么深圳能够生产哪类农产品将会在模型中有更详细的展示，外部冲击会对深圳农业哪些具体生产部门产生影响也将会有更细致准确的评估。其他受益部门的分析，可以此类推。

四 "中美对额外1000亿美元产品加征关税" 对深圳经济的影响

路透社对中国出口美国产品的分析表明，为了迅速对价值 1000 亿美元的产品加征关税，美国可能不得不对手机、电脑、玩具、服装、家具和其他消费品征税。我们认为，美国 2018 年 4 月 3 日宣布加征关税的 1333 种产品，其所在的 10 个大类，是美国意欲重点打击的行业，如果对另外 1000 亿美元的产品加征关税，这些产品很可能仍处在这 10 个大类中。但各大类新加征关税产品可能会在原有份额基础上等比例扩大，还可能会集中在某几大类上，可能出现的各种组合相当多，很难确定会出现哪种组合。鉴于已宣布加征关税的产品在这些大类中大都占比较低，很容易在这些大类中找到其他可以征税的产品，为简单计，我们假定各大类中新加征关税产品是在原有份额基础上按等比例扩大原则挑选出来的。加征关税后，虽然税基扩大，关税收入相应增加，但大类产品总额没有变化。如果另外1000亿美元的产品仍是加征25%的关税，那么，再对1000亿美元的产品加征关税，形成的总的等价关税即为原等价关税的3倍。当然，如"其他金属（贵金属和有色金属）"的税基无法在原来的基础上再增大2倍（会超过100%），为简单计，我们可以认为这些大类产品加征的关税允许突破25%。详情见表7。

表7 美国可能再加征关税的产品大类

GTAP 类别代码	产品类别说明	加征关税产品2017年出口额（亿美元）	本类产品2017年出口额（亿美元）	征税品在本大类中占比（%）
ome	机械设备（电气机械及器材,制药精密光学仪器,钟表）	274.2	832.5	32.9
ele	电子设备（办公和计算设备,无线电、电视和及通信设备）	43.0	758.0	5.7
crp	化工、橡胶、塑料产品	5.5	303.5	1.8
lum	木制品	3.5	232.0	1.5
fmp	金属制品（机械及设备除外）	4.2	180.5	2.3
mvh	汽车及配件（车辆、挂车和半挂车）	17.2	119.6	14.4
ppp	纸制品、出版物	0.0	50.7	0.0
otn	运输设备（其他运输设备）	11.1	31.4	35.4
nfm	其他金属（贵金属和有色金属）	12.8	23.9	53.6
i_s	黑色金属（钢铁）	1.1	18.8	5.7
合计		372.5	2550.9	14.6

资料来源：根据美国海关数据库等计算而得。

在GTAP产品分类中，中国对美国产品加征关税的12个大类，已宣布加征关税的106种共计488.34亿美元，已经占了这12类产品总额的60%以上，不可能在这些大类中再另外找出价值 1000 亿美元的产品。从具体类别来看，"植物纤维、谷物、种子（榨油）"这三个大类的产品已经基本 100% 地加征了关税，不可能从中找出另外可以加征关税的产品了。详情参见表8。

表8 中国可能再加征关税的产品大类

GTAP 类别代码	产品类别说明	加征关税产品 2017 年出口额（亿美元）	本类产品 2017 年出口额（亿美元）	征税品在本大类中占比（%）
pfb	植物纤维	9.80	9.80	100.00
gro	谷物	1.60	1.60	100.00
osd	种子（榨油）	139.60	139.73	99.91
mvh	汽车及配件（车辆、挂车和半挂车）	112.71	137.28	82.10
p_c	石油精炼制品、煤制品	17.61	22.79	77.28
otn	运输设备（其他运输设备）	102.56	183.88	55.78
b_t	饮料和烟草产品	0.78	1.82	42.91
crp	化工、橡胶、塑料产品	61.90	198.86	31.13
ocr	其他作物	1.68	7.19	23.32
vol	植物油脂	0.09	1.12	7.77
cmt	肉:牛,绵羊,山羊,马	0.25	8.99	2.79
Ofd	食品	0.00	14.98	0.00
合计		448.58	728.03	61.62

实际上，据中国海关统计，2017 年中国从美国进口总额为 1496.61 亿美元，所以，如果要另外再找 1000 亿美元的产品加征（假定 25%）关税，就等于将全部进口产品一律加征 25% 的关税。当然，中国很可能对国内急需的产品免加征关税，而依然将加征关税的重点放在对美方打击比较沉重的某几个大类上，而让加征关税的幅度超过 25%；但加征关税提高的幅度过大也没有什么实际意义，如对大豆征收 30% 的关税就会使其对中国的进口下降 71%，关税提高到 45%，美国大豆就几乎不再出口到中国。因而，加征关税的产品也不可能过度地集中在某几类上。为简单计，假定中国对额外 1000 亿美元的进口产品也加征 25% 关税，即对全部进口产品加征 25% 的关税。

假定中美双方对另外1000亿美元的产品相互加征关税，根据我们的模型测算结果可得到如下结论。

（一）深圳经济增速将下降近两个百分点

测算结果显示，如果中美对额外1000亿美元的产品相互加征25%的关税，深圳所受到的冲击强度将会翻倍，GDP增速将下降1.75个百分点。在全国各地与广东省各地市中，深圳受冲击依然最大。详情见表9。

表9　对额外1000亿美元产品加征关税对各地经济的影响

序号	地区	GDP增速增长幅度（个百分点）	序号	地区	GDP增速增长幅度（个百分点）	序号	地区	GDP增速增长幅度（个百分点）
1	深圳	-1.75	18	辽宁	0.07	35	甘肃	0.39
2	东莞	-1.34	19	揭阳	0.07	36	贵州	0.42
3	珠海	-1.19	20	山西	0.08	37	宁夏	0.43
4	惠州	-0.94	21	山东	0.12	38	肇庆	0.45
5	中山	-0.79	22	重庆	0.14	39	韶关	0.45
6	佛山	-0.77	23	江西	0.19	40	湖北	0.46
7	上海	-0.75	24	安徽	0.22	41	湛江	0.50
8	北京	-0.44	25	青海	0.25	42	新疆	0.52
9	江苏	-0.40	26	内蒙古	0.26	43	清远	0.56
10	天津	-0.40	27	河北	0.27	44	黑龙江	0.56
11	广州	-0.40	28	汕尾	0.27	45	云南	0.58
12	河源	-0.36	29	陕西	0.28	46	广西	0.59
13	浙江	-0.25	30	四川	0.33	47	吉林	0.60
14	福建	-0.02	31	河南	0.33	48	云浮	0.63
15	江门	0.01	32	湖南	0.34	49	梅州	0.65
16	汕头	0.04	33	西藏	0.34	50	海南	0.65
17	潮州	0.05	34	阳江	0.37	51	茂名	0.70

（二）深圳重点行业出口显著下降

受相互加征关税的影响，深圳重点行业出口显著下降。其中，"通用设备、专用设备、电气机械和器材、仪器仪表"四大类出口均下降超过 20%；深圳工业的主体行业"通信设备、计算机和其他电子设备"，出口下降近10%。详情参见表 10。

表 10　对额外 1000 亿美元产品加征关税对深圳各行业出口的影响

序号	行业名称	出口增长率(%)
1	通用设备	−20.70
2	专用设备	−20.70
3	电气机械和器材	−20.70
4	仪器仪表	−20.70
5	交通运输设备	−10.68
6	通信设备、计算机和其他电子设备	−9.36
7	金属冶炼和压延加工品	−4.80
8	木材加工品和家具	−4.34
9	金属制品	−4.13
10	化学产品	−3.98
11	农林牧渔产品和服务	−3.74
12	其他制造产品	−3.05
13	造纸印刷和文教体育用品	−3.02
14	食品和烟草	−2.79
15	煤炭采选产品	−2.49
16	纺织品	−2.48
17	石油和天然气开采产品	−2.13
18	纺织服装鞋帽皮革羽绒及其制品	−2.03
19	非金属矿物制品	−1.39
20	石油、炼焦产品和核燃料加工品	−1.38
21	金属矿采选产品	−0.59
22	非金属矿和其他矿采选产品	−0.59

（三）深圳重点行业的产出明显下降

受另外相互加征关税的影响，深圳重点行业的产出下降。其中，深圳工业的主体行业"通信设备、计算机和其他电子设备"，产出下降4.67%；"电气机械和器材"，产出下降4.36%；"仪器仪表"，下降6.85%；"通用设备"，下降2.55%；详情见表 11。

227

表 11　对额外 1000 亿美元产品加征关税对深圳各行业产出的影响

序号	行业名称	产出增长率(%)	序号	行业名称	产出增长率(%)
1	仪器仪表	-6.85	22	纺织品	-0.78
2	通信设备、计算机和其他电子设备	-4.67	23	石油和天然气开采产品	-0.54
3	电气机械和器材	-4.36	24	教育	-0.46
4	通用设备	-2.55	25	金属冶炼和压延加工品	-0.34
5	居民服务、修理和其他服务	-2.49	26	金融	-0.33
6	科学研究和技术服务	-2.31	27	信息传输、软件和信息技术服务	-0.27
7	住宿和餐饮	-2.06	28	金属矿采选产品	-0.23
8	文化、体育和娱乐	-2.00	29	公共管理、社会保障和社会组织	-0.21
9	房地产	-1.95	30	金属制品、机械和设备修理服务	-0.18
10	水的生产和供应	-1.66	31	燃气生产和供应	-0.14
11	租赁和商务服务	-1.61	32	电力、热力的生产和供应	0.18
12	批发和零售	-1.52	33	造纸印刷和文教体育用品	0.25
13	卫生和社会工作	-1.50	34	非金属矿物制品	0.33
14	专用设备	-1.45	35	煤炭采选产品	0.35
15	金属制品	-1.16	36	非金属矿及其他矿采选产品	0.36
16	木材加工品和家具	-1.05	37	石油、炼焦产品和核燃料加工品	0.40
17	其他制造产品	-1.04	38	废品废料	1.29
18	建筑	-1.04	39	交通运输设备	1.31
19	水利、环境和公共设施管理	-0.95	40	食品和烟草	1.47
20	交通运输、仓储和邮政	-0.90	41	农林牧渔产品和服务	2.52
21	纺织服装鞋帽皮革羽绒及其制品	-0.89	42	化学产品	3.06

五　对策建议

（一）未雨绸缪，充分估计中美经济竞争、贸易摩擦加剧的可能性及其长期性影响，密切关注重点贸易伙伴和重点企业情况

一是充分估计中美经济竞争、贸易摩擦升级的可能性及其长期性影响。

近些年来，随着中国产业结构转型升级，中美经济的互补性逐渐减弱，同质性与竞争性逐渐增强，这是中美经贸关系趋于紧张、贸易摩擦不断的根本原因。随着美国对中国认知发生转向，并由接触性政策转变为遏制性政策，未来中国可能不得不逐渐减少对美国的贸易和技术依赖，在创新驱动和转型升级的关键领域增强自主能力。深圳作为全国改革开放的前沿，必须未雨绸缪，提前做好政策储备和应急预案。

二是密切关注重点贸易伙伴的政策变动情况和重点企业的影响情况。相关部门、行业和企业应密切关注欧盟、日本等重点贸易伙伴的政策动向，维持良好的出口秩序，防止大量低价出口，给对方提供挑起贸易纷争的借口。同时，要做好全市重点企业损害跟踪调查，包括开展对出口企业的伤害调查，摸清各类企业的损失，通过设立伤害补偿机制和补偿基金，加大出口退税力度等，帮助深圳的相关企业渡过难关。

（二）保持定力，坚决贯彻对外开放基本国策，继续积极融入全球创新网络

一是坚定不移奉行互利共赢的开放战略。习近平总书记在博鳌亚洲论坛2018年年会开幕式发表主旨演讲指出，"中国坚持对外开放的基本国策，坚持打开国门搞建设……中国开放的大门不会关闭，只会越开越大！"某种程度上，此次中美贸易摩擦升级可能成为我国企业"走出去"正式进入2.0时代的标志性事件。深圳作为全国对外开放的排头兵，要利用从1到N的量产能力和先进制造优势，进一步加强与世界各国在工业和制造业方面的深度合作，鼓励企业承担更多的全球责任和强化在地服务，在"走出去"的过程中进一步提升深圳制造业的全球竞争能力。

二是继续积极融入全球创新网络。依托深圳及时高效的制造业领先优势，坚持开放式创新，尤其是强化与全球领先科技的无缝对接。要加快建设多种类型高端科技智库，系统、深入、实时地加强对全球领先科技动态的研究，并加强科技智库与制造业的联系，即时捕捉能将最新发明专利迅速转化的交易机会。同时，要发挥好深圳海外创新中心的桥梁作用，加强与发达国

家在技术创新、市场拓展、资本运作、人才交流等领域的合作，打通一条深圳与发达国家领先科技资源对接的"绿色通道"。在开放的环境当中，同全世界各国开展广泛的合作，在开放中加快补齐深圳乃至全国核心技术的短板。

（三）瞄准重点，加快打造设计、制造、封装测试协调发展的全国集成电路产业高地，努力面向全球科技前沿突破一批核心技术

一是加快打造设计、制造、封装测试协调发展的全国集成电路产业重镇。深圳是全国最大的电子产品的集散地、拥有全国最大的电子产品终端应用市场。但从集成电路产业链来看，深圳缺少集成电路的全产业链企业（即 IDM 公司），深圳集成电路设计公司从数量到销售额已连续 6 年稳居全国第一，集成电路制造是深圳集成电路产业链的薄弱环节。应当加大对集成电路制造、封装测试等领域的布局和投资力度，采用产业投资基金等更为市场化的手段，在研发、产业化、市场等各方面加大对企业的扶持力度，使设计、制造、封装测试等各环节协调发展，把深圳打造成中国集成电路产业重镇。

二是努力面向全球科技前沿突破一批核心技术。围绕主导产业"补链"和"强链"，甄别深圳产业链中的关键或缺失环节，捕捉核心技术产业化项目信息，锁定关键企业、重大项目，做强价值链。注重在推进"一带一路"建设、开展国际产能合作过程中，支持企业通过对外投资实现跨境产业布局调整，并依托区域生产网络提升全球价值链地位。同时，加快落实网络强国战略、大数据战略、"互联网＋"战略，依托珠三角结构优化、体系完备的电子信息产业链优势，培育和孵化一批具有国际竞争力的战略产品，努力掌握科技产业创新发展的全球话语权。

（四）立足长远，着力构建充分激发内生动力的制度安排，形成一个充满活力、可持续发展的区域创新生态系统

一是积极为各类企业平等竞争营造一个良好市场环境。创新的动力从根本上来自市场的竞争压力，必须毫不动摇地坚持让市场在资源配置中发挥决定性作用。要按照习近平总书记的要求，"强化科技同经济对接、创新成果同产业对接、创新项目同现实生产力对接、研发人员创新劳动同其利益收入对接，形成有利于出创新成果、有利于创新成果产业化的新机制"。通过有效的制度安排，调动企业家、专业人才、技术型工人等各类知识型人才的积极性。同时，主动对标国际经贸新规则，加快清理现行产业政策当中不合规定部分，坚决避免制定内外有别的产业政策，积极消除各种制约民营经济发展的隐性壁垒，力求做到产业政策透明化。

二是加快构建充满活力、可持续发展的区域创新生态系统。要加强对深圳创新生态系统的跟踪评估。积极借鉴欧盟创新记分牌等成熟的评价体系，支持第三方专业评估机构从创新的人力资源、研究机构、金融支持、企业投资、创新者、知识产权、销售影响等多个维度，加强对深圳创新生态系统，特别是产业创新生态系统的优化研究。积极对标国际先进标准，找出深圳科技产业发展的优势与短板，不断完善深圳创新生态。尤其要注重发挥企业家和企业家精神在创新生态系统中的推手作用，发挥好风险投资、技术转移、律师事务等专业服务机构在创新生态系统中的桥梁纽带作用，以全球城市的综合环境优势有效对冲营商成本高企的劣势。

B.19
美国税改对深圳经济影响分析

夏　婧*

摘　要： 由于美国是深圳重要的贸易伙伴，2018 年起实施的美国税改必然会对深圳经济带来一定影响。总体来看，美国税改短期内对深圳制造业和外经贸的冲击有限，但也必须看到，特朗普就任美国总统后连续打出加息、缩表、减税、贸易保护等一系列"组合拳"，政策叠加影响不容小觑，预计未来中美贸易摩擦和全方位竞争将愈演愈烈，深圳对此应该高度重视，防患于未然，提前做好政策储备和风险防范。

关键词： 美国税改　深圳　制造业　外经贸

一　美国税改的基本情况

2017 年 12 月 22 日，美国总统特朗普签署了自 1986 年以来美国最大规模的减税法案，该法案已于 2018 年 1 月开始实施。

（一）美国税改的背景

此次税改，有着复杂的背景和目的：一是"税基侵蚀和利润转移"给美国经济发展和财政收入带来严重的不利影响。对海外利润的双重征税，加重了企业负担，促使美国企业将大量利润留存海外。据美国国会税收联合委

---

* 夏婧，深圳经济贸易和信息化委员会。

员会估算，截至 2016 年底，美国企业海外未汇回利润的存量高达 2.6 万亿美元，约合当年美国 GDP 的 14%。此次税改旨在对已经在海外纳税的企业利润进行纳税豁免，防止双重课税，吸引美国企业转回海外利润，投资国内以刺激经济。二是制造业萎缩导致美国产业空心化问题严重。制造业产值占 GDP 比重不断下滑，就业人口不断流失，虚拟经济和实体经济发展逐渐失衡。此次税改试图通过降低企业所得税税率减轻企业负担，提振美国国内实体经济。三是特朗普政府推出的各项新政频频遇挫。特朗普就任美国总统时承诺的经济刺激举措如废除奥巴马医保法案、推出大规模基础设施建设等屡屡碰壁。因而，特朗普团队开始将重点转移到税收改革上，以借此打开突破口。

（二）美国税改的主要内容

与冗杂及繁重的现行税制相比，此次税改旨在减轻个人以及企业税负，并使之更加简洁公平，以促进经济增长。主要体现在两个方面：一是从 2018 年起，企业所得税税率从 35% 下降至 21%，企业海外利润汇回税率大幅下调至 8%（非流动性资产税率）和 15.5%（现金及等价物税率），促使企业利润增加，吸引海外资金回归美国。二是从 2018 年 1 月开始至 2025 年底，提高个税起征点和标准抵扣额，全面下调各档税率，增加个人收入，刺激消费。

表 1　美国国会税改最终版本和现行税收制度对比

	分项	最终签署版本	现行税制
个人	税率分级	七档：10%、12%、22%、24%、32%、35%、37% 最高税率适用于年收入 50 万美元以上单身者及年收入 60 万美元以上家庭联合申报者 （2025 年 12 月 31 日到期）	七档：10%、15%、25%、28%、33%、35%、39.6% 最高税率适用于年收入 41.84 万美元以上单身者及年收入 47.07 万美元以上家庭联合申报者
	标准抵扣额	个人：$12000 夫妻联合：$24000 （2025 年 12 月 31 日到期）	个人：$6350 夫妻联合：$12700

续表

分项		最终签署版本	现行税制
个人	列举抵扣	保留首次购房或购买第二套住房的按揭利息抵扣（上限 $750000）、保留慈善捐款抵扣、保留研发税抵扣、保留州和地方财产税抵扣（上限 $10000）、取消其他列举扣除 （2025 年 12 月 31 日到期）	联合扣除额上限：$313800 个人扣除额上限：$261500
	医疗开支抵扣	在 2016 年 12 月 31 日至 2018 年 12 月 31 日，为医疗费用超过收入 7.5% 的群体，提供医疗开支抵扣，2019 年后将门槛调整回医疗费用超过总收入的 10%	为医疗费用超过总收入 10% 的群体提供医疗开支抵扣，2017 年 1 月 1 日开始门槛降低至医疗费用超总收入的 7.5%
	儿童税收抵扣额	$2000 （2025 年 12 月 31 日到期）	$1000
	个人 AMT	提升 AMT 免税门槛 个人：$70300 夫妻联合：$109400 提升 AMT 淘汰门槛 个人：$500000 夫妻联合：$1000000 （2025 年 12 月 31 日到期）	对应纳税额低于最低纳税限额的部分征税
	遗产税	保留遗产税，起征点调至现在的两倍 （2025 年 12 月 31 日到期）	个人起征金额：$5490000（若是继承配偶所得，豁免纳税额度为 1100 万美元起）
	奥巴马医保强制个人参保	取消 （2019 年生效）	没有参加医保的个人需要缴纳税收罚款 个人：$695 儿童：$347.5 家庭：家庭收入的 2.5%
	个人商业收入税（pass-through business）	对企业所获收入的前 $315000 提供 20% 的税收减免 （2025 年 12 月 31 日到期）	按个人所得税纳税
企业	企业所得税	最高税率21% （2018 年生效）	15%~35% 八级累进税（15%、25%、34%、39%、34%、35%、38%、35%）
	企业 AMT	取消	对应纳税额低于最低纳税限额的部分征税

分项		最终签署版本	现行税制
企业	投资成本的费用化	允许企业立即注销新设备的全部成本（适用于 2017 年 9 月 27 日后投入使用的设备，2023 年 1 月 1 日后可费用化比率逐渐降低）	按照普通折旧法或替代折旧法对投资成本进行折旧
	利息税收抵扣	对于总收入超过 ＄25000000 的企业，限制净利息支出抵扣额在企业息税折旧摊销前收益的 30% 以下	按实际发生的利息抵扣
	境外所得税	属地税制，美国拥有 10% 股份的公司海外股息和红利遣返时无须缴纳	全球征税制，用境外税收抵免消除双重税收
	海外利润汇回税税率	现金及等价物税率：15.5%非流动性资产税率：8%	未完税海外利润汇回美国应缴纳 35% 的企业所得税

（三）对美国税改内容的评价

从减税规模来看，此次税改减税力度并没有预期中那么大。根据美国国会联合税收委员会报告，此次税改会使联邦收入在未来 10 年内减少 1.45 万亿美元。这一减税规模对当前全球任何一个经济体来讲都相当可观，但是，从年均减税规模来看，此次税改平均每年实际减税约 1450 亿美元（约为9600 亿元），减税力度并没有想象中那么大。近年来，中国大力实施供给侧结构性改革，在减税方面已经先行一步，推出了包括营改增在内的一系列减负举措，仅 2016 年 5 月全面推开的营改增试点一项，至今便已为纳税人减税约 1.5 万亿元，2017 年全年减税规模达到 9186 亿元。继 2016 年全面推开营改增之后，从 2017 年 7 月 1 日起中国将增值税税率由 4 档减至 3 档，取消了 13% 的税率，将农产品、化肥、天然气、自来水和居民用煤等直接关乎民生福祉的生活必需品增值税税率从 13% 降至 11%。此外，2017 年起，中国每年为企业减税降费规模也将超过 1 万亿元。

从企业所得税来看，减税后美国企业实际税率与 OCED 国家平均税率基本一致。美国此次降低的是联邦企业所得税税率，与现行州平均所得税税率加总后，总税率与 OCED 国家约 25% 的平均水平趋于一致。而且，美国公司所得税税率虽降幅高达 40%，但由于取消部分税前扣除优惠、限制利息费用扣除等，实际降幅远小于名义税率。例如，对于原来适用 15% 税率的企业而言，实际上是提高了税率。

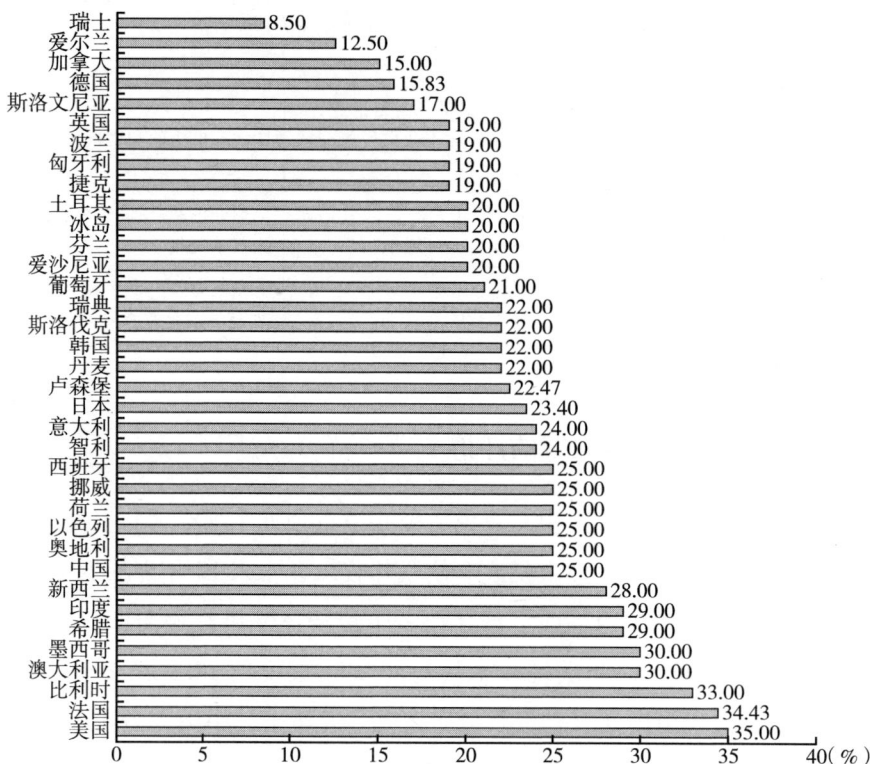

图 1　2016 年主要国家企业所得税税率

从个人所得税来看，部分个人税负反而有所提高。个税税率虽有不同程度的下调，但由于每档税率适用范围有调整，所以部分个人的税负会有所提高，例如，对于应税所得 20 万美元以上的个人来说，适用税率从原先的 33% 提高至 35%。

二　美国税改对美国经济的影响分析

减税对美国经济的影响体现为对经济的短期拉动、财政收入的减少和财政赤字的扩大、利率提高。

（一）税改短期利好美国经济，但未来十年的拉动作用将逐渐减弱直至消失

从短期来看，减税利好投资和消费，进而拉动经济增长；从长期来看，由于赤字率增加，政府通过发行债券弥补财政赤字，高债务导致高利率，高利率又会抑制投资和消费，不利于经济增长。美国税收政策中心（TPC）的研究表明，新的税改法案落地后，将在第一年额外带动美国 GDP 增长 0.8 个百分点，随后在未来 10 年内拉动作用将逐渐衰减，至 2027 年左右，本次税改将不再对美国 GDP 增长产生较大影响。

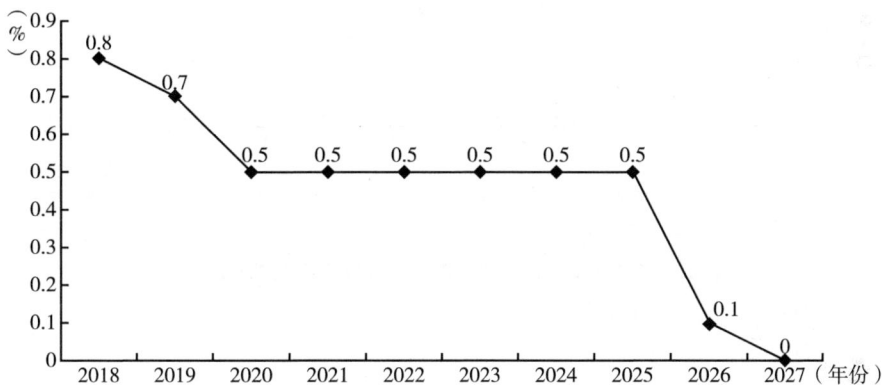

图 2　税改对 GDP 的额外拉动作用

资料来源：美国税收政策中心（TPC）。

（二）税改将提高美国政府财政赤字

在提振美国经济增长的同时，税改也会提高美国联邦政府财政赤字。从里根和小布什政府减税的实际影响看，里根政府执政期间联邦政府财政赤字占 GDP 比重年均值达 4%，而他的前任只有 2.4% 的赤字率；2001 年小布什《经济增长与减税协调法案》公布当年，美国联邦政府财政还为盈余，占 GDP 比重为 1.2%，但 2002 年随着财政收入大幅减少，财政收支迅速由盈余转为赤字，赤字率高达 1.5%，并开启连续 15 年的财政赤字。此次减税

预计同样会对美国联邦政府财政收入造成冲击，财政赤字扩大将主要集中在
2019～2022年，之后随着税改对经济增长提振带来的税基增加，财政收入
相对于财政支出出现增长，赤字扩大的趋势逆转，赤字明显下降。同时，个
人所得税的减税条款将于2025年底结束，2026年的赤字增长预计只会达到
360亿美元。而到2027年，赤字不增反降，将会下降320亿美元。

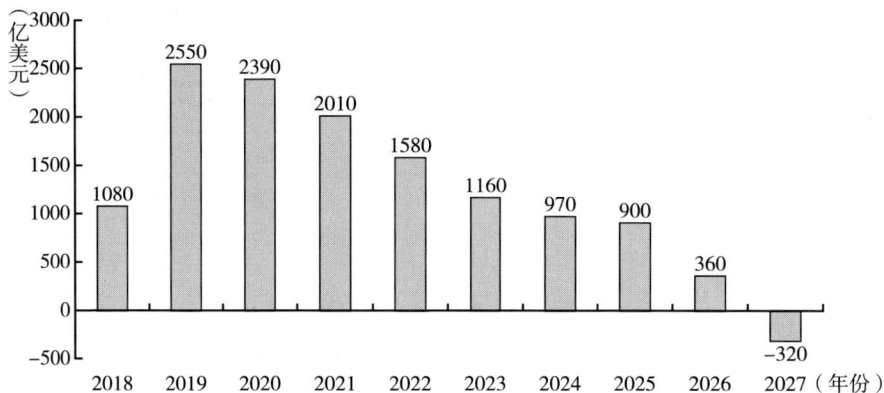

图3 美国税改对未来十年美国财政赤字的影响估计

资料来源：美国税收政策中心（TPC）。

（三）税改利好美国国内投资，但会导致利率升高

从投资来看，美国历史上每一轮企业所得税的削减往往都伴随着一轮企
业资本开支的扩张，本次企业税负的削减预计也会带来同样的效应。美国财
经网站MarketWatch报道，苹果公司未来五年将在美国经济内部进行3500
亿美元投资，并承诺将投资50亿美元来促进美国先进制造业发展。

从利率来看，本次税改发生在美国经济持续复苏、经济接近充分就业的
背景下，这无疑增加了经济过热和通胀上行的可能。为抑制经济过热和通货
膨胀，美联储预计会在税改法案落地后收紧货币政策，增加加息的次数和频
率，美国国债利率将进一步上行。此外，本次税改调整了税收豁免政策，将
不再对已经在海外纳税的海外收入征税，有利于资金回流美国市场，美国

企业海外资金汇回金额将有所增加。据报道，苹果公司预计会将几乎所有境外现金（2500亿美元左右，约占苹果持有美元现金总额的94%）全部转移回美国，这将为美国国内带来380亿美元左右的税款。海外资金汇回将对美股构成利好，有利于美元指数上行，也会推动美国国债利率上行。利率增加将引起美国国债付息率上升，从而导致美国政府需为偿还增加的利息额外融资，美国政府借债成本会因利率高而增加，这也就进一步扩大了财政赤字。

（四）税改对扩大消费的作用将十分有限

目前国内外分析机构普遍认为美国减税将增加美国居民收入，并推动美元升值，两者将在很大程度上提升美国民众的消费购买力，但购买力能有多少转化为消费需求尚有待验证。对于约占美国人口1/3的低收入群体而言，本次税改未覆盖这部分群体，无法给其消费带来明显影响。据美国税收政策中心（TPC）测算，税改后的2019年，每个纳税人平均减税1200美元，但是62.2%的减税效益会流向收入最高的20%的群体；税改之后，美国最富有的1%的纳税人，税后收入很可能增加2.2%，中等收入的纳税人税后收入可能增加约0.4%，而较低收入的纳税人税后收入几乎没有变化。有限的消费提升对经济增长的贡献也将十分渺小。

三　美国税改对深圳经济的影响

美国税改是一个全面系统的综合性制度改革，触及了美国深层次的税制基础，涉及面广、幅度大、影响深，对深圳经济的长期影响，需要长期跟踪和观察。

（一）美国税改对深圳制造业的影响

近年来，受土地空间限制、综合成本上升等因素影响，深圳制造业本身就面临着部分制造业企业向国内其他省市转移的压力，美国税改或会进一步让深圳制造业承压。虽然美国税改会进一步缩小深圳与美国制造业成本差距，但税改后深圳制造业成本与美国相比仍具优势。此外，企业在哪里设厂并不仅仅取决于税收一个因素，而是会综合考虑成本、营商环境、产业配套、市场潜力等多种因素。在上述因素中，目前深圳相对于美国仍具有一定的优势，单一的税率调整政策在短期内很难对两地经济和产业结构产生显著作用，也很难改变全球产业分工的格局。

1. 美国税改后，由于税收成本较低带来人造价值洼地，一部分在中国投资的美国企业有可能被吸引回归美国本土，而一些先知先觉的美国企业已经开始有所动作

如苹果公司把一部分 Mac 电脑的制造从中国转移回美国，且未来五年将在美国经济内部投资 3500 亿美元，福特汽车公司已陆续从中国、日本和墨西哥撤回部分岗位，而星巴克开始把其陶瓷杯的制造从中国转回美国中西部。与此同时，税改政策也会进一步增强美国对包括中国在内的其他国家和地区企业在美国投资的吸引力。近年来，深圳制造业对外直接投资不断扩大，美国减税或会加速这一进程。2017 年，深圳企业在境外投资设立制造业企业 78 家，占全市的比重为 24.8%，占比较 2016 年提高 7.6 个百分点；中方协议投资额 12.1 亿美元，占全市的比重为 33.4%，占比较 2016 年提高 18.2 个百分点。美国是深圳企业境外投资的主要地区之一，2017 年深圳企业在美国新设立制造业企业 16 家，中方投资额 4198 万美元。

虽然美国税改后深圳与美国在制造业成本上的差距进一步缩小，但美国制造业成本与深圳相比仍然不具优势。据媒体报道，美国电力成本是中国的一半，天然气价格为中国的四分之一，交通成本更低，税率水平更低，这些都是美国的制造业成本优势。但就人力成本而言，美国制造业蓝领工人的薪资仍然是中国蓝领工人的 8 倍，即便深圳劳务薪资水平相对较高，但相对于美国而言还是低很多。根据深圳人社局数据，2017 年深圳制造业平均工资指导价为 4797 元/月，折合美元约 729 美元/月，而根据美国劳工部数据，美国制造业平均工资为 4413 美元/月，是深圳的 6 倍。除此之外，美国企业面临着招工难、培训周期长、劳资纠纷等问题，中间具有极高的隐性成本。

以福耀玻璃在美国投资工厂为例，福耀玻璃在美所建的工厂中的2000多名工人年纪都比较大，自投产以来就遭遇了生产力低效、员工诉讼等一系列问题，并没有达到投资之初的预期。

2. 美国缺乏完善的配套产业链

美国去工业化日久，很多配套产业链已经不完整，这些将会极大提高企业的生产成本。如沃尔玛公司美国采购业务有关负责人表示，沃尔玛及其现有的供应商正在致力于实施150个制造业振兴项目，目前这些项目处在不同的阶段，但是要找到美国制造的零部件和原材料存在着重重困难。而深圳的制造业产业配套优势已经形成。以iPhone为例，有关数据显示，苹果在全球共有766家供应商，其中有346家位于中国大陆，占比超过40%，日本有126家，台湾地区有41家，只有69家位于美国，像屏幕、芯片、镜头等iPhone元器件生产较多集中在深圳。据有关机构测算，如果目前在美国零售价969美元的iPhone 7 plus转移到美国本土生产，价格估计要涨到2000美元，相当于人民币近1.4万元，涨幅超过100%。产业链配套环节的缺失可能成为阻碍制造业流向美国的至为关键的原因。

3. 美国企业更为注重深圳的巨大商业空间

中国是一个拥有14亿人口的发展中大国，消费潜力巨大，美国企业来深圳投资在很大程度上并不仅仅是看中深圳劳动力成本的低廉，而更多是希望通过在深投资在中国市场"近水楼台先得月"。近年来，随着人口红利逐步消失，深圳更加注重在转变经济发展方式上下功夫。美国在深投资企业也会更多致力于从经济转型升级中发掘商业机会，这些企业会更多考虑"中国制造2025"计划所带来的巨大商业空间，而不会过于在意特朗普减税政策可能带来的成本下降。

（二）对深圳外贸的影响

目前，美国是深圳第三大贸易伙伴、第二大出口市场和第六大进口来源地。2017年，深圳对美国进出口总额达到443.4亿美元，增长16.8%，占全市进出口总额的10.7%，占同期全国对美国进出口总额的7.6%。其中，深圳对美国出口 381.3 亿美元，增长 20%，占全市出口的比重达到 15.6%，占全国对美国出口总额的 8.9%；深圳自美国进口 62.1 亿美元，增长 0.3%，占全市进口总额的 3.7%，占全国自美国进口总额的 4%；贸易顺差为 319.2 亿美元。深圳对美贸易占全国对美贸易比重为 7.6%，却贡献了全国对美贸易顺差的 11.6%。

美国税改将刺激美国投资和消费支出增长，同时人民币汇率将面临一定的下行压力，这些将有利于深圳企业对美国出口。但考虑到深圳产业结构以及对美出口重点产品情况，我们认为，美国税改对深圳对美出口拉动作用十分有限。

1. 美国投资需求增长难以带动深圳出口

美国税改后投资将更多地向先进制造业及基建领域倾斜，对矿产品、水泥沙土、化学制品、塑料橡胶、基本金属等原料及仪器生产行业的需求将会增加。但从深圳对美出口商品结构来看，深圳对美出口主要集中在手机、灯具、彩电及家电等消费类电子产品和服装玩具等传统劳动密集型产品上，矿产品等原料及仪器生产类商品出口占比微乎其微。

2. 美国中低收入人群从税改中获益较少难以拉动消费需求

从深圳出口美国商品种类判断，中低收入者的消费需求增长才能对深圳出口有所拉动。从深圳对美出口前十大企业来看，普洛斯等保税物流企业与一达通等外贸综合服务企业主要承接中小企业客户订单，主要出口小家电及传统劳动密集型产品，考虑到这类商品主要受众仍是中低收入者，而税改后中低收入者收入增长不多，预计拉动作用有限；中兴通讯公司主要面向美国中低端合约机市场，因美国消费者获取手机主要是通过各大电信运营商合约送机计划，而极少选择直接购买裸机，加上合约未到期即更换运营商需支付约 300 美元的违约金，用户换机频率并不高，因此中低收入者即便因减税增加了一些收入，换机需求也不会大幅增长。

3. 人民币维持区间震荡走势的概率较大，即使贬值对出口拉动作用也十分有限

总体来看，美国税改后，人民币汇率将面临一定的下行压力，但仍将维

持区间震荡走势。美国税改对人民币汇率的影响传导途径主要是两个方向：第一，税改会刺激美国企业加大本土投资和海外利润回流美国，导致中国面临资本外流压力，有助于美元走强，人民币汇率承压；第二，税改有利于提振美国经济前景预期，以及美元和美债收益率，间接导致人民币汇率承压，加剧资本外流。汇率和资本外流又互为因果。在税改的影响下，中国汇率将面临一定的下行压力。但我们也应看到，在全球同复苏、共增长的形势下，美国税改难改外汇市场大趋势，同时人民币汇率自身稳定性增强，人民币维持区间震荡走势的概率较大。

即使人民币出现一定程度的贬值，对深圳出口的拉动作用也十分有限。一般认为，人民币贬值主要是利好部分价格敏感型、劳动密集型行业出口，如纺织、服装和传统小家电等，而这些正是深圳对美出口的主要商品。据业内人士反映，人民币对美元汇率每贬值1%，纺织服装行业销售利润率将上升2%～6%，短期内可有效拉动出口增长。但由于汇率调整的利益主要在海外采购商、国内供应商、贸易商三个主体间分配，这些行业的企业在国际市场上议价能力较弱，汇率调整的利益基本被国外客户拿走。即使是议价能力相对较强的富士康集团，其外汇结算是以收抵支，客户也会通过价格折扣的方式分去部分人民币贬值带来的利润。尽管深圳大户企业基本都采用了购买远期对冲基金的方式规避汇率风险，但不排除国家为避免人民币过快贬值而采取行政措施干预，致使汇率出现波动性贬值，尤其是急升急跌，不仅使得避险交易的时机难以把握，避险成本也相应提高，企业被动承受的汇率风险更大。

从历史数据来看，人民币贬值并不构成深圳出口变动的主要原因，制约深圳外贸发展的仍是产业发展水平、外需、成本等因素。2005～2007年，深圳年均出口增速高达20%以上，而人民币处于升值状态。2008～2009年，深圳出口增速放缓，2009年甚至出现负增长，这主要源于全球金融危机导致的世界经济形势恶化。2014～2015年，深圳出口大幅下降，而人民币是处于贬值状态，主要是受2013年融资性贸易影响。

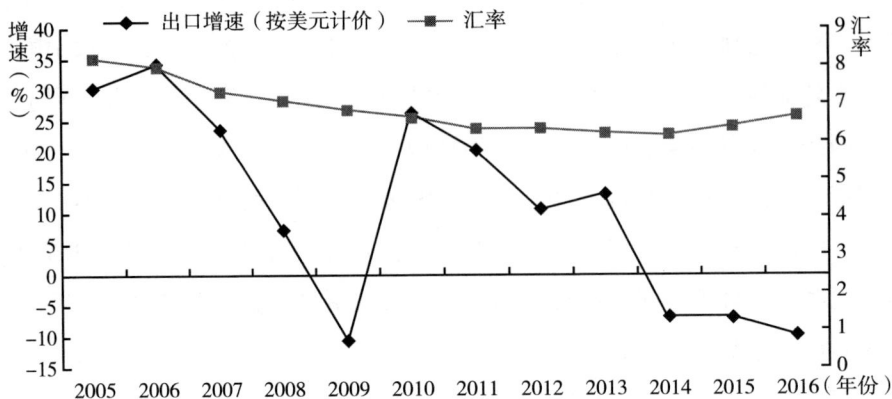

图4　2005～2016年深圳出口增速及汇率

（三）对深圳吸引外资的影响

深圳吸引的外资以港资为主。美国虽是较早来深圳投资的国家（地区）之一，但在深投资占深圳吸引外资的比重较低。截至2017年底，美国在深投资项目1816项，占全市项目总数的2.7%；实际使用外资33.91亿美元，占全市实际使用外资总额的3.7%。从行业来看，美国对深投资以科学研究、技术服务和地质勘查业，批发和零售业，制造业为主。2017年，深圳这三个行业实际使用美国外资占深圳全部实际使用美国外资的90%以上。

从短期来看，美国税改对深圳吸引外资影响不大。一方面，美国在深圳吸引外资中所占比重较小。美国在深投资比例和投资总额都较小，税改后即使出现撤资，对深圳外资整体影响也十分有限。另一方面，美国在深投资的主要企业，如安科机器人、沃尔玛等，在深发展稳定，盈利可观，撤资可能性较小。

从长期来看，若美国税改引发各国出现竞争性减税，世界市场将进入减税－加息周期，可能导致其他国家（地区）的外资企业减少在深投资，对于深圳吸引优质外资会产生影响。同时，考虑到美国和深圳吸引外资的重点都是高端制造业、高新技术产业和服务业，预计未来一段时期深圳在上述领域吸引外资方面将与美国展开激烈竞争。特朗普政府将通过惩罚措施来阻止本土企业外迁，包括威胁对外迁企业的产品施加高额关税或排除在政府采购清单之外等，这对深圳吸引美国企业来深投资或扩大投资极为不利。

（四）对深圳对外投资的影响

深圳对外投资主要投向香港，美国是深圳的第二大投资目的地，但所占比重并不高。截至 2017 年底，经核准备案，深企在美国投资设立 390 家企业（机构），占全市在外设立企业的 7%；对美中方协议投资额 32 亿美元，占全市的 9%。从投资行业看，深圳对美投资主要集中在科学研究和技术服务业、制造业、住宿餐饮业、建筑业和房地产业。

特朗普政府减税及相关政策的实施，将显著降低在美投资成本，增加美国投资市场吸引力，直接加速深圳企业对美投资。同时，特朗普政府高度重视基础设施建设，提出将投资 5000 亿美元用于基础设施建设，而深圳企业在铁路、港口、高速公路建设以及传统能源开发等领域具有技术和资金上的优势。在美国一系列政策利好的吸引下，深圳企业对美投资将迎来持续增长，但深圳企业对美投资也面临新的挑战：一是中美贸易摩擦升温会恶化中国对美投资的总体政治氛围，不排除美国在投资领域收紧对中国企业的监管。二是美国可能更加关注投资准入和待遇上的对等性，特朗普政府很可能通过对中国企业的对美投资进行限制来要求中国企业在市场准入和投资待遇上做出更大让步。三是特朗普政府认为中国企业的对外投资获得了政府提供的各种补贴和资助，对美国的产业安全构成了威胁，中国企业的对美并购投资可能会面临更严厉的安全审查。

四　对策建议

尽管目前来看美国税改对深圳经济的影响有限、可控，但我们还是应该高度重视，密切关注税改实施进展和效果，对可能带来的风险和冲击要未雨绸缪、防患于未然，提前做好政策储备和风险防范，同时应借此次美国税改之机，练好基本功，进一步降低实体经济企业成本，进一步加强重点企业服务，持续优化营商环境，加大招商引资力度，鼓励有实力的本土企业"走出去"，全面提升城市综合竞争力，率先实现建设社会主义现代化先行区的目标。

（一）关注美企海外利润回流影响

此次美国税改将未完税海外利润汇回美国的税率由之前的35%降至8%（现金及等价物税率）和15.5%（非流动性资产税率），预计美企在降税的刺激下会将海外利润大量汇回美国，应密切关注和跟踪深圳美资企业生产经营状况特别是可能出现的撤资情况，切实解决外资企业发展中遇到的困难和问题，对利润回流美国可能对汇率、利率及吸引外资造成的影响提前做好预判和应对，同时鼓励美企在深不断扩大投资。

（二）对标国际一流营商环境

营商环境是一个城市的核心竞争力，通过改革改善营商环境已是大势所趋。坚决落实习总书记关于加大营商环境改革力度的重要指示，对标国际一流，开展"营商环境优化行动"，落实《深圳市关于加大营商环境改革力度的若干措施》，努力营造稳定公平透明、可预期的营商环境，让深圳始终成为投资创业的沃土。当前重点应做好降低实体经济企业成本工作，狠抓《市政府关于进一步降低实体经济企业成本的若干措施》的落实工作，持续降低企业制度性交易成本、税费负担、融资成本、物流成本、人工成本、用能用地成本，尤其是要全面落实好国家各项减税政策，对符合政策的纳税人实行即报即享、应享尽享，确保深圳企业整体税负稳中有降。

（三）坚定不移走制造强市之路

此次美国税改一个重要目的就是推动"再工业化"，近年来深圳制造业占比持续下滑，已经危及深圳的科技产业创新中心地位，深圳必须下大力气强化实体经济的吸引力和竞争力。首先要保空间。打响工业用地保卫战，加快开展工业区块线管理立法，严控"工改居"、"工改商"和"工改 M0"，严守 270 平方公里工业用地红线，同时加快推进旧工业区成片改造，提高工业用地集约利用水平。其次要抓项目。积极招大商、招优商，加快引进工业重大项目，注重发挥大平台、大项目的牵引作用，增强制造业发展后劲。最后要提质量。围绕打造中国制造 2025 示范市，大力发展高端制造、智能制造、绿色制造，加大对人工智能＋物联网、新能源、新一代信息技术、新材料、生物和生命健康等创新型产业的培育力度，进一步提高先进制造业和高新技术制造业占比，推动深圳由制造大市向制造强市跃升。

（四）推动形成全面开放新格局

以开放促改革、促发展，是深圳现代化建设不断取得新成就的重要法宝，也是未来深圳加快培育竞争新优势的重要手段。要抓住粤港澳大湾区建设、"一带一路"倡议推进等重大机遇，在对外开放上出实招、见实效。一是要深入推进贸易强市建设。坚定不移实施外贸供给侧结构性改革，引导企业在提升出口产品质量上下苦功夫，提升出口产品质量和附加值，进一步巩固和提升深圳外贸大市、外贸强市地位。二是改善外商投资环境。培育引资竞争新优势，不是竞相攀比优惠政策，而是要营造良好的投资环境。实行高水平的外商投资自由化便利化政策，全面实行准入前国民待遇加负面清单管理制度，大幅度放宽市场准入，扩大服务业对外开放，保护外商投资合法权益。三是鼓励有实力的企业"走出去"。搭建覆盖全球的"走出去"经贸服务体系，依托深圳"走出去"龙头企业和有实力的商协会、行业组织，设立"海外深圳商协会"或"海外服务驿站"，引导企业理性、有序对外投资，鼓励企业抓住美国税改契机，促进国际产能合作，带动深圳装备、技术、标准、服务"走出去"。

（五）加大企业服务力度

截至 2017 年底，深圳外资企业已超过 5 万家，这些企业为深圳经济社会发展做出了重要贡献，应该受到重视和关注。2018 年深圳应继续组织开展市领导挂点服务企业活动，将重点美资企业纳入挂点服务企业名单，聚焦企业难点、痛点开展针对性服务。

B.20
面向2035，深圳构建具有可持续竞争力的产业体系研究

中国（深圳）综合开发研究院公共经济研究所*

摘　要： 面向2035，进入新时代，肩负新使命，深圳如何构建更具可持续竞争力的产业体系，支撑深圳经济特区未来经济更有质量的发展，是一项艰巨的任务。基于此，本文从创新的角度，提出深圳要发挥科技产业创新基础优势，建设内生动力强劲的创新型产业体系、构建内优外联的全域创新空间、营造世界级"创新生态雨林"环境，打造持续迭代能力卓越的创新经济体。

关键词： 创新　可持续　产业体系

当前，深圳正在开展新一轮城市规划修编工作。深圳市第六届委员会第九次全体会议指出，到21世纪中叶，要将深圳建成代表社会主义现代化强国的国家经济特区，成为竞争力影响力卓著的创新引领型全球城市。面向未来长期可持续发展，深圳产业如何布局，以更好支撑以上目标实现，是当前深圳产业经济发展方面的一项重要工作。基于此，本文从创新发展的角度，分析了深圳市打造创新型产业经济体系优越的基础条件，提出深圳应率先打造全球内生动力强劲、持续引领能力强大、辐射范围广泛的新兴产业体系，

---

* 所长：阮萌，副所长：汪云兴，成员：刘兴贺、何渊源等。

建设成为创新发展中心和新兴产业发展增长极。从发展创新型产业和打造创新经济体的要求出发，提出未来深圳应当树立"精耕深圳拓展优质空间、跳出深圳寻找发展空间、融入区域寻找突破空间、面向世界寻找合作空间"的空间发展理念和建议。同时，借鉴国际科技创新中心的经验，提出构建世界级"创新生态雨林"。

一 现状分析：深圳具备打造创新型产业体系的良好基础

（一）创新特征显著，经济发展总体水平较高

经济总量保持奇迹般的快速增长。深圳地区生产总值从 1979 年的 1.9 亿元发展到 2017 年的超过 2.24 万亿元，从一个不起眼的小渔村发展成了一个超大规模的经济强市。在经济总量保持快速增长的同时，深圳产业经济的创新型特征显著。2009 年以来，深圳市相继出台相关规划和政策，系统培育和发展七大战略性新兴产业和四大未来产业，推动经济结构战略性调整取得突出成绩，成为我国新兴产业规模最大、集聚性最强、技术创新最活跃的城市，新兴产业成为经济发展的核心引擎。新兴产业增加值从 2009 年的 2214 亿元增长至 2017 年的 9184 亿元，年均增长 19.5%。目前，新兴产业增加值占 GDP 比重达 40.9%，为深圳市实现高质量发展提供了强劲动力。科技创新逐步迈入"并跑"和"领跑"阵营。全社会研发投入持续加大，占 GDP 比重由 2010 年的 3.47% 增加到 2017 年的 4.13%，与排名世界第二的韩国水平相当。深圳科技创新能级迅速攀升，国际影响力不断扩大，移动通信、基因测序、新能源汽车等领域核心技术水平跻身世界前列。新兴产业集聚发展成效显著。下一代信息网络、生物基因、高端生物医学工程等国家战略性新兴产业区域集聚发展试点国内领先。一批新兴产业基地和集聚区加快建设，不断成为区域经济发展新增长点。华为、中兴、腾讯、比亚迪、华大基因等一批创新型企业集聚发展、迸发增长。

（二）发展创新型产业机遇与挑战并存

当前世界范围内新一轮科技革命和产业变革蓄势待发，信息技术、生物技术、新材料技术、新能源技术广泛渗透，带动以绿色、智能、泛在为特征的群体性技术取得突破，重大颠覆性创新不时出现，新技术、新产品、新模式、新产业将迎来重大发展机遇，以信息经济、智能经济、生命经济、绿色经济为代表的新经济形态蓄势待发。在新经济时代，未来生产方式、组织模式、商业模式、就业格局都可能产生颠覆性变化，关键是拥有大数据资源，核心是具备强大的数字计算能力，路径是深度推进广泛应用。深圳已成为全球重要的信息经济和数字经济高地，抢占未来经济发展制高点比较优势突出。当前，深圳以新一代信息技术产业、互联网产业以及相关融合产业为代表的信息产业发展优势明显，占比高、增速快，成为全球有影响力的信息产业基地。2015 年新一代信息技术产业增加值为3173.07 亿元，占比为45.31%，互联网产业增加值为756亿元，占比为10.8%，两者累计占比超过56%，占据领导位置。2017 年，深圳新一代信息技术产业增加值为4592.85 亿元，互联网产业增加值为1022.75 亿元。

深圳的经济社会发展态势总体良好，经济持续健康发展的基础和条件较好，尤其是"十二五"以来，通过加快转变经济发展方式，创新动力持续增强，产业结构不断优化，战略性新兴产业等新的增长点和前海等新的区域增长极正在加速发力，推动经济走上了质量型增长、内涵式发展的轨道，经济发展后劲和抵御风险能力显著增强。然而，面向未来长远发展，面向创新驱动发展，深圳产业经济还存在不少困难和问题，主要包括发展方式仍需加快转变、人才问题将影响长远发展、综合成本高导致企业外迁、产业配置能力有待提高、公共服务配套明显滞后、深化改革突破任重道远，需要在布局下一阶段的产业发展工作中加以着力解决。

二 总体思路：打造内生动力强劲的创新型产业体系

面向未来，深圳将加快推进现代化国际化创新型城市和国际科技产业创新中心建设，加速迈向代表社会主义现代化强国的国家经济特区和竞争力影响力卓著的创新引领型全球城市，必须要继续坚持改革、开放、创新，全面优化极具活力的产业创新发展生态系统，完善以全面创新为特征的产业体系，打造具有全球竞争力的创新型经济体。

（一）打造具有全球竞争力的创新经济体

主动顺应和引领时代潮流，以深入实施国家创新驱动发展战略、支撑供给侧结构性改革为主线，始终坚持抓创新就是抓发展，谋创新就是谋未来，坚持创新是引领发展的第一动力，坚持改革激发发展原动力，发挥基础优势，坚持错位发展，打造富有深圳特色的创新生态系统，顺应创新驱动发展的主导城市发展模式所带来的一切变化与不确定性，要持续推进创新发展、深化改革、开放合作、质量引领、绿色协调，破除一切不利于创新驱动发展的制度藩篱，建立相应创新顶层设计和体制机制，构建内优外联高效整合的全域创新发展空间，以科技创新、管理创新、品牌创新、组织创新、模式创新等全面创新支撑和引领产业创新发展，以发展新兴产业、新兴业态为主攻方向，推动高端制造业与现代服务业向产业链高端环节迈进，发展新经济、培育新动能，加快形成以全面创新为特征的产业体系、打造具有全球竞争力的创新经济体，率先打造成为全球内生动力强劲、持续引领能力强大、辐射范围广泛的新兴产业创新发展中心和新兴产业发展增长极。

（二）完善以全面创新为特征的产业体系

创新驱动发展是新时代我国综合研判国内外发展环境变化所做出的国家战略安排。未来深圳将始终围绕竞争力影响力卓著的创新引领型全球城市这个战略定位，加快建设现代化创新型产业体系。创新引领型城市的创新是全面创新，包括科技、管理、品牌、组织、商业模式创新，以及军民融合创新、开放合作创新、体制机制创新等内容，其中科技创新是核心。我们认为未来深圳应该让全面创新融入各行各业，打造极具创新力的现代产业体系，不断实现自我迭代升级。

一是战略发展以科技创新和模式创新为引领的新兴产业。以构建结构合理、管理先进、开放兼容、自主可控、具有国际竞争力的现代产业技术为前提，推进各领域新兴技术跨界创新，以技术群体性突破支撑引领新兴产业集群发展，重点发展信息经济、生命经济、绿色经济、智能经济、共享经济等新技术、新产品、新业态、新模式，着眼长远，布局未来产业发展新领域，推动产业结构加快由中低端向中高端迈进，加快形成以创新为主要引领和支撑的经济体系和发展模式，率先建成我国新兴产业创新发展中心，为建设现代化经济体系提供核心支撑。

二是大力发展以管理创新和组织创新为动力的服务业。着力推进服务业管理创新、组织创新、品牌创新，大力发展优质高效的金融、物流、旅游、创新服务、专业服务、生活服务等现代服务业，积极发展总部经济，打造集聚能力强、辐射范围广、服务质量高的全球重要的现代服务业中心之一。

三是提升发展以品牌创新和管理创新为支撑的传统产业。以创意设计、技术研发、科学管理、营销拓展为动力，依靠信息化、智能化、高端化发展，加强品牌建立维护意识，大力推动服装、家具、钟表、眼镜、黄金珠宝等优势传统产业向创意、研发、设计、展览、服务等高端环节延伸，向都市时尚产业转型，积极推进优势传统产业之间的横向跨界融合，加快打造"深圳时尚"城市品牌，全面提升都市时尚品牌竞争力。加强优势传统产业领域的技术研发和升级，大力运用新技术和新模式，着力发展四新经济，提升产业发展质量和整体效益。

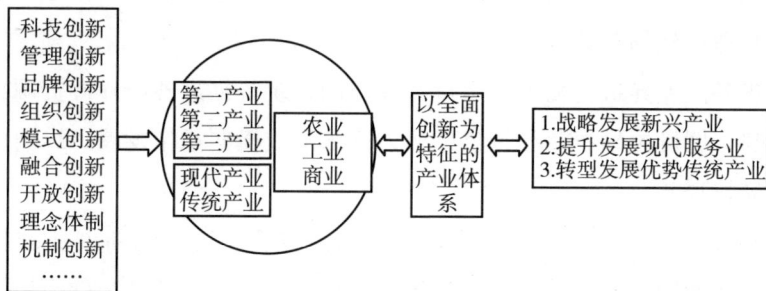

图1　以全面创新推动打造创新型现代产业体系

三　空间拓展：构建内优外联的全域创新空间

生产空间是城市空间的核心内容，生产空间与生态空间、生活空间相互影响，相互促进。从发展创新型产业和打造创新经济体的内在要求看，未来深圳应当树立"精耕深圳拓展优质空间、跳出深圳寻找发展空间、融入区域寻找突破空间、面向世界寻找合作空间"的空间发展理念；从信息网络深度应用的信息经济时代来看，深圳应当树立"不求所有、不求所在、只求所用"的生产要素广泛使用的理念；从土地空间政策支持来看，深圳应当建立"顺应产业变化、适时调整优化、有机辐射外溢、更大范围联动"等基本思路，坚持"高效集约、紧凑有序、均衡协同、绿色生态、公平开放"等原则，围绕建设深圳国际科技产业创新中心、现代化国际化创新型城市、竞争力影响力卓著的创新引领型全球城市，优化城市空间布局，促进城市精明增长和伟大发展。

（一）构建全域创新发展空间

优化城市总体空间格局，加快建设创新型城区。制定实施创新友好型城市设计导则，优化城区功能布局，打造集约紧凑、功能互补、结构完善、产城融合、绿色低碳的创新空间。统筹空间、规模、产业三大结构，合理利用地下空间，加大科学用海力度，提升优质空间供给能力。实施创新产业区块控制线制度，严格土地用途管制，保障实体经济用地需求。优化城市组团式布局，打造科技创新城区。

促进各区差异特色发展。坚持区域协同，统筹推进各区发挥资源禀赋和区位优势，明确主导产业和特色产业，逐步形成横向错位发展、纵向分工协作的发展格局。

滚动推进重点区域发展。着力打造功能复合、适宜创新创业的新型空间。实施产业园区质量效益提升计划，优化产业园区硬条件与软环境，梯次规划、有序推进，建设一批精准定位、产城融合、服务完善、产出高效的产业园区，探索园区高质量发展新路径。

构建宜居宜业的创新型社区。创建一批创新人才集聚互动、开放共享的新型社区，配套发展公共交流空间，支持举办各类创新交流活动，打造创新成本低、创新效率高、创新氛围浓、人文环境好的新型空间。

（二）协同香港打造新发展核

突出深圳和香港两核的联动和深度一体化发展，形成面向国际国内双向辐射、促进珠三角世界级城市群发展的核心区域。强化深港合作，进一步探索创新合作模式，以前海深港现代服务业合作区、深港科技创新特别合作区为依托，建立深港两地更加紧密合作机制，共同研究制订政策措施，促进科技创新发展深入合作。推进深港金融业深度合作，推动深港两地资金自由流动，培育共同资本市场，共建国际金融中心。加快基础设施建设的对接，实现深港无缝链接，联合香港共同建设具有国际竞争力的世界级航运中心、亚太区航空枢纽，提升深圳作为全球物流枢纽城市和国家综合交通枢纽城市的地位，形成深港一体化的交通系统。推动深港两地机场更紧密合作，加快推进香港国际机场与深圳机场之间的铁路接驳以及其他合作项目，实现两大机场的功能互补，发挥协同联动效应，提高竞争力。

（三）深度推进大湾区互动合作

发挥深圳在湾区中心的核心作用，建设创新引领型全球城市，积极拓展区域合作的发展腹地，促进区域产业集群的发展和区域创新体系的形成，推进珠三角城市群产业布局的一体化。

拓展"3+2"经济圈。落实深莞惠区域协调发展总体规划，加快基础设施建设、基本公共服务等领域的一体化进程，建设珠江口东岸科技创新走廊。推进深莞惠和河源、汕尾"3+2"经济圈建设，促进深莞惠产业创新链协同布局。

推动珠江西岸合作。依托深中、港珠澳跨海大桥等重大战略通道的打通，积极推动深圳与珠江西海岸城市的一体化和粤港澳大湾区的战略性合作，形成环珠江口湾区的全面一体化和良性互动格局，促使湾区经济得到跨越式发展。

加强与内地其他地区的区域合作。创新合作机制，推动产业转移和产业帮扶工作，建设一批异地产业园。着力吸引内地其他地区企业在深圳设立研发中心、亚太总部、结算总部等。

（四）融入全球产业创新发展体系

顺应全球化趋势，在"互联网＋"时代，建立生产要素"不求所用、不求所在、只有所用"的发展理念，推动企业在全球布局研发和制造网络，提升企业在全球配置资源和运营市场的能力，打造全球城市。

搭建国际创新合作平台。搭建全球化、网络化的协同创新平台，发展网络众包、众筹等新模式，利用全球众智资源，拓展全球科技创新合作的深度与广度。完善创新创业直通车运转机制，与法国、德国、日本等全球主要创新高地建立一批全球创新创业直通车。高标准建设深圳国际会展中心，依托高交会、IT峰会、BT峰会，打造具有全球影响力的科技产业创新成果展示、发布、交易一体化合作交流平台。吸引高水平国际学术会议、专业论坛在深圳永久性落地。

布局建设海外创新节点。依托企业、研究机构等各类主体，在国际创新资源高度密集的美国硅谷和波士顿、法国巴黎大区、以色列海法等地区部署建设若干国际研发中心、海外孵化器等，实现两地联动、资源互补、信息互通，集聚并孵化培育符合深圳市产业发展需求的高端产业人才、技术和项目，打造"在国外创新孵化，在深圳加速转化"的新型模式。建设"一带一路"数据中心和环境技术交流与转移中心、海上丝绸之路科技合作与转化中心。

四 优化环境：打造世界级"创新生态雨林"

未来深圳将要打造国际科技产业创新中心、现代化国际化创新型城市及创新引领型的全球城市。纵观当前全球主要的国际科技与产业创新中心发展规律，以及硅谷、波士顿、伦敦、旧金山、班加罗尔等世界科技创新中心的成长事实，我们发现它们的成功不再取决于某一种要素或几种要素，而取决于各种创新环境要素共同形成的创新生态系统。全球科技与产业创新中心本质上是多要素组成的区域创新发展系统，它是一种进化到顶级状态的区域创新系统，是多个因子共同作用、多层面相互叠置形成的结果。未来，对于深圳而言，必须要从系统的角度，促进各要素集聚，打造富有深圳特色的创新生态系统，切实为以全面创新为特征的产业体系、具有全球竞争力的创新经济体提供优质土壤和环境。参照上面的构成要素体系，同时结合国内及深圳科技、产业创新生态系统的实际情况，未来深圳应主要从提升自主创新能力、建设成果转化体系、打造人才队伍、优化政策供给等方面营造一流创新生态。

（一）夯实创新型产业的科技支撑

按照"应用导向、补齐短板、前沿攀升"的发展思路，围绕国家目标和战略需求，结合深圳科技产业创新发展基础和比较优势，利用全国创新资源，协同珠三角筹备建设国家实验室，努力形成重大源头创新与前沿突破的强力支撑，打造体现国家意志、具有世界一流水平、引领发展的重要战略科技力量。在信息和生物等优势领域，依据产业创新需求，适时布局建设顺应科技、产业创新发展规律的重大科技基础设施，加快建设国家级高水平科技创新基地，争取若干国家级重大科技基础设施落户深圳。持续推进高等教育改革创新，提升高等教育发展水平，滚动发展特色学院。着眼于深圳科技产业创新发展需要，组建一批科学发现、技术发明、产业发展"三发"一体化发展的新型研发机构。优化整合各类创新载体，建设适合区域发展和行业特色的科学研究基地和技术创新基地。瞄准未来科技和产业发展方向，布局建设国家级重点实验室、工程实验室、工程技术研究中心等创新载体。系统组织实施科学前沿基础研究、重大科技攻关计划，加强科学探索和技术攻关，力争在若干重要科技领域跻身世界领先行列，打造全球科技创新策源地。主动服务对外开放和国家"一带一路"倡议，搭建国际创新合作平台，布局建设海外创新节点，加速融入全球创新网络。

（二）优化新产业发展的政策体系

进一步巩固企业的创新主体地位，加快形成大企业"顶天立地"、小企业"铺天盖地"的创新发展新格局，打造庞大的技术产业创新企业主体。持续组织实施"世界级创新企业培育"行动计划，再造若干世界一流创新型航母企业，形成深圳科技产业创新发展的"主力军"。实施"专精特新"培育计划，打造参与国际竞争、引领产业跨越式发展的"先锋队"。进一步支持中小微企业发展，孵化一大批小微企业。围绕科技成果转移转化关键问题和薄弱环节精准发力，改革科研成果转移转化制度，健全市场化的技术交易服务体系，加快建设一批科技成果转移转化平台，完善科技成果转移转化配套服务，促进政、产、学、研、资、介的紧密结合和高效互动，打通科技创新向现实生产力转化的通道，率先建立以市场化为导向、以企业为核心、以知识产权为价值纽带的科技成果转移转化体系。深化科技金融改革创新，优化科技资源与金融资源的有效对接机制，建立覆盖科技创新与产业发展全过程的科技金融综合体系，提高金融在促进重大科技成果转化和产业化等方面的支撑服务作用，营造科技、金融、产业一体化的生态环境，建设与科技产业创新发展相适应的科技金融创新中心。

（三）集聚创新型产业发展的人才队伍

坚持人才优先发展战略，推进人才体制机制改革创新，完善人才治理体系、管理制度及服务体系，突出"高精尖缺"导向，面向全球汇聚创新人才，推动创新型科技人才结构战略性调整，激发各类人才创新动力、活力及潜力，筑牢科技、产业创新中心根基。弘扬企业家精神，优化企业家成长环境，实施企业家培育计划，打造一支具备国际视野、引领产业创新变革的企业家队伍。围绕世界科技大势和未来产业变革方向，面向全球加速汇聚一批国际顶尖水平的科学大师、科技领军人才、高技能人才，为建设国际科技、产业创新中心筑牢人才根基。积极拓展创客发展空间，推进"双创"示范基地、众创空间等创客载体建设，着力打造创客活动品牌，吸引国际创客人才集聚。弘扬创新创业文化，加强人才政策改革创新，建立多维度人才评价体系，优化人才服务环境，激发各类人才的积极性和创造性，为人才打造安居乐业的热土。加大人才政策创新力度，开展人才管理改革试验先行先试，全面清理和打破妨碍人才流动的制度障碍，努力建成人才特区。

（四）改革创新型产业发展的体制机制

发展新经济、培育新动能，关键在于能不能在改革方面有所突破。新经济、新产业往往具备跨界、融合、分享等特征，与现有管理制度冲突较大。因此，实验室中可能改变人类社会的产品能否成为商品，是否具有巨大市场潜力，就看能不能突破现有市场注入、行业监管等体制机制约束。一是推进行政管理体制改革。新形势下，推动经济发展从主要依靠要素投入和规模扩张为主，逐步转向创新驱动和提高效率为主，更需要政府进一步转变职能，为市场主体充分发挥作用腾出空间，以增强全社会的创新活力。二是加快完善现代市场体系。把改革重点放在消除隐性壁垒，鼓励非公有制企业进入特许经营领域和一些垄断行业上。对企业的行业与领域进入，实行"宽进严管"，弱化准入限制，强化后续监管。激发市场主体发展活力。加强社会信用体系建设。完善价格与市场推出机制。三是争取国家给予更多先行先试政策。未来深圳发展新产业、培育新经济、增强新动能，更多地需要依靠制度创新这个根本保障，深圳必须要在现有的工作基础上，结合深圳特点，重点在科技产业创新的税收优惠政策，适应新经济发展规律的产业政策，严格知识产权保护，在国际人才流动与居留政策、医疗卫生改革创新政策、重大科技基础设施支持政策、大科学计划支持政策、新型研发机构支持政策、创新金融支持政策等方面努力向国家争取更多探索试点，促进产业持续创新发展。

B.21
深圳市1017家社区股份合作公司转型发展研究

查振祥*

摘　要： 深圳社区股份合作公司所在的原辖区范围内未开发的土地资源枯竭，物业经营模式受到产业变迁的巨大冲击，制约了集体经济的可持续发展，其转型升级是必由之路。必须加快商业物业转型，挖掘"旧改"潜力，进行二次开发，拓展物业管理和社区服务业务。实施"走出去"异地投资发展战略，投资建设异地产业园，投资金融业、高科技产业，走创新发展之路。

关键词： 社区股份合作公司　产业　深圳市

深圳全市有 1017 家社区股份合作公司（含居民小组设立的公司），其中原特区内 94 家，于 1992 年成立，已经运营 23 年；原特区外 923 家，于 2004 年成立，已经运营 11 年。股民总人数 298474 人。社区股份合作公司经过多年的市场化锤炼，现处于一个产业转型期。过去社区股份合作经济基本上是一个物业经济，靠土地和物业出租存活，现在部分社区股份合作公司已经在探索和发展高科技产业、现代服务业，全市社区股份合作公司都在加快产业转型升级步伐。

---

* 查振祥，深圳职业技术学院教授。

一 深圳社区股份合作公司发展面临的共性问题

（一）物业经营模式受到产业变迁的巨大冲击

全国网上市场和电子商务的发展，以及周边综合性购物中心和产业链的发展，冲击了实体商业市场的地位，冲击了股份合作公司商业物业。股份合作公司商业物业面临转型的艰巨任务。"十二五"期间深圳市经济贸易和信息化委员会组织的一个专项调查显示，深圳每年线下消费总额为3191.61亿元，线上消费总额为1204.75亿元，深圳市民每月除了房贷、车贷、交通等各类开销之外，平均每个家庭在购物、休闲、餐饮各方面的开销为7233元/月，占家庭总月收入的31%。其中，家庭在线下实体商业市场的花费为4990元/月，占总花费的69%；线上网购/团购的花费为2242元/月，占总花费的31%。综合来看，市民对未来实体消费的看涨幅度在9%左右。而对比发现，市民对未来线上网络消费的看涨幅度为14%，大于市民对线下实体消费的看涨涨幅。在30年前，商业物业租金水平最高，现在，商业物业租金水平下滑到低点，远低于写字楼、酒店、住宅型物业，如福田下沙公司城市更新后新产生的10万平方米的商业物业，不得不以较低租金整体出租给经营公司。且网购趋势还在扩展，将对股份合作公司物业经营产生长远影响。

（二）未开发的土地资源枯竭

长期以来，各股份合作公司主要以社区范围内的土地资源为开发对象，将土地不断置换成物业，通过物业出租获得收益。这种依赖土地资源发展集体经济的铁板模式已运行了近30年。目前，土地资源基本用尽，未开发的土地资源几近枯竭。股份合作公司这种单一的物业经营模式，出现了盈利水平不高、竞争能力不强、发展潜力缺乏等一系列问题，制约了集体经济的可持续发展。股份经济的发展轨迹证明，跳出城中村，拓展新空间，是必由之路。

二 深圳社区股份合作公司产业转型升级路径

（一）加快物业转型，拓展物业空间

1. 加快商业物业转型，推进产业升级

"十三五"期间，深圳市股份合作公司正在推进商业物业转型：一是物业形态转型，转为其他物业，如改造成办公型物业、宾馆酒店等；二是商业业态转型，改变传统的商业业态，引进和发展旅游业、新型服务业等。

以下沙为例。下沙是远近闻名的"名牌时装村"，知名品牌"影儿"、"娜尔思"、"贝茜"、"白领风采"等女装都出自该村。文化旅游业也是下沙村一大特色产业。下沙村有下沙牌坊、黄思铭公世祠、陈杨候庙、佛祖像等一批深受游客欢迎的历史古迹，有村建博物馆及风景怡人的休闲公园；下沙实业股份公司投资几千万元专项资金建设了下沙博物馆，博物馆内主要保存的是具有浓浓南粤风情和岭南风格的传统文化物品，包括古文物、雕塑、画幅、照片等。除了投入大量精力在经济建设以外，下沙人还十分注重生态环境的建设，十分珍惜大自然的馈赠，这是其他文化旅游景点所不完全具备的。大自然馈赠给下沙村一片天然的红树林自然保护区，下沙社区西南部紧邻我国目前唯一位于城市中心的国家级自然保护区——红树林自然保护区。该自然保护区面积367.64公顷，有70公顷天然红树林，22种红树植物。红树林对下沙，甚至对深圳都有着很特别的意义。以红树林为依托，下沙村创建了省级生态示范社区。

2. 挖掘"旧改"潜力，促进产业升级

"旧改"是城市更新的客观要求和产业转型、优化、升级的迫切需要，是股份合作公司在城市化后可挖掘的一个新的经济增长点。虽然社区股份合作公司赖以扩张发展的土地资源没有了，但仍有很大的发展空间，可以在旧屋村、旧工业区、旧工商住混合区的基础上，进行二次开发，提高土地的利用率，实现经济效益最大化的目的。例如，福田皇岗实业股份公司也是以物

业经济为主，物业经济占90%以上。但经过旧改，物业档次提高，形成了益田路东侧的皇都广场、皇庭世纪、东方雅苑等以高层住宅为主体的居住小区。皇岗实业股份公司还与卓越地产公司联手打造了深圳中心区超级商务航母——皇岗商务中心。

福田水围村临近地铁福民站，交通便利，四通八达，物质文化和精神文化类设施配套完善，有利于香港人和市中心区白领休闲度假、购物及餐饮消费和居住。水围村经过旧改，人流密集，目前有8000~10000名香港人在此居住，占水围居住人口的1/4~1/3。随着地铁7号线开工建设，双地铁线（4号线）通过水围村，广深港客运专线的开通，水围村将进一步从交通方面提供便利，吸引更多的人流，促进水围口岸型国际消费中心的地位提升，促进餐饮业和服务业的提升。水围村还拟对紧邻皇岗公园的35栋民房进行改造，打造以境外年轻人为主的消费型国际社区。

3. 拓展物业管理和社区服务业务

随着旧改的推进，股份合作公司拥有的物业空间在扩展，物业管理和社区服务空间也在延伸，社区股份合作公司都在建立自己的物业管理队伍，建立自己的保洁队伍，向政府购买小区保洁服务，接管小区的外来人口登记和管理业务。政府对股份合作公司接管城中村物业管理、保洁、人口管理业务也予以支持。福田上步公司旗下的上城物业公司除进行自身物业管理外，还对外承接包含住宅、写字楼、商场等在内的近600万平方米的物业服务工作。上城物业拥有国家一级资质，能够源源不断地为五个分公司输送和培养物业管理人员，整体提升自有物业管理水平，保障自有物业本体维护和经济效益的最大化。同时也为公司向商务酒店、高档写字楼、酒店式公寓等高端物业提供了强有力的服务团队。

（二）实施"走出去"异地投资发展战略

1. 投资建设异地产业园

当前，原二线关内加工业正在向关外转移，珠三角地区加工业正在向周边地区转移，汕尾市、河源市和惠州市正在大力承接来自深圳的加工业。股份合作公司在异地投资开发大型产业园，并建立完善的配套环境，有利于承接来自深圳的加工业。石厦村股份合作公司2003年在宝安沙井购地兴建"石厦沙井工业园"。该工业园占地面积61000平方米，总建筑面积100000平方米，共有7栋五层工业厂房，4栋六层宿舍楼，1栋六层综合楼。2007年，公司在惠州市仲凯高新区购地兴建"石厦惠州工业园"，占地面积62000平方米，共有6栋五层工业厂房，4栋六层宿舍楼，1栋12层综合楼，总建筑面积120000平方米，2015年又在石岩购买3000多平方米的保利健工业园。目前公司在外地拥有20多万平方米的物业，其收益约占总收入的一半，走出了一条对外扩张道路。这是石厦公司面对土地资源匮乏而采取的"外出购地促发展"的战略性举措。石厦公司突破固有封闭思维定式，率全市集体股份合作公司之先。沙尾、沙咀、上沙等股份合作公司在异地投资开发的产业园也取得了预期效果。福田区石厦、沙尾、沙咀、上沙4家股份合作公司在异地的工业园区总建筑面积达30多万平方米，农业园区总开发面积为100万平方米，总投入资金为5.28亿元，年产总值约37.24亿元。

2. 投资金融业

福田上步股份合作公司是较早将产业向资本投资方向发展的公司，针对公司土地资源稀缺的弱点，公司董事会很早就提出"既要控制好风险保证利润和股民的分红水平，又要盘活集体积累实现资产增值"的要求，主动寻找投资项目。经过摸索实践，逐步确立以金融业为重点投资发展项目。1996年，公司以股东发起人身份投资600万元参股中国民生银行非流通股600万股，经过十年的分红及转配送股，在2006年股权分置改革、人民币升值等利好环境下实现30多倍的溢价，公司抛售其中部分股份，获得1亿多元投资回报。2005年8月，深圳农村商业银行在深圳农村信用社基础上组建成立，公司出资3828.95万元认购深圳农村商业银行股份2991.37万股，同时作为发起人之一，公司还参与到该银行的经营管理中。2010年，公司以股东发起人身份参股三家村镇银行，其中在福田银座村镇银行，出资200万元，占股1%；在宜州深通村镇银行，出资250万元，占股10%；在灵川深通村镇银行，出资600万元，占股10%。2011年公司以股东发起人身份出资了广西灵川深通和扶绥深通两家村镇银行，其中灵川深通村镇银行，出资600万元，占股10%；扶绥深通村镇银行，出资600万元，占股8%。2012年公司继续把握时机投资130万元参与宜州深通村镇银行的增资扩股，并在证券二级市场上选择增持业绩较好的股票，取得较大经济效益和市值账面盈利。近几年，公司参股的金融项目大多具有良好的持续盈利能力，各村镇银行的投资都取得比原计划更好的经济效益，分别开设了分支机构。公司将把参与的金融项目作为优化经营结构和长期发展的一项策略，继续积累资本，为公司的可持续发展打下良好基础。

（三）投资高科技产业

1. 发展科技园

福田区上沙股份合作公司科技产业崛起，打造了福田科技产业新的发展带。上沙科技园来源于上沙股份合作公司在上沙社区内仅有的一块普通工业用地，面积为3.35公顷（33500平方米），仅占上沙社区总面积的8.54%。上沙股份合作公司在产业结构改造前均为旧式厂房，入驻企业均从事制衣、汽车修理、装潢装饰、广告、小家电等劳动密集型行业，效益低。在市、区政府"厂房改造，产业置换"科学决策的指引下，2005年，上沙股份合作公司对工业区进行了"腾笼换鸟"式的改造，成功地将原来的"三来一补"传统工业区升级改造成现代化高端科技产业园。2007年4月，一期改造工程全面竣工，10月正式投入运营。改造后入驻企业都是以手机、电子信息、软件开发、集成电路（IC）、系统集成、光机电一体化等为主的设计、研发、生产型企业。企业附加值高、绿色环保。2007年、2009年，科技园先后被认定为"深圳市移动终端创业园"和"福田区（手机）创新产业孵化基地"。上沙科技园先后得到了政治局委员、时任省委书记汪洋和原省长黄华华以及珠三角九市领导的一致好评。这块工业用地的有效利用给上沙股份合作公司带来了非常可观的经济效益。

上沙公司在发展科技园基础上，又投资3000万元，成立了科技投资公司，向高科技产业方向发展，拟在在南沙、三水等地成立产业园和高科技孵化器。上沙公司与中国科技开发院、中国信息通信研究院、深圳市科技企业孵化器协会签订了战略合作协议，合资注册成立深圳市道生壹创客空间有限公司，积极搭建创客空间平台、加速器，为主营投资业务创造更多机会。

2. 进行风险投资

社区股份合作公司尝试成立投资公司，与创投、券商合作进行风险投资，采取跟投或其他方式，收购优质拟上市公司的股权，等待未来上市实现收益，是社区股份合作公司另一种高科技产业投资模式。位于宝安区凤凰社区由凤凰山大道、凤凰大道和107国道围成的一块三角地块，在2013年由深圳市方格精密器件有限公司以1.16亿元的价格竞拍获得。竞得方将长期在凤凰社区租用厂房。通过此次竞拍，凤凰股份合作公司除了无偿取得配套物业13980平方米外，还获得了出让金3480万元，利用土地出让资金入股方格精密器件有限公司，获9.5%的股权。未来如果方格公司上市，凤凰社区股份合作公司将获得丰厚回报。

（四）走创新发展之路

走创新发展之路，培育自己的上市公司，以南岭村社区股份合作公司为代表。2016年5月9日上午，在深圳市龙岗区南湾街道南岭村，南岭生物医学研究院正式揭牌，首批引进牛津大学阿尔茨海默症血液标志物等国内外项目。研究院作为南岭社区股份合作公司旗下全资机构，负责研究院所属生物医药项目的研发、营运以及创新项目引进与孵化。南岭生物医学研究院位于南岭村启迪科技园，两年前这里还是一片旧厂区。南岭村给片区内几家工厂下了"逐客令"，联手清华大学旗下启迪控股，把这里改造成一个主题科技园和众创空间，南岭村占科技企业孵化投资基金50%的股权。2015年以前，南岭村每年的社区集体经济收入同比增长率都达两位数，但2015年只增加4%。他们为了腾出空间来发展高科技企业，清理了这个低端的珠宝加工产业园，损失达到2000万元。南岭村社区党委书记张育彪在当年全国"两会"上说："我的梦想是通过科技创新，带着村民敲钟上市，在三年左右培育1~2家自己控股的优质上市公司。"

20多年来，南岭村由全村资产7000元的"鸭屎围"，发展到集体固定资产30亿元的"中国最富村"之一，在4.12平方公里的土地上聚集着40余家工厂企业。为创新发展，南岭股份合作公司近年来引进了大批职业经理人、创业团队，把他们安排在二级公司领导岗位，给他们股权、薪酬激励，促进了南岭村经济腾飞。南岭村的经验说明，社区股份合作公司完全可以走创新发展之路，走现代企业发展之路，从种田、"种"房子到"种"高新技术产业。社区经济向创新驱动转型，已是大势所趋，关键是要有敞开的胸怀，广纳人才。另外，集体经济转型首先要能舍弃眼前的经济利益，耐得住寂寞，顶得住压力。科技创新和传统经济完全不同，它要求目光长远。

三 社区股份合作公司发展观念在变化

伴随当前国际国内、广东省和深圳市进入一个新的发展态势，社区股份合作公司在试图找准发展的切入点、加快转型升级步伐，其发展观念也在变化。

（一）提出社区经济发展要依托大环境

"十三五"期间，世界经济在深度调整中曲折复苏，新一轮科技革命和产业变革蓄势待发，我国发展仍处于可以大有作为的重要战略机遇期，长期向好的基本面没有改变，发展前景依然广阔。国家提出"一带一路"倡议，粤港澳大湾区建设深入推进，开放共赢、良性互动的区域发展格局正在形成。深圳市正在努力建成更具辐射力带动力的全国经济中心城市、粤港澳大湾区的战略枢纽城市。各个区的社区股份合作公司正在根据自身具有的综合优势和独特优势、所处的经济发展阶段以及各产业的运行特点，合理地进行产业发展规划和布局，确定区域的经济功能及产业发展重点，实现可持续发展。

福田区根据深圳市中心区优势，总部经济、现代服务业双轮驱动的发展优势，新材料、新能源、文化创意、互联网金融等战略性新兴产业优势，把

15 家社区股份合作公司分成五类：①环 CBD 公司，包括岗厦、皇岗、石厦、新洲四个公司。这 4 个公司"十三五"期间有两个发展机遇：一是配合推进金融街建设；二是配合打造深圳 CBD 商圈。②环华强北商业街公司，包括上步、福田环庆和田面三个公司。这 3 个公司"十三五"期间的发展机遇是城市更新。③环口岸公司，有水围和渔农公司。这两个公司"十三五"期间的发展机遇是配合推进口岸建设。④环车公庙-金沙片区公司，有上沙、下沙、沙咀、沙尾 4 个公司。这 4 个公司"十三五"期间的发展机遇有以下三个：打造车公庙-金沙片区展示体验式时尚商圈；向上沙村延伸天安-车公庙高科技产业集聚区；推进以金地+沙头片区为高新技术配套的商贸流通商圈建设。⑤环梅林-彩田经济带公司，包括上梅林和下梅林公司。这两个公司"十三五"期间的发展机遇是城市更新。

（二）提出转变引导观念，内外合力推动城市更新

宝安区提出通过城市更新整合空间资源、盘活土地存量，促进城市空间二次开发，这已成为宝安区社区股份合作公司突破空间资源约束，加快"三带两心两城一谷"建设，打造"滨海宝安、产业名城、活力之区"的重要手段。宝安区正在引导股份合作公司管理层特别是董事长、总经理转变思想观念，树立强烈的大局意识、责任意识和发展意识，熟悉了解并参与融入区、市城市建设全局规划、整体发展的格局中，有效贯彻"大尺度+大榕树（大项目）+大规划+大统筹+大创新"的城市更新理念，全力建强实业载体、拓展产业空间。

"大尺度"：要大规模、大体量连片更新，不搞零敲碎打，不搞修修补补；"大榕树"（大项目）：要引进大企业、大项目，带动整个产业链和片区发展，独木成林、形成生态；"大规划"：要先规划、招商，再建设，推进带项目的城市更新；"大统筹"：要通过利益统筹、片区统筹，实现政府、企业、业主多方利益共赢，调动大家参与城市更新的积极性；"大创新"：要创新思路、创新模式、创新方法，形成可复制、可推广的范例，为解决企业用地问题提供借鉴。

B.22
深圳参与"一带一路"建设
面临的机遇与挑战

高 瞻*

摘 要： 中央提出"一带一路"倡议以来，深圳作为"海上丝绸之路"重要节点城市、粤港澳大湾区核心组成部分和新一轮改革开放前沿城市，借助中国与沿线国家深厚的合作基础、互补的经济结构和总体良好的国际环境，要充分发挥先行先试的优势，深刻融入"一带一路"建设并积极探索对外经贸合作的"深圳方案"，将特区经济建设和国际化城市水平推向新的高度。与此同时，当前深圳也面临着逆全球化浪潮和贸易投资保护主义，"一带一路"沿线部分国家政局不稳且营商环境较不理想，以及在"一带一路"建设过程中如何找准自身定位以进一步发挥差异化优势等一系列挑战。

关键词： 深圳 一带一路 粤港澳大湾区

2013年9月和10月，国家主席习近平在出访中亚和东南亚国家期间，先后提出共建"丝绸之路经济带"和"21世纪海上丝绸之路"的重大倡议，得到国际社会高度关注。"一带一路"倡议充分依靠中国与沿线国家既有的双多边合作机制，借助行之有效的区域合作平台，坚持"开放区域主

---

* 高瞻，深圳市公平贸易促进署署长。

义"，旨在高举和平发展的旗帜，积极发展与沿线国家的经济合作伙伴关系，共同打造政治互信、经济融合、文化包容的利益共同体、命运共同体和责任共同体。2015 年 3 月，国家发展改革委、外交部、商务部联合发布了《推动共建丝绸之路经济带和 21 世纪海上丝绸之路的愿景与行动》，标志着"一带一路"倡议进入国家顶层设计和全面建设的新时期。

"一带一路"沿线大多是新兴经济体和发展中国家，总人口约 44 亿，经济总量约 21 万亿美元，分别约占全球的 63% 和 29%，是世界上最具发展潜力的经济带。当前，全球经济面临反全球化浪潮、区域一体化解体风险、地缘冲突、非传统安全问题、贸易投资保护主义等众多不利因素，"一带一路"建设成为引领中国经济进一步融入世界的强力引擎，将会以开放多元的特征推进区域合作的进程，并有可能成为最终推动全球贸易投资自由化的一个新途径①。同时，这也表明了中国致力于维护经济全球化和开放经济、维护发展诉求与利益、维护更加公平的国际体系和秩序的决心，通过分享中国经验为全球经济治理提供更多中国方案，在全球经济合作中更加主动地发挥积极的影响力。

此外，"一带一路"蕴含着以经济合作为基础和主轴的发展内涵，深挖中国与沿线国家的合作潜力，将促进中国中西部地区和沿边地区对外开放，推动东部沿海地区开放型经济率先转型升级，进而形成海陆统筹、东西互济、面向全球的开放新格局②。深圳地处中国东南沿海，改革开放四十年来已成为锐意进取的国际化标杆城市，如能在"一带一路"建设中充分把握时代机遇，有效应对各类风险挑战，定能取得更加显著的成绩。

一　面临的机遇

截至目前，中国与沿线国家已在"一带一路"建设过程中取得丰硕

---

① 李向阳：《亚太蓝皮书：亚太地区发展报告（2015）》，社会科学文献出版社，2015。
② 新华网：《"一带一路"战略构建我国对外开放新格局》，参见 http：//news. xinhuanet. com/fortune/2015 - 01/04/c_ 1113870302. htm（2017 - 12 - 26 登录）。

成果，经济结构互补和总体良好的外交关系也给未来发展带来利好。总体来看，作为改革开放前沿的深圳参与"一带一路"建设面临如下机遇。

首先，中国与"一带一路"沿线国家合作基础深厚且经济结构互补，为深圳参与"一带一路"经贸合作提供了国别和区域合作蓝图与路径。"一带一路"倡议整合了沿线正式和非正式机制，包括中国与沿线国家签订的双边投资协定（BITs）和自由贸易区协定（FTAs）等双边合作机制；由CEPA 和 ECFA 组成的国内境外特殊合作机制；以东盟"10 + 1"、区域全面经济伙伴关系（RCEP）、亚太自由贸易区（FTAAP）、亚太经济合作组织（APEC）等为典型的区域合作机制；以中蒙俄朝等为代表的次区域合作机制；以及中巴和孟中印缅等经济走廊机制。中国以自身与沿线各国的双边协定为支点，撬动更大范围内的小多边和地区合作，在正式制度安排之外，将次区域合作机制、走廊机制等作为合理补充，实现了从制度框架建设到具体项目落地的良性互动，从"互联互通"、"贸易畅通"和"资金融通"走向全方位的"政策沟通"和多层次的"民心相通"。不仅如此，"一带一路"沿线国家之间资源禀赋和产业结构具有巨大互补性，也为推进合作提供了非常重要的基础。

尽管国际环境充满不确定性以及外贸形势总体严峻，2014～2016 年，中国与"一带一路"沿线国家贸易总额约 20 万亿元人民币，增速高于全球平均水平；中国企业对沿线国家对外直接投资超过 500 亿美元；在沿线国家新签对外承包工程合同额 3049 亿美元。同时，进一步放宽外资准入领域，营造高标准的国际营商环境，吸引沿线国家来华投资。在重大项目建设方面，推动一批重大项目陆续落地，中老铁路、巴基斯坦喀喇昆仑公路二期、卡拉奇高速公路已经开工，中俄、中哈、中缅等油气管道项目的建设或运营都在有序推进。在境外经贸合作区建设方面，中国企业先后在 20 个沿线国家建设了 56 个境外经贸合作区，目前累计投资超过 185 亿美元，为东道国创造了超过 11 亿美元的税收和 18 万个就业岗位。中国 - 白俄罗斯工业园、埃及苏伊士经贸合作区、泰中罗勇工业园、柬埔寨西哈努克港经济特区等园区建设进展顺利。①

改革开放以来，广东等东南沿海地区成为中国经济发展高地，"深圳速度"成为东南沿海发展速度乃至中国发展速度的代名词。然而，不可否认，该地区的早期积累重视加工业和组装业，技术含量较低，劳动密集性强，如今红利渐退。要在世界市场竞争、国际分工和全球价值链中继续保有优势，就需要继续推进行之有效的产能合作以及产业转移和升级策略，支持企业进一步"走出去"以持续优化全球资源配置。借由国家"一带一路"倡议推进前期成果打下的坚实基础，尤其是各类经贸合作机制平台与互联互通网络，深圳也可以将自身与沿线各国的双边合作逐步扩大为小多边和区域合作，将中外共建的经贸合作园区作为企业境外经营规避风险的优先选择，在国家蓝图和路径设计之下形成有特色、有步骤、有策略的对外经贸合作"深圳方案"。

其次，中国与"一带一路"沿线国家总体关系良好，为深圳参与"一带一路"经贸合作提供了有利的国际环境。在当代中国外交实践中，"周边是首要"。而周边外交中强调的睦邻友好、以诚待人、互惠互利、开放包容等也贯穿在中国推进"一带一路"建设的过程中，政治与经济关系的总体良性互动为国家间增进彼此战略互信带来机遇。② 例如，亚太地区面临错综复杂的安全问题，难以保持长期稳定的周边环境也是限制亚太地区经济及其他领域发展的制约因素之一。"一带一路"倡议沿用上合组织合作平台，并为这一平台增添更多域内外合作伙伴，同时将中亚地区建成连接亚太经济圈和欧洲经济圈的重要通道，促进了反对恐怖主义的联动效应。此外，在"一带一路"倡议制定和发展过程中，中国政府摆脱了单纯考虑经济利益的思维，倡导民心相通在合作中的重要作用，从而也为"一带一路"倡议及其具体项目落地夯实了民意基础。

---

① 国务院新闻办公室：《"一带一路"倡议提出以来在贸易畅通方面取得 5 大成效》，参见 http：//www. scio. gov. cn/xwfbh/xwbfbh/wqfbh/35861/36637/zy36641/Document/1551290/ 1551290. htm。

② 王义桅：《"一带一路"机遇与挑战》，人民出版社，2015。

"一带一路"倡议自提出以来,坚持实行"开放区域主义",中国与沿线国家总体外交良好。相较于经济协定的封闭性及其带有排他性的战略属性,"一带一路"更加强调平等、合作、包容和共赢。这其中所体现的中国区域公共品的供给能力和大国责任,有利于平复周边和域外国家疑虑,营造良好国际环境。2017年5月,"一带一路"国际合作高峰论坛在京举行。习近平主席同与会的29国领导人在圆桌峰会上一致通过了《"一带一路"国际合作高峰论坛圆桌峰会联合公报》,是"一带一路"框架下首份全面、系统、权威的多边文件,充分反映了各方的合作共识,明确了"一带一路"未来合作的方向和重点,发出了提振国际合作、构建开放型世界经济的明确、有力信号。①

另外,"一带一路"倡议与沿线国家和地区的整体战略对接也为包括深圳在内的中国地方省市及企业参与"一带一路"建设创造了良好的外部环境。例如,中国-哈萨克斯坦政府《关于"丝绸之路经济带"建设与"光明之路"新经济政策对接合作规划》涉及交通运输、工业、农业、能源、新兴产业、金融、知识产权等多个领域,鼓励企业按照市场规则和互利共赢原则在哈方经济特区内建设中哈产业合作平台以及参与工业园区项目实施。再如,2017年7月,中俄在莫斯科签署《中华人民共和国商务部与俄罗斯联邦经济发展部关于欧亚经济伙伴关系协定联合可行性研究的联合声明》,显示了中俄两国深化互利合作、推进贸易自由化和地区经济一体化的坚定决心,以及探讨全面、高水平、未来面向其他经济体开放的贸易投资自由化安排的共同意愿。②

再次,深圳地处改革开放新前沿,具备中国地方参与"一带一路"建设的先行先试优势。深圳历史上就是"海上丝绸之路"的一个重要节点,是改革开放前沿城市,与世界各国各地区的经济、贸易、文化、人员联系非

---

① 人民网:《外交部:'一带一路'国际合作高峰论坛精彩务实、成果丰硕》,参见 http://world. people. com. cn/n1/2017/0516/c1002-29279523. html。

② 中华人民共和国商务部:《中俄签署〈关于欧亚经济伙伴关系协定联合可行性研究的联合声明〉》,参见 http://www. mofcom. gov. cn/article/ae/ai/201707/20170702604249. shtml。

常紧密。据统计显示，截至 2016 年初深圳已设立境外企业和机构 3700 多家，分布在全球 120 多个国家和地区；外贸出口实现 23 连冠；仅 2015 年，深圳与沿线国家进出口额达 726.6 亿美元，占全市外贸的 16.4%。① 深圳还是亚太地区重要的交通枢纽，拥有世界第三大集装箱港口、中国大陆第四大航空港，加之深圳地处粤港澳大湾区核心，令深圳打造"一带一路"枢纽城市拥有得天独厚的优势。

中央提出"一带一路"倡议以来，深圳已在四个方面展开重点探索②。一是强化互联互通，发挥枢纽作用，特别是强化海港、空港、信息港"三港联动"，完善集装箱班轮航线网络，推动机场 24 小时通关，加快推动 IT 企业参与沿线国家信息基础设施建设。二是聚焦优势互补，加强产能合作，推动成立企业"走出去"联盟，搭建海外投资风险保障服务平台，打造中国（深圳）印尼电子产业园等对外合作园区，促进与沿线国家产业链、供应链、价值链深度融合，在 38 个沿线国家布局 137 个项目，涉及金额逾420 亿美元。三是突出开放创新，提升创新能级，与沿线国家开展全方位、多层次、高水平科技合作，并通过人文交流，增进了解互信，与 52 个"一带一路"沿线城市结为国际友城和友好交流城市。四是将前海打造成为"一带一路"综合性战略平台，强化其"自贸试验区、深港合作区、保税港区"三区叠加的特殊优势，实行"比经济特区更特"的先行先试政策。

当前，国家正在实行新一轮改革开放并致力于构建对外开放新格局，而深圳在产业集群、资本、科技、人才等方面有雄厚的实力和基础。深圳作为中国的经济特区，是改革开放的窗口和前沿。外界期待深圳在"一带一路"建设中发挥引领作用，发挥体制优势、开放优势、产业优势、科技优势，提供可复制、可推广、可持续的发展模式③。正如有专家指出的那样，创新是目前深圳的最大优势，推动"一带一路"建设也离不开创新这一"新支点"

① 《深圳打造"一带一路"枢纽城市优势明显》，《深圳特区报》2016 年 2 月 25 日第 A9 版。
② 《深圳打造"一带一路"枢纽城市优势明显》，《深圳特区报》2016 年 2 月 25 日第 A9 版。
③ 李萍、庄宇辉：《G20 智库专家接受本报特派记者采访时表示"一带一路"建设深圳大有作为》，《深圳特区报》2016 年 9 月 4 日第 A3 版。

的支持和配合。尤其是深圳的华为、中兴通讯、光启等高科技企业在各自领域核心技术的创新能力位居世界前列,一大批深圳企业家正在成长为"掌握新经济命脉的新力量",应把深圳及深圳企业的创新优势与"一带一路"建设对接,与外部资源、市场对接,为"一带一路"建设、经济可持续发展贡献正能量①。

最后,深圳作为"中国经济特区"代表,可为"一带一路"沿线发展中国家提供有关发展模式的经验和借鉴。迄今为止,深圳特区经历了四次发展。1979 年 8 月,经中华人民共和国第五次全国人大常委会第 15 次会议决定批准,在深圳市境内划出近 400 平方公里地域设置经济特区;1980 年 8 月,全国人大常委会颁布了《广东省经济特区条例》,深圳经济特区正式成立,地域包括今罗湖、福田、南山、盐田四个区;2010 年 5 月,中央批准了深圳扩大特区版图的申请,深圳特区范围延伸至全市,特区总面积扩容为 1948 平方公里,地域包括今罗湖、福田、南山、盐田、龙岗、宝安、龙华区、坪山区、光明新区、大鹏新区;2011 年,深圳特区延伸至深汕特别合作区。2017 年深圳 GDP 达 2.2 万亿元,超过广州、香港,仅次于上海、北京,位居全国第三。

作为中国最早成立的经济特区之一和中国最具代表和影响力的经济特区,深圳早已引起世界关注,并成为众多发展中国家进行研讨交流并予以借鉴发展的典型样本,其中包括非洲国家等"一带一路"沿线经济体。20 世纪 70 年代,许多非洲国家开始实施一系列经济特区发展战略,创办以出口加工区和自由贸易区为主的经济特区。这些经济特区在发展过程中都面临着一些共同的问题,因而可以就外资利用、产业集聚和南南合作等进行经验交流。包括深圳在内的中国特区所秉持的务实性与实验性并重的渐进式方法、以改革为导向的发展理念、国家承诺与政府支持、完善的基础设施、招商引资与技术升级等,都作为"成功经验"被广泛推广,而其间所面临的环境

---

① 李萍:《发挥深圳优势 助力"一带一路"建设——访"一带一路"国际合作高峰论坛与会智库专家、中国国际经济交流中心副总经济师徐洪才》,《深圳特区报》2017 年 5 月 15 日第 A5 版。

问题和产城融合等议题也为后来者规避相关风险提供了前车之鉴。①

在"一带一路"倡议持续推进的过程中，沿线发展中国家无疑可以继续分享更多"深圳经验"。例如，1979年，招商局抓住国际产业转移的机遇，利用中国劳动力丰富、成本低等优势，在深圳建立蛇口工业园，发展"两头在外"的加工贸易，并在这个基础上不断转型升级，带动了深圳的发展。近40年后，招商局进驻中国－白俄罗斯工业园区项目，参与园区的开发和运营管理；同时，招商局还参与了坦桑尼亚巴加莫约经济特区的开发建设，在承接中国的产业转移的同时，旨在打造辐射东非的产业集群②。与此同时，向"一带一路"沿线国家推广"深圳模式"，也有助于提升深圳发展影响力，扩大深圳产业升级辐射范围，有利于深圳标准与世界标准的对接，有利于深圳特区未来的进一步发展。

二 面临的挑战

在推进深圳融入"一带一路"沿线合作的同时，其所面临的风险也不容忽视。纵观国际国内，深圳参与"一带一路"建设主要面临如下挑战。

首先，大国博弈导致地缘政治冲突频现，逆全球化浪潮和贸易投资保护主义给区域一体化合作带来冲击。国际经济问题与政治安全问题紧密相连。在美国总统奥巴马当政时期，美国通过打造和推进"跨太平洋伙伴关系协定"（TPP）等21世纪贸易投资新规则吸引新兴市场国家加入协定或谈判，并辅之以军事安全保障等"非经济收益"以加深同盟关系，强化了亚太地区的"经济与安全二元化"结构，并在相关贸易规则的制定上把中国排除在外。特朗普就任美国总统之后，处处以"美国优先"，贸易保护主义抬头，一些针对中国的关税等贸易保护措施正在出笼。中国提出的"一带一路"倡议在提供另一种国家间和区域间开放合作模式的同时，也势必会对

---

① 曾智华：《经济特区的全球经验：聚焦中国和非洲》，《国际经济评论》2016年第5期。
② 新华网：《让"一带一路"沿线地区分享"深圳经验"》，参见 http://news.xinhuanet.com/mrdx/2016 – 09/25/c_ 135711971.htm。

已有政治经济格局产生冲击。此外,菲律宾、印度等少数沿线国家还与中国存在边界争端等利益冲突,部分国家仍对"一带一路"倡议抱有疑虑。未决的边界争端对"一带一路"倡议的实施构成重大牵制,不仅会影响部分争端国参与"一带一路"建设的积极性,为域外势力的介入制造空间,而且可能使得少数国家蓄意制造争端以干扰"一带一路"建设进程。①

2008 年美国次贷危机引发全球经济危机后,"逆全球化"思潮和贸易投资保护主义在各国先后不同程度的出现。在多边层面,WTO 虽在削减关税、取消农产品出口补贴等方面取得一定成效,但很大程度上还在延续多哈回合以来停滞不前的状态且前景黯淡;在双边和区域层面,小多边经贸协定谈判等也面临区域一体化解体风险。"不均衡全球化"成为影响经济全球化进程的主要障碍,全球贸易出现疲态。② 英国经济政策研究中心发布的《全球贸易预警》报告显示,2015 年全球采取的贸易保护措施数量同比增长 50%,贸易限制措施数量是自由贸易措施数量的 3 倍。美国在 2008~2016 年对其他国家总计采取了 600 多项贸易保护措施,仅 2015 年就采取了 90 项,平均每 4 天推出一项。③ 另据 WTO 等国际组织新近联合发布的 G20 成员贸易投资措施监控报告,G20 集团经济体在 2017 年 5~10 月引入了 16 项新的贸易限制措施,且估算出的相应贸易规模(320 亿美元)实际上略高于贸易促进措施的相应贸易规模(270 亿美元)。④

深圳属于外向型经济发展模式,对外贸易投资数据领跑国内一线城市。据海关统计,2017 年,深圳市进出口达 2.8 万亿元人民币,占同期全国进出口总值的 10.1%。出口规模连续 25 年居全国内地城市首位。截至 2017 年底,深圳市企业经核准备案,在境外直接投资设立企业/机构 6004 家,中方协议投资总额 433.2 亿美元。因此,深圳对外经济合作更易受到外部环境不

---

① 孔令杰:《"一带一路",要跨越领土海洋争端的暗礁》,《世界知识》2015 年第 15 期。
② 冯并:《"一带一路"全球发展的中国逻辑》,中国民主法制出版社,2015。
③ Simon J. , Evenett and Johannes Fritz, Global Trade Plateaus, CEPR Press, 2016.
④ 中华人民共和国财政部国际财经中心:《WTO 发布第 16 期〈G20 成员国贸易措施报告〉》,参见 http://iefi. mof. gov. cn/pdlb/wmkzg/201611/t20161111_ 2456373. html。

确定性和贸易保护主义的影响，从而在当前形势下，在进一步扩大与"一带一路"沿线各国的贸易投资规模并实现结构提升方面存在压力。所以，深圳企业在关注诸如投资市场准入限制、知识产权保护、劳工法律等传统经贸合作门槛和风险的同时，也需要积极关注国际动态，确保理性清醒地认识与沿线国家和区域开展经贸合作的风险和挑战，并尽量利用官方贸易投资促进平台和机制开展双方合作，以最大化地防范外部宏观风险所产生的传导效应。

其次，"一带一路"沿线部分国家政局不稳，营商环境较不理想。这也成为深圳对外合作和企业"走出去"面临的主要国别风险。例如，在中亚地区，地区反恐形势仍是影响经济不确定性的重要因素。在营商环境方面，根据世界银行公布的全球营商便利指数排名，① 尽管"一带一路"沿线的文莱、哈萨克斯坦、肯尼亚、白俄罗斯、印度、塞尔维亚、格鲁吉亚、巴基斯坦等国实行的营商改革政策数量位居全球前十，但大部分沿线国家属于后发经济体，在开办企业、财产注册、合同履行、税后流程等方面的表现仍然落后于发达经济体。例如，在非洲，投资法律和政策不清晰、社会治安不稳定、电力短缺等是非洲国家面临的普遍困境。

可以说，"一带一路"沿线国家多样化的优劣势和国别风险，要求深圳企业在进行沿线经贸合作时具备极高的专业度，包括建立对各国经贸投资的风险预警机制及保险体系。换句话说，充分的前期调研、完善的法律手续、良好的政府支持环境和优秀的商务团队缺一不可。需要特别指出的是，"一带一路"沿线部分发展中国家正在经历社会经济快速发展转型时期，由此产生的对外政策和营商环境快速变迁也为深圳本土企业开展对外贸易投资的前期调研和评估工作带来压力。因此，深圳一方面应针对"一带一路"各区域板块业务引入熟悉和关注投资国政治、经济和投资环境，深入研究国别法律、法规以及行政、司法制度，能够把握国别市场的专家和智库支持；另

---

① World Bank, Doing Business 2017: Equal Opportunity for All, http://www.doingbusiness.org/reports/global-reports/doing-business-2017.

一方面,规范企业在当地的运作,鼓励企业培养专业化人才,从而最大限度地克服"外来者劣势"并强化"企业社会责任",以期实现项目的平稳落地以及企业间的合作推广。

再次,国内省市在参与"一带一路"建设时不免存在同质化竞争,深圳需找准定位并继续发挥差异化优势。"一带一路"倡议提出以来,国内各省市积极参与其中。据统计,2017 年,我国对"一带一路"沿线国家进出口总额达 73745 亿元,比上年增长 17.8%。其中,出口 43045 亿元,增长12.1%;进口 30700 亿元,增长 26.8%。对"一带一路"沿线国家直接投资额达 144 亿美元。"一带一路"沿线国家对华直接投资新设立企业 3857家,增长 32.8%;对华直接投资金额 374 亿元(折 56 亿美元)。① 除省市间容易出现自我定位重复之处外,资源禀赋和市场发育程度相似的目的地国也可能采取类似的功能定位和产业布局。②

三 对策建议

如何在融入"一带一路"沿线经贸合作中找准定位并继续发挥差异化优势?更进一步地,如何借助国家新一轮改革开放和"一带一路"建设以实现深圳从外向型经济城市向开放型经济城市的转型?这些是目前深圳需要认真思考的课题。这将涉及整个政策体系的调整和体制机制的转变,包括秉持普惠性、激励性、常态性、稳定性、战略性、系统性等原则,营造有利于开放型经济发展的创新生态环境,从而在重构开放型经济政策体系及创新模式上再一次引领全国。③

从具体实践看,为应对同质化竞争带来的挑战,深圳或可从两个方面加强自身差异化优势:一是继续发挥紧邻港澳的地域特质,兼顾"一带一

---

① 资料来源:《中华人民共和国 2017 年国民经济和社会发展统计公报》。
② 曹辛:《中国"一带一路"落实亟需细节》,参见:http://www.ftchinese.com/story/001062576?full=y。
③ 魏达志:《实现向开放型经济质的飞跃》,《深圳特区报》2017 年 5 月 23 日第 C1 版。

路"、"粤港澳大湾区"和"自贸试验区"的国家顶层设计与深圳既有探索实践,借鉴国际先进经验并对接国际新规则和新标准,进一步推进贸易投资自由化便利化改革,推动粤港澳在跨境金融、航运物流、服务贸易、创新科技、经贸发展、湾区经济等合作领域更高层次上的深度融合,最终形成携手参与国家"一带一路"建设的合力。① 二是从国别经济发展概况、中国(深圳)与沿线各国的贸易投资往来及其产业匹配度和资源互补性、东道国市场准入制度以及财税、金融、知识产权和劳工法规、合作模式与策略等全维度进行系统的国别梳理,对深圳自身产业结构和优势进行评估,真正实现差异化且有效的国别产能合作与产业对接,而这也正是本报告的初衷所在。

---

① 刘倩:《"一带一路"框架下粤港澳合作》,《南方日报》2016 年 11 月 11 日第 A16 版。

城 区 篇

City Zone Development Reports

B.23
福田区固定资产投资分析报告

庞　勤　郑雅珍　陈蔚玮*

摘　要：　投资是国民经济发展和社会民生事业建设的重要支撑力量，对稳增长、惠民生、防风险具有重要作用。近年来福田区固定资产投资高速增长，不断创下历史新高，在资源紧约束的背景下，未来可持续增长压力较大。本文阐述了福田区固定投资总体情况，重点分析了目前存在的投资结构失衡、投资后劲不足等制约问题，并从优化投资结构、挖掘投资新增量等角度，提出促进未来福田区固定资产投资保持高位增长的对策建议。

关键词：　固定资产投资　房地产开发投资　城市更新

---

* 庞勤，福田区发改局副局长；郑雅珍，福田区发改局综合改革科科长；陈蔚玮，深圳市创新中心职员。

近年来，福田全区上下积极贯彻落实中央、省委、市委决策部署，以供给侧结构性改革为主线，积极扩大精准有效投资，在打基础、补短板、促转型、增后劲等方面工作成效显著，充分发挥了投资在稳增长中的关键作用。目前，福田区正进入换挡调速、提质增效、动力转换的新常态时期，固定资产投资保持高位增长的不确定因素仍然较多，存在的若干问题亟须引起高度重视，应加快创新，全力推进问题解决。

一　固定资产投资总体情况

福田区固定资产投资自 CBD 高强度开发阶段（2000～2005 年）后，2006～2014 年投资规模保持在 200 亿元以下，近年再次步入快速攀升期。从 2013 年完成 163 亿元，至 2017 年完成 374 亿元，四年累计增长 129%，年均增长 23%，房地产和非房地产投资均保持较快增长。

2017 年福田区固定资产投资 374.51 亿元，再创历史新高，同比增长24.8%，高于全市增速 1 个百分点；其中，房地产投资完成 239.4 亿元，增长 32.6%，占投资总额的 63.9%；非房地产投资完成 135.1 亿元，增长13.1%，占投资总额的 36.1%（见表 1、图 1）。

表1　2013～2017 年福田区固定资产投资情况

年份	固定资产投资		房地产投资		非房地产投资	
	投资额（亿元）	增速（%）	投资额（亿元）	增速（%）	投资额（亿元）	增速（%）
2013	163.01	1.6	115.79	35.9	47.22	-37.2
2014	181.18	11.1	126.6	9.3	54.58	15.6
2015	235.38	29.9	156.08	23.3	79.3	45.3
2016	300.03	27.5	180.57	15.7	119.46	50.6
2017	374.51	24.8	239.4	32.6	135.1	13.1

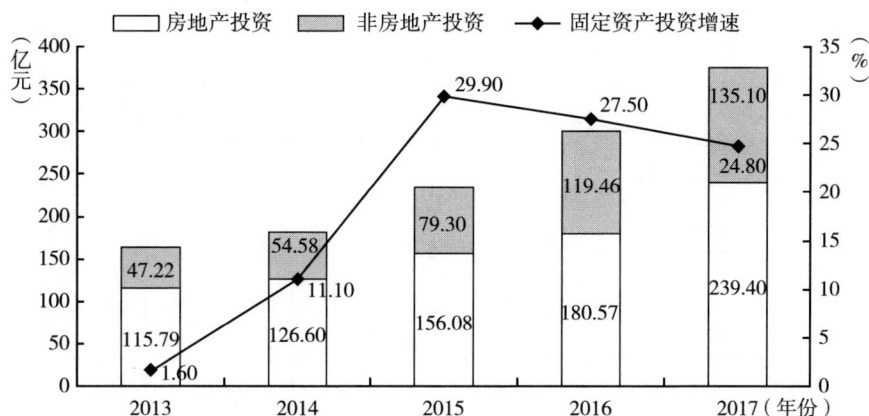

图1　2013～2017年福田区固定资产投资

二　存在的主要问题

（一）过度依赖房地产开发投资

福田区房地产开发投资占固定资产投资总额的比重一直是全市最高，特别是2017年房地产投资占比达63.9%，远超全市平均水平（41.5%）22个百分点，超过第二名龙华区10个百分点（见图2）。随着可开发用地面积逐年减少，房地产投资增速明显放缓，从2012年增长91.5%下降到2017年增长32.6%，拉动固定资产投资增长从2012年的22.6个百分点下降到2017年的19.6个百分点（见图3）。投资排名前十的房地产项目中卓越城、滨河时代和宝能公馆已完工，投资规模最大的深业上城也步入收尾阶段，加上国家和地方房地产政策调控从紧的总体趋势，未来房地产开发投资增长压力极大。

（二）产业总部项目逐年缩减

福田区现代服务业和战略性新兴产业重大项目2014年有24项，投资总额603亿元，年度投资72.1亿元；2017年有18项（减少25%），投资总额

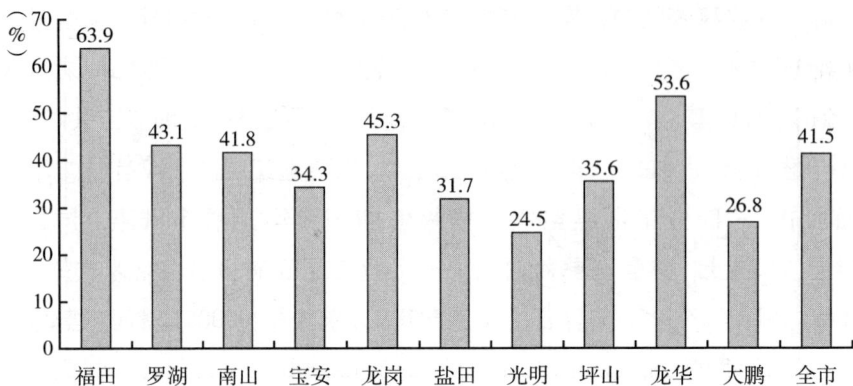

图2 2017年全市各区房地产投资占固定资产投资比重

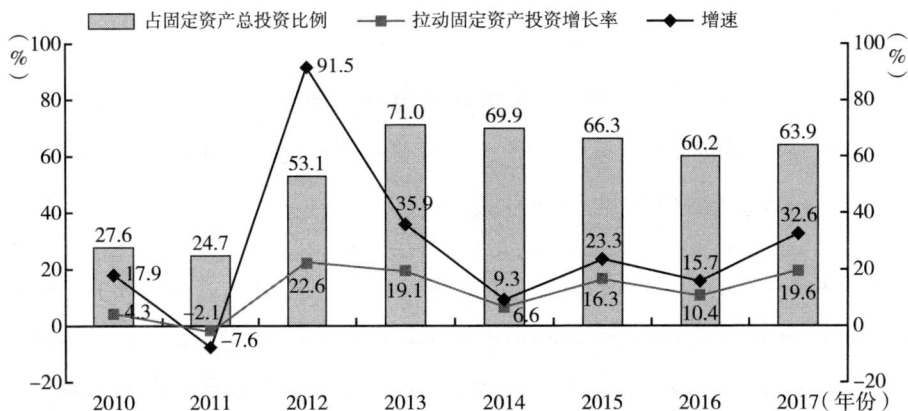

图3 2010~2017年福田区房地产投资情况

349亿元（下降42%），年度投资33.3亿元（下降54%）（见表2）。特别是金融总部项目作为近年固定资产投资增长的重要引擎，由2014年的15项，投资总额333.5亿元，年度投资43.4亿元，减少到2017年的10项（减少33%），投资总额255.9亿元（下降23%），年度投资30.6亿元（下降29%）（见表3）。实际完成投资增速由2014年同比增长31.6%降至2017年同比增长25.9%。民生银行、中国人寿等6个项目在2016年底已完工，中信银行、招商证券等4个项目在2017年内已完工，在金融项目中投资占比超过 1/3 的平安国际金融中心将于 2018 年底完工。近两年金融总部领域仅新增腾邦国际互联网金融产业园一个项目，投资总额 60 亿元，但该项目目前仍处于前期阶段，还未发生实际投资。

表 2　2014～2017 年福田产业类重大项目投资情况

单位：项，亿元

年份	战略性新兴产业			现代服务业			合计		
	项目数	总投资	年度投资	项目数	总投资	年度投资	项目数	总投资	年度投资
2014	5	33.3	3.2	19	569.7	68.9	24	603	72.1
2015	3	28.9	1.7	18	558.3	64.3	21	587.2	66
2016	4	51.9	7.8	14	533.2	44.8	18	585.1	52.6
2017	5	12.9	2.7	13	336.3	30.6	18	349.2	33.3

表 3　2014～2017 年金融总部项目投资情况

单位：项，亿元

年份	项目数	总投资	年度投资
2014	15	333.5	43.4
2015	13	314.8	39.2
2016	10	301.9	24.3
2017	10	255.9	30.6

（三）轨道交通项目建设投资下降

2014 年以来福田区步入中心区轨道交通建设密集期，陆续启动新建 6、7、9、10、11、14 号线共 6 条地铁轨道，以及广深港高铁、岗厦北综合交通枢纽等大型基础设施工程。交通运输业投资从 2013 年完成 5.8 亿元（占投资总额的 3.6%），激增至 2016 年的 59.9 亿元（占投资总额的 19.96%），增长了接近 10 倍。但 7、9、11 号线和广深港高铁福田站已于 2016 年竣工投入使用，新增轨道线路尚在规划阶段，在建轨道交通项目逐年减少。2017年福田区交通运输业投资完成 50.4 亿元，同比下降 15.9%，占固定资产投资比重同比下降 6.46 个百分点，交通运输业投资开始"由增转降"。

表4　2013～2017年福田交通运输业完成固定资产投资情况

年份	投资额（亿元）	增速（%）	占固定资产投资比重（%）
2013	5.8	-71.7	3.6
2014	12.6	117.2	7.0
2015	41.0	225.4	17.4
2016	59.9	46.1	19.96
2017	50.4	-15.9	13.5

（四）市级重大项目向原特区外倾斜

近年来深圳强力实施"西拓东进"战略、加快推进特区一体化，且原特区外土地资源相对充裕，市政府投资投向原特区外及特区一体化项目的占比超过80%。落户福田的市级重大项目规模持续缩小，年度投资（含跨区项目）从2014年的337.5亿元减少至2017年的180.5亿元，年均下降19%。其中落户福田的市级社会民生重大项目2014年投资总额57.2亿元，年度投资13.3亿元，2017年投资总额24.8亿元，年度投资仅1亿元，年度投资降幅达92%。

表5　2013～2017年落户福田的市级重大项目规模

年份	市重大项目年度计划投资（亿元）		市重大项目数（项）	
	含跨区	剔除跨区	含跨区	剔除跨区
2013	266	128.6	53	46
2014	337.5	150.4	58	42
2015	327.5	150.5	51	38
2016	203.8	93	53	39
2017	180.5	92.5	51	33

注：数据来源于深圳市重点投资项目协调信息平台。

（五）区政府投资实际纳统率低

尽管近年福田区政府投资大幅增长，但较大比例用于购置产业用房，此类投资无法纳入固定资产投资统计。2015年、2016年、2017年区政府投资累计下达45.8亿元、78.2亿元和68亿元，其中购置用房项目分别下达31.4亿元（占68.6%）、58.9亿元（占75.3%）和27.45亿元（占40.4%），加上装修改造等投资也不计入，区政府投资项目贡献的固定资产投资实际为7亿元、10亿元和19亿元，仅占政府投资的15.3%、12.8%和27.9%，仅占当年固定资产投资总额的3%、3.3%和5.1%，对全社会固定资产投资直接贡献较小。

（六）工业投资长期低迷

福田区产业结构经调整升级已达到后工业化阶段，2016年规模以上工业增加值仅占GDP的5%，加上中心区工业企业经营成本高、用地紧缺无法扩大生产等，总体上工业投资意愿不强。工业投资占全区总投资比重连续多年低于3%，2017年工业投资完成10.41亿元，仅占固定资产投资总额的2.8%（见图4），占全市工业投资总额的1.2%。同时，企业技术改造投资也从2006年的6.21亿元减少至2017年的4.17亿元，远未形成规模生产力。

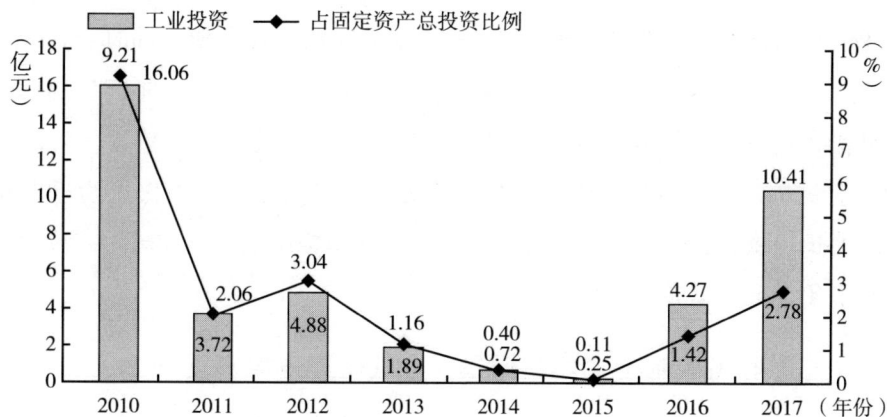

图4　2010～2017年福田区工业投资情况

三 未来发展对策与建议

（一）强力推进老旧住宅区改造，创造房地产开发投资新增量

深圳市委书记王伟中在 2017 年深圳一季度经济形势分析会上强调"为进一步释放产业发展空间，要继续严查严控违法建筑，在保持违建零增长态势的同时，加大力度减少违建"。同时还强调"要加大三旧改造的力度，实现城市的更新和棚户区的改造"。为此，建议加强福田区政府主导与市场运作相结合，棚户区改造与城市更新双管齐下的措施，启动老旧住宅区升级改造和综合整治，重点对年限久远、房屋建筑质量差、安全隐患多、配套设施短缺的成片老旧住宅区全面实施推倒重建，在持续形成高质量房地产开发投资增量的同时，从根源上解决城市安全、都市形象、节能环保、社会发展、民生福利等问题，将福田区打造成为一流国际化中心城区和首善之区。

（二）加快推进八大片区城市更新，支撑近期投资增长

强力统筹推动梅林-彩田、车公庙、八卦岭等片区更新改造，全力推进列入计划的城市更新项目加快建设，形成强大的投资生力军，同时对具备更新意愿和条件的项目列入储备、跟踪服务，争取早审批、早开工，尽快形成区域投资增长极。据初步测算，"一核三带八大区域"开发建设，可新增3000 亿元固定资产投资、新增 750 万平方米的产业空间，不仅将为近五年投资增长提供新支撑、新动能，而且将为产业结构深入调整和国际一流中心城区形象提升创造条件。

（三）挖掘轨道交通线路增量，形成中期支撑亮点

根据深圳市轨道线网规划（2016~2030 年），轨道建设涉及福田区的还有 3 条重要线路：20 号线（福田会展中心至大空港快线，总长度 44.9 公里）、22 号线（福田保税区至观澜快线，途经香蜜湖北区，总长度 34.7 公

里）及 24 号线（妈湾至罗湖普线，途经梅彩片区，总长度 32.8 公里）。这3 条线路均经过福田"一核三带八组团"重点片区。建议加大区政府与市轨道办和市发改委的协调力度，推动将这 3 条线路纳入全市轨道交通第四期或四期修编规划中，并尽快实施建设，同时抓紧推进地铁 14 号线福田段的建设，形成中期投资增长的支撑。

（四）抢抓粤港澳大湾区发展机遇，挖掘未来投资能量场

争取深圳和香港联合向国家申请设立河套"深港科技创新合作区"，在深圳河两岸构筑"丝绸之路经济带"和"21 世纪海上丝绸之路"对接融汇、双向开放的战略支撑区，打造"一国两制"创新发展、有机耦合的国家试验区，建成具有全球影响力的国际科技产业创新中心；推进"香蜜湖国际金融街区"规划建设，拓展高端金融空间，以国际视野推动深圳国际金融中心提质升级，加快融合香港传统金融中心和深圳新兴金融中心，形成国际金融核心区。推动两大片区（约 6 平方公里土地）按世界一流标准建设国际交流中心等一批大型地标项目，为福田乃至深圳长远发展扩大投资能级、提升城市品质。

（五）高效利用优质产业空间，对接引进科技龙头项目

抢抓科技重大基础设施布局及智能制造快速发展的战略机遇，利用新一代信息产业园和长城开发等战略性新兴产业载体，筹建福田科技园、福田高新区等新型产业园区，积极对接深圳市十大行动计划，争取落户一批符合中心区长远发展需求的重大科技基础设施、诺贝尔奖科学家实验室等创新资源，增强可持续发展内生动力，夯实投资软实力。

（六）营造良好投资环境，充分激发社会投资活力

依托互联网和大数据技术，推进行政审批、监管和政务服务标准化，加快完善福田区政府投资项目全过程管理办法和信息化建设，实现政府投资项目审批和管理链条整体效能的提升；创新公共服务供给方式，对适用于市场

化手段和企业化运作的项目，积极推广采用政府和社会资本合作（PPP）模式，挖掘社会投资潜力；努力降低企业融资成本，针对当前信贷收紧的趋势，加大面向中小微企业的担保增信、风险补偿、贷款贴息等政策支持，落实企业债直通车政策，鼓励企业发行债券。

（七）培育都市工业新增长点，催生产业投资新动能

加大高新技术企业培育力度，突出科技支撑，强化技术转化，寻求新动力，加快形成以创新为主要引领和支撑的经济体系和发展模式。加快推进福田区互联网、大数据、云计算与各行业的深度融合，鼓励企业在"互联网＋"、智慧社区、科技金融等新业态中释放投资红利，推动一批重点传统企业进行智能化改造和信息化升级，遴选一批具有推广价值的"机器换人"技术改造项目，加快智能工厂建设，助推"福田智造"发展壮大。

B.24
宝安区产学研融合现状、问题及对策分析

熊雪如　王泽填*

摘　要： 当前，宝安区经济发展正面临产业结构深度调整的关键时期，围绕产业链布局创新链成为宝安区在新一轮的市场竞争中取得核心竞争力的关键。大力推进产学研深度融合，有助于宝安突破创新平台不足、源头创新能力不强的瓶颈，夯实创新发展的动力，加快推进创新型产业名城建设。本文在深入调查宝安区企业产学研融合发展现状及特点的基础上，总结宝安产学研合作组织模式及存在的问题，最终提出进一步完善宝安产学研融合体系的对策建议。

关键词： 产学研　产学研融合　宝安区

一　宝安区产学研发展的基本情况

（一）总体科研规模和研发能力不断提升

从规模上看，2016 年宝安区规模以上工业企业中涉及研发的企业约占37.9%，较2012年增长了19个百分点。从研发能力来看，研发水平呈现不

---

* 熊雪如，深圳市宝安区发展研究中心，高级经济师；王泽填，深圳市宝安区发展研究中心主任，副研究员。

断上升的趋势。2012～2016 年，宝安区规模以上工业企业有效发明专利数增长幅度较大。至 2016 年，有效发明专利量达 1.17 万个，较 2012 年增长140.8%。形成国家或行业标准数量由 2011 年的 123 个上升到 242 个，上升了接近 1 倍。在研发积极性不断提升的推动下，产品的竞争力也得到了明显的提升。2016 年，规模以上工业企业新产品产值达 1449 亿元，销售收入达1410.92 亿元，均较 2012 年增长了 50%以上。在全球经济形势低迷，全国出口增长率下滑的背景下，出口额达 599.97 亿元，较 2012 年增长了 44.9%（见图 1）。

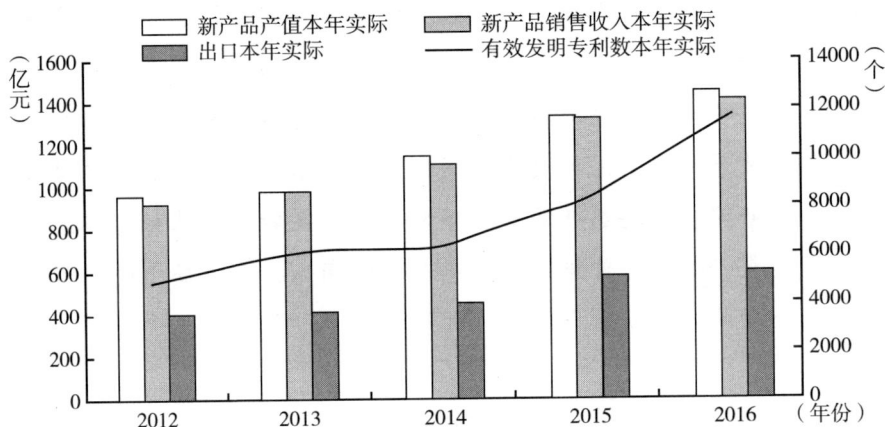

图 1　2012～2016 年规模以上工业企业研发能力情况

（二）企业研发主导性强，产学研合作融合水平不断提高

从宝安区科技年报数据分析中，我们发现宝安区企业研发自主研发能力较强。统计数据显示，企业自主研发经费支出占研发经费总支出的 90%以上。这表明，宝安区企业在研发方面的主导性强；宝安区在产学研合作中更侧重于以企业为主导。同时，不少企业开始逐渐开放自身研发平台，寻求外部产学研合作。从 2012 年至 2015 年科技年报所显示的企业研发趋势中，我们发现有越来越多的企业借助外部力量开展产学研合作。2016 年委托外单位开展研发的经费支出达 1.8 亿元，较 2015 年增长了 1 倍多，是 2012 年的近 6 倍。

（三）共建项目团队是产学研合作的主要形式

"与高等学校或研究机构共同完成科研项目"是宝安区企业开展产学研创新合作最主要的形式。对"四上"企业的调查显示，6.89%的企业有开展产学研创新合作，其中5.49%的受访企业有与高等学校开展创新合作，2.97%的受访企业有与研究机构开展创新合作。在开展产学研创新合作的企业中，有63.89%的企业采用"与高等学校或研究机构共同完成科研项目"的形式开展合作（见表1）。

表1　产学研创新合作形式

单位：%

产学研创新合作形式	提及率
与高等学校或研究机构共同完成科研项目	63.89
与高等学校或研究机构合作在企业建立研发机构	29.63
在高等学校或研究机构设立研发机构	9.72
聘用高等学校或研究机构的人员到企业兼职	34.26
其他形式	35.19

（四）中高层次人才不断增多

总体上，宝安区研发机构人员内部构成以本科生和大专生为主，硕士及以上学历者占比虽不足10%，但近年来绝对数量正在不断增加。其中，硕士毕业生数量增幅较明显，2016年硕士毕业生人数为2684人，较2012年增加了1239人，占比达5.6%。2012～2015年，博士人数保持在200～300人，2016年较2012年增加了63人（见图2）。

二　宝安区产学研合作组织模式

（一）松散的项目团队模式

松散的项目团队模式，即以企业为主导，与高校、科研院所之间建立联

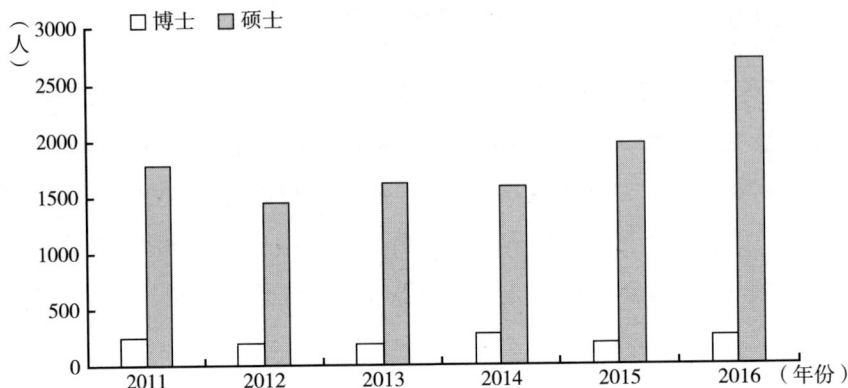

图2　2011~2016年宝安区企业办研发机构中博士、硕士数量

合实验室、研发中心、产学研培育基地等，以项目的形式与高校和科研院所共同开展技术攻关。

以深圳市科聚新材料有限公司为例，该公司与北京化工大学、四川大学、华南理工大学、香港理工大学等著名院校联合成立项目小组。通常的合作方式是，企业提出需求，与研究院校对接，组成项目小组与院校一起开展产学研合作。一般来讲，前期产品研发阶段主要由院校负责，生产出的样品转移到公司后，再由公司自己的项目研发团队根据公司实际需求对样品进行改进，再进行应用推广。在这一过程中，院校会针对这一特定的产品对企业的研发人员进行专业的培训，最终协助完成技术转移和产业化。从科聚现有的技术人员构成上可以看到，研发中心很多科研人员来自这些学校（企业会在有产学研合作关系的学校开展专场招聘）。可见，产学研的合作方式不仅提升了公司创新能力，也为公司提供了人才双向选择的渠道。

（二）博士后工作站和院士专家工作站模式

博士后工作站（创新实践基地）和院士专家工作站模式主要以在站博士后和院士专家的项目研发为纽带，与企业一起开展产学研合作。特别是博士后工作站（创新实践基地）已成为宝安区企业内部孵化器、高端人才引进的重要载体和技术研发的核心力量。具体体现在三个方面。

一是承担企业内部"孵化器"作用。以诺普信博士后工作站为例，通过博士后工作站诺普信引进了20多个博士，创立了近20家创业型企业，包括农金圈、大象泚、雨燕飞防等。其中大象泚就通过博士后工作站引进了4名博士，雨燕飞防引进了3位博士。博士们通过这个合伙创业平台，拓展了自身的发展空间，也为诺普信转型发展提供了关键的技术输入。

二是宝安区企业人才引进的重要渠道。得益于宝安区人才政策，诺普信博士后工作站共有在职博士（博士后）24名，其中通过工作站引进的博士后科研技术人员达22人，已顺利出站博士后11人并有9名出站后留在本公司继续从事科研工作。累计已为公司培养了20名科研技术骨干，其中不少能力出色的博士已进入该公司战略决策和管理高层。

三是成为企业开展技术研发的核心力量。以欣旺达为例，该公司联合国内知名高校清华大学深圳研究院、北京大学深圳研究院流动站及知名专家教授，建立了博士后工作站，在电动汽车电池、储能系统、石墨烯新材料、电芯材料等领域开展产学研合作。欣旺达相关负责人表示，部分技术成果已逐步成为公司战略业务的核心增长点，应用前景广阔。

（三）开放型新型研究机构模式

企业内部研究机构以对外开放的方式吸引社会各类资源已成为企业开展产学研合作的重要方式。这种对外开放主要体现在两个方面，一是对外开展服务，主要包括对其他企业提供产品检验、检测及专业咨询服务；二是对外吸纳科研资源，通过产学研合作提升自身研发水平。在这个方面具有代表性的是深圳市太赫兹科技创新研究院（简称太赫兹研究院）。

太赫兹研究院是一个开放式研发生态体系，其开放性主要表现在两个方面：一是以柔性引进为主开展产学研深度合作。一方面，太赫兹研究院以院士企业工作站为依托。刘盛纲院士及其工作团队每年将依据太赫兹研究院合作项目进展情况和自身科研成果产业化需求不间断地来宝安区开展工作。另一方面，太赫兹研究院下设的三大研究中心人员中约有10%为外聘研究员，他们是以项目负责人或项目顾问的形式被聘请，属于兼职人员，每次将根据项目进展需求来宝安呆2～3个月。二是开源式成果转化（见图3）。太赫兹研究院项目来源有三个：其一，来自公司内部，可实现产业化的科技项目；其二，来自公司外部，认可太赫兹研究院理念，并愿意加入太赫兹研究院的研发及成熟项目；其三，引进海外太赫兹先进成果及项目。在项目入驻之后，经过一定时期的培育和孵化，对于可以实现成果转化或产业化的项目经过论证，择机进行商业化操作。在这个阶段将吸引风险投资、战略投资、社会资金、太赫兹研发创新基金等进入，设立项目公司，从而实现产业化。对于已经成熟的华讯方舟及社会项目，可以直接成立公司实现产业化。

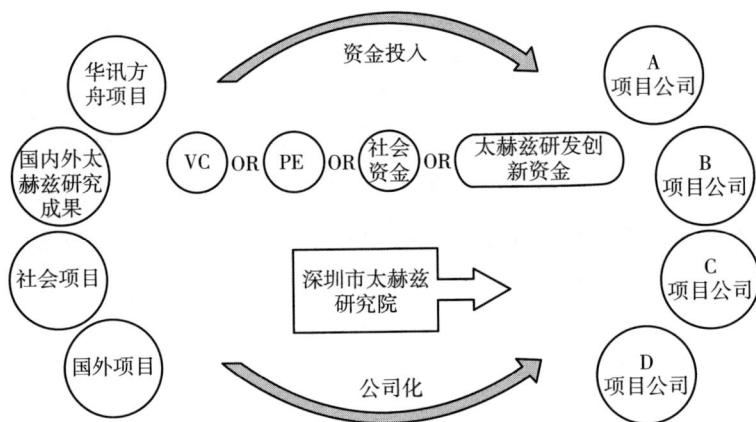

图3 太赫兹研究院运营模式

（四）共建技术研究院模式

宝安区技术研究院较少，目前主要有深圳武汉理工大研究院。它成立于2016年8月22日，由宝安区与武汉理工大学共同提出。目前，深圳武汉理工大研究院中，深圳市皇家理工新能源有限公司占60%的股份，武汉理工大产业集团和宝安区产业投资引导基金分别占20%的股份。以深圳市宝安区产业投资引导基金有限公司雄厚的资金和深圳市皇家理工新能源有限公司广泛的社会、校友资源为基础，以行业培训、科技产品推广、产业课题研究、天使服务孵化为四大业务板块，以海绵城市产业研发、海洋经济及智能技术研发平台、环境治理、监测技术研发及解决方案、新材料新能源技术研发及平台建设、光纤传感技术研发及解决方案六大研究方向为主。

（五）以园区为载体的科研中介模式

宝安区创新类园区主要包括科技园区（或孵化器）与众创空间。调研显示，宝安区创新园区总数为 66 家①，其中科技园区 47 家（专业化特色园区 18 家）、众创空间 19 家；创新园区空间总面积达 474.5 万平方米，其中科技园区面积为 460 万平方米，众创空间面积为 14.5 万平方米②。这些园区正在成为宝安区产学研合作的重要载体。

在以企业为主导的园区中，大公坊创客空间是产学研合作的代表。大公坊成立于 2014 年，依托母体——大典创新供应链公司打造而成。其宗旨是为国内外创客打造一个开放、分享、交流的创意实现基地。该空间除了为创客提供办公场地、交流空间、产品支持外，还打造了一个能够为创客提供创业培训、资源对接、商业模式构建、政策申请、工商注册、法律财务、媒体资讯等全方位创业服务的生态体系。仅以 2016 年为例，大公坊累计孵化项目 26 个，国外项目 4 个。

在政府主导的园区中，桃花源科技创新园是产学研合作的典型代表。自2001 年规划建设以来，已建成宝安桃花源科技创新园主园及 11 个分园，总占地面积约 85.48 万平方米，建筑面积约 126.82 万平方米。近年来，园区企业与高校产学研合作项目达上百项，已成为集科技研发、科技成果转化、公共检测、科技人员创业、软件开发应用、科技交流和培训为一体的科技创新基地。

---

① 上述数据主要以在区科技创新局、经济促进局备案、申报、认定的相关创新园区为准。而当前一些从旧工业园区改造过来的、以物业租赁为主要业务、缺乏实质产业孵化培育功能的园区物业不在本次统计、调研范围之内。

② 以上数据来源于宝安区科技创新局、经济促进局及课题组调查统计，本报告其他数据来源除特殊说明外，都来源于此。

（六）产业技术联盟模式

目前，宝安区产业技术联盟共计 12 个，主要分布在半导体照明、信息技术、生物医药、大数据、激光及 3D 打印、智能穿戴、机器人、新材料、VR、智慧城市、智能硬件、新型显示等领域。目前产业技术联盟提供的服务主要包括：一是开展各类交流展示活动。包括举办各类专业性产业发展论坛、讲座、技术成果推介会、政策宣讲、产品展览会等。二是搭建产业内部技术信息的咨询平台。具体包括项目对接政府资助、高新企业申报、专利与著作权服务、产学研项目、创新技术评选等服务。三是产业链资源整合平台。即整合企业、高等院校、科研院所开展协同技术攻关，搭建产学研合作基地；协调建立联盟内部共享式检测平台体系；加快产业团体标准体系建设；引进风险投资和其他各类金融机构，加强金融资源配置。

目前，这些联盟的工作主要集中在服务链端，所开展的服务主要为各类交流展示活动和交流咨询服务，在产业链资源整合方面有所涉及，但能涉及这些业务的技术联盟仍为数较少。

（七）专家挂点服务的产学研合作模式

专家挂点服务可以充分发挥科研专家的自身专长，在了解市场需求的前提下开展科研工作，大大提升了产学研合作的紧密性。

以深圳市科聚新材料有限公司为例，来自北京化工大学的专家在科聚新材料有限公司内部挂任董事长助理，任期长达 2 年左右，主要负责所在领域的技术研发，并参与公司发展战略制订等，相关技术研究成果已实现产业化，大大提升了公司的研发创新速度。

三　宝安区产学研发展存在的问题

根据宝安区产学研合作现状和存在的不足，宝安区产学研融合体系特点可概括为"一大四小"，即企业主导性较强，而高校和科研机构、政府、中介组织（服务组织）的参与度较小，如图4所示。

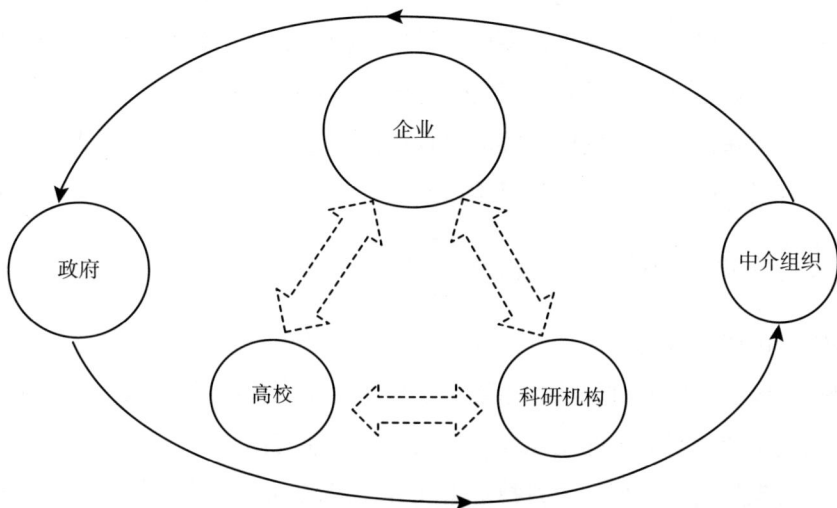

图4　宝安区"一大四小"产学研体系

在宝安区"一大四小"产学研体系下，宝安区在推动产学研融合过程中的问题主要体现在以下六个方面。

（一）产学研资源对接水平较低

从宝安区科技年报数据分析中，我们发现企业以自主研发为主，委托外单位开展研发的经费支出仅占研发经费总支出的1.1%。这表明，宝安区产学研融合度水平虽在不断提升，但现有的融合度仍较低。与其他区企业相比，开展产学研合作的企业比例为6.89%，在全市十个区中位居第六位。可以看出，宝安区虽与南山区大学城等基础研发力量集聚区域相邻，但并没有得到充分的辐射，研发资源没有得到充分利用。

（二）高校和科研机构较少，产学研对接成本高

国内外产学研发达的地区都有强大的高校或研究机构做支撑，相比之

下，宝安区科研力量匮乏，缺乏有影响力的研究机构和高校。虽然中国人民大学（深圳）等高校建设正在推进，但还未形成规模和集聚效应。此外，由于缺乏完善的产学研信息交流平台，企业、高校及科研机构之间无法及时、有效获得双方供需信息，高校及科研机构因信息不对称而无法实现产学研合作。宝安区目前还没有较强的产学研供需对接机构。多数宝安区受访企业都表示与高校、科研机构对接的过程中虽然是以企业需求为主导，但对接的资源有限，使得部分研发项目难以开展。

（三）产学研融合长效机制尚未建立

宝安区产学研的合作仍停留在较浅层次，缺乏长效合作机制。首先，产学研合作以松散的项目团队为主要组织形式，常态化的产学研组织机构并不多，这使得产学研持续稳定性较弱。其次，企业与高校、科研机构之间的利益没有实现长期的捆绑。当科技成果任务完成以后，主要是公司内部研发团队负责后期市场跟进，由于他们在技术改进方面存在一定局限，很大程度上将影响产品的市场化应用。最后，项目考核上重成果轻成效。在产学研类的项目补助上，政府层面对产学研类的项目侧重于对专利申请量和发表文章数量和层次的考核，而对后期产品的市场效益指标考核不多。这也使得高校和研发机构在完成考核指标后，对产品的市场应用和后期技术改进进行协同跟进的动力不足。

（四）产业技术联盟尚未发挥实际作用

一是产业技术联盟运营联盟的意识和理念落后。从联盟开展的活动内容来看，大部分联盟并不理解联盟存在的价值，无法区分联盟与协会、中介等社会组织的区别，多数创新联盟业务过度集中在行业展会、企业交流、刊物印制、会员日常服务等协会和中介职能活动上，导致联盟与协会职能不清，功能混杂，忽略了促进产学研融合的宗旨。

二是联盟力量不足。一些联盟没有自己的专职人员，对于联盟的工作开展精力有限，如深圳市宝安区激光及3D打印产业技术创新联盟、深圳市宝安区生物医药产业技术创新联盟等。同时有部分联盟依靠会员里的企业运营，在执行中容易围绕企业个体目的开展活动，从而弱化了联盟为全区产业服务的功能。在对外宣传方面，目前只有大数据产业联盟拥有自己的网站，其他联盟均没有设立自己的网站。

三是产业技术联盟之间存在重复交叉。部分联盟之间界线交叉，容易使联盟之间恶意竞争，也影响联盟在企业眼中的专业化形象，同时同一行业多种联盟也将加大对企业日常运营的侵扰。如半导体照明产业技术创新联盟与新型显示产业技术创新联盟之间存在重复；智能穿戴产业技术创新联盟、智能硬件技术创新联盟与 VR 产业技术创新联盟等产业覆盖范围存在多层交叉，不利于资源的有效配置。

（五）人才引进难度加大

总体上，宝安区研发机构人员中硕士及以上学历者占比不足 10%，虽然绝对数量在增加，但占比却没有增加（见图 5）。其中，2016 年硕士人数占比为 5.6%，较 2012 年下降 0.03 个百分点。2016 年博士人数占比为 0.55%，比重较 2012 年下降 0.23 个百分点。截至 2017 年 2 月，宝安区在站博士后总数只有 25 家，而南山区超过 60 家。每年进站博士后人数也比较少，2016 年入站博士后 8 名，一些企业博士后工作站（创新实践基地）甚至面临招不到人的困境。

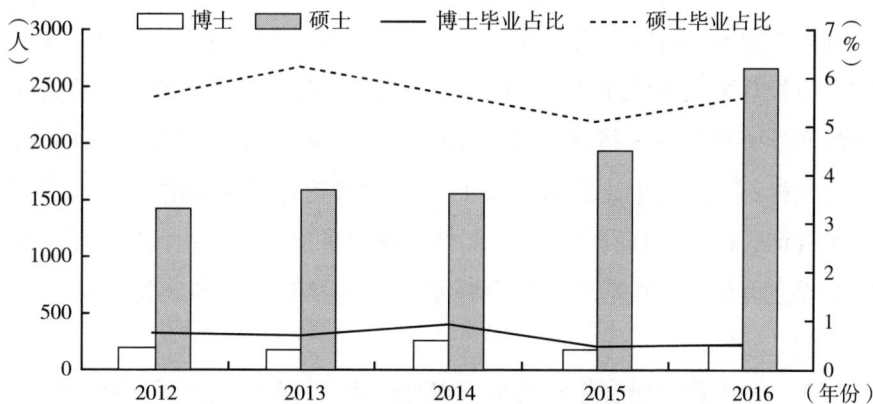

图 5　宝安区企业办科研机构中硕博士数量及其占比

高层次人才引进难的原因主要有四个：一是近三年来房价上过快，生活压力加大。根据深圳房地产信息网，商业住宅方面，平均每平方米的租金由2012年的36元/月提高到2016年的57元/月，年均增长12.2%，仅次于南山区，在全市十区中增速排名第二。二是人才引进政策宣传力度不够。在调研的过程中，不少企业表示对区里高层次人才引进政策不了解，从而错失了留住人才的机会。此外，从部分博士后工作站（创新实践基地）近一两年的博士后招聘公告上看，关于博士后待遇一档中，不少企业都没有提及宝安区相关配套政策。三是人才引进政策有待进一步细化。由于行业之间的收入差距较大，博士后引进成本差异十分大。如大富科技属电子信息和智能制造行业，每引进一名博士后的成本在40万~70万元，博士引进难度较大；相反，诺普信属农业，每引进一名博士后的成本在20万~30万元左右。四是科技型中小企业人才引进受限。一方面，中小企业由于自身研发能力较弱、知名度小，高校与科研机构与它们对接的意愿不强；另一方面，现有的产学研扶持政策具有一定的门槛，中小企业产学研活动难以得到政府的支持。比如博士后工作站（创新实践基地），设站单位只有达到一定规模和具有一定科研条件才能引进博士，而对于一些科技型企业来说，他们有引进博士后的强烈意愿，但因没有条件而难以引进。

（六）科技园区服务能力有待完善

首先，现有科技园区服务模式单一。多数园区服务主要以注册、税务、法律、申报等第三方代理基础服务为主，关键性的由技术研发与产品测试等组成的产学研平台尚未搭建起来。调研显示，仅19.4%、15.5%的机构有产品检验检测、产品中试服务；仅17.9%的机构拥有初步的技术人才、专家技术咨询、市场信息服务体系。园区金融服务机构较少，调研显示，仅7家园区设立有创业投资基金，占全部园区比重为11%，园区创投基金总规模仅约为3.6亿元。

其次，园区产学研合作机构水平相对较低。目前宝安区园区产学研合作主要以国内为主，且合作机构层次并不高，如调研组走访过的大公坊、众里创客、庭威工业园等与湖南工业大学、景德镇陶瓷学院、湖北工业大学等高校共同开展产学研合作。相比之下，南山深圳湾创业广场、福田 hax 等创客空间合作对象包括清华大学、上海交大、同济大学等国内著名高校以及麻省理工等美国 6 所常春藤大学以及法国一些著名高校。

四　宝安区产学研发展对策

（一）进一步发挥博士后工作站的作用

博士后工作站对于大多数企业，特别是对于科技型中小企业而言，不仅是人才引进的渠道，更是企业内部孵化器，是企业开展技术创新的关键。建议，一是与市专技处协调，进一步增加企业申请博士后工作站（创新实践基地）的指标，提升宝安区博士后工作站（创新实践基地）的数量。二是进一步扩大宝安区科技创业服务中心博士后创新实践基地的服务范围，将范围扩展至所有桃花源科技创新园分园。三是加强与市专技处的沟通，依托博士联谊会、产业技术创新联盟等组织，设立博士后工作站创新实践基地，为广大科技型中小企业提供引进高层次人才的渠道。

（二）大力建设共建创新平台

共建创新平台是产学研常态化建设的重要保障。目前，可以重点抓好工业技术研究院建设和院士村建设两大项目。

一是推动工业技术研究院建设。第一，以企业化运作形式推动科研院建设。鼓励区属国企参与，引进全国高尖技术团队，参与研究机构建设。第二，建议模仿北卡三角研究园的"1＋N"模式，吸引国内顶尖技术项目落户。"1"，就是"宝安区工业技术研究院"；"N"，就是引进 N 个不同的科研院所或技术团队到宝安设立研究机构，或支持区内大企业与科研院所共创公共实验室。第三，重视发挥工研院高校产业集团和高层领导人的作用。结合台湾工研院、昆山工研院、广东华科工研院的运作经验，我们发现，工研院产学研对接水平的高低与其背后合作的高校（或科研机构）产业化集团实力、机构领导人产业化实践经验密不可分。在未来工研院的股权分配和管理层的布局上，要给予高校（或科研机构）产业化集团充分的施展空间，打通兼顾研发和企业管理的人才流通通道，提高项目产业化率。第四，加大政策支持力度。对公共实验室建设、重点项目等给予补贴，相关人才政策可适应放宽；发行"创新券"支持区内企业开展产学研，这些"创新券"可用于向宝安工研院的各种研究所购买研发服务。

二是加快推动院士村建设。建议采取"1+1+N"的模式，即，每进驻1个院士团队，设立1个研究中心，采用分散化的模式，与企业合作建立N个项目孵化基地。重点把握三个方面：第一，要以项目合作为依托，设立适当的门槛和考核退出机制。第二，鼓励企业自发与院士团队对接。对区内科技企业与高校（科研院所）联合组建的产学研基地、院士村企业孵化基地以及产学研合作项目按实际项目投资额给予一定的补助，帮助院士村从企业实际出发引进院士团队。第三，适当放宽宝安区高层次人才引进政策。完善柔性引才政策，对院士团队的教授、副教授、博士等高层次人员提供适当的人才补助和人才生活保障。

（三）加快发展产业技术创新联盟

一是尽快出台针对产业技术创新联盟的管理办法。进一步明确产业技术创新联盟的服务宗旨和任务，紧密围绕产学研开展各项工作。清晰界定各联盟的产业范围，对现有的相似联盟实现资源整合，不在同一领域或关联领域建立相似联盟，避免多头多组织分散力量。

二是明确对联盟的重点扶持政策。明确产学研扶持要点，重点围绕技术标准制定、共性技术攻关、公共技术平台建设、科研成果转化、联合人才培养等5大领域的工作给予大力支持，强化政府对联盟实际绩效的考核，激发联盟活力。

三是发挥金融机构"投、贷、债、租"金融手段的优势，综合利用各种金融工具，对联盟及其成员单位的资金需求予以支持。鼓励金融机构深入探索信贷资金与政府补贴相结合等融资模式，加快金融创新，推动联盟发展。政府建立的各类产业发展基金优先支持联盟成果在宝安落地转化。

四是支持联盟承担部分政府公共服务职能。充分发挥联盟在宝安区细分产业技术创新政策研究中的专业性特点，邀请联盟参与或开展相关产业政策的制定。充分利用联盟资源，依托或外包给联盟组织开展其所在领域内的专家项目评审。

五是以联盟为依托，构建产学研线上线下对接平台。由科创局牵头，重点整合现有的产学研资源，构建开放包容的产学研信息对接平台。在这个平台上联盟可随时发布专业领域产学研动态，及时发布企业技术和人才需求信息、高校和科研院所重大科研成果及仪器设备、人才等科技资源。政府定期发布国家科技计划形成的可公开的成果，并对平台上的有关信息进行审核，为产学研各方提供及时、全面、权威的信息服务。

（四）多渠道扩大人才房供给

一是试点由有条件的企业、园区配建人才宿舍。房价高、收入偏低已经成了宝安区企业人才引进难的一个因素。近日，中国社会科学院京津冀协同发展智库课题组发布的关于雄安新区人口与住房政策的报告就提出，为解决住房不够、财政资金不足的问题，"鼓励进驻企业用自有资金建设办公、生产设施和职工公寓，但不允许上市自由交易"。建议，适当提高园区内产业类工业用地配套建设人才住房建筑面积占比，将配套宿舍纳入人才房体系。

二是将符合规划和建设标准的控停厂房改公寓项目纳入人才房体系。建议对已建成的、符合安全标准的由政府收购或由区安居集团租用，可作为产业园区内配套宿舍的在建项目允许其继续建设，之后再收购或租用，收购或租用价格按成本价上浮一定比例，保证业主盈亏基本平衡或微利。将收购或租用来的公寓纳入人才房体系，优先保障所在产业园区的人才住房需求。

（五）进一步提升科技园区产学研服务能力

一是建立统一的园区产学研动态信息管理系统。创建跨园区的动态管理系统，对园区实施电子信息化管理，将园区的面积、提供的产学研服务、入驻企业基本情况、人才引进信息、融资信息等信息统一纳入管理系统。在动态信息管理的基础上，政府可以根据不同创新园区的运营和发展情况，适时帮助园区搭建平台、整合资源、完善孵化链条，提升园区的整体孵化和服务能力。

二是鼓励园区运营商加快引进产学研平台增强创新源头资源。鼓励园区采用资金入股、高校技术和人才入股的形式共建研究中心，搭建常态化的合作机制。加强与国内知名高校院所特别是北京大学深圳研究生院、清华大学深圳研究生院、中山大学、深圳大学、深圳先进技术研究院等周边知名高校院所的对接合作，以项目为纽带，鼓励专业技术人员以挂职的形式与企业开展合作。

（六）完善产学研政策制度

一是成立产学研联合创新基金。产学研联合创新基金主要支持：在重点园区面向战略性新兴产业领域布局的产学研重大创新载体建设；企业联合省内外高校院所，以获取具有自主知识产权的原创性科技成果为目标的产学研合作项目；高校科技成果转化服务中心建设；等等。

二是进一步完善产学研项目评价机制。与支持基础研究不同，产学研不是以建立了多少科技园、申请了多少发明专利为最终评价指标，而是看推出了多少被市场所接受的新产品、新工艺以及新商业模式。因此，产学研融合在注重基础研究成果的同时，也要注重经济成果。建议，加强对产学研末端成果的考核，将产学研项目验收成果评价重点后移，加强对市场认可度、经济效益等方面的指标评价。

三是扶持促进科技成果转化和产学研结合的中介机构。中介是将科技成果转化的供需双方，以及官产学研资相互联系起来的桥梁和纽带，在产学研结合中扮演着非常重要的角色。鼓励风投等金融组织、科技事务所、知识产权事务所、法律事务所等知识性科技服务企业入驻宝安，并对知识产权服务机构开办知识产权培训班、代理企业开展专利申请等给予适当补贴。

龙岗区探索产城融合示范区
建设回顾与展望

牛旻昱*

摘　要： 本文回顾了龙岗申报和创建产城融合示范区的主要过程，分析了龙岗产城融合发展面临的主要问题；讨论了龙岗建设产城融合示范区的主要原则和目标，从龙岗实际工作出发对推进产城融合示范区建设的具体工作举措进行总结。通过以上分析，希望能够全面反映龙岗三年以来创建产城融合示范区的主要经验和发展路径，为全国其他地区推进产城融合发展提供有益的参考。

关键词： 龙岗　产城融合示范区

一　产城融合发展模式的提出背景

产城融合是当前我国城市建设的重要理念和发展模式，其概念最早见诸"十二五"期间，2013年中国共产党十八届三中全会通过的《中共中央关于全面深化改革若干重大问题的决定》关于"坚持走中国特色新型城镇化道路"的论述中，该论述第一次提到要推动"以人为核心的城镇化"，推动"产业和城镇融合发展"。2015年之后，产城融合的理念开始全面融入全国

---

* 牛旻昱，深圳市龙岗区发展和改革局。

及各地经济和社会发展"十三五"规划编制过程中,特别是2015年9月国家发改委下达的《关于开展产城融合示范区建设有关工作的通知》,引起了全国各地的高度重视,许多区域都开展了积极的申报工作。龙岗区探索构建产城融合发展模式的工作也是随着国家级示范区的申报和获批而快速推进。

对龙岗而言,产城融合的发展理念最早出现于2014年全区编制《深圳市龙岗区综合发展规划(2014~2030)》(以下简称《综合发展规划》)时。《综合发展规划》提出了未来龙岗发展的五大战略,其中就包括"山环水润、产城融合"。2015年接到国家发改委申报产城融合示范区的通知后,龙岗区在开展示范区申报工作的同时,也希望通过年度改革计划的形式先行探索如何将产城融合的发展理念与园区规划编制、城市更新、招商引资、公共服务提供等实际工作结合起来,贯彻落实产城融合的发展要求。

2017年12月22日,广东省发改委正式印发《广东省深圳市龙岗产城融合示范区总体方案》,这标志着龙岗区创建国家级产城融合示范区的顶层制度设计初步告一段落,接下来将进入实施考核阶段。从2015年9月龙岗区接到申报国家级产城融合示范区通知,到2016年9月龙岗产城融合示范区正式获国家发改委批准,再到2017年底总体方案经省发改委正式印发,龙岗在申报创建国家级产城融合示范区的三年里,围绕"探索创新低碳型产城融合示范区,推动产业和城市双转型"的发展目标开展了积极的探索和改革。本文从龙岗区探索产城融合发展新模式的工作实践出发,对2015年以来龙岗区产城融合发展的相关经验进行总结,并在此基础上对接下来龙岗产城融合发展路径做一展望,以期对深圳市乃至全国推进产业和城市功能融合发展提供有意义的参考和帮助。

二 龙岗区产城融合发展现状分析

龙岗区地处深圳市东北部,深莞惠经济圈的几何中心,辖区面积388.59平方公里,截止到2016年底全区常住人口214.38万人,2016年全区实现国民生产总值3179.09亿元,位列全市第三。在产业方面,一直以来龙岗都是全市的产业大区，工业经济驱动特征十分明显，第二产业占GDP比重常年维持在64%左右。近年来随着全区创新驱动转型升级的加速推进，传统劳动密集型制造业向创新型技术密集型转型趋势十分明显。特别是通过大运新城片区国际大学园的规划建设，以"三高一平台"为代表的创新资源加速集聚（"三高一平台"是高等院校、高端企业、高层次人才和创新平台的简称），为全区制造业向自主创新转型提供了良好的支持环境。在城市建设方面，由于过去龙岗一直处在原特区外，城市基础设施软硬件水平与原特区内差距较大。但近些年随着特区一体化进程的推进，全区城市建设水平有了较大的提升，特别是通过抓住2011年深圳举办世界大学生运动会的契机，龙岗区城市面貌得到了显著改善，部分区域的基础设施和公共服务水平已经接近原特区内水平。

总的来看，龙岗区"十二五"期间产业发展和城市建设水平都有十分明显的提升，为龙岗下一阶段推进产城融合发展打下了良好的基础，但龙岗区目前还是处于产城初步融合的状态，在空间上大部分产业集聚区和居住区虽然已经连片，但产业和城市功能缺乏联动，不同区域之间的产城融合发展水平存在较大差距，城市公共服务水平上的短板还很突出。具体来看，龙岗区产城融合发展主要面临以下问题。

（一）传统产业园区缺乏城市功能配套，无法满足企业转型升级需求

一直以来龙岗区的工业化进程都快于城市进程。龙岗区作为全市工业区分布最为集中的区域之一，现状建设用地面积226.1平方公里，约占辖区总面积的58%。这其中工业用地面积约80.5平方公里，超过现状建设用地面积的1/3。龙岗从20世纪90年代开始建设工业区推进工业化发展，但当时工业区开发缺乏统一规划，大部分工业区以农村式发展模式为主，土地开发零散，许多园区没有城市配套功能或者配套程度很低。目前区里还有很多单一功能的传统产业园区，它们的公共服务基本处于自配自建状态，缺乏综合性产业服务中心和生活服务中心，特别是缺少技术层以上人群需要的消费空

间（书吧、咖啡厅、星级酒店等中高端商务活动设施），对企业培养和引进高层次和技能型人才带来了一定影响。

（二）城市发展空间不足影响制造业可持续发展

进入"十二五"以来，在举办大运会等重大事件的推动下，龙岗区城市软硬件建设水平已经有了明显的提升。特别是 2016 年全市实施东进战略以后，龙岗区以打造多功能、复合型、具有区域辐射力和承载力的东部中心为目标，轨道、学校、医院、大型文体娱乐设施等城市基础设施加速落地，城市品质得到进一步提升，龙岗也逐渐成为全市人口重要的流入目的地。据统计，2015 ~ 2017 年全区户籍人口由 47.42 万人增加到 66.42 万人（截止到 2017 年 9 月），年均增长率超过 10%。

一方面是人口的不断集聚，另一方面是城市发展空间的日趋紧缩。龙岗区虽然是全市面积最大的行政区域，但接近 40% 的用地处于生态控制线范围内，剩下的区域大部分是建成区，未利用的地区面积十分有限，据统计目前全区剩余可建设面积不足 700 公顷。在人口集聚和土地资源约束的双重影响下，龙岗区制造业企业拓展空间成本逐年上升，一些企业只能将产能转移到凤岗、惠阳等用地成本相对较低的临深片区，这对于龙岗实体经济的可持续发展产生了一定的影响。

（三）城市公共服务水平短板仍然明显，公共服务资源布局不平衡现象比较突出

与福田、南山等城市建设比较成熟的区域相比，目前龙岗区在交通、教育、医疗、文体娱乐等方面的城市公共服务水平还有较大差距。比如在交通基础设施方面，目前全区轨道运营里程仅占全市的 12.6%，运营轨网密度仅为全市水平的 64.3%。2016 年全区次干道以上路网密度为 2.48 公里/平方公里，在原特区外六个区中排名倒数第一。比如在医疗卫生方面，近年来龙岗区加大医院建设力度，医疗卫生硬件环境有了明显改善，到 2016 年全区每千人病床位数达 3.7 张，在原特区外各区中位列第一，但是无论是医疗

资源总量还是医疗服务水平与辖区当前人口的实际需求都还有一定差距，社康中心建设水平有待提升。再比如在文体娱乐设施方面，龙岗区一直缺乏市级重大文体娱乐设施的布局，街道级文体中心还没有全部覆盖，2016 年全区人均文体设施面积 0.98 平方米，低于原特区外平均水平（1.4 平方米），在原特区外排名列倒数第一位。

龙岗区公共服务资源除了在规模和质量上还需要提高之外，在空间结构布局上也需要进一步优化。目前全区公共服务资源在不同区域的布局还很不平衡，龙岗、龙城等城市建设成熟度较高的中心区域，城市公共服务基本能够满足片区人口的需求，但坪地、宝龙、横岗等以产业为主导的区域，城市公共服务与当地居民需求的缺口很大，坂田等产业发展水平较高的区域，缺乏符合片区急需的高层次人才和海外人才需求的高品质公共服务，如国际化学校、国际医院等。对于具有不同产业发展和城市建设基础的区域，如何推动城市公共服务资源差异化布局，进而满足片区的产业发展需求，这是龙岗产城融合示范区建设需要解决的关键问题。

三　龙岗区建设产城融合示范区的主要思路和目标

龙岗区提出产城融合示范区建设，主要是基于问题导向和需求导向。总的来看，龙岗产城融合示范区建设主要分为三个阶段。第一阶段是顶层制度设计阶段，主要任务是在全面探讨全区及各个片区产城融合发展实际和现实诉求的基础上，紧密围绕发展实体经济、推动全区经济社会向创新低碳方向转型这一主题，差异化、精准化地制定全区及各个片区产城融合的发展标准、发展策略及发展目标。目前这一阶段任务已经基本完成。第二阶段是规划转化和项目落实阶段。该阶段主要任务是围绕上一阶段形成的规划研究成果，策划具体项目并明确建设时序和责任分工，落实产城融合发展目标。由于龙岗区辖区面积过大，不同区域的产城融合发展基础差距较大，龙岗产城融合示范区建设采取了"以点带面、试点先行"的原则，具体来说就是先选择产城融合发展条件较好、对全区产业发展转型具有较大示范带动效应的片区作为产城融合示范区的先行示范区，如龙岗区"4＋2"重点区域①的核心启动区。待以上片区建设取得一定经验和成果后，再向全区全面推开。这样一方面能够保证产城融合示范区建设在短期内可以取得明显的成效，另一方面也便于在实际工作中及时发现和改正问题，为全区推动产业和城市科学有序升级打好基础。第三阶段是示范区经验全面推广阶段，这一阶段的主要任务是在总结上一阶段试点先行成熟经验的基础上，在全区更大范围内加快推广产城融合示范区的创建经验，全区涉及产城融合发展程度的关键指标基本达到或超过《总体方案》拟定的标准，初步建立起一套符合龙岗发展特点的产城融合发展模式。

在时间安排上，龙岗产城融合示范区按照"一年起步、中期见效、五年完成"的目标有序推进各项工作，并提出十年远期愿景。到 2025 年，龙岗产城融合工作基本形成要素有序自由流动、主体功能约束有效、基本公共服务均等、资源环境可承载的产城融合发展新格局，城市配套更加完善，城市功能全面提升，职住平衡、产城融合程度大幅提升，基本建成宜居宜业的产城环境。

四 龙岗区推进产城融合示范区建设主要措施

（一）空间规划：构建产城融合的城市发展格局

龙岗产城融合示范区建设首先需要在空间上做好规划布局，合理布局城市功能区，实现"生产、生活、生态"等不同功能的有机融合。龙岗区以"中心集聚、轴带拓展"为主要原则，重点围绕辖区内的深圳国际低碳城、大运新城、坂雪岗科技城、宝龙科技城、平湖金融和现代服务业基地、阿波罗未来产业城等六大重点区域，塑造六个各具特色的产城融合单元，进而带

---

① 龙岗区"4＋2"重点区域主要指的是分布在龙岗区辖区内的 4 个市级重点区域和 2 个区级重点区域，其中 4 个市级重点区域包括坂雪岗科技城、大运新城、平湖金融和现代服务业基地、深圳国际低碳城，2 个区级重点区域包括宝龙科技城和阿波罗未来产业城。

动龙岗区产城融合的全面展开。在推动六大产业融合单元差异化发展的同时，注重单元和单元之间的互联互通，在空间上形成"东、中、西"三大片区。此外，在更小的社区层面，龙岗区还将利用产城融合示范区建设的机遇，打造若干产业特色鲜明、生态环境优越、公共服务配套完善的产城融合特色小镇，促进社区经济的转型升级。

（二）产业引导：大力培育以创新和低碳为特色的现代产业集群

作为全市的产业大区和产业强区，龙岗区在产业引导方面将推进以实体经济为代表的产业发展，以构建服务完备、技术领先、布局合理、集群发达的产业体系作为建设产城融合示范区的主要目标。在产业导向上，龙岗产城融合示范区紧紧抓住"创新"和"低碳"两大关键点，着力打造创新低碳型产城融合示范区。关于创新，龙岗区提出建立开放式产业创新生态圈。一是以区内在建的国际大学园为依托，加大对高端创新资源的吸引和集聚，增强区域源头创新能力，打造辐射粤东北地区的创新"智核"。二是以华为、比亚迪等龙头企业为引领，带动发展一批成长性好、发展潜力足的高科技中小企业，建立若干具有区域影响力和竞争力的产业集群，补足目前区内10亿~100亿级企业梯队的短板，构建"千百十级"① 产业集群。三是积极发展科技服务业，建设一批高水平科技基础设施和产业技术创新平台，推动大学校区 – 产业园区 – 公共社区三区的融合发展。关于低碳，龙岗产城融合示范区重点依托深圳国际低碳城等片区，加快低碳技术源头创新，积极建设低碳技术研发创新平台，加快形成节能和提高能效、清洁能源、可再生能源、新能源及自然碳汇等领域的多元化低碳技术体系，在碳排放监测和控制、碳交易、低碳开发模式以及低碳生活方式等方面走在全省乃至全国前列，推动清洁能源等低碳产业发展。

---

① 加快培育千百十级产业集群是龙岗区国民经济和社会发展"十三五"规划提出的发展目标之一，具体是指：龙岗未来要重点培育新一代信息技术产业和新能源、新材料产业两个千亿级产业集群，未来产业、互联网产业、智能装备产业、生物医疗等百亿级产业集群及若干十亿级产业集群。

（三）公共服务水平提升：按照以人为本的理念着力补齐公共服务水平短板

龙岗产城融合示范区以问题导向和需求导向为原则，从人的全面发展这一要求出发，着力补齐一直以来存在的公共服务短板，积极提供多层次、多元化的公共产品，构建面向新型人才结构的综合环境，提升公共服务水平，满足企业优质人才的需求。具体做法有：一是构建"区－街道－片区－社区"四级公共服务体系，区级公共服务中心以高标准、城市级的重大公共设施为主，提升区域辐射能级；街道级公共服务中心主要服务街道辖区居民，以功能完善、高标准的大中型公共设施为主；片区服务中心，结合各片区下辖社区类型、产业特征、人口和社会形态，引导差异化的服务资源配置，在政府引导下由市场和社会提供创新服务，包括医疗服务、职教培训、体育服务、文化服务、老妇幼服务、交通及生活服务等一项或多项内容；社区级公共服务中心依据《深圳市城市规划标准与准则》、《居住区设计规范》和龙岗区相关规定，配置基础性民生服务型设施，推动公共服务均等化。二是大力发展教育和医疗事业，在教育方面主要目标是推动基础教育均衡优质发展，职业教育特色化发展，同时继续加大对高等教育资源的引进力度，打造东部教育高地。在医疗卫生方面主要目标是建立以区级公共卫生设施为依托，以街道卫生监督分所为平台，以社区健康服务中心为网点的公共卫生服务体系，加大医疗基础设施建设力度，打造东部医疗高地。三是提升文化体育服务水平，建立以"区级文体中心－街道级文体中心－社区文体中心"为结构的三级文体设施网络，合理布局公共文体设施，打造东部文体旅游高地。四是加大保障房供给力度，推进"以房引才"保障房改革。近年来在全市房价不断高企的情况下，龙岗区居住成本也在快速上升，对于企业和高等院校引进外部人才带来很大影响。为此，龙岗产城融合示范区提出探索"以房引才"保障房改革新模式，以现有的政策机制为基础，进一步探索住房保障体系改革。探索进一步降低保障性住房租金、提高保障性住房户型面积及装修标准、研究扩大保障性住房申请范围、有效利用商品房等方式加大保障房的供给力度。完善对于各层次人才的安居办法，加大对全区紧缺的高层次技能型人才住房的保障力度，帮助辖区内企业更好地推进人才引进。

（四）城市基础设施建设：加快立体交通网络和智慧城市建设，促进产城功能合理配置

交通基础设施是联通区域产业和城市功能的重要通道，龙岗区很多工业园区城市功能配套不足是由缺乏与城市中心区的交通联系造成的。龙岗产城融合示范区建设将构建立体交通网络作为破解产城不融合问题的首要抓手。龙岗立体交通网络主要由战略通道、中运量交通系统、次支路系统、综合交通枢纽等部分构成，战略通道主要解决的是龙岗与外部区域的连接，目前龙岗正在规划建设皇岗路－银龙大道一期－清平高速－水官高速、沿一快速路－东部过境通道－盐龙大道快速通道、丹平快速－东深二通道－如意路直达中心城三条战略通道。中运量交通系统主要包括新建、在建的地铁轨道以及未来规划的有轨电车、云轨等，主要解决的是辖区内居民非机动出行的交通需求。东进战略实施以来，龙岗区轨道建设大大提速，地铁 10 号线、14 号线、16 号线已经开始建设，下一步将争取将更多线路纳入全市轨网规划并将建设期限提前。次支路系统是一个区域交通网络的"毛细血管"，龙岗区交通次支路系统方面的最大问题就是如何打通区内数十条"断头路"。2016 年以来龙岗区加大力度打通"断头路"，着力提高次干道及以上路网密度，红棉路、沙河路等一些困扰全区多年的"豪华断头路"被打通，次支路系统得到一定优化。在综合交通枢纽方面，龙岗区提出通过 TOD 复合式开发和"站城融合"新模式，打造建筑、交通、空间一体化的高标准交通枢纽，重点推进大运新城枢纽、平湖综合交通枢纽等项目建设。

随着科学技术的不断发展，智慧城市正在成为未来世界城市建设的新模式，智慧城市通过利用先进的信息和通信技术对城市居民关于民生、环保、公共安全、城市服务、工商业活动在内的各种需求做出智能响应，实现城市的智慧管理和运行。对于龙岗产城融合示范区而言，通过建设智慧城市将有

效提升城市管理运营水平，促进校区、园区、社区等不同城市功能区的联通，进而帮助居民更好地满足生活居住需求和就业需求，为辖区居民提供更加便捷舒适的生活空间与生产空间。龙岗在推进产城融合智慧城市建设方面主要举措如下：一是在硬件建设上推进信息基础设施集约化发展，继续加大城市光纤、无线、通信基站等基础设施建设力度，推动政务光纤网络建设，构建高效率、低能耗的电子政务数据中心，搭建政务云平台。二是实施区级大数据发展战略，收集各行业领域以及部门的数据资源，构建和完善区级人口、法人、宏观经济、空间地理等公共基础信息数据库。探索推进政府数据资源开放共享，在确保数据保密和信息安全的前提下，鼓励区内院校、科研机构及企业参与政府数据资源的开发利用，为科学决策和精准治理提供技术参考。三是加快云计算、大数据、物联网等先进信息技术的智慧化应用。一方面加快"产业智慧化"建设，从工业化、信息化深度融合出发，积极支持传统产业实现装备智能化、设计数字化、生产自动化、管理现代化、营销服务网络化；另一方面是加快"智慧产业化"发展，引导软件和信息技术服务业快速发展，着力发展互联网、云计算、大数据、物联网、电子商务等行业。加快智慧园区建设，吸引高端企业入驻，推动智慧产业集群式发展。

（五）环境治理：推动生态文明建设、促进绿色低碳发展

龙岗产城融合示范区建设的一个重要理念是重视生态文明建设，积极保护和发挥好区内的生态资源优势，将其提升为全区产业和发展的核心竞争力，塑造"看得见山、望得见水"的宜居宜业宜学的绿色城区，希望在全市甚至全国推进绿色低碳发展方面做出先行探索和示范。具体来说，龙岗生态文明建设主要从以下几个方面开展：一是坚守生态控制红线。目前，龙岗区生态控制线内用地180平方公里，占辖区总面积的46%，是全市生态用地面积最大的区域。未来龙岗将继续严守生态控制线，大力推动线内建设用地清退和生态修复。按照"生态优先、布局合理"的原则疏导线内合法建筑，引导线内社区转型发展。二是构建"山环水润"的城市生态环境。"十三五"期间龙岗区以园山、银湖山、北桐等郊野公园山脉为主体，以公园、水库为节点，

综合文化、景观、旅游等多种功能于一体，建设山水惠民精品项目，逐步构建中心城环、坪地环、布吉环、横岗环"1+3"四大绿环，打造北部清林径生态公园、西部大运生态公园等11个大生态空间，将龙岗建设成为山川河流更绿更清、生态环境更优更美、休闲氛围更亲更浓的绿色休闲城区。三是推进绿色低碳的生产生活方式。在绿色低碳生产方面，进一步加快龙岗传统产业园区的绿色循环化改造，打造绿色循环化产业园区，努力构建高效、清洁、低碳、循环的绿色制造体系。在绿色低碳生活方面，全区将加大传播生态理念，倡导可持续发展的低碳生活方式，从生态住宅、慢行交通、环境友好、低碳生活、低碳管理领域着手，以点带面铺开全区低碳社区建设。加快推广天然气动力汽车、纯电动汽车等新能源汽车应用，加快新能源公交建设，推进全区电动车分时租赁业务。进一步完善充电基础设施，规划建设新能源汽车供能设施，建立动力电池回收体系，形成车、桩配套发展的良性循环。此外全区还将以城市绿道为重点，建设步行和自行车绿道，搭建城市慢行系统网络。

四 结语

产城融合是示范区建设的结果，但如何实现这个结果则需要结合不同区域的交通区位、产业导向、城市公共服务配套水平等来确定。龙岗区建设"创新低碳型产城融合示范区"，就是在梳理区域发展过程中遇到的种种问题和实际需求的基础上，为建立龙岗区产业和城市功能的有机联系而开展的一项具有龙岗特点的探索性工作。通过过去几年的实践，龙岗产城融合示范区建设在规划编制、产业导入、城市建设、生态治理等方面积累了一些有参考价值的经验，但也需要看到当前龙岗产城不融合的现象仍然存在，特别是一些片区的产业和城市功能脱节比较严重，受制于规划缺失、征地拆迁等历史问题，城市公共服务水平的短板一时间很难补齐。今后三年是龙岗产城融合示范区建设的攻坚年，之前谋划的各项工作都将进入具体实施阶段，相信通过全区各部门和广大群众的共同努力，龙岗区在推进产城融合方面能够做出更多成绩和示范，探索出一条具有龙岗特色的产城融合发展之路。

权威报告·一手数据·特色资源

皮书数据库
ANNUAL REPORT(YEARBOOK)
DATABASE

当代中国经济与社会发展高端智库平台

所获荣誉

- 2016年，入选"'十三五'国家重点电子出版物出版规划骨干工程"
- 2015年，荣获"搜索中国正能量 点赞2015""创新中国科技创新奖"
- 2013年，荣获"中国出版政府奖·网络出版物奖"提名奖
- 连续多年荣获中国数字出版博览会"数字出版·优秀品牌"奖

成为会员

通过网址www.pishu.com.cn访问皮书数据库网站或下载皮书数据库APP，进行手机号码验证或邮箱验证即可成为皮书数据库会员。

会员福利

- 使用手机号码首次注册的会员，账号自动充值100元体验金，可直接购买和查看数据库内容（仅限PC端）。
- 已注册用户购书后可免费获赠100元皮书数据库充值卡。刮开充值卡涂层获取充值密码，登录并进入"会员中心"—"在线充值"—"充值卡充值"，充值成功后即可购买和查看数据库内容（仅限PC端）。
- 会员福利最终解释权归社会科学文献出版社所有。

社会科学文献出版社 皮书系列
SOCIAL SCIENCES ACADEMIC PRESS (CHINA)
卡号：566931431377
密码：

数据库服务热线：400-008-6695
数据库服务QQ：2475522410
数据库服务邮箱：database@ssap.cn
图书销售热线：010-59367070/7028
图书服务QQ：1265056568
图书服务邮箱：duzhe@ssap.cn

S 基本子库
SUB DATABASE

中国社会发展数据库（下设 12 个子库）

全面整合国内外中国社会发展研究成果，汇聚独家统计数据、深度分析报告，涉及社会、人口、政治、教育、法律等 12 个领域，为了解中国社会发展动态、跟踪社会核心热点、分析社会发展趋势提供一站式资源搜索和数据分析与挖掘服务。

中国经济发展数据库（下设 12 个子库）

基于"皮书系列"中涉及中国经济发展的研究资料构建，内容涵盖宏观经济、农业经济、工业经济、产业经济等 12 个重点经济领域，为实时掌控经济运行态势、把握经济发展规律、洞察经济形势、进行经济决策提供参考和依据。

中国行业发展数据库（下设 17 个子库）

以中国国民经济行业分类为依据，覆盖金融业、旅游、医疗卫生、交通运输、能源矿产等 100 多个行业，跟踪分析国民经济相关行业市场运行状况和政策导向，汇集行业发展前沿资讯，为投资、从业及各种经济决策提供理论基础和实践指导。

中国区域发展数据库（下设 6 个子库）

对中国特定区域内的经济、社会、文化等领域现状与发展情况进行深度分析和预测，研究层级至县及县以下行政区，涉及地区、区域经济体、城市、农村等不同维度。为地方经济社会宏观态势研究、发展经验研究、案例分析提供数据服务。

中国文化传媒数据库（下设 18 个子库）

汇聚文化传媒领域专家观点、热点资讯，梳理国内外中国文化发展相关学术研究成果、一手统计数据，涵盖文化产业、新闻传播、电影娱乐、文学艺术、群众文化等 18 个重点研究领域。为文化传媒研究提供相关数据、研究报告和综合分析服务。

世界经济与国际关系数据库（下设 6 个子库）

立足"皮书系列"世界经济、国际关系相关学术资源，整合世界经济、国际政治、世界文化与科技、全球性问题、国际组织与国际法、区域研究 6 大领域研究成果，为世界经济与国际关系研究提供全方位数据分析，为决策和形势研判提供参考。

法律声明